要件事実の考え方と実務

〔第4版〕 加藤新太郎 編著

発行 民事法研究会

第4版はしがき

　本書『要件事実の考え方と実務〔第4版〕』は、債権法改正全面対応版である。

　本書の基本的コンセプトは、「スリムかつスマートでわかりやすい標準的な要件事実論のテキスト」、「民事訴訟における基本的事件類型の攻撃防御方法に関する標準的なプラクティスブック」であり、初版から一貫して変わっていない。

　本書の初版の刊行は、2002年（平成14年）9月であった。2部構成で、第2部は12章で構成した（本文268頁）。初版を4年ほどで改訂し、第2版を2006年（平成18年）12月に刊行した。その第2部は、動産引渡訴訟、使用貸借契約関係訴訟、債権譲渡関係訴訟、債権者代位訴訟、詐害行為取消訴訟の各章を加えて17章構成とし、基本的訴訟類型の要件事実を網羅した。また、要件事実論の論拠として引用した判例の要旨または判決文関連箇所を登載して情報量を増やした（事項索引付きで381頁）。第3版は、8年ぶりに改訂し、2014年（平成26年）11月に刊行した。この際には、解説内容の過不足を見直し、第1部のコラムを整理し、売買契約紛争の重要論点の解説を加え、第2部は、賃金・時間外手当・解雇予告手当請求訴訟、消費者契約関係訴訟を付加し、要件事実論としては難しいとはいえない境界確定訴訟を割愛し、18章構成とした（事項索引・判例索引付きで373頁）。

　今回は5年ぶりの改訂である。2020年4月から施行される改正債権法に対応するテキストとして、これまでと同様に要件事実論の基本的情報として過不足のないものをめざした。法改正のあった条文に関する部分は全面的に改稿し、要件事実論からのわかりやすい解説を試みた。第2部の構成も見直し、賃金・時間外手当・解雇予告手当請求訴訟、消費者契約関係訴訟を割愛し、16章構成とした（年の表記について、登記関係を除き、元号から西暦としている）。今回の改訂により、改正債権法に対応する情報を的確に織り込みつつ、ボリュームは400頁を超すことになったものの著増は抑えることができ

第4版はしがき

た（もう、スリムとはいえないかもしれないが、読者にはスマートさを認知していただけることを願っている）。

初版から20年近い月日が流れ、私も司法研修所第一部上席教官（初版）、新潟地方裁判所長（第2版）、東京高等裁判所判事部総括（第3版）とポストが変わり、現在は、法科大学院教授兼弁護士である。本書の何度かの改訂においても、この職歴が活きているように思う。

本書は、ありがたいことに、法科大学院における「民事訴訟実務の基礎」科目のテキスト、司法修習生の副読本、認定司法書士の研修サブテキストなどとして、読者諸賢に広く受け入れられてきた。第4版もこれまでと同様、多くの読者に迎えられれば、幸いである。

第4版も細野敦弁護士と私とで執筆することを企画したが、諸般の事情により、細野弁護士から森炎弁護士に交代した（お二人とも司法研修所第2部民事裁判教官時代の私の教え子で、裁判官として大活躍された）。これまでの細野弁護士の卓越したご尽力と森弁護士の精力的な仕事ぶりに深甚な謝意を表したい。また、第4版改訂にあたり、民事法研究会の田中敦司さんにお世話いただいた。きめ細かな配慮と初版からの熱意をもった仕事ぶりに、心からお礼申し上げたい。

2019年10月

執筆者を代表して

加　藤　新太郎

（初版）はしがき

　「要件事実については、司法研修所で苦労させられた」と述懐する弁護士が少なからずいる。しかし、要件事実は、民事訴訟の骨格であり、攻撃防御の構造そのものである。法廷に立つ法律実務家としては、等しく要件事実論を会得しなければならない。

　本書は、読者に、そのような要件事実について、その基本的な考え方と裁判実務において展開されているところの情報を付与することを目的とする。「スリムでスマートでわかりやすい標準的な要件事実論のテキスト」であり、「民事訴訟における基本的事件類型の攻撃防御方法に関する標準的なプラクティスブック」である。

　本書の特色としては、次の点を挙げることが許されよう。

　第1に、要件事実についての基本的な考え方をわかりやすく説明した（第1部）。要件事実論は、実体法の解釈論を基礎としたスキルであり、既成の知識を暗記するという類のものではなく、その考え方を理解し、マスターすることが大切であるからである。平易に解説しているが、水準は落としていない。

　第2に、基本的な民事訴訟の事件類型に関して、実務上よくみられる攻撃防御プロセスを要件事実論により、整理して解説した（第2部）。裁判実務においては、売買契約、賃貸借契約、消費貸借契約にまつわる訴訟がよくみられるし、要件事実についても、これらが基本である。司法修習生は、これを「ばい、ちん、しょう」と呼んだりする。これら契約訴訟を中心として、基本的なものについてカバーした。

　本書の読者としては、主として、簡易裁判所において訴訟代理人として訴訟活動を展開していくことになる司法書士を想定している。司法修習生が要件事実論の修得のための副読本とすること、弁護士などの若手法律実務家が参照するものになることも想定し、それにも耐えられるものにしている。多くの読者に受け入れられれば、幸いである。

（初版）はしがき

　最後に、本書の出版に至るまで、万端にわたりお世話いただいた民事法研究会の田中敦司さんにも、厚くお礼を申し上げたい。

　平成14年 8 月

執筆者を代表して

加 藤　新 太 郎

『要件事実の考え方と実務〔第4版〕』

目　次

第1部　要件事実の考え方

第1章　要件事実と法律実務家養成　2

Ⅰ　要件事実論の普遍性　2

Ⅱ　要件事実との出会い　2

Ⅲ　法律実務家養成と要件事実教育　4

第2章　要件事実の意義　6

Ⅰ　民法の理解の立体化　6

　　1　所有物返還請求権の要件　6

　　2　要件事実論からのアプローチ　8

　　3　要件事実教育の効用　9

Ⅱ　要件事実と民事訴訟　10

Ⅲ　訴訟代理人と要件事実　11

Ⅳ　要件事実と推定　11

　　1　推定（概説）　11

　　2　法律上の事実推定　12

　　3　法律上の権利推定（権利の推定）　12

　　4　意思推定・解釈規定　13

　　5　法定証拠法則　13

　　6　暫定真実　13

　　7　事実上の推定　14

目　次

第3章　請求原因 ················15

Ⅰ　売買に基づく代金請求の要件事実（請求原因） ·················15
1　設　例 ················15
2　Ｘの請求原因 ················15
3　Ｘに生じる疑問点 ················17
4　主要事実と間接事実 ················17
Ⅱ　契約の拘束力の根拠と成立要件 ················20
1　請求権発生の根拠 ················20
2　裁判実務における法規説 ················21

第4章　抗　弁 ················24

Ⅰ　売買に基づく代金請求の要件事実（抗弁） ················24
1　Ｙの対応の類型 ················24
2　経験則 ················25
3　Ｙの言い分と主張としての性質 ················27
Ⅱ　抗弁の種類 ················28
Ⅲ　錯誤の抗弁 ················29
Ⅳ　期限の主張証明責任 ················32
Ⅴ　同時履行の抗弁 ················33
Ⅵ　弁済の抗弁 ················33
Ⅶ　抗弁のまとめ ················35

第5章　再抗弁 ················36

Ⅰ　錯誤に対する反対主張——重大な過失 ················36
Ⅱ　期限の合意に対する反対主張——履行期限の到来 ················38
Ⅲ　同時履行に対する反対主張 ················38
Ⅳ　弁済の反対主張 ················39

目　次

第6章　売買の要件事実の構造 ……………40

- Ⅰ　売買代金請求の攻撃防御方法（まとめ）…………………40
- Ⅱ　付帯請求の要件事実………………………………………41
  - 1　総　説……………………………………………………41
  - 2　遅延損害金（遅延利息）説 ……………………………41
  - 3　法定利息説………………………………………………43

第7章　売買契約をめぐる重要論点 ……………44

- Ⅰ　手　付………………………………………………………44
  - 1　手付の法的性質…………………………………………44
  - 2　手付放棄による買主の契約解除………………………46
  - 3　解除権留保の排除合意…………………………………47
  - 4　履行の着手………………………………………………48
  - 5　手付倍額提供による売主の契約解除…………………49
- Ⅱ　契約不適合責任……………………………………………51
  - 1　旧法における瑕疵担保責任……………………………51
  - 2　改正法における契約不適合責任………………………53
  - 3　要件事実論からの整理…………………………………54
  - 4　補論──改正法415条1項ただし書の解釈 …………59
- Ⅲ　代理の要件事実……………………………………………61
  - 1　有権代理…………………………………………………61
  - 2　表見代理…………………………………………………61

第8章　要件事実の構造と効用 ……………67

- Ⅰ　要件事実の構造……………………………………………67
- Ⅱ　要件事実論の効用…………………………………………68

7

目 次

第2部　要件事実と実務

第1章　土地明渡請求訴訟 ……………………………………… *72*

訴訟の概要 …………………………………………………………… *72*

第1節　訴訟物と請求の趣旨 ……………………………………… *72*

第2節　請求原因 …………………………………………………… *73*

　Ⅰ　概　説 ………………………………………………………… *73*

　Ⅱ　Xの所有 ……………………………………………………… *74*

　Ⅲ　Yの占有 ……………………………………………………… *74*

　　1　占有の時的要素 …………………………………………… *74*

　　2　占有の具体的主張の方法 ………………………………… *74*

第3節　YがXの現在の所有を争わない場合 ………………… *76*

　Ⅰ　請求原因 ……………………………………………………… *76*

　Ⅱ　抗弁——占有正権原の抗弁 ……………………………… *77*

　Ⅲ　占有正権原の抗弁に対する再抗弁 ……………………… *78*

第4節　Yが過去の一定時点におけるXの所有を認める場合 …… *79*

　Ⅰ　Yが売買契約の抗弁、Xが虚偽表示の再抗弁を主張する場合 …… *79*

　　1　請求原因 …………………………………………………… *79*

　　2　抗　弁 ……………………………………………………… *80*

　　3　所有権喪失の抗弁に対する再抗弁 ……………………… *82*

　　4　「善意の第三者」の主張 ………………………………… *83*

　Ⅱ　Yが売買契約の抗弁、Xが契約解除の再抗弁を主張する場合 …… *85*

　　1　請求原因と抗弁 …………………………………………… *86*

　　2　債務不履行解除の再抗弁 ………………………………… *86*

　　3　解除後の第三者——対抗要件の抗弁 …………………… *88*

8

目 次

第5節　YがXの所有を認めない場合 ……………………………89

Ⅰ　Yが対抗要件の抗弁または対抗要件具備による所有権喪失
の抗弁を主張する場合…………………………………………89

1　請求原因………………………………………………89

2　抗弁──対抗要件の抗弁またはYの対抗要件具備による
Xの所有権喪失の抗弁………………………………………90

3　対抗要件の抗弁に対する再抗弁………………………92

Ⅱ　Yが時効取得による所有権喪失の抗弁を主張する場合…………94

1　請求原因………………………………………………95

2　時効取得による所有権喪失の抗弁………………………95

3　再抗弁…………………………………………………98

Ⅲ　Yが占有正権原の抗弁を主張する場合……………………99

1　請求原因………………………………………………99

2　抗　弁…………………………………………………100

3　再抗弁、再々抗弁……………………………………101

第6節　付帯請求としての損害金請求 ………………………102

Ⅰ　訴訟物と請求の趣旨…………………………………………102

Ⅱ　請求原因………………………………………………102

第2章　建物収去（退去）土地明渡請求訴訟… 105

訴訟の概要……………………………………………………… 105

第1節　建物収去土地明渡請求訴訟 ………………………… 106

Ⅰ　訴訟物と請求の趣旨…………………………………………106

Ⅱ　Yが対抗要件の抗弁または占有正権原の抗弁を主張する場合… 106

1　請求原因………………………………………………107

2　抗弁・再抗弁…………………………………………108

Ⅲ　Yが建物所有権喪失の抗弁を主張する場合の請求原因………… 111

1　建物所有権喪失の抗弁…………………………………111

9

目　次

　　２　建物所有権喪失の抗弁に備えた予備的請求原因の主張 ………… *112*

　第 2 節　建物退去土地明渡請求訴訟 ……………………………………… *114*

　　Ⅰ　訴訟物と請求の趣旨 …………………………………………………… *114*

　　Ⅱ　請求原因 ………………………………………………………………… *114*

　　Ⅲ　抗　弁 …………………………………………………………………… *115*

第 3 章　登記関係訴訟 ……………………………… *116*

　第 1 節　総　説 …………………………………………………………… *116*

　　Ⅰ　登記請求権 ……………………………………………………………… *116*

　　　１　総　説 ………………………………………………………………… *116*

　　　２　登記請求権の発生根拠 ……………………………………………… *117*

　　　３　登記請求権の法的性質 ……………………………………………… *118*

　　Ⅱ　登記請求訴訟とその種類 ……………………………………………… *118*

　　　１　登記請求訴訟の意義 ………………………………………………… *118*

　　　２　登記請求訴訟の種類 ………………………………………………… *119*

　第 2 節　所有権移転登記手続請求訴訟 ………………………………… *120*

　　Ⅰ　売買契約に基づく所有権移転登記手続請求 ………………………… *120*

　　　１　訴訟物と請求の趣旨 ………………………………………………… *120*

　　　２　請求原因 ……………………………………………………………… *120*

　　　３　抗　弁 ………………………………………………………………… *123*

　　Ⅱ　時効取得に基づく所有権移転登記手続請求 ………………………… *124*

　　　１　訴訟物と請求の趣旨 ………………………………………………… *125*

　　　２　請求原因 ……………………………………………………………… *125*

　　　３　抗　弁 ………………………………………………………………… *126*

　　Ⅲ　抹消登記に代わる所有権移転登記手続請求 ………………………… *127*

　　　１　訴訟物と請求の趣旨 ………………………………………………… *127*

　　　２　請求原因と抗弁 ……………………………………………………… *127*

第3節　抹消登記手続請求訴訟 ……………………………………… *128*

　Ⅰ　抹消登記請求 …………………………………………………… *128*

　Ⅱ　所有権移転登記抹消登記手続請求 …………………………… *129*

　　1　不実の登記の抹消登記請求 ………………………………… *129*

　　2　数次の所有権移転登記の抹消登記請求 …………………… *131*

　　3　債権的登記請求権 …………………………………………… *134*

　Ⅲ　抵当権設定登記抹消登記手続請求 …………………………… *138*

　　1　訴訟物と請求の趣旨 ………………………………………… *138*

　　2　請求原因 ……………………………………………………… *139*

　　3　抗　弁 ………………………………………………………… *140*

　　4　再抗弁 ………………………………………………………… *143*

第4節　承諾請求訴訟 ……………………………………………… *143*

　Ⅰ　訴訟物と請求の趣旨 …………………………………………… *143*

　　1　Y_1 に対する訴訟物を所有権移転登記抹消登記請求権と
　　　した場合 ……………………………………………………… *143*

　　2　Y_1 に対する訴訟物を所有権移転登記請求権とした場合 …… *144*

　　3　請求の趣旨 …………………………………………………… *144*

　Ⅱ　請求原因 ………………………………………………………… *144*

　Ⅲ　抗　弁 …………………………………………………………… *146*

　Ⅳ　再抗弁 …………………………………………………………… *146*

　Ⅴ　再々抗弁 ………………………………………………………… *146*

第4章　土地・建物所有権確認請求訴訟 ………… *148*

訴訟の概要 …………………………………………………………… *148*

　Ⅰ　訴訟物と請求の趣旨 …………………………………………… *149*

　Ⅱ　請求原因と抗弁 ………………………………………………… *149*

　　1　所有権取得原因として売買契約を主張する場合 ………… *149*

　　2　所有権取得原因として取得時効を主張する場合 ………… *151*

11

目　次

   3　所有権取得原因として代物弁済契約が主張される場合········ *152*

第5章　動産引渡請求訴訟 ················· *154*

訴訟の概要········· *154*

第1節　二重譲渡における対抗要件の抗弁と所有権喪失が
問題になる場合 ········· *155*

  Ⅰ　訴訟物と請求の趣旨········· *155*

  Ⅱ　請求原因········· *155*

  Ⅲ　抗　弁········· *156*

    1　対抗要件の抗弁········· *156*

    2　所有権喪失の抗弁········· *158*

第2節　即時取得が問題となる場合　········· *159*

  Ⅰ　訴訟物と請求の趣旨········· *160*

  Ⅱ　請求原因········· *160*

  Ⅲ　抗　弁········· *161*

    1　所有権喪失の抗弁········· *161*

    2　即時取得の抗弁········· *162*

  Ⅳ　再抗弁········· *163*

    1　悪　意········· *163*

    2　有過失········· *164*

  Ⅴ　再々抗弁········· *165*

第6章　賃貸借契約関係訴訟 ················· *166*

訴訟の概要········· *166*

第1節　賃料関係訴訟 ········· *166*

  Ⅰ　賃料請求訴訟········· *166*

    1　訴訟物と請求の趣旨········· *167*

    2　請求原因········· *167*

3　抗　　弁 ……………………………………………………… *169*

　Ⅱ　賃料増額訴訟 ……………………………………………………… *170*

　　　1　訴訟物と請求の趣旨等 ……………………………………… *170*

　　　2　請求原因 ……………………………………………………… *171*

　　　3　抗弁・再抗弁 ………………………………………………… *172*

第 2 節　建物明渡請求訴訟 …………………………………………… *173*

　Ⅰ　総　　説 …………………………………………………………… *173*

　　　1　訴訟物と請求の趣旨 ………………………………………… *173*

　　　2　請求原因 ……………………………………………………… *174*

　Ⅱ　債務不履行による解除 …………………………………………… *175*

　　　1　賃料不払いによる解除 ……………………………………… *175*

　　　2　用法順守義務違反による解除 ……………………………… *180*

　Ⅲ　無断譲渡・転貸による解除 ……………………………………… *184*

　　　1　請求原因 ……………………………………………………… *184*

　　　2　抗　　弁 ……………………………………………………… *186*

　Ⅳ　解約申入れ ………………………………………………………… *187*

　　　1　請求原因 ……………………………………………………… *187*

　　　2　抗弁・再抗弁 ………………………………………………… *190*

　Ⅴ　期間満了 …………………………………………………………… *191*

　　　1　請求原因 ……………………………………………………… *191*

　　　2　抗弁・再抗弁 ………………………………………………… *191*

第 3 節　土地明渡請求訴訟（民法上の存続期間満了）……………… *193*

　Ⅰ　訴訟物と請求の趣旨 ……………………………………………… *193*

　Ⅱ　請求原因 …………………………………………………………… *193*

　Ⅲ　抗　　弁 …………………………………………………………… *194*

　　　1　当事者の合意による更新の抗弁 …………………………… *194*

　　　2　黙示の更新の抗弁 …………………………………………… *194*

　Ⅳ　再抗弁（更新の合意の不成立──黙示の更新の抗弁に対して）…… *195*

13

目　次

第4節　建物収去土地明渡請求訴訟			196
Ⅰ　民法上の存続期間満了			196
1　訴訟物と請求の趣旨			196
2　請求原因			197
3　抗　弁			198
4　再抗弁（一時使用）			199
5　再々抗弁（一時使用の評価障害事実）			200
Ⅱ　借地借家法等の存続期間満了			201
1　訴訟物と請求の趣旨			201
2　請求原因			201
3　抗弁・再抗弁			202
Ⅲ　解約申入れによる建物収去土地明渡請求			205
1　請求原因			205
2　抗弁（建物所有目的）・再抗弁・再々抗弁			205
第5節　建物退去土地明渡請求訴訟			206
第6節　敷金返還請求訴訟			207
Ⅰ　総　説			207
1　意　義			207
2　訴訟物と請求の趣旨			208
Ⅱ　請求原因			208
Ⅲ　抗弁・再抗弁			209

第7章　使用貸借契約関係訴訟 …………… 211

訴訟の概要 ……………………………………………… 211

第1節　物権的請求権に基づく請求			211
Ⅰ　訴訟物と請求の趣旨			212
Ⅱ　請求原因			212
Ⅲ　占有正権原の抗弁			213

14

	Ⅳ 再抗弁	214
	1 使用収益に必要な期間の経過	214
	2 用法違反解除	214
	3 第三者転貸解除	214

第2節　債権的請求権（使用貸借契約終了）に基づく請求 … 215

Ⅰ　訴訟物と請求の趣旨 … 215

Ⅱ　請求原因と抗弁 … 215

  1　請求原因 … 215

  2　抗　弁 … 216

第8章　消費貸借契約関係訴訟 … 217

訴訟の概要 … 217

第1節　貸金返還請求訴訟 … 218

Ⅰ　訴訟物と請求の趣旨 … 218

  1　訴訟物 … 218

  2　請求の趣旨 … 219

Ⅱ　貸金元本の請求原因 … 219

  1　総　説 … 219

  2　弁済期の合意 … 221

Ⅲ　利息と遅延損害金の請求原因 … 226

  1　利息の請求原因 … 226

  2　遅延損害金の請求原因 … 228

Ⅳ　抗　弁 … 231

  1　概　説 … 231

  2　弁　済 … 232

  3　代物弁済 … 234

  4　相　殺 … 236

  5　消滅時効 … 238

15

目 次

第2節　準消費貸借に基づく貸金返還請求訴訟　………………… *244*

 I　訴訟物と請求の趣旨…………………………………………… *245*

 II　要件事実……………………………………………………… *245*

  1　被告説の考え方による要件事実………………………… *245*

  2　原告説………………………………………………………… *247*

第3節　保証債務履行請求訴訟　…………………………………… *247*

 I　単純保証……………………………………………………… *248*

  1　訴訟物と請求の趣旨……………………………………… *248*

  2　請求原因…………………………………………………… *248*

  3　抗　弁……………………………………………………… *250*

 II　連帯保証……………………………………………………… *251*

  1　訴訟物と請求の趣旨……………………………………… *251*

  2　要件事実…………………………………………………… *252*

 III　改正法の下における保証債務履行訴訟上の変更点と要件事実… *253*

  1　要　点……………………………………………………… *253*

  2　請求原因…………………………………………………… *254*

  3　民法458条の3に基づく抗弁・再抗弁　……………… *255*

  2　民法458条の2に基づく抗弁・再抗弁等　…………… *257*

第9章　債権譲渡関係訴訟 ……………………………… *260*

訴訟の概要……………………………………………………………… *260*

第1節　譲渡禁止の特約、債務者に対する対抗要件、譲渡
   債権に付着していた抗弁事由が問題になる場合………… *261*

 I　訴訟物と請求の趣旨………………………………………… *261*

 II　請求原因……………………………………………………… *262*

 III　抗弁・再抗弁………………………………………………… *263*

  1　譲渡禁止特約の抗弁（債権的効力に基づく抗弁）………… *263*

  2　譲渡禁止特約の抗弁（物権的効力に基づく抗弁）………… *265*

3 債務者に対する対抗要件（権利行使要件）の抗弁 ············· *267*

4 譲渡債権に付着している抗弁事由 ························ *268*

第 2 節 債権の二重譲渡の場合 ································ *269*

Ⅰ 訴訟物と請求の趣旨 ································· *270*

Ⅱ 請求原因 ··· *270*

Ⅲ 抗弁・再抗弁・再々抗弁 ····························· *270*

1 第三者対抗要件の抗弁 ······························ *270*

2 債権喪失の抗弁 ·································· *272*

第 3 節 将来債権の譲渡 ··································· *273*

Ⅰ 訴訟物、請求の趣旨、請求原因 ························ *274*

Ⅱ 抗弁・再抗弁 ····································· *275*

1 無権利の抗弁（債権譲渡の公序良俗違反無効）············· *276*

2 譲渡禁止特約の抗弁（同特約の時期の問題）·············· *277*

3 拡張的相殺の抗弁 ································· *279*

第10章 債権者代位訴訟 ···················· *282*

訴訟の概要 ··· *282*

第 1 節 本来型（被代位権利＝金銭債権）······················ *285*

Ⅰ 訴訟物と請求の趣旨 ································· *286*

Ⅱ 請求原因（要点）··································· *286*

Ⅲ 請求原因の補足説明 ································· *287*

1 被保全債権の内容確定性 ···························· *287*

2 無資力要件 ····································· *287*

3 被代位権利の一身専属性 ···························· *288*

4 訴訟告知の必要性 ································· *289*

Ⅳ 抗 弁 ··· *289*

1 債務者の権利不行使 ······························· *289*

2 期限の抗弁 ····································· *290*

17

目　次

3	資力の回復	290
4	「相手方の抗弁」（民法432条の4）	290
5	相手方の「債務者への後発的弁済」の抗弁	291
6	債権喪失の抗弁	291
7	被保全債権が強制力を欠くこと	291

第2節　本来型（被代位権利＝特定債権） ……………………………… 292

Ⅰ　問題の所在………………………………………………………… 293

Ⅱ　訴訟物と請求の趣旨……………………………………………… 294

Ⅲ　請求原因…………………………………………………………… 294

Ⅳ　抗弁・再抗弁……………………………………………………… 295

第3節　転用型 ……………………………………………………………… 296

Ⅰ　登記請求権保全のケース………………………………………… 296

　　1　訴訟物と請求の趣旨……………………………………… 297

　　2　請求原因…………………………………………………… 297

Ⅱ　不動産賃借権保全のケース……………………………………… 299

　　1　訴訟物と請求の趣旨……………………………………… 299

　　2　請求原因…………………………………………………… 299

Ⅲ　賃借権に基づく妨害排除請求（上記Ⅱの補論）……………… 300

　　1　訴訟物と請求の趣旨……………………………………… 300

　　2　請求原因…………………………………………………… 300

　　3　法的手段の比較…………………………………………… 301

Ⅳ　抵当権に基づく妨害排除請求…………………………………… 302

　　1　訴訟物と請求の趣旨……………………………………… 303

　　2　請求原因…………………………………………………… 303

第11章　詐害行為取消訴訟 ……………………………………… 304

訴訟の概要……………………………………………………………… 304

第1節　基本型（現物返還型―無償行為）………………………………… *308*

　I　法律実務上の留意点……………………………………………………… *309*

　II　訴訟物と請求の趣旨……………………………………………………… *309*

　III　訴訟物と請求の趣旨についての補足説明…………………………… *310*

　　1　詐害行為取消権の法的性質・内容……………………………… *310*

　　2　留意すべき点……………………………………………………… *310*

　IV　請求原因…………………………………………………………………… *311*

　V　請求原因の補足説明……………………………………………………… *312*

　　1　被保全債権の存在………………………………………………… *312*

　　2　被保全債権の弁済期……………………………………………… *313*

　　3　財産権を目的とする行為（「詐害行為」）……………………… *313*

　　4　詐害行為取消しの対象となるかどうか問題となる場合……… *315*

　　5　債務者の無資力（無資力要件）………………………………… *315*

　　6　債務者の悪意……………………………………………………… *316*

　VI　抗弁・再抗弁……………………………………………………………… *316*

第2節　基本型（現物返還型―有償行為）………………………………… *317*

　I　訴訟物と請求の趣旨……………………………………………………… *317*

　II　請求原因…………………………………………………………………… *318*

　III　請求原因の補足説明……………………………………………………… *318*

　　1　被保全債権………………………………………………………… *318*

　　2　無資力要件………………………………………………………… *319*

　　3　不動産の処分（「詐害行為」）…………………………………… *319*

　　4　必要的訴訟告知（民法424条の7第2項）…………………… *320*

　IV　抗　弁……………………………………………………………………… *320*

　　1　被保全債権についての物的担保の存在………………………… *320*

　　2　受益者の善意……………………………………………………… *320*

　　3　相当対価の支払い………………………………………………… *321*

　　4　資力の回復………………………………………………………… *322*

19

目　次

　　　5　出訴期間経過 ……………………………………………………… *322*

　　　6　被保全債権の消滅時効 …………………………………………… *323*

　　　7　被保全債権が強制力を欠くこと ………………………………… *323*

　　Ⅴ　再抗弁 ……………………………………………………………… *323*

　　　1　隠滅等のおそれ …………………………………………………… *323*

　　　2　要件事実 …………………………………………………………… *324*

　第3節　基本型（価額償還型）……………………………………………… *326*

　　Ⅰ　訴訟物と請求の趣旨 ……………………………………………… *327*

　　Ⅱ　請求原因 …………………………………………………………… *328*

　第4節　特殊型 ……………………………………………………………… *329*

　　Ⅰ　弁　済 ……………………………………………………………… *329*

　　　1　訴訟物と請求の趣旨 ……………………………………………… *330*

　　　2　請求原因 …………………………………………………………… *330*

　　　3　請求原因の補足説明 ……………………………………………… *331*

　　Ⅱ　期限前弁済・代物弁済・担保供与 ……………………………… *332*

　　Ⅲ　過大代物弁済 ……………………………………………………… *333*

　　Ⅳ　新規借入れ担保設定 ……………………………………………… *333*

　　　1　「同時交換的行為」の観点 ……………………………………… *334*

　　　2　訴訟物、請求の趣旨、請求原因 ………………………………… *335*

　　Ⅴ　対転得者 …………………………………………………………… *337*

　　　1　訴訟物と請求の趣旨 ……………………………………………… *337*

　　　2　要件事実 …………………………………………………………… *337*

　　　3　請求原因および抗弁 ……………………………………………… *338*

第12章　請負契約関係訴訟 …………………………………… *340*

　訴訟の概要 …………………………………………………………………… *340*

　第1節　請負報酬支払請求訴訟 ………………………………………… *340*

　　Ⅰ　訴訟物と請求の趣旨 ……………………………………………… *341*

20

Ⅱ　請求原因………………………………………………………… *341*

　　1　請負報酬の請求………………………………………………… *341*

　　2　遅延損害金の請求……………………………………………… *342*

Ⅲ　抗　弁………………………………………………………… *344*

　　1　瑕疵修補請求権との同時履行の抗弁………………………… *344*

　　2　損害賠償請求権との同時履行または相殺の抗弁…………… *344*

　　3　解除の抗弁……………………………………………………… *346*

Ⅳ　再抗弁………………………………………………………… *347*

　　1　注文者指図等の再抗弁………………………………………… *347*

　　2　非通知による失権の再抗弁等………………………………… *347*

第2節　割合請負報酬請求訴訟（請負人の工事中止）……… *349*

Ⅰ　割合請負報酬請求権（民法634条）………………………… *349*

　　1　立法趣旨………………………………………………………… *349*

　　2　裁判実務上の注意点…………………………………………… *350*

　　3　紛争の社会的実態……………………………………………… *350*

Ⅱ　訴訟物と請求の趣旨………………………………………… *351*

Ⅲ　請求原因……………………………………………………… *351*

Ⅳ　請求原因の補足説明………………………………………… *352*

　　1　「可分な部分の給付」…………………………………………… *352*

　　2　上記1によって「注文者が利益を受ける」こと…………… *353*

　　3　注文者が受ける利益の割合…………………………………… *353*

Ⅴ　抗弁（規範的要件説）……………………………………… *354*

　　1　「注文者が利益を受ける」ことを規範的要件と解する立場 … *354*

　　2　「注文者が受ける利益の割合」を規範的要件と解する立場 … *355*

第3節　割合請負報酬請求訴訟（注文者の任意解除権行使）……… *356*

Ⅰ　訴訟物と請求の趣旨（共通）………………………………… *357*

Ⅱ　請求原因（共通）……………………………………………… *357*

Ⅲ　抗弁（規範的要件説＝「注文者が利益を受ける」ことの評価障

目　次

	害事実）………………………………………………………	*358*
1	設例12―3 …………………………………………………	*358*
2	設例12―3´ …………………………………………………	*358*
Ⅳ	その他の法的手段との関係…………………………………	*359*

第4節　注文者の任意解除権の行使に伴う請負人の損害賠償
　　　　請求訴訟……………………………………………………… *359*

Ⅰ	訴訟物と請求の趣旨（共通）………………………………	*360*
Ⅱ	請求原因（共通）……………………………………………	*360*
Ⅲ	抗弁・再抗弁等………………………………………………	*361*
1	設例12―4 …………………………………………………	*361*
2	設例12―4´ …………………………………………………	*363*
Ⅳ	第2節～第4節の小括………………………………………	*363*
1	注文者が任意解除権を行使して残工事を別業者にさせた	
	場合…………………………………………………………	*363*
2	損害賠償とするか、割合請負報酬＋損害賠償とするか………	*364*
3	請負業者の工事途中放棄…………………………………	*365*
4	まとめ………………………………………………………	*365*

第5節　建物所有権の帰属をめぐる訴訟 ………………………… *365*

Ⅰ	概　説………………………………………………………	*365*
Ⅱ	抹消登記請求訴訟……………………………………………	*367*
1	訴訟物と請求の趣旨………………………………………	*367*
2	請求原因……………………………………………………	*367*
Ⅲ	建物明渡請求訴訟……………………………………………	*369*
1	第三者が未完成建物を完成させた場合…………………	*369*
2	下請負人が未完成建物を完成させた場合………………	*371*

第13章　債務不存在確認訴訟……………………… *375*

訴訟の概要…………………………………………………………… *375*

Ⅰ　訴訟物と請求の趣旨……………………………………………… *376*

Ⅱ　請求原因…………………………………………………………… *376*

Ⅲ　抗弁・再抗弁……………………………………………………… *378*

　1　抗　弁………………………………………………………… *378*

　2　再抗弁………………………………………………………… *378*

第14章　不当利得関連訴訟 …………………………… *379*

訴訟の概要………………………………………………………………… *379*

第1節　給付利得返還請求訴訟（有償行為）……………………… *382*

Ⅰ　訴訟物と請求の趣旨……………………………………………… *382*

Ⅱ　請求原因…………………………………………………………… *382*

Ⅲ　抗　弁……………………………………………………………… *384*

第2節　給付利得返還請求訴訟（無償行為）……………………… *384*

Ⅰ　訴訟物、請求の趣旨、請求原因………………………………… *385*

Ⅱ　抗　弁……………………………………………………………… *386*

第3節　不当利得返還請求訴訟 ……………………………………… *387*

Ⅰ　訴訟物と請求の趣旨……………………………………………… *387*

Ⅱ　請求原因…………………………………………………………… *387*

Ⅱ　抗　弁……………………………………………………………… *388*

　1　利得縮減の抗弁……………………………………………… *388*

　2　非債弁済の抗弁……………………………………………… *389*

Ⅲ　再抗弁（利得縮減の抗弁に対する悪意の再抗弁）………… *390*

Ⅳ　実　例……………………………………………………………… *391*

第4節　利息金請求 …………………………………………………… *392*

第15章　不法行為関係訴訟 …………………………… *394*

訴訟の概要………………………………………………………………… *394*

目 次

第 1 節 　一般不法行為責任の要件事実 ………………………………… *394*

Ⅰ　訴訟物と請求の趣旨……………………………………………… *395*

Ⅱ　請求原因…………………………………………………………… *395*

1　概　説…………………………………………………………… *395*

2　要件事実各論…………………………………………………… *396*

Ⅲ　抗　弁…………………………………………………………… *400*

1　違法性阻却…………………………………………………… *400*

2　責任阻却……………………………………………………… *400*

3　過失の評価障害事実………………………………………… *400*

4　過失相殺……………………………………………………… *401*

5　消滅時効、除斥期間の抗弁………………………………… *401*

第 2 節 　使用者責任の要件事実 ………………………………………… *402*

Ⅰ　請求原因…………………………………………………………… *403*

1　概　説…………………………………………………………… *403*

2　使用被用関係…………………………………………………… *403*

3　職務執行関連性………………………………………………… *404*

Ⅱ　抗　弁…………………………………………………………… *406*

第16章　請求異議訴訟 ……………………………………… *408*

訴訟の概要 …………………………………………………………… *408*

Ⅰ　訴訟物と請求の趣旨……………………………………………… *409*

1　訴訟物…………………………………………………………… *409*

2　請求の趣旨……………………………………………………… *410*

Ⅱ　要件事実の概要…………………………………………………… *410*

Ⅲ　請求原因…………………………………………………………… *411*

Ⅳ　抗弁・再抗弁……………………………………………………… *412*

1　抗　弁………………………………………………………… *412*

2　再抗弁………………………………………………………… *414*

24

■**事項索引**■ ……………………………………………………………… *416*

■**判例索引**■ ……………………………………………………………… *421*

●**著者紹介**● ……………………………………………………………… *426*

【凡　例】

（法令）

「民法」は、原則として平成29年法律第44号による改正後のもの

　特に改正前後を表示する場合は、下記を用いる。

　　・改正法　　　　平成29年改正後の民法

　　・旧法　　　　　平成29年改正前の民法

・民訴法　　　　　民事訴訟法

・民訴規　　　　　民事訴訟規則

・民執法　　　　　民事執行法

（判例集）

・民録　　　　　　大審院民事判決録

・民集　　　　　　大審院民事判例集

　　　　　　　　　最高裁判所民事判例集

・裁判集（民）　　最高裁判所裁判集民事

・新聞　　　　　　法律新聞

・判時　　　　　　判例時報

・判タ　　　　　　判例タイムズ

・ジュリ　　　　　ジュリスト

・曹時　　　　　　法曹時報

・自正　　　　　　自由と正義

・法時　　　　　　法律時報

・労判　　　　　　労働判例

・金法　　　　　　金融法務事情

・金判　　　　　　金融・商事判例

（文献）

・伊藤『要件事実Ⅰ』

　　　伊藤滋夫編著『新民法（債権関係）の要件事実Ⅰ』（青林書院、2017年）

・伊藤『要件事実Ⅱ』

　　　伊藤滋夫編著『新民法（債権関係）の要件事実Ⅱ』（青林書院、2017年）

凡　例

・伊藤ほか『講座 1』
　　　伊藤滋夫＝難波孝一編『民事要件事実講座 1　総論Ⅰ　要件事実の基礎理論』（青林書院、2005年）
・伊藤ほか『講座 2』
　　　伊藤滋夫＝長秀之編『民事要件事実講座 2　総論Ⅱ　多様な事件と要件事実』（青林書院、2005年）
・伊藤ほか『講座 3』
　　　牧野利秋＝土屋文昭＝齋藤隆編『民事要件事実講座 3　民法 1　債権総論・契約』（青林書院、2005年）
・伊藤ほか『講座 5』
　　　伊藤滋夫＝山浦善樹編『民事要件事実講座 5　企業活動と要件事実』（青林書院、2008年）
・内田『民法Ⅲ』
　　　内田貴『民法Ⅲ〔第 3 版〕（債権総論・担保物権）』（東京大学出版会、2005年）
・遠藤ほか『注解総則』
　　　遠藤浩＝水本浩＝北川善太郎＝伊藤滋夫監修『民法注解財産法　第 1 巻　民法総則』（青林書院、1989年）
・遠藤ほか『注解物権法』
　　　遠藤浩＝水本浩＝北川善太郎＝伊藤滋夫監修『民法注解財産法　第 2 巻　物権法』（青林書院、1996年）
・大江『民法(1)』
　　　大江忠『要件事実民法(1)　総則〔第 4 版〕』（第一法規、2016年）
・大江『民法(2)』
　　　大江忠『要件事実民法(2)　物権〔第 4 版〕』（第一法規、2015年）
・大江『民法(4)』
　　　大江忠『要件事実民法(4)　債権総論〔第 4 版補訂版〕』（第一法規、2018年）
・大江『民法(5)－ 1』
　　　大江忠『要件事実民法(5)－ 1　契約Ⅰ〔第 4 版〕』（第一法規、2017年）
・大江『民法(5)－ 2』
　　　大江忠『要件事実民法(5)－ 2　契約Ⅱ〔第 4 版〕』（第一法規、2017年）

凡 例

- 大江『新債権法の要件事実』

    大江忠『新債権法の要件事実』（司法協会、2016年）
- 大塚ほか『民法学との対話』

    大塚直＝後藤巻則＝山野目章夫編著『要件事実論と民法学との対話』（商事法務、2005年）
- 加藤『民事事実認定論』

    加藤新太郎『民事事実認定論』（弘文堂、2014年）
- 春日古稀『課題』

    加藤新太郎・中島弘雅・三木浩一・芳賀雅顯　編集『現代民事手続法の課題（春日偉知郎先生古稀祝賀）』（信山社、2019年）
- 鎌田ほか『民事法 I 』

    鎌田薫＝加藤新太郎＝須藤典明＝中田裕康＝三木浩一＝大村敦志編著『民事法 I 　総則・物権〔第2版〕』（日本評論社、2010年）
- 鎌田ほか『民事法 II 』

    鎌田薫＝加藤新太郎＝須藤典明＝中田裕康＝三木浩一＝大村敦志編著『民事法 II 　担保物権・債権総論〔第2版〕』（日本評論社、2010年）
- 鎌田ほか『民事法 III 』

    鎌田薫＝加藤新太郎＝須藤典明＝中田裕康＝三木浩一＝大村敦志編著『民事法 III 　債権各論〔第2版〕』（日本評論社、2010年）
- 倉田『債権総論』

    倉田卓次監修『要件事実の証明責任（債権総論）』（西神田編集室、1986年）
- 倉田『契約法上巻』

    倉田卓次監修『要件事実の証明責任（契約法上巻）』（西神田編集室、1993年）
- 倉田『契約法下巻』

    倉田卓次監修『要件事実の証明責任（契約法下巻）』（西神田編集室、1998年）
- 潮見『改正法の概要』

    潮見佳男『民法（債権関係）改正法の概要』（金融財政事情研究会、2017年）
- 潮見『新債権総論 I 』

    潮見佳男『新債権総論 I 』（信山社、2017年）
- 司研『要件事実について』

    司法研修所民事裁判教官室編『民事訴訟における要件事実について』（非

売品であるが、内容は、同書1頁から39頁が「司法研修所報26号」（1961年）164頁から201頁に、41頁から49頁が「司法研修所報31号」（1963年）203頁から211頁に、51頁から57頁が「司法研修所報32号」（1964年）215頁から221頁に、59頁から62頁が「司法研修所論集（『司法研修所報』改題）36号」（1966年）149頁から152頁に、63頁から69頁が「司法研修所論集39号」（1968年）126頁から132頁に、71頁から74頁が「司法研修所論集54号」（1975年）105頁から108頁に、それぞれ相当するものとして合綴されている）

・司研『類型別』

司法研修所編『紛争類型別の要件事実民事訴訟における攻撃防御方法の構造〔改訂版〕』（法曹会、2006年）

・司研『要件事実第1巻』

司法研修所編『民事訴訟における要件事実　第1巻〔増補〕』（法曹会、1998年）

・司研『要件事実第2巻』

司法研修所編『民事訴訟における要件事実　第2巻』（法曹会、1992年）

・司研『事実摘示記載例集』

司法研修所編『民事判決起案の手引〔10訂版〕』巻末「事実摘示記載例集」（法曹会、2006年）

・司研『改訂問題研究』

司法研修所編『改訂問題研究　要件事実』（法曹会、2006年）

・司研『新問題研究』

司法研修所編『新問題研究　要件事実』（法曹会、2011年）

・四宮＝能見『民法総則』

四宮和夫＝能見善久『民法総則〔第9版〕』（弘文堂、2018年）

・新堂監修『証明責任・要件事実論』

新堂幸司［監修］＝高橋宏志＝加藤新太郎『実務民事訴訟講座［第3期第5巻　証明責任・要件事実論』（日本評論社、2012年）

・筒井＝村松『一問一答』

筒井健夫＝村松秀樹編著『一問一答　民法（債権関係）改正』（商事法務、2018年）

凡 例

- 能見＝加藤『判例民法 1 』
  能見善久＝加藤新太郎編『論点体系　判例民法 1　総則〔第 3 版〕』（第一法規、2018年）
- 能見＝加藤『判例民法 4 』
  能見善久＝加藤新太郎編『論点体系　判例民法 4　債権総論 I〔第 3 版〕』（第一法規、2019年）
- 能見＝加藤『判例民法 6 』
  能見善久＝加藤新太郎編『論点体系　判例民法 6　契約 I〔第 3 版〕』（第一法規、2018年）
- 能見＝加藤『判例民法 7 』
  能見善久＝加藤新太郎編『論点体系　判例民法 7　契約 II〔第 3 版〕』（第一法規、2018年）
- 能見＝加藤『判例民法 8 』
  能見善久＝加藤新太郎編『論点体系　判例民法 8　不法行為 I〔第 3 版〕』（第一法規、2019年）
- 部会議事録
  法制審議会民法（債権関係）部会部会議事録
- 部会資料
  法制審議会民法（債権関係）部会部会資料
- 村田＝山野目『要件事実30講』
  村田渉＝山野目章夫編著『要件事実論30講〔第 4 版〕』（弘文堂、2018年）
- 山本『民法講義 I 』
  山本敬三『民法講義 I　総則〔第 3 版〕』（有斐閣、2011年）
- 山本『民法講義IV―1 』
  山本敬三『民法講義IV―1　契約』（有斐閣、2005年）

第1部

要件事実の
考え方

要件事実と法律実務家養成

I　要件事実論の普遍性

　要件事実についての講演・講義をする機会があるが、一番遠くで要件事実の話をしたのはベトナムのハノイである。

　わが国は法整備支援という形でベトナムの実定法の立案・制定などのお手伝いをしているが、法曹養成教育についても日本のようなシステムを導入したいという動きがある。その準備作業として、わが国の法曹養成教育において民事関係は要件事実教育を柱にしていることを知ったベトナムの法曹が、「その中身はどんなものか」を知りたいというのだ。

　日本流にいうと司法研修所教官あるいは法務総合研修所教官に相当するクラスの人、15、6人にお話をした。ベトナムの法曹の中でもトップクラスの指導層である。50歳以上の人の中の何人かはロシアに留学経験があり、それより若い人にはフランス留学組もいる。

　そのようなベトナムの法曹が要件事実論・要件事実教育に注目しているのは、なぜなのか。そのヒントは、ベトナムは民法典をもっていることにある。

II　要件事実との出会い

　司法修習生は、「司法試験をパスすれば、後は書面の書き方さえ覚えれば、実務はやっていけるはずである」という幻想をもっている。この幻想を打ち砕かれるのは、司法研修所の民事裁判科目で、本格的な「要件事実論」に出会ったときである。「書式集があれば実務はやっていける」という先入観がどうして形成されているのかよくわからないが、そのように考えている司法修習生は少なくない。そのような先入観は、司法試験をパスしたことによっ

て、実定法の解釈論はマスターしたという、必ずしもそれほど根拠があるとはいえない自信によるものかもしれない。今思い返せば恥ずかしい話であるが、実は、私（加藤）もそうであった。しかし、実務はそんな生易しいものではないとすぐに思い知らされた。それは、他でもない司法研修所における民事裁判科目の講義と起案講評に接したことによる。

第1に、実際の民事訴訟事件の記録を印刷した白表紙と呼ばれる司法修習生用のケースについて、判決や問題点などを起案する課題が与えられるのであるが、その作業をすることによって、司法修習生がもっている知識と解釈論のスキルでは、実定法をマスターしたというレベルにはほど遠いことを思い知らされる。

第2に、講義と起案講評によって、民事裁判実務を担うためには、自分の頭の中で、民事実体法を立体化していかなければならないことがわかってくる。

このようにして、「要件事実との出会い」によって、法律実務家として一人前になるための、新しい勉強が始まる。法廷に立つ実務家として、要件事実論を修得することは、その歩みの第一歩にほかならないのである。

現在は、法曹の卵の要件事実との出会いは、法科大学院であろう。「民事訴訟実務の基礎」といった科目で、要件事実論の基本を学ぶことになる。もっとも、私が司法修習生に接した折の印象では、各自の修得度には相当のバラツキがみられた。それは、司法修習生の属人的な事情によることもさることながら、法科大学院ごとの要件事実論教育に対する力の入れ方と指導の適否に大いに関連していると感じた。法曹養成教育のいずれかの段階で、要件事実に関する力量の平準化が必要であると思われる。

また、簡易裁判所における訴訟代理権を得た司法書士層は、能力担保のための司法書士特別研修のカリキュラムの中で、要件事実と出会うことになる。弁護士のための要件事実のほかに、司法書士のための要件事実があるわけではない。法廷に立つ実務家として、等しく要件事実論を修得することが要請されるのである。

Ⅲ　法律実務家養成と要件事実教育

　私の体験に戻ると、時移り、民事裁判教官として、司法研修所の教壇に立つことになった。そのときの最大の課題は、いうまでもなく、「司法修習生に、いかに要件事実の考え方をマスターしてもらうか」であった。

　司法修習生の多くは、要件事実論に従って整理された主張証明責任の分配を記憶しようとする。主張証明責任の分配は、民事訴訟における原告・被告の攻撃防御の構造そのものであるから、定型的なものについて、理解し記憶しておくことは、専門家として迅速なリスポンスのために必要なことであることは間違いない。しかし、より大切なのは、要件事実の考え方を理解し、マスターし、自分で条文を読み、制度趣旨・目的、その文言や定め方（本文、ただし書）などを考えて、攻撃防御の構造の組立てができるようになることである。なぜなら、実践的な要件事実論は、「民事訴訟のプロセスにおける主張・反論という攻撃防御の構造について、実体法の解釈を踏まえて論理構造に従ってそれを的確にとらえていくという手法」（加藤新太郎「要件事実論の到達点」新堂監修『証明責任・要件事実論』24頁、新堂幸司（司会）「〔ミニ・シンポジウム〕大学における民事訴訟法教育」民事訴訟雑誌38号170頁〔加藤新太郎発言〕）であるからである。

　すなわち、要件事実論は、その意味で、スキルなのである。司法修習生は、その基礎を学び、法律実務家になった後も、たゆむことなく修練を積み重ねていくことにより、その操作が巧みになっていくものである。

　法曹養成の基礎教育として、どのようなものを考えるかは、国によって異なるものがある。たとえば、アメリカ合衆国は、判例法（ケース・ロー）の国であるから、ケース・メソッド方式で、レイシオ・デシデンダイ（ケースにおける判決理由）の読み取り方を徹底的に教え込む。これに対して、法典法国であるドイツは、裁判所が原告の請求原因が主張自体として請求の趣旨記載の請求を根拠づけるに足りるかどうかという一貫性の審査に始まるリラチォーンス・テクニックを教える。同じく法典法国であるわが国も、要件事

実教育が民事裁判実務の基礎教育として極めて有効であると考えられ、それらの教育手法に伍して、これが行われているのである（誤解を招かないように付言すると、司法研修所の民事分野においては、要件事実教育だけが行われているわけではない。加藤新太郎「法実践と法学部における民事法教育(上)」NBL536号19頁）。また、ベトナムの指導的な法曹が要件事実論・要件事実教育に注目したのも、彼らが、民法典を有するからであった。ベトナムの民法典も、当然のことながら、要件・効果で権利義務や法律関係が規律されているから、要件事実論の研修を受講したベトナム法曹も、条文の要件を一定の方法でパラフレイズし民事訴訟の場面で事実に当てはめて議論する手法の有用性が理解されたのである。要件事実の精度について個別の問題はあるが、大筋の考え方としては、条文からスタートし、請求権が発生し、それが消滅・障害される構造を理解して訴訟活動をすることは、法典法国においては、共通のものがあるのである。

　要件事実教育は、主として民事訴訟の場面を念頭においたものであるが、要件事実が何かを知ることにより、予防法学的応用ができることはいうまでもない。さらに、弁護士にとって、社会のさまざまな事象の中から、法律効果を発生させる要素となるものは何かを訓練することは、民事訴訟における訴訟活動の場面を超えて、弁護士の訴訟外の活動についても基礎のところで寄与するものとなるのである（伊藤ほか「座談会　企業活動において要件事実論を活かすために」『講座5』261頁）。

# 第2章 要件事実の意義

I 民法の理解の立体化

1 所有物返還請求権の要件

　要件事実教育は、民法の理解を立体化し、民事訴訟の攻撃防御の構造に組み立て直す役割がある。司法修習生としては、これまで平面的な理解しかしてこなかった民法について、裁判規範としての側面に重点をおいて学び直すことになるわけである。

　「自分の所有物であるから、返してほしい」という請求権である所有物返還請求権の要件を例にして、これをみてみることにしよう。

　民法の代表的教科書である我妻先生の『民法講義Ⅱ』（我妻榮＝有泉亨『新訂物権法（民法講義Ⅱ）』259頁以下）では、次のように説明している。

---

① 所有物返還請求権の主体は、典型的には現に占有すべき権利があるのに、占有を失った所有者である。
② 請求権の相手方は、現に所有物に対する所有者の占有を妨げている者である。
③ 相手方が正当な占有権原を有しない限り、占有を取得した理由を問わない。

　この説明によれば、所有物返還請求権の要件としては、①は、「原告が目的物を所有していること」、②は、「被告が目的物を占有していること」であることを理解することができる。ところが、③は、「被告が占有権原を有しないこと」を原告が主張証明するのか、「被告が占有権原を有すること」を

被告が主張証明するのか、不明確である。実際の民事訴訟においては、ある要件について、「原告と被告のどちらが主張し、証明するのか」が決まらないと、適切に進行を図ることができないから、この点は、極めて重要である。

そこで、もう一度、『民法講義Ⅱ』を読み返しても、「要するに、相手方が所有者に対して自分の占有を正当ならしめる権利をもたないときは、常にこの請求権を生ずる」（我妻＝有泉・前掲書263頁）とされているだけで、いずれであるかはわからない。

それでは、最近の教科書・注釈書では、どのように説明しているかみてみよう。

第1に、松岡久和教授は、返還請求権の要件一般として、「所有者に対して占有権原（占有を正当化する根拠）を主張できない者＝不法占有者が所有者の物を全面的に占有している場合には、所有者はその不法占有者に対してその物の返還、すなわち占有の回復を請求できる」と説明される（松岡久和『物権法』28頁・29頁（成文堂、2017））。

第2に、内田貴教授は、「返還請求権の要件は、所有権者が（本来あるべき）占有を奪われていることである」（カッコ内は筆者）とされる（内田貴『民法Ⅰ（総則・物権総論）〔第4版〕』368頁）。

第3に、『論点体系　判例民法2　物権〔第3版〕』では、返還請求権の要件は、「占有を侵害されたこと、すなわち、物権の目的物を他人が正当な権原なくして占有していること」であるとする（能見善久＝加藤新太郎編・同書9頁〔良永和隆〕）。

松岡教授のテキストの記述からは、原告が「被告が占有権原を有しないこと」（被告が占有権原なしにその目的物を占有している不法占有者であること）を主張証明すべきであるかのように受け取れる。『論点体系　判例民法2　物権〔第3版〕』の記述も同様である。また、内田教授のテキストの記述からは、「被告が占有権原を有しないこと」は請求原因ではないと読めそうにも思われるが、これまた記述が簡単すぎてわからない。

要するに、民法の教科書・注釈書の多くは、実体法としては、どのような

〔第1部〕　第2章　要件事実の意義

要件が備わると請求権が発生するか（発生しないか）を説明しているだけで、通常は、民事訴訟の攻撃防御の構造という観点からは説明されていないのである（注釈書で所有物返還請求権の要件事実を明示するものとして、大江『民法(2)』260頁）。なぜならば、伝統的な民法学は、制度の趣旨ないし存在理由に主たる関心があり、具体的解釈論も、これに沿った形で展開してきているという事情があったからである（賀集唱「要件事実の機能」司法研修所論集90号〔1993－Ⅱ〕38頁）。

　この点について、ある民事の制度を説明するにあたり、①本質提示のための制度記述と、②訴訟実践のための制度記述とが観念されるとし、①は②に対し指導原理を与える役割を担うものであり、②は①の訴訟次元における具体的展開に仕えるものであるとする見解（山野目章夫「要件事実論の民法学への示唆(1)」大塚ほか『民法学との対話』12頁）もみられる。この見解は、従来の民法学（民事実体法学）は、①にとどまっていたこと、要件事実論はまさに②であることを指摘するものといえよう。

　いずれにしても、民法をはじめとする民事実体法を立体的に理解し、訴訟プロセスの中において使えるようにしていくためには、要件事実論からの考察が必要不可欠なのである。

2　要件事実論からのアプローチ

　要件事実論は、ある法律効果を発生させるのに必要十分な要件は何かを考察するものである。そのような観点からすると、所有権に基づく目的物返還請求権については、請求原因たる要件事実としては、次のもので必要十分であると考えられる。

要件事実

① 原告が目的物を所有していること

② 被告が目的物を占有していること

　これらの要件に加えて、原告が「被告が占有権原を有しないこと」を主張証明すべきであるとする立場も考えられないわけではない。

しかし、この立場には、二つの難点がある。

第1は、およそ目的物の所有者はその物を占有していることが通常である。所有者以外の者は、占有権原を備えてはじめて目的物を占有することにつき法的に正当化されるのが原則である。そうすると、原告は、通常の事象を前提とした主張をし、被告は、自らの占有を正当化する権原を主張することが合理的であると考えられる。

第2に、「被告が、占有権原を有しないこと」というのは、論理的には、「被告にいかなる占有権原もないこと」を主張証明すべきであることを意味する。「いかなる占有権原もない」という証明は、すべての権原がないことを明らかにすることになるから、いかに困難な作業になるかは容易に想像できるであろう。これは、「悪魔の証明」といわれるほどである。このような証明責任を原告に課することは、当事者の衡平の観点から極めて問題であり、そうした立場をとることは相当でない。

判例（最判昭35・3・1民集14巻3号327頁）も、そのような考慮から、「他人の土地を占有するにつき正権原（使用借権）があることの主張については、その主張をする者に立証責任があり、民法188条（占有物について行使する権利の適法の推定）を援用して正権原を土地所有者に対抗することはできない」と判示しているところである。

したがって、「占有権原を有すること」は、被告が主張証明すべき抗弁であるということになる（占有正権原の抗弁。抗弁については、第4章で解説する）。実際にも、被告に、「所有者（原告）の先代との間で賃貸借契約を結び、賃料を支払ってきている」という言い分がある場合を想定すると、そうした証拠（賃貸借契約、過去の賃料の領収書など）の提出も容易であると思われ、当事者の衡平の観点からも妥当であると考えられる。民事訴訟実務は、こうした考え方で運営されているのである。

3　要件事実教育の効用

以上のように、民事訴訟実務は要件事実の主張証明を軸に組み立てられているから、要件事実教育は、実際的な効用がある。

〔第1部〕 第2章 要件事実の意義

　具体的にいえば、法律実務家として、必要不可欠な実証的な姿勢を形成する契機となる。要件事実教育は、事象に適用すべきものと考える条文をきちんと読み込み、その要件をきちんと把握し、位置づけることを徹底するわけである（三井哲夫『要件事実の再構成〔増補新版〕』131頁の注(69)参照）。

II　要件事実と民事訴訟

　要件事実と民事訴訟とのかかわりを説明しておこう。

　第1に、民事訴訟は、原告が訴訟物（たとえば、売買契約に基づく代金請求権）として主張する権利・法律関係の存否を裁判所が判断するものである。繰り返しを恐れずに説明すれば、訴訟物とは、原告が、訴えによって、その存否につき裁判所の審理・判決を求める私法上の権利・法律関係のことである。要するに、訴訟物とは、原告が提示する審判の対象であり、権利・法律関係の主張が、訴訟上の請求である。

　第2に、しかし、権利・法律関係は観念的な存在である。このことは、原則として（権利の推定が許される場合を除いて）、直接認識する手立てはないことを意味する。したがって、その権利の存否の判断は、権利の発生・障害・消滅の法律効果の組合せによって導くほかはない。

　第3に、権利の発生・障害・消滅の法律効果が認められるかどうかは、その要件に該当する具体的事実が認められるかどうかにかかっている。

　このように権利の発生・障害・消滅の法律効果を導くために必要な構成要件として実体法に定められるものが、「要件事実」である。

　そして、裁判所は、法規（実体法）を大前提として、事件についてその要件事実に当たる具体的事実を認定して、法規の定める法律効果の発生・障害・消滅を具体的に判断する三段論法により、訴訟物たる権利・法律関係の存否を判断するのである。

　請求の形式には、確認請求（たとえば、所有権確認請求）、給付請求（たとえば、売買代金請求）、形成請求（たとえば、離婚請求）の3種類がある。いずれも、訴訟物たる権利・法律関係の存否が判断されるという構造は同じであ

10

る。

III　訴訟代理人と要件事実

　訴訟代理人は、事実を知る当事者と、法律判断をする裁判所との中間にいる。法律専門職としての訴訟代理人は、当事者から事情を聴取して、事案に最も適合的な法的構成をし、裁判所に審判の対象を提示していく必要がある。

　当事者の語る事実は、生の社会的事実である。訴訟代理人は、当事者の述べるところについて、裏づけ資料の有無等の確認をするとともに、必要に応じて自らも調査の労をとるべきである。訴訟代理人が事情を聴取していく際にも、要件事実を意識していくことが必要不可欠である。とりわけ、原告がその権利を主張するにあたっては、原告訴訟代理人としては、原告に主張証明責任のある事実（請求原因としての要件事実）を主張すれば足りるが、逆にこの要件事実を一つでも欠落させるときは、原告の請求は主張自体失当として棄却されることになる。

　弁論主義の原則のある民事訴訟においては、主張証明活動を展開していく訴訟代理人にとって、要件事実論は弁護活動の指標機能を有し、その体得は必須の課題なのである。

IV　要件事実と推定

1　推定（概説）

　IIで、権利・法律関係は観念的な存在であるから、「権利の推定」が許される場合を除いて、直接認識する手立てはないと説明した。そこで、推定について、解説しておくことにしたい。

　推定とは、一般的に、「裁判官が、ある事実に基づいて別の事実についての認識を形成すること」をいう。そして、推定は、①法律上の事実推定、②法律上の権利推定、③意思推定・解釈規定、④法定証拠法則、⑤暫定真実、⑥事実上の推定に分けられる。「権利の推定＝法律上の権利推定」は、このような推定の一つである。事実上の推定以外のものは、条文の解釈によって

11

〔第1部〕 第2章 要件事実の意義

性格が定められる。

2 法律上の事実推定

法が、ある法律効果Aの発生の証明を容易にする目的で、経験則の存在・立証の難易・当事者の公平などの諸要素を考慮して、甲事実があるときには、法律効果Aの発生原因事実乙があると推定する旨の定めを設けている場合がある。この場合には、甲事実を推定の前提事実、乙事実を推定事実と呼び、甲事実を証明し、これに推定規定を適用して、乙事実の存在を推定させることを「法律上の事実推定」という。

たとえば、前後の時期それぞれの占有を主張証明すれば、その間の占有が継続しているものと推定する民法186条2項が、これである。甲事実（2010年時点でのある土地の占有の事実、2020年時点での同じ土地の占有の事実）を主張証明することにより、乙事実（2010年時点から2020年時点までのその土地の占有の継続）が推定されるのである。乙事実の存在が推定されるのは推定規定の適用の結果であり、乙事実の存在が証明されたことを意味するわけではないから、乙事実の不存在を主張証明することによって、この推定は覆ることになるが、その主張証明責任は、推定の効果を争う相手方が負うことになる。

3 法律上の権利推定（権利の推定）

法が、甲事実があるときには、権利または法律効果乙があると推定する旨の定めを設けている場合、これを「法律上の権利推定（権利の推定）」という。

たとえば、境界線上に設けた物は相隣者の共有に属する物と推定する民法229条が、これである。当事者は、前提事実（物が境界線上に設けられている事実）の主張証明責任を負担するが、推定される権利（共有）については、主張・証明いずれの負担も免れる。これに対して、推定を争う相手方は、前提事実の存否を不明にすることによって推定規定の適用を妨げることができ、また、推定規定が働く場合であっても、権利発生原因の不存在または消滅原因事実を証明することによって、その効果を覆すことができる。

12

4　意思推定・解釈規定

　私人の意思表示の内容について、法が一定の内容を推定する場合がある。これが、意思推定・解釈規定である。

　たとえば、期限は債務者の利益のために定めたものと推定する旨の民法136条1項や手付の解約手付性について定める民法557条1項などが、これである。これは、前提事実から推定事実を推定するものではなく、意思表示の解釈を法定するものである。したがって、法律効果を発生させる旨の合意の不成立（不存在）を主張証明しても、意思推定・解釈規定が付与する法律効果を覆すことはできない。

5　法定証拠法則

　裁判所が一定の事実を認定する際に、その根拠とすべき事実が法定されることがある。これを、法定証拠法則という。

　たとえば、文書の成立の真正に関し、「文書は、その方式及び趣旨により公務員が職務上作成したものと認めるべきときは、真正に成立した公文書と推定する」とした民訴法228条2項、「私文書は、本人又はその代理人の署名又は押印があるときは、真正に成立したものと推定する」とした同条4項が、これである。

　法定証拠法則と法律上の事実推定は、やや似たところがある。しかし、法定証拠法則は、①推定される事実が、実体法の要件事実ではない点、②推定事実についての証明責任およびその転換を考える余地がなく、相手方は、推定を覆すために本証の必要がなく、反証で足りる点で、法律上の事実推定とは異なる。

6　暫定真実

　暫定真実とは、難しい言葉であるが、ある事実について、暫定的にその存在を承認し、反対事実について証明しない限り、訴訟上その事実が存在するものとして扱う立法技術をいう。

　たとえば、民法186条1項が、占有の態様について、「占有者は所有の意思をもって、善意で、平穏に、かつ公然と占有をするものと推定する」と定め

〔第1部〕 第2章 要件事実の意義

ているのが、これに当たる。占有の態様を争う相手方が、「所有の意思・善意・平穏・公然」の反対事実である「他主占有であること（所有の意思なく占有していること）・悪意・強暴・隠秘」を証明しないと、「所有の意思・善意・平穏・公然」とされることになる。

「推定する」という文言が使われているが、法律上の推定とは異なる。法律上の事実推定は、証明すべき前提事実があるが、暫定真実は、前提事実に相当するものはない。

7 事実上の推定

裁判所が、事実認定において経験則によりある事実から別の事実を推定することをいう。経験則には、間接事実から他の間接事実または主要事実を推認する機能がある（加藤『民事事実認定論』188頁）。

事実上の推定は経験則を利用した自由心証主義の下における事実認定過程で働くものであるが、法律上の事実推定は、経験則適用の作業（心証形成）とは関係がない。

また、判例法上形成されてきた「一応の推定」という概念がある。これは通常の事実上の推定よりも高度の蓋然性ある経験則によって前提事実から要証事実を推認するものと解されている。高度の蓋然性ある経験則は例外現象が稀有であるから、前提事実の証明により推定事実の存在が高度の蓋然性をもって認識されることになり、相手方が推定事実の不存在を推認させる事実（特段の事情）を証明（間接反証）しなければ、推定事実の存在が認定されると解されている（ただし、現在では間接反証概念には疑問視する見解も少なくない）。

Ⅰ 売買に基づく代金請求の要件事実(請求原因)

請求原因

Ⅰ 売買に基づく代金請求の要件事実(請求原因)

1 設 例

売買契約の典型的ケースで、要件事実について検討してみよう。

XはYに壺を120万円で売った。XがYに対して売買代金を請求したいと考えているが、この場合に、Xは、どのような事実の主張をすればよいであろうか。

2 Xの請求原因

Xが売買代金請求をするための要件をみつける作業は、次のような展開をたどる。

Xは、まず、売買契約の成立要件を定めた条文を読む。民法第3編(債権)第3章(契約)第3節(売買)第1款(総則)の冒頭にある555条がこれである。「売買は、当事者の一方がある財産権を相手方に移転することを約し、相手方がこれに対してその代金を支払うことを約することによって、その効力を生ずる」とある。

そうすると、Xは、売買契約に基づく代金請求の要件事実は、次のものであることを読み取ることができる。

要件事実
① 財産権移転の約束
② 代金支払いの約束

そして、要件事実に当たる具体的事実は、Xが財産権(壺の所有権)移転

15

〔第1部〕　第3章　請求原因

の約束をしたこと（①）、Ｙが代金支払いの約束をしたこと（②）である。そして、財産権＝目的物と代金額は、売買契約の要素であるから、原則として、具体的に主張証明する必要がある（最判昭32・2・28判タ70号58頁）。

　このような要件事実に該当する具体的事実を「主要事実」と呼ぶのが通説である（青山善充「主要事実・間接事実の区別と主張責任」新堂幸司編集代表『講座民事訴訟(4)』396頁）。すなわち、要件事実は実体法に定められた抽象的・類型的事実であり法的概念であるのに対して、主要事実は要件事実に当てはまると評価された具体的事実であり事実的・経験的概念である、と説明する。これに対して、法的概念と事実的・経験的概念とを常にきちんと区別して表現できるとは限らないことを理由として、要件事実と主要事実とを同義に理解する見解（司研『要件事実第1巻』3頁）もある。つまり、要件事実の定義が異なるのであるが、いずれによっても、実践的には違いは少なく深入りする実益もない。

　民事訴訟は、弁論主義の原則があり、主要事実については、当事者による主張がされない限り、裁判所は、判決の基礎とすることができない。したがって、当事者は、要件事実を認識し、具体的な主要事実を主張し、相手方に事実の存否を争われれば、証拠により証明することが必要となるのである。

　Ｘとしては、条文に当たり、要件事実を認識する作業を経て、次のように事実の主張を組み立てる（これを「請求原因」という）。

> **請求原因**
>
> 　2020年8月1日、Ｘは壺の所有権をＹに移転することを約し、ＹはＸに代金120万円を支払うことを約した。

よりこなれた文章とするという趣旨で、次のようにするのもよい。

> **請求原因**
>
> 　2020年8月1日、Ｘ（売主）とＹ（買主）とは、壺を代金120万円で売買する契約を結んだ。

16

I　売買に基づく代金請求の要件事実（請求原因）

> **請求原因**
>
> 　Ｘは、Ｙに対し、2020年8月1日、壺を代金120万円で売った。

3　Ｘに生じる疑問点

　ところで、初学者は、これだけの主張でよいのか不安に思い、迷う。

　第1に、現実の売買契約には、Ｙが代金をいつ支払うかという期限の合意があることが少なくない。Ｘは、これを主張することをしないでよいのであろうか。

　第2に、その壺はＸ所有のものであったことを主張しないでよいのであろうか。

　第3に、その壺をＹに引き渡したことを主張しないでよいのであろうか。

　これらの解答は、民法の解釈によって得られるが、それぞれ次の理由から、Ｘとしては、いずれも主張する必要はないのである。

　第1については、契約上の義務は、一般に、期限の合意のない限り、契約成立と同時に直ちに履行すべきものであるから、Ｘとしては、請求原因において、Ｙの代金支払義務に期限の合意があり、それが到来していることを主張証明する必要はない。これに対して、期限も売買契約の成立要件と不可分であるから、Ｘは、期限を含むすべての契約内容を主張しなければならないとする立場（条件・期限一体合意説、全部合意説）もあるが、実務では採用されていない。

　第2については、民法は、自分の財産権に限定することなく、他人の財産権の売買も有効とし、売主はその権利を取得して買主に移転する義務を負うと定めているから（民法561条）、Ｘとしては、売買契約成立当時目的物である壺が自己の所有に帰属していたことを主張証明する必要はない。

　第3については、Ｙの側が壺の引渡しを受けておらず、「引き渡すまで代金の支払いを拒絶する」旨の同時履行の主張をすることになるのである。

4　主要事実と間接事実

　2で、「主要事実」について説明したが、関連して、「間接事実・補助事実・

17

〔第1部〕 第3章 請求原因

事情」を解説しておくことにしよう。

(1) 間接事実・補助事実・事情

　要件事実とは、権利の発生・障害・消滅等の法律効果を導くために必要な構成要件として実体法に定められるものである。通説の理解によれば、主要事実とは、要件事実に該当する具体的事実（請求を理由づける事実）である。これに対して、間接事実とは、主要事実を経験則上推認させるような事実であり、民訴規53条1項にいう「請求を理由づける事実に関連する事実」は、間接事実を指す。

　補助事実とは、証人の性格とか証人と挙証者との利害関係など証拠の証明力を明らかにするための事実であり、広い意味での間接事実に属する。

　事情とは、その事件の由来・経過・来歴など、事件をより理解しやすくするための背景となる事実である。

　売買契約に基づく代金支払請求を例にとって説明すると、要件事実は、「財産権移転の約束」と「代金支払いの約束」（民法555条）である。主要事実は、これに該当する具体的事実、たとえば、「○月○日、原告（売主）と被告（買主）との間で、○○を目的物として売買契約の申込みと承諾があった（売買契約書が作成された）」という事実である。この事実に争いがなければ、自白が成立して、証拠調べをするまでもなく、請求が認容される。

　間接事実は、被告が主要事実を争った場合に、原告が主張する、たとえば、買主の売買に至る動機、売買を締結する合理性・必然性をうかがわせる事由、代金支払いのための資金捻出計画等の主要事実の存在を推認させるような事実である。

　補助事実は、たとえば、契約成立に立ち会ったと証言する証人が原告と縁戚であること、契約書の印章が被告本人のものではないこと等の事実である。

　事情は、たとえば、原告・被告が過去に複数回売買を行ってきており、従来は債務の履行が円滑にされてきたが、被告の急な資金繰りの悪化により本件売買契約の成立を争っているというような事件の背景となる事実である。

(2) 主要事実と間接事実との区別の必要

主要事実と間接事実とを区別することは、弁論主義の適用と訴訟運営上の要請（不意打ち防止、攻撃防御のポイントを明確にすることによる審理の充実等）から必要とされる。両者の区別が問題とされる局面としては、従来、①訴状・答弁書その他の準備書面における事実主張の記載方法、②主張責任、③争点整理・釈明・審理の基準、④判決書における事実摘示、⑤判決理由における事実認定、⑥判断遺脱として上告理由・再審事由となる事実などがあるとされてきた。

すなわち、弁論主義の原則から当事者が主張責任を負うのは主要事実についてのみであって、間接事実についてはこれを負うことはない。また、主要事実は主張がなければ事実認定ができないのに対して、間接事実はそれができる。これを受けて、裁判所による釈明権の行使等も主要事実に関する主張漏れを指摘することを基本とする訴訟運営が行われてきたのである。

(3) 争点中心審理と主要事実・間接事実

現行民事訴訟法では、早期に争点を確定し、充実した集中証拠調べを実施して実質的な審理を行う「争点中心審理」を採用している（加藤新太郎「争点整理手続の整備」塚原朋一ほか編『新民事訴訟法の理論と実務(上)』207頁）。そのため、当事者には訴状・答弁書に重要な間接事実を記載することが要求されており（民訴規53条1項）、主要事実と間接事実をできる限り区別して記載しなければならない（同条2項）。

争点整理においても、間接事実レベルの争点に絞り込むことも必要となる場合も多く、審理における間接事実の比重が高くなっている。争点整理を適切に実施して、重要な間接事実についての認識を裁判所・当事者が共有する訴訟運営がされるという前提ができれば、訴訟の勝敗に直接影響するような重要な間接事実については主要事実と同様に位置づけ、当事者の主張が必要であると解することが相当であろう。したがって、当事者は、主要事実に争いがないか、直接証明できるようなケースを除いて、主要事実を経験則上推認させ得る重要な間接事実を的確に把握して、主張証明活動を展開していくことが行為規範として要請される。

〔第1部〕 第3章 請求原因

⑷ 規範的要件と主要事実・間接事実

　権利濫用（民法1条3項）・公序良俗（民法90条）・過失（民法709条）など、不特定概念を用いて法律要件を規定した一般条項を、「規範的要件」という。規範的要件の場合、主要事実と間接事実の区別が明確にできない場面がある。

　伝統的には、一般条項それ自体（たとえば、過失）を主要事実とし、それを基礎づける具体的事実（たとえば、交通事故訴訟であれば、前方不注視、スピード違反、酩酊運転など）を間接事実と解する見解が多数であった。しかし、これに対しては、当事者が「過失」と主張すれば、主張していない個々の具体的事実を認定して判決の基礎とすることができるとすることは、相手方にとって不意打ちとなる等の批判がみられた。現在では、この批判の問題意識が共有され、規範的要件については、これを基礎づける具体的事実が主要事実であるとする説が多数となってきている。近時の多数説では、当事者は、規範的要件を基礎づける評価根拠事実を主要事実として主張証明することになる（規範的要件該当性が争点となる訴訟には、論証責任型審理をすることが要請されることについて、加藤新太郎「民事訴訟における論証責任論」春日古稀『課題』50頁）。

II　契約の拘束力の根拠と成立要件

1　請求権発生の根拠

　Xは、Yとの間の売買契約に基づいて代金請求をしているが、そもそも売買契約をすることによって契約当事者が拘束される根拠は、どこに求められるべきであろうか。これは、「売買代金請求権が発生するのは、なぜか」という問題でもある。

　この問いに対する答え（考え方）は、二つある。

　第1は、請求権は、当事者の合意に基づいて直接発生するという考え方である（合意説）。この考え方は、「約束は守られなければならない」という、いわば民法以前の理念そのものにその基礎を求めているのである。すなわち、請求権は、民法とは無関係に、民法がなくても当事者の「合意」に基づ

20

いて発生すると考えるのである（三井哲夫『要件事実の再構成〔増補新版〕』40頁）。

第2は、請求権の発生根拠は、法であるという考え方である（法規説）。これは、訴えの原因である請求権を発生させるのは、正確には契約合意ではなく、契約締結（合意の成立）にこの効果を付与する「法」であると考えるのである（ローゼンベルグ（倉田卓次訳）『証明責任論（全訂版）』319頁）。

2 裁判実務における法規説

その他の考え方も、たとえば、非法規説には、合意説のほか、意思説、信頼説、関係説などいくつかある（倉田『契約法上巻』29頁）が、第1の合意説（非法規説）と、第2の法規説とが代表的な考え方である。そこで、これらについて、説明することにする。

合意説と法規説とは、たとえば、契約に基づいてある物の引渡しを請求する場合に、その引渡請求権の発生要件として、どのようなものを考えるかについて、次のような立場の対立を導くことになる（司研『要件事実第1巻』45頁）。

法規説は、その契約が売買契約であるか賃貸借契約であるかなど、法的性質を認識できるよう売買契約または賃貸借契約の要件事実のすべてを主張証明する必要があるという立場をとる。正確にいえば、民法典における典型契約の冒頭の規定に定められた契約の要件（法律要件要素）が各契約の要件事実になると解するのである。これを、冒頭規定説という（大村敦志『典型契約と性質決定』39頁参照）。

これに対して、合意説は、法的性質を認識させる事実は不要であり、単にその物を引き渡す旨の合意の存在を主張証明すれば足りるという立場をとる。合意説は、契約法に関しては、民法を「請求権の体系」ではなく、「抗弁の体系」として理解することになる。したがって、係争法律関係の法的性質決定も、原告ではなく、被告の負担となる（この点について、三井・前掲書40頁）。

たしかに合意説は、私的自治の原則が妥当する民事関係分野において、一

〔第1部〕 第3章 請求原因

定の説得力があるようにみえる。そして、典型契約以外の無名契約も、合意説によれば、疑問の余地なく認められるのである。しかし、法規説は、民法91条により、無名契約も法規の裏づけを伴ったものとして肯定することができ、請求権の発生根拠が法規であるという考え方と整合すると説明する。もちろん、法規説の立場であっても、無名契約について、一定の類型的構造を認識し、本質的部分（要素）を観念し、これを要件事実として構成していく作業が解釈論として必要であることは当然である（後藤巻則「要件事実論の民法学への示唆(2)」大塚ほか『民法学との対話』60頁。なお、より根本的な議論として、石川博康「典型契約冒頭規定と要件事実」大塚ほか『民法学との対話』128頁、有賀恵美子「非典型契約の拘束力の根拠と要件事実」椿寿夫＝伊藤進編『非典型契約の総合的検討』別冊 NBL142号68頁参照）。

民法典が制定されている以上、法律行為について、「法律の規定なしに法律効果を生ずるという自然法原理のようなものは認めることはできない」（我妻榮『新訂民法総則（民法講義 I）』242頁）と解するのが素直であろう。

民法とは無関係に請求権が発生するという合意説は、契約の拘束力の思想的な根拠と、契約により権利が発生・変更・消滅するという法的効果の発生根拠との混同があるように思われる。すなわち、近代的民法典は、契約の拘束力の「思想的な根拠」について、契約当事者の自由意思に求めていることは明らかであり（星野英一「現代における契約」『民法論集第3巻』23頁、同「意思自治の原則、私的自治の原則」『民法論集第7巻』117頁など参照）、契約の成立には合意が必要であるが、契約の拘束力の根拠は、法規にあり、実定法により法的効果を付与されていることにあると解すべきものと考えられる。

そのようなことから、わが国の民事裁判実務においては、法規説が採用されている。すなわち、当事者の合意に基づいて契約が成立し、その契約から債権が発生し、その債権から請求権が流出すると解しているのである。そして、契約の拘束力は債権が発生することを定める法規に基づくものであり、請求権も法規に根拠を有するものでなければならない。したがって、設例において、Xは、Yに対して売買代金請求をしようと考えたときに、まず民法

典を参照することからスタートしているのである。そして、Ｘは、請求の原因として、権利発生事実（「財産権移転の約束」と「代金支払いの約束」）を主張証明しなければならない。また、Ｘは、請求原因事実を過不足なく主張することにより、自分が求める請求権（係争法律関係）の法的性質決定もしているのである。

このように、民事裁判実務において法規説が採用されていることから、法律実務家としては、法規についての理解を深めることが極めて重要であることが導かれる。もっとも、合意の内容（当事者の実質的意思）も、契約の解釈の基準となるが、裸の意思ではなく、契約目的に適合するか、信義則に反しないか、経験則にかなうかなど規範的な観点からも検討されることが必要になるのである（加藤『民事事実認定論』239頁）。

第4章 抗 弁

I 売買に基づく代金請求の要件事実（抗弁）

1 Yの対応の類型

民事訴訟のプロセスにおいて、Xの事実の主張に対して相手方Yが展開することになる訴訟上意味のある対応としては、五つの類型に分けられる。

第1は、そうした事実はなかったという「否認」である。

第2は、そうした事実は知らないという「不知」である（民訴法159条2項）。

第3は、事実について何も語らない「沈黙」である（同法159条1項）。

第4は、そうした事実はあったと認める「自白」である（同法179条）。

第5は、Yが積極的な言い分を主張する場合である。これには、「積極否認」と「抗弁」とに分かれる。

積極否認は、理由付否認ともいい、争点中心審理を採用している民事訴訟法では、否認する場合には、準備書面にその理由を記載することが求められるのである（民訴規79条3項）。

抗弁とは、請求原因事実と両立して、かつ請求を排斥することができる事実をいう。

これらの五つの類型のうち、Yが自白した場合には、その事実について、Xが証拠により証明することは不要になる。Yが沈黙している場合は、Xの主張事実を「争うことを明らかにしない」とみられ、自白しているとみなされる。こうした対応がされた場合には、証拠調べをすることなく、Xの請求が認められることになる。

そして、Yが事実を否認または不知とした場合には、Xは、事実を証明することが必要となる。すなわち、Xは代金支払請求権の発生を根拠づける権

利根拠規定である民法555条の要件事実である「財産権移転の約束」と「代金支払いの約束」を証明しなければならない。Xが売買契約を証明するために用意することが考えられるのは、売買契約書、注文書、納品書、帳簿、請求書控えといったものである。とりわけ、売買契約書は、売買の意思（法律行為）が表示されている書類であり、処分証書といわれる。売買契約書に契約当事者の署名、押印がある場合には、契約書の作成名義人である当事者がその意思により作成したものであること、すなわち、文書の成立が真正であることが推定される（民訴法228条4項）。そうすると、文書の成立の真正を争う側が、文書の内容を了知して署名・押印したものでないこと等を反証しない限り、その推定を覆すことができず、結局、文書の記載内容のとおり売買契約の締結の事実が認定されるのである（加藤新太郎「文書成立の真正」『民事事実認定論』96頁）。さらに、文書中の印影が本人の印章によったものであるときは、経験則上本人の意思に基づいて押印されたものであるという事実上の推定がされる。そうすると、民訴法228条4項が働く結果、「印章と同一の印影→押印の推定→文書成立の真正の推定」という事実認定がされることになる（これを「二段の推定」という。最判昭39・5・12民集18巻4号597頁）。

　これに対して、Yが抗弁を主張する場合において、Xが抗弁事実を否認したときには、Yが自分の主張する抗弁事実を証明することが必要となるのである。すなわち、Yは代金支払請求という効果の発生を妨げる権利障害規定やいったん成立した権利を消滅させる権利滅却規定に該当する要件事実を主張して、これを証明しなければならない。

2　経験則

　1で、「文書中の印影が本人の印章によったものであるときは、経験則上本人の意思に基づいて捺印されたものであるという事実上の推定がされる」（圏点付加）という説明をした。このように、裁判官が間接事実から主要事実を推認する作業（事実認定）にあたっては、経験則の果たす役割が大きい。そこで、経験則の意義と役割について説明しておこう。

⑴　経験則の意義

〔第1部〕 第4章 抗 弁

　経験則とは、個別的経験から帰納的に得られた事物の概念や事実関係についての法則的命題をいう。経験則にもいろいろなレベルのものがあり、常識に属するものから、高度な専門的特殊知識に至るものまで多様である。経験則には、必然的といえる絶対確実なもの（自然科学法則）、高度の蓋然性があるもの、単なる蓋然性があるもの、金に困っていたなら借金をしたであろうといった社会事象として可能性がある程度のものなど、その内在する蓋然性に強弱があることにも留意する必要がある。

　また、個々の訴訟における証明の状況全般の中で当該経験則の蓋然性が決まってくるといわれることもある（中野貞一郎『過失の推認』46頁）が、経験則の蓋然性はその定義からも明らかなように客観的に定まったものである。したがって、証明の状況全般の中で経験則の蓋然性が決まるというのは正確ではなく、同一の経験則を適用した場合であっても、反証の有無・積極性などの証明活動をも評価するために、その結果としての心証に差異が生じることがあるというべきであろう（加藤『民事事実認定論』187頁、本間義信「訴訟における経験則の機能」竹下守夫＝石川明編『講座民事訴訟⑤』66頁）。さらに、科学的知識の普及などによって一般的経験則と特殊専門的経験則との境界は移動し得るものでもある。

　慣習は経験則か事実かという問題があるが、経験則と解するのが、通説・判例（大判昭8・1・31民集12巻51頁）である。

(2)　経験則の役割

　経験則は、意思表示の解釈の場面と事実認定の場面の双方で作用する（加藤『民事事実認定論』188頁）。

　事実認定の場面においては、経験則は、第1に、間接事実から他の間接事実または主要事実を推認する役割がある（事実上の推定）。第2に、経験則には、証拠資料の実質的証明力をチェックする役割がある。すなわち、証拠資料の内容を検討する際には、当然のことながら経験則上蓋然性がより強い証拠資料のほうが証明力が高いわけである。第3に、経験則には、補助事実が証拠資料の証明力の評価に影響を与える契機となる役割がある。たとえば、

証人が反対尋問で口ごもった場合、証言内容に自信がないからではないかと考えるのも経験則に基づく評価が背景となっているのである。第4に、弁論の全趣旨により証拠資料の証明力をチェックすることを可能とするのも経験則の役割である。

3　Yの言い分と主張としての性質

　Yが、自白する場合は別として、何か言い分があるときの具体的対応としては、さまざまなものが考えられる。これを例示してみよう。

　第1に、Yとしては、「壺は買ったのではない。Xがリストラで前の職場を辞めさせられて困っていたところを、就職の世話をしてあげた謝礼としてもらったものだ」という言い分のある場合がある。これは「代金支払いの約束」をしたという事実の積極否認（理由付否認）であるといえる。

　第2に、Yとしては、「確かに、見たことのない壺がわが家にあるが、なぜこれがあるのか自分としては心当たりがない。自分の父親がどこかで入手していたものではないかと思うが、高齢でぼけてしまっていて、それもはっきりしない」という言い分のある場合がある。これは「不知」である。

　第3に、Yとしては、「Xから壺を買ったが、それはXの先祖が領主から拝領したという価値あるものであるという説明を受け、そういう来歴のあるものであると信じて買ったのである。ところが、その壺は、Xがノミの市で5000円で仕入れたものであることが判明した。そこで、この売買契約は錯誤に基づくものであるから取り消す」という言い分のある場合がある。これは、請求原因は自白したうえで、権利障害事実に当たる「契約の錯誤による取消し」を主張しているのである。その根拠規定は、民法95条1項柱書である。錯誤による取消しの意思表示（120条2項、97条1項）がされた場合には、取り消された法律行為は初めから無効であったとみなされる（121条）から、錯誤は、権利不発生の抗弁の主張である。なお、この言い分は、詐欺を理由とする取消しの抗弁として構成することもできる（民法96条1項）。

　第4に、Yとしては、「Xから壺を買ったが、ボーナス払いでよいという（支払期限は、2020年12月15日とする）期限の定めがあった」という言い分の

〔第1部〕 第4章 抗 弁

ある場合がある。これは、未到来の確定期限の定めがあるという抗弁を主張
しているのである。このバリエーションとしては、「金融機関から融資を受
けられた時期に支払えばよいという合意があった」という言い分も考えられ
る。これは、不確定期限の定めがあったという抗弁である。これらは、いず
れも権利排斥事実（権利阻止事実ともいう）であり、阻止の抗弁である。そ
の根拠規定は、民法135条1項である。

　第5に、Yとしては、「Xから壺を買ったが、その引渡しを受けていない。
壺の引渡しがあるまで、代金の支払いをしない」という言い分のある場合が
ある。これは、権利排斥事実であり、同時履行の抗弁（阻止の抗弁）を主張
しているのである。その根拠規定は、民法533条である。

　第6に、Yとしては、「代金120万円は、X方に持参したが、Yが不在のた
め、奥さんに支払っている。何らかの理由で、奥さんがXにそれを告げずに
いるだけである」という言い分のある場合がある。これは、権利消滅事実に
当たる「弁済」の主張であり、権利消滅の抗弁である。

Ⅱ　抗弁の種類

　抗弁としては、次の3種類に分けられる。

① 　たとえば、前記第3の錯誤主張のように、すべての法律効果に共通の
　　要件である一般成立要件の不存在（権利障害事実）をいう「不発生の抗弁」。
② 　たとえば、前記第4の確定期限の未到来または不確定期限の定め、前
　　記第5の同時履行の抗弁などの効力要件の不存在（権利排斥事実・権利
　　阻止事実）をいう「阻止の抗弁」。
③ 　たとえば、前記第6の弁済などのような消滅要件の存在（権利消滅事実）
　　をいう「消滅の抗弁」。

　そして、抗弁についても、請求原因と同じく、要件事実があり、被告であ
るYは、各抗弁について、その全部の要件事実を主張証明しなければならな
いのである。

Ⅲ　錯誤の抗弁

　前記第3の言い分のケースは、錯誤による意思表示をした場合に当たるという主張をしていると解される。錯誤による意思表示とは、表意者において現実について実際と異なった認識が形成されており、表意者がこれを知らないでする意思表示をいう。

　改正法においては、⑦売買契約における意思表示に対応する意思を欠く錯誤がある場合（民法95条1項1号。表示行為の錯誤）、④表意者が法律行為の基礎とした事情についての認識が真実に反する錯誤がある場合（同項2号。動機の錯誤）には、⑨その錯誤が法律行為の目的および取引上の通念に照らして重要なものであるときは、その意思表示を取り消すことができる（同項柱書）と定められた。改正点は、以下のとおりである（筒井＝村松『一問一答』19〜23頁）。

　第1に、旧法では、「法律行為の要素に錯誤があった」ことを無効の要件としていたが（旧法95条本文）、判例（大判大7・10・3民録24輯1852頁など）は、この要件について、ⓐ錯誤がなければ表意者は当該意思表示をしなかったと考えられること（主観的因果性）、ⓑ通常人でも当該意思表示をしなかったと考えられること（客観的重要性）を意味すると解していた。そこで、改正法では、判例法理を明文化する趣旨で、ⓐ錯誤に基づいて意思表示がされたこと（主観的な因果関係の存在。上記⑦④）、ⓑ錯誤が法律行為の目的および取引上の通念に照らして重要なものであること（客観的な重要性の存在。上記⑨）を要件とした。

　第2に、表示の錯誤（⑦）と動機の錯誤（④）とを分けて定め、後者については、判例（最判昭29・11・26民集8巻11号2087頁など）の趣旨を踏まえ、表意者にとって法律行為の動機となった事情が法律行為の基礎とされていることが表示されていることを要件とした（民法95条2項）。

　第3に、旧法は、錯誤の効果を無効としていたが、判例（前掲最判昭29・11・26）は、原則として表意者以外の第三者は無効を主張することができな

〔第1部〕 第4章 抗 弁

いとしてきたこと（相対的無効）、より表意者に帰責性の少ない詐欺は意思表示の効果を否定できる期間が「取消し」であるため期間制限があること（民法126条）とのバランスを考慮して、改正法は、錯誤の効果を「無効」から「取消し」に変えた（同法95条1項柱書）。

第4に、旧法では、表意者に重大な過失がある場合には、錯誤による意思表示の効力を否定することができないとされていた（旧法95条ただし書）。これに対して、改正法は、錯誤が表意者に重大な過失による場合であっても、①相手方が表意者に錯誤があることを知り、または重大な過失によって知らなかったとき、②相手方が表意者と同一の錯誤に陥っていたときは、例外的に、錯誤による意思表示の効力を否定することができる旨定めた（民法95条3項）。

第5に、改正法は、錯誤による意思表示を信頼した第三者の保護規定を新設した。すなわち、取消しは善意・無過失の第三者には対抗できないのである（民法95条4項）。

以上をまとめると、錯誤の要件事実は、次のとおりとなる。

> **要件事実（表示上の錯誤）**
>
> ①　意思表示に対応する意思を欠く錯誤があること
> ②　その錯誤が法律行為の目的および取引上の通念に照らして重要なものであること
> ③　表意者による取消しの意思表示

> **要件事実（動機の錯誤）**
>
> ①　表意者が法律行為の基礎とした事情についての認識が真実に反する錯誤があること
> ②　その錯誤が法律行為の目的および取引上の通念に照らして重要なものであること
> ③　表意者にとって法律行為の動機となった事情が法律行為の基礎とさ

III 錯誤の抗弁

れていることが表示されていること

④ 表意者による取消しの意思表示

　設例は、動機の錯誤であるから、具体的には、Ｙとしては、次のとおり主張することになる。

記 載 例

　　Ｙは、売買の目的物である壺はＸの先祖が領主から拝領したという価値あるものであるという説明をＸから受け、これを信じてそのような壺であればぜひとも手元に置きたいと考えて買うという意思表示をしたが、その壺は、そのような由来のものではなくＸがノミの市で5000円で仕入れたものであった。

　　そこで、ＹはＸに対し、○○年○月○日到達の内容証明郵便により売買を取り消す旨の意思表示をした。

　現実と認識との齟齬があり（①）、それが目的物の価値という重要な部分（要素）に当たるものであり（②）、そのことが、上記のＸＹとやり取りの事実に表われており（③）、取消しの意思表示もしている（④）から、これで要件事実としては十分である。

　なお、定評のある教科書においても、錯誤を主張するための要件として、「表意者に重大な過失のないこと」をあげるものがある（四宮＝能見『民法総則』254頁）。表意者であるＹに重大な過失がある場合にまで錯誤による意思表示の効力否定の主張を認めて保護するのは適当でないからであると説明されているが、要件事実論においては、「表意者に重大な過失がある」旨の主張をすることは、Ｘの反対主張（再抗弁）となることに注意すべきである（もっとも、四宮＝能見・前掲書259頁では、重過失があることの証明責任は相手方にあることを明示する。そうすると同書254頁の記述は、前に述べたように、民法の教科書では、本質提示のための制度記述にとどまり、民事訴訟の攻撃防御の構造という観点を織り込んだ訴訟実践のための制度記述にまで及んではいないという一

31

〔第1部〕 第4章 抗 弁

例であるといえよう）。

また、第3の言い分について、詐欺取消しの抗弁として構成する場合（民法96条1項）の要件事実は、次のようになる。

> **要件事実**
>
> ① 詐欺の故意があること
>
> ② 欺罔行為がされたこと
>
> ③ 表意者が②により錯誤に陥ったこと
>
> ④ 意思表示が③によりされたこと
>
> ⑤ 取消しの意思表示をしたこと

Ⅳ 期限の主張証明責任

前記第4の言い分のケースは、期限の主張である。

すなわち、売買代金支払債務に履行期が定められており、その履行期が到来していないのであるから、対象となった法律効果の発生を障害する事由となる（民法135条）のである。

したがって、Yは、次のように、履行期の合意があることを抗弁として主張することができる。

> **記 載 例**
>
> XとYとは、代金支払期限は、2020年12月15日とする旨合意した。

> **記 載 例**
>
> XとYとは、代金支払期限は、Yが金融機関から融資を受けられた時期とする旨合意した。

ところで、期限とは、法律行為の効力の発生または消滅が将来生起することの確実な事実の発生にかかっていることをいう。期限は、法律行為の付款と呼ばれる。

32

そして、通説は、期限の主張証明責任は、これによって利益を受ける当事者に帰属すると解している（抗弁説）（司研『要件事実第1巻』49頁）。これに対して、期限の存否はその対象となる法律行為の成立要件と不可分なものであるから、付款部分だけを独立の攻撃防御方法とすることができないとする見解（否認説）もある。否認説は、条件・期限一体合意説ないし全部合意説の立場から導かれるが、これによれば、Xが売買代金請求をしようとする場合には、期限についての合意が売買契約成立の要件事実と不可分一体となるものとして主張されなければならないことになる。しかし、ここでは、実務が採用している通説の立場に従って、説明することにしたい。

V　同時履行の抗弁

売買契約は、双務契約であり、原則として、代金支払債務と目的物引渡債務は同時履行の関係にある（民法533条）。

したがって、Yは、前記第5の言い分のケースでは、Xの代金支払請求に対し、以下の権利主張を同時履行の抗弁として主張することができる（司研『類型別』8頁）。

記 載 例

> Xが目的物の引渡しをするまで代金の支払いを拒絶する。

同時履行の抗弁は、権利抗弁であり、これを行使することが要件となる。

同時履行の抗弁が認められるときは、引換給付の判決をすることになる。引換給付の主文は、「YはXが壺の引渡しをするのと引換えに80万円を支払え」というものである。

VI　弁済の抗弁

前記第6の言い分は、「代金120万円をXの奥さんに渡した」というものである。これは、Yとしては、「壺の代金はもう支払い済みである」と言いたいという趣旨であり、弁済の抗弁である。

〔第1部〕 第4章 抗 弁

　「弁済」を法的に定義すると、「債務者または第三者のなす給付行為により債権が満足させられること（目的を達すること）」である（奥田昌道『債権総論〔増補版〕』487頁）。弁済によって、Xの債権（Yの債務）は消滅する。

　したがって、Yは、第6の言い分のケースについては、債務の消滅原因として、弁済を主張することができるのである。

　弁済の要件事実は、判例（最判昭30・7・15民集9巻9号1058頁）によれば、次のとおりである（司研『類型別』9頁）。

要件事実

① 　YがXに対し、債務の本旨に従った給付をしたこと

② 　①の給付がその債権についてされたこと

　YがXに対して別口の債務を負担している場合（たとえば、Yは売買とは別にXから150万円借金をしている場合等）には、「120万円をXの奥さんに渡した」としても、論理的には、その120万円は、ⓐ貸金の返済の一部の120万円である場合、ⓑ壺の売買代金の120万円である場合の二つの可能性がある。②の要件事実は、この点に関係している。すなわち、「給付と債権との結合関係（具体的な弁済充当関係）」については、債務者であるYの側が、抗弁として、主張すべきものと解されているのである。これが、通説・実務の考え方である。

　もっとも、これに対して、弁済の抗弁の要件事実としては、①で足りるとし、「YがXに対して別口の債務を負担していること」は、Xの主張証明すべき再抗弁、「①の給付が請求債権に充当されたこと（具体的な弁済充当関係）」を、Yの主張証明すべき再々抗弁と解する学説もみられる（この点につき、奥田・前掲書490頁、倉田『債権総論』236頁以下参照）。

　Yは、具体的には、次のように①②を一括して主張するのが普通である。

記載例

　Yは、Xに対し、**本件売買代金支払債務の履行として120万円を支払っ**

34

た。

Ⅶ　抗弁のまとめ

　Ｙの言い分について、以上ⅢからⅥまで、要件事実としての抗弁の形に整理して説明した。これらから明らかなように、当事者として、どのような事実があったかをみて、それを法的な言い分として構成していくのが、抗弁として主張を組み立てる作業である。

　第3の言い分である動機の「錯誤」は、壺の現実の価値とＸの説明との間に大きく齟齬があり、したがってＹの目的物についての認識に誤解があったという事実から組み立てられた。錯誤による取消しの意思表示（民法120条2項、97条1項）がされた場合には、取り消された法律行為は初めから無効であったとみなされる（121条）から、売買代金請求権は発生しないことになる。すなわち、「錯誤」は、「不発生の抗弁」である。

　第4の言い分である「期限未到来」は、契約の内容に期限が付されており、これがまだ到来していないという事実から組み立てられた。

　第5の言い分である「同時履行」は、壺の引渡しを受けていないという事実から組み立てられた。期限が到来していなかったり、売買の目的物の引渡しをまだしていなければ、売買代金請求権は行使することができない。すなわち、「期限未到来」および「同時履行」は、「阻止の抗弁」である。

　第6の言い分である「弁済」は、壺の代金はすでに支払い済みという事実から組み立てられた。弁済により債務は消滅するから、「弁済」は、「消滅の抗弁」である。

　そして、これらの抗弁の主張に対して、Ｘが事実の認否をし、反論をしていくことになるのであるが、反論のうち、抗弁と両立し、抗弁の効果を覆滅する主張が「再抗弁」である。次は、これを説明することにしよう。

第5章 再抗弁

I 錯誤に対する反対主張——重大な過失

　Yは、売買の目的物である壺について、①「Xが、先祖が領主から拝領した価値のある骨董であるという説明をした」、②「Yは、その説明を信じて、買うという意思表示をした」、③「その壺は、実際には、Xがノミの市で5000円で買ったものである」という事実を主張している。

　Xが、①について、「そのような説明をしていない」、③について、「壺は、ノミの市で買ったものではない」と応接するのは、Yの主張する事実の否認である。そして、Xが、その壺をどのようにして入手したのか（たとえば、叔父さんから家の新築祝いでもらったものである等）を主張したうえで否認するのは、積極否認である。

　これに対して、Xが、「確かに、『先祖が領主から拝領した壺かもしれない』という話を出したが、それは、普通であれば、明らかに冗談であることがわかるはずのものであったし、まして、Yは、骨董のプロであるから、誤信するはずがない」と主張するのは、「表意者であるYに重大な過失がある」という事実の主張である。「表意者に重大な過失がある」ときには、表意者は錯誤による取消しを主張することができなくなる（民法95条3項）から、これは、再抗弁である。すわなち、「Yが意思表示において錯誤があること」と「Yが意思表示において重大な過失があること」は、事実として両立し、後者によって取消主張ができなくなるという効果が生じるのであるから、Xが、後者の事実を主張証明しなければならないのである。

　ところで、「表意者に重大な過失があること」は、学説上、「錯誤におちいったことにつき、当該の事情のもとで普通人に期待される注意をいちじるしく

欠いていること」（山本『民法講義 I 』216頁）である、または、「普通の人なら注意義務を尽くして錯誤に陥ることはなかったのに、著しく不注意であったため錯誤に陥ったこと」（四宮＝能見『民法総則』259頁）と解されている。判例も、学説と同旨であり、株式の売買において譲渡制限のあることを知らなかった買主につき「表意者に重大な過失があるかどうかを判定するには、普通の智慧を有する者のなすべき注意の程度を標準として抽象的に定めるべきものである」として、重過失を肯定したもの（大判大 6 ・11・ 8 民録23輯1758頁）がみられる。

　そして、「表意者に重大な過失があること」は、いわゆる規範的要件である（規範的要件については、司研『要件事実第 1 巻』30頁参照）。

　規範的要件とは、権利濫用（民法 1 条 3 項）・公序良俗（同法90条）・過失（同法709条）など、不特定概念を用いて法律要件を規定した一般条項で定められるものをいう。規範的要件については、これを基礎づける具体的事実が主要事実であるとする見解が多数説である。したがって、当事者は、規範的要件を基礎づけることになる評価根拠事実を主要事実として主張証明することになる（第 3 章 I 4 ⑷20頁）。

　そこで、「表意者に重過失があること」については、たとえば、表意者が、その取引について有する知識・能力が高いこと、自己の目的を実現するうえで重要な事柄であること等は評価根拠事実となる。したがって、X としては、「Y が、骨董取引のプロであること、この地域における拝領の品を収集していたこと」を根拠として、それにもかかわらず、「X の先祖が領主から拝領した壺かもしれないという冗談話を真に受けたのは、期待される注意を著しく欠いていた」と評価できると主張証明していくことが考えられる。

　これに対して、錯誤が Y の重大な過失による場合であっても、①X が表意者に錯誤があることを知り、または重大な過失によって知らなかったとき、②X が表意者と同一の錯誤に陥っていたときは、例外的に、錯誤による意思表示の効力を否定することができる（民法95条 3 項）。これは、再抗弁に対する反対主張である「再々抗弁」である、

〔第1部〕 第5章 再抗弁

Ⅱ 期限の合意に対する反対主張——履行期限の到来

Yのした、代金支払期限の合意がある（①代金支払期限について、2020年12月15日とする旨合意した、②Yが金融機関から融資を受けられた時期とする旨合意した）という抗弁は、それが到来していないというインプリケーションのもとに意味をもつ。

このような抗弁に対して、Xは、どのような反対主張をすることが考えられるであろうか。

①に対して、Xが「代金支払期限の合意は、2020年10月1日であった」と主張することが考えられる。これは、積極否認である。

②に対して、Xが「Yは、2020年10月1日金融機関から融資を受けている」と主張することも考えられる。これは、期限の合意と両立する事実であり、これが到来し、請求権の行使ができる状態になったというものであるから、再抗弁である。

Ⅲ 同時履行に対する反対主張

Yのした同時履行の抗弁に対しては、Xは、どのような反対主張をすることができるであろうか。

Xは、「XとYとの間で、代金支払いを目的物である壺引渡しの前に履行するとの合意をした」と主張することができる。これは、「先履行の合意」であり、再抗弁である。

また、Xは、「XはYに対して、2020年8月2日、壺を引き渡した」と主張することができる。これは、「反対給付の履行」をいうものであり、再抗弁である。

これとは異なり、「Xが、壺を宅急便で送ったが、Yが不在で受取りがされなかった」という場合については、どのように考えるべきか。これは、壺の引渡しについて債務者であるXが、給付の実現に必要な準備をして、債権者であるYの目的物の受領という協力を求めることをしたということであ

38

り、「弁済の提供」といわれる状態である（民法493条）。債務者は、債務の本旨に従った弁済の提供をすることにより債務不履行責任を免れる（同法492条）。弁済の提供には、こうした免責効果があるが、弁済したのと同様の効果までは認められない。そして、双務契約の当事者の一方は、相手方の弁済の提供があっても、その提供が継続されない限り、同時履行の抗弁権を失わないという判例（最判昭34・5・14民集13巻5号609頁）がある。そうすると、訴え提起前にXが履行の提供をしても、Yは同時履行の抗弁権を失わないことになるから、Xが「壺を宅急便で送ったが、Yが不在で受取りがされなかった」事実を主張しても、意味がない。すなわち、主張自体失当ということになるのである。

IV　弁済の反対主張

　Yのした「代金120万円をXの奥さんに渡した」という主張に対して、Xは、その事実はないと否認することが考えられる。

　また、「X本人ではなく、妻に120万円を渡したとしても、Xに対する売買代金支払いとはいえないではないか」と主張することも想定できるが、これも、本来の「弁済」とはいえないという趣旨の否認である。もっとも、Yは、「Xの妻は、Xの使者であり、妻に渡すことは、Xに渡したことになる」と再反論することになるであろう。

　弁済の要件事実について通説とは異なるとらえ方をする学説（奥田説）の立場からは、Xとしては、「YがXに対して別口の債務を負担していること」を再抗弁として主張することが考えられる（奥田昌道『債権総論〔増補版〕』490頁）。しかし、通説・実務においては、Yが「給付と債権との結合関係（具体的な弁済充当関係）」を、抗弁として主張すべきであると解していることは前述したところである（第4章VI34頁）。

39

第6章 売買の要件事実の構造

I 売買代金請求の攻撃防御方法（まとめ）

売買代金請求の攻撃防御方法の構造について、整理すると、次のようになる。

これらは、いずれも民法の解釈論を前提として、要件事実から組み立てられるべきものであることは繰り返し説明してきたとおりである。法律実務家にとっては、こうした構造が、自分の頭の中で体系化されることが必要不可欠なのである。

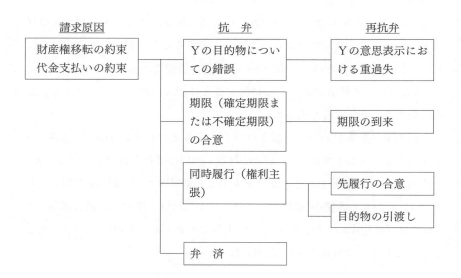

II 付帯請求の要件事実

1 総説

売買代金請求訴訟を提起する場合、実務上、付帯請求として、目的物引渡し後の利息相当分の金銭の支払いを求めることが少なくない。その法的根拠は、「買主は引渡しの日から、代金の利息を支払う義務を負う」と定める、民法575条2項本文である。

「代金の利息」の法的性質については、考え方の対立がある。

すなわち、第1に、遅延損害金（遅延利息）であるとする説（我妻榮『債権各論中巻一（民法講義V₂）』312頁）がある。遅延損害金（遅延利息）説が、「代金の利息」を遅延利息とみる理由は、民法575条2項本文の趣旨は買主の遅滞の責任を引渡しの時まで発生させないことにあると考えるところにある。

これに対して、第2に、法定利息であるとする説（大判昭6・5・13民集10巻252頁）がある。民法575条2項本文は、買主の履行遅滞の有無にかかわらず、目的物の引渡しであったときから買主に代金の利息支払義務を負わせたものであると考える立場である。

いずれにしても、この場合における付帯請求は、代金請求とは法的性質が異なるから、その請求権を発生させるに十分な要件事実が主張されることが必要になる。

2 遅延損害金（遅延利息）説

遅延損害金（遅延利息）説によれば、Xが主張証明すべき要件事実は、次のとおりである（司研『類型別』4頁）。

> **要件事実**
>
> ① XがYとの間で売買契約を締結したこと
> ② 代金支払債務の履行期が経過したこと
> ③ XがYに対して①の売買契約に基づき目的物を引き渡したこと
> ④ 損害の発生とその数額

〔第1部〕 第6章 売買の要件事実の構造

遅延損害金（遅延利息）説は、売買代金債務の履行遅滞に基づく損害賠償請求と法的性質を同じくするものであり、代金支払いの履行遅滞に基づく損害があることを主張証明しなければならない。

売買契約の締結（①）は、履行遅滞の前提となる債務の存在（債務発生原因）をいうために必要である。

②については、履行期の種類によって異なり、次のようになる（潮見『改正法の概要』60頁）。

　㋐　確定期限の場合（民法412条1項）　　確定期限の合意、その期限の経過

　㋑　不確定期限の場合（同条2項）　　不確定期限の合意、ⓐその期限の到来後XがYに対して売買代金の支払いを求める催告をしたことおよびその日の経過、ⓑYが期限の到来を知ったことおよびその日の経過（ⓐⓑのいずれか早い時から遅滞の責任を負う）

　㋒　期限の定めのない場合（同条3項）　　XがYに対して売買代金の支払いを求める催告をしたことおよびその日の経過

③については、民法575条2項本文の文言上、目的物の引渡しが必要である。また、①により代金支払債務に同時履行の抗弁権（民法533条）が付着していることが基礎づけられており、同時履行の抗弁権の存在は、履行遅滞の違法性阻却事由に当たると解されているので（存在効果説。我妻榮『債権各論上巻（民法講義Ⅴ₁）』153頁）、同時履行の抗弁権の存在効果を消滅させるためには履行の提供が必要となる。売買代金のみを請求するのであれば、請求原因をレベルでは本来③（引渡し）を主張する必要はなく、相手方が同時履行の抗弁を主張するのを待って再抗弁として主張すれば足りるのであるが、履行遅滞に基づく損害賠償請求をする場合には、①が認められても同時履行の抗弁も認められ主張自体失当となるので、これを避けるために、③の主張をしておくことが必要になるのである。これは、「せり上がり」または「避けられない不利益陳述」と呼ばれる現象である。

④については、一般的に、損害の発生とその数額が要件事実となるが、金

銭債務の不履行の場合には、特約がなくても、当然に民事法定利率（民法404条1項）の割合による損害金を請求することができる（同法419条1項本文）から、法定利率の割合による損害金を請求するときには、②の時期以降の期間の経過のみが要件事実となる。

法定利率については、次のような改正がされている（筒井＝村松『一問一答』79頁、潮見『改正法の概要』56頁）。第1に、改正法では、従前5％としてきたが、昨今の市中金利を大きく上回る状況が続いてきたことに鑑み市中金利の水準に合わせて、3％に引き下げた（民法404条2項）。第2に、金利水準の変動に備え、一定の指標を基準として、3年ごとに法定金利が見直される変動制を導入した（同条3項〜5項）（本書227頁参照）。

3　法定利息説

これに対して、法定利息説によれば、Xが主張証明すべき要件事実は、次のとおりである（司研『類型別』6頁）。

要件事実

① XがYとの間で売買契約を締結したこと

② XがYに対して①の売買契約に基づき目的物を引き渡したこと

③ ②の引渡しの時期およびその時期以降の期間の経過

法定利息説では、民法575条2項本文の文言から要件とされる事実である①②③が、要件事実とされる。③は摘示を省略するのが通常である。

付帯請求をする場合には、いずれの説によっても、Yから同時履行の抗弁が、提出される余地はないことになる。

[第1部] 第7章 売買契約をめぐる重要論点

第7章 売買契約をめぐる重要論点

　売買契約紛争をめぐる重要論点として、手付と契約不適合の問題があるが、これらを要件事実論の観点から整理しておく（補論として、改正法415条の解釈も述べる）。これまでの章と比較すると、実践的な論点であるから、第2部を読んだうえで、本章に戻ってきてもよい。

　また、設例では、「XとYとの間で売買契約が締結した」という直接契約であった。それでは、XあるいはYが代理人を使って契約を結んだ場合の要件事実はどのように考えたらよいであろうかという問題がある。そこで、代理についても、ここで解説をしておくことにする。

I　手付

設例
0—2

　XはYに壺を120万円で売った。Yは、20万円をXに支払い、代金支払い時にこれを充当する旨の合意をしていた。
　(1)　Yは、その後、壺を自分のものとする気持ちはなくなっている。Yは、Xの残代金請求に対して、どのように反論することができるか。
　(2)　Xは、その壺をより高額に売却する見込みができたので、Yへの売却をキャンセルしたいと考えている。この場合には、Xは、どのように主張することができるか。

1　手付の法的性質

　設例0—2においては、金20万円を授受した趣旨が、手付か、内金かが争点となる。
　手付とは、売買・賃貸借・請負その他の契約締結に際し、契約の成立を証

する目的で当事者の一方（売買の場合は、多くは買主）から他方に対して交付される金銭その他の有価物をいう（司研『要件事実第1巻』148頁）。これに対して、内金は、売買代金債務の一部弁済として給付されるものである。手付か内金かの区別は、当事者間で明示されている場合には問題とならないが、そうでない場合には、当該契約の趣旨、取引の性質・経過その他の事情から、金銭授受の性質を決定することになる。

　設例において、まず、売買代金の一部である内金として交付されたものであれば、売買代金の一部の前払いであり、売買契約の効力に影響はない。もっとも、契約締結に伴い内金の支払いがされた場合には、契約の成立を証することを目的として交付されていることがあり、これは証約手付としての性質を有することになる。

　次に、手付金として交付されたものであれば、売買契約の効力に一定の影響を及ぼす可能性がある。

　ところで、手付には、①契約成立の証拠として交付される「証約手付」、②解除権を留保し、手付分の損失を負担すること（手付を交付した者はこれを放棄し、受領した者は倍額を返還すること）により契約を解除できるとの趣旨で交付される「解約手付」、③当事者の一方が債務不履行に陥った際の違約金の趣旨で交付される「違約手付」に分かれる。

　手付を授受する契約は、手付契約といわれるが、手付のうちのいずれであるかは、手付契約の解釈の問題である。

　これに関して、民法557条1項本文は、㋐「買主が売主に手付を交付したときは」、㋑「買主はその手付を放棄し、売主はその倍額を現実に提供して、契約の解除をすることができる」と定めている（改正法は、本文とただし書の2文構成にした。筒井＝村松『一問一答』271頁、潮見『改正法の概要』255頁）。これは、法規上、㋐「手付の交付」という要件があるときは、㋑の「解除権の留保」という法律効果を付したものであり、解釈規定である（司研『要件事実第1巻』148頁、本書12頁）。解釈規定とは、私人の意思表示の内容について、法が一定の内容を推定するような定めである。そこで、解釈規定は意思

〔第1部〕 第7章 売買契約をめぐる重要論点

推定ともいわれるが、法律上の事実推定とは異なる。したがって、民法557
条1項本文により、手付は「解約手付」との推定を受けるといわれるが、法
律上の事実推定ではないことに注意すべきである。すなわち、手付が交付さ
れると、解除権の留保という法律効果が付与されるので、手付が交付された
にもかかわらず解除権は留保されていないというためには、解除権の留保合
意の不成立（不存在）を主張しても、主張自体失当であり、解除権を留保し
ない旨の合意（解除権留保の排除合意）の成立を主張証明しなければならな
いのである（司研『要件事実第1巻』27頁）。

　違約手付は、ⓐ損害賠償の予定としての性質を有するもの、ⓑ違約罰とし
ての性質を有するものとがある。ⓐは、手付損・倍戻しのみで損害賠償を打
ち切るものであり、ⓑは、別個の損害賠償請求を許す趣旨のものである。こ
れも、手付契約の解釈の問題であるから、明示の合意で明らかにできないと
きは、黙示の合意を基礎づける事実によるが、いずれか疑義がある場合に
は、民法420条3項（「違約金は、賠償額の予定と推定する」）の趣旨を考慮して、
損害賠償の予定と解するのが相当である。

2　手付放棄による買主の契約解除

　設例0─2⑴のように「Yは、その後、壺を自分のものとする気持ちはな
くなっている」場合には、Xの残代金請求に対して、Yは手付金を放棄して、
売買契約を解除する旨の抗弁を主張することができる。「手付放棄による契
約解除」の要件事実は、次のとおりである（司研『類型別』16頁）。

要件事実

①　YがXとの間で売買契約に付随して手付として20万円を交付する旨
　の合意をしたこと

②　YがXに対し①の手付として20万円を交付したこと

③　YがXに対し、契約解除のためにすることを示して手付返還請求権
　放棄の意思表示をしたこと

④　YがXに対し、売買契約解除の意思表示をしたこと

①について、民法557条1項は解釈規定であるから、Yは手付の解約手付性につき主張証明する必要はない。

②は、手付契約は要物契約であることから必要となる。手付はいつまでに交付されなければならないか。通常は契約締結時に交付されるが、代金支払い等の弁済期以前であれば、契約後に交付されたものでも手付になる。

③については、④の売買契約解除の意思表示とは別に必要としないとする見解（我妻榮『民法講義債権各論中巻一（民法講義Ｖ₂）』264頁）が多数説である。すなわち、手付交付者としては、契約解除の意思表示で足り、別個に手付を放棄する旨の意思表示は不要というのである。しかし、手付に言及しないで解除の意思表示をした場合であっても手付返還請求権放棄の効果が生じることは、法律行為と法的効果とを可及的に明確に規律するという観点からは相当とはいえず、③の要件は必要と解される（これが、司法研修所説である）。もっとも、実務上は、④とは別個に③の要件を明示的に主張しないときには、主張の解釈として、④の要件の主張がされていれば、③の要件も黙示的に主張されているとみてよい場合も多いとされている（司研『要件事実第1巻』149頁）。裁判所としては、主張の明確化を図るため釈明をすべきであろう。

④については、③に売買契約解除の意思表示が常に含まれており、③が留保解除権の行使の方法であると解するとすれば、③とは別に④の要件は不要ということになる。しかし、留保解除権に基づく解除も民法540条の契約解除の一種であるから、法律行為と法的効果とを可及的に明確に規律するという観点からは、理論的には解除の意思表示が必要というべきであろう。もっとも、主張の解釈として、③の要件の主張がされていれば、④の要件も黙示的に主張されているとみてよい場合も多いと解される。

3　解除権留保の排除合意

手付放棄による契約解除の抗弁に対して、再抗弁として、どのような主張をすることができるか。

まず、売主Xは、解除権留保の排除合意の再抗弁を主張することができる。その要件事実は、次のとおりである（司研『類型別』17頁）。

〔第 1 部〕　第 7 章　売買契約をめぐる重要論点

要件事実

○　**XがYとの間で抗弁①について解除権の留保はしない旨の合意をし
たこと**

　違約手付の合意は、解除権の留保と両立し得るものであるから、違約手付
の合意のみをもって、解除権留保の排除合意があったということはできない
（最判昭24・10・4民集3巻10号437頁）。したがって、手付放棄による契約解
除の抗弁に対して、「違約手付の合意のあること」を再抗弁として主張して
も、主張自体失当である。

4　履行の着手

　また、手付放棄による契約解除の抗弁に対して、売主Xは、履行の着手の
再抗弁を主張することができる。その要件事実は、次のとおりである（司研
『類型別』17頁）。

要件事実

○　**Xは、Yの解除の意思表示に先立ち履行に着手したこと**

　旧法557条1項は、「当事者の一方が契約の履行に着手するまでは」手付解
除をすることができると規定していたが、判例（最判昭40・11・24民集19巻8
号2019頁）は、その趣旨は履行に着手した当事者の予測を害しないようにす
るためであるとして、履行に着手していない当事者に対して契約の解除をす
ることができるとしていた（解除の意思表示をした者の履行の着手を主張して
も主張自体失当となる）。この解釈は合理的であると考えられることから、改
正法はこの判例法理を明文化し、解除しようとする者の相手方が契約の履行
に着手した後」は、解除することができないと定めた（改正法557条1項ただ
し書）（筒井＝村松『一問一答』271頁、潮見『改正法の概要』255頁）。そこで、
手付契約により留保された解除権の行使は「その相手方が契約の履行に着手
した後」はできないから、解除する当事者の相手方が履行に着手したことは、
再抗弁となる。

48

I 手付

　「履行に着手した」とは、客観的に外部から認識することができるような形で履行行為の一部をし、または履行の提供をするために欠くことのできない前提行為をしたことをいう（前掲最判昭40・11・24）。具体的な行為が履行の着手に当たるかについては、その行為の態様、債務の内容、履行期が定められた趣旨・目的等諸般の事情に照らして判断される（最判平5・3・16民集47巻4号3005頁）。

　売主の履行の着手が認められた裁判例には、①賃貸建物の売買において、売主が賃借人から明渡しを受けたうえこれを買主に引き渡す旨の約定に基づき、売主が残代金を準備して買主とともに賃借人方に赴いて明渡しを求めた場合（最判昭30・12・26民集9巻14号2140頁）、②農地法5条の許可を要する農地の売買において、売主が許可の申請書に買主と連署してこれを知事に提出した場合（最判昭43・6・21民集22巻6号1311頁）などがみられる。

　なお、「Xは、Yの解除の意思表示に先立ち履行に着手したこと」を再抗弁と位置づける考え方に対して、留保解除権の行使を制限しようとする立場は、解除の意思表示をした者にその不利益を負担させるべきであると考え、再抗弁「Xは履行に着手したこと」、再々抗弁「Yの解除の意思表示は履行の着手の前であること」と解する（司研『要件事実第1巻』151頁）。このように攻撃防御方法を細分化する必要はないであろう。

5　手付倍額提供による売主の契約解除

　設例0―2(2)のように、「Xがその壺をより高額に売却する見込みができたので、Yへの売却をキャンセルしたいと考えている場合」には、Xは手付金の倍額を現実に提供して（改正法557条1項本文）、売買契約を解除する旨の抗弁を主張することができる。旧法557条1項は、「売主はその倍額を償還して」手付解除ができると規定していたが、判例（最判平6・3・22民集48巻3号859頁）は、この文言や買主が手付を放棄して契約を解除する場合との均衡から、売主の手付倍戻しによる解除は、倍額につき現実の償還までは必要ないが、倍額を現実に提供する必要があると判示していた。この解釈は合理的であると解されることから、改正法は、この判例法理を明文化した（筒

49

〔第1部〕 第7章 売買契約をめぐる重要論点

井＝村松『一問一答』271頁）。

　手付倍額提供による売主の契約解除（抗弁）の要件事実は、次のとおりである（司研『要件事実第1巻』149頁）。

> **要件事実**
>
> ①　YがXとの間で売買契約に付随して手付として20万円を交付する旨の合意をしたこと
> ②　YがXに対し①の手付として20万円を交付したこと
> ③　XがYに対し、契約解除のためすることを示して手付の倍額を現実に提供したこと
> ④　XがYに対し、売買契約解除の意思表示をしたこと

　これに対して、解除権留保の排除合意、買主の履行の着手が再抗弁になることは、Yが契約解除をした場合と同様である。

　買主が履行に着手したことを肯定した裁判例には、①残代金の現実の提供ないしこれと同視すべき行為（土地売買において、買主が売買残代金支払いのため銀行支払保証小切手を現実に提供した場合＝最判昭44・5・30裁判集（民）95号453頁）、②売主に本来の債務の履行の補助として先履行の義務がある場合にした買主によるその義務の履行ないし売主に対するその履行の催告（農地法5条の知事の許可を要する農地の売買において、買主が許可の申請書に売主と連署してこれを知事に提出した場合＝前掲最判昭43・6・21）、③残代金の支払いの準備をしたうえでした履行の催告ないし口頭の提供（家屋の売買で、買主が明渡し期限の到来後しばしば売主に明渡しを求め、かつ、明渡しがされればいつでも残代金の支払いが可能な状態にあった場合＝最判昭26・11・15民集5巻12号735頁、知事の許可を停止条件として締結した農地の売買において、買主が約定の履行期後、売主に対してしばしばその履行を求め、かつ売主において右所有権移転登記手続をすればいつでも支払えるように残代金の準備をしていた場合＝最判昭33・6・5民集12巻9号1359頁）などがみられる。

　これらに対して、履行の着手が否定された裁判例としては、①土地の売買

において、買主が土地を転売してその代金をもって売買代金に充てることとし、第三者と転売契約を締結したうえ転売のために地上の竹木を切り払い、測量図面を作成した場合（福岡高判昭50・7・9判時807号41頁）、②売主が自ら履行の着手をしても、買主が履行の着手をしない場合（前掲最判昭40・11・24）、③土地および建物の買主が、履行期前において、土地の測量をし、残代金の準備をして口頭の提供をしたうえで履行の催告をしても、売主が移転先を確保するため履行期が約1年9か月先に定められ、測量および催告が履行期までになお相当の期間がある時点でされた場合には、測量および催告は、履行の着手に当たらない（前掲最判平5・3・16）としたものがみられる。

II 契約不適合責任

Yはこの壺に花を生けて楽しもうと考えており、Xにもその旨告げた。Xは、自分は単に壺として飾っているが、もちろん花を生けることもできると請け合った。

Yがこの壺に花を生けて使用していると、ゆっくりではあるが、水漏れがすることに気づいた。これでは、Yが当初考えたような使用はできない。

このような場合に、Yとしては、どのように主張することができるか。

1 旧法における瑕疵担保責任

(1) 総　説

旧法570条・566条は、売買契約の目的物に隠れた瑕疵がある場合には、買主は契約の解除または損害賠償請求をすることができる旨定めていた。瑕疵担保責任といわれ、買主は、①瑕疵のため契約の目的を達成することができないときは解除および損害賠償請求ができ、②その他のときは、損害賠償請求のみができた。ただし、数量が不足する場合を除き、代金減額請求権は認められていなかった（旧法565条、563条）。

〔第1部〕 第7章 売買契約をめぐる重要論点

　瑕疵担保責任の法的性質については、学説上、①法定責任説（我妻榮『民法講義債権各論中巻一（民法講義Ⅴ₂）』309頁）、②契約責任説（北川善太郎『契約責任の研究』193頁）が対立していた。法定責任説は、特定物売買で売主のすべき給付は目的物の財産権移転に尽き、契約時の目的物に瑕疵があってもそれは原始的一部不能で売主に責任はないのが原則（原始的一部不能論・特定物ドグマ論）であるが、旧民法570条は有償契約における等価的均衡と信頼の保護を維持するため、目的物の瑕疵をもっともよく知り得る売主に対して買主の信頼利益の賠償の範囲で無過失責任を負わせたものであるという。これに対して、契約責任説は、旧民法570条は、売買契約における売主の債務不履行（不完全履行）の特則である（債務不履行説）、または、売買の目的物の性状を担保するという売主の義務による責任（義務不履行説）と説明する。両者は、旧法570条が特定物についてのみ適用されるのか否かで結論を異にし、法定責任説は特定物についてのみ適用するというのに対し、契約責任説では不特定物にも適用を肯定した。

　判例は、不特定物の売買についても、旧法570条の適用を肯定した。最判昭36・12・15民集15巻11号2852頁は、不特定物売買について、買主が瑕疵ある目的物を受領しても、買主は債務の本旨に従う完全な給付の請求権を失わず、一般の債務不履行として契約解除権、損害賠償請求権を有するが、「目的物を受領し、瑕疵の存在を認識した上でこれを履行として認容したとき」は旧法570条の適用があるという立場を採用したと解されていた（司研『要件事実第1巻』212頁）。

⑵　瑕疵の意義

　瑕疵とは、目的物が、取引において一般的に前提とされる程度の品質・性能を備えていないことと定義された。品質・性能の程度は、一般には、取引界において要求される中程度のもので足りるが、売主が見本や広告等により、目的物の品質・性能を表示していたときには、それが基準となる。瑕疵には、物理的欠陥（シロアリに床・柱が食い荒らされている建物）や性能不足（一日4トンの製氷能力があるとして購入したのに一日2トンの製氷能力しかない製

氷機）のほか、法令上の制限、環境的瑕疵、心理的瑕疵も含まれる。

法令上の制限とは、たとえば、工場用地を購入したが河川法の制限のため工場建設ができない場合、居宅の敷地として購入した土地の大部分が都市計画街路の境域内にあるため、居宅を建築しても早晩撤去せざるを得なくなる場合（最判昭41・4・14民集20巻4号649頁）、土地建物の売買で、建物が適法な建築確認を得ておらず、敷地が接道義務に違反している場合（大阪高判平11・9・30判タ1042号168頁）などである。

環境的瑕疵とは、たとえば、環境物質対策基準適合と表示されていたマンションがいわゆるシックハウスであった場合（東京地判平17・12・5判タ1219号266頁）、土地の売買契約において瑕疵の基準とされた区の指導基準を超えた油分が土地に含まれていた場合（東京地判平23・1・27判タ1365号124頁）などである。

心理的瑕疵とは、たとえば、購入した不動産で以前自殺があった場合（東京地判平7・5・31判タ910号170頁）、購入した土地にかつて存在した建物で殺人事件があった場合（大阪高判平18・12・19判タ1246号203頁）などである。

瑕疵が隠れたものであるとは、①通常人が買主となった場合に容易に発見することができないという一般的要件、②その買主が知らず、かつ、知ることができなかったという個別的要件の双方を含む。瑕疵が隠れたものであることを肯定した裁判例としては、分譲マンションに不適切な工事に起因する雨漏りや設計・施工上の欠陥による外壁の亀裂があった場合（これらは専門家の調査ではじめて明らかになるもの。東京地判平4・9・16判タ828号252頁）、宅地の地中に井戸があり、その位置を知るためにボーリング調査が必要となる場合（東京地判平21・2・6判タ1312号274頁）などがみられた。

2　改正法における契約不適合責任

(1)　総　説

改正法は、①特定物売買と不特定物売買とを区別することなく、②売主は一般に種類・品質・数量に関して売買契約の内容に適合した目的物を引き渡す債務を負うことを前提として、③目的物が契約の内容に適合しない場合に

〔第1部〕 第7章 売買契約をめぐる重要論点

は、債務不履行であるとする整理をした。これは、契約責任説の考え方を採用（法定責任説を否定）するものである。改正法は、瑕疵担保責任から契約不適合責任へと規律を大きく変更したのである（筒井＝村松『一問一答』275頁）。

契約不適合責任の効果として、買主は、①目的物の修補や代替物の引渡し等の履行追完請求（改正法562条1項本文）、②代金減額請求（改正法563条1項、2項）、③損害賠償請求（改正法415条、564条）、④契約の解除（改正法541条、542条、564条）をすることができる。

(2) 契約不適合

契約責任説に立つ場合に、担保責任が認められるか否かは、引き渡された目的物が、「契約の内容に適合しない」か否か（債務不履行に該当するか否か）によって判断される。そのため。「瑕疵」に代えて、改正法では「契約の内容に適合しない」という文言が使用されているが、具体的な意味内容は異なるものではない（筒井＝村松『一問一答』275頁。大江『新債権法の要件事実』36頁）。

改正法では、「隠れた」という要件がなくなっているが、買主側の善意無過失といった認識可能性は、当該売買契約において当事者が売買の目的物に付与した意味は何かという契約の解釈に取り込まれており、契約適合性と分けて判断することは理論的に説明がつかないということから変更されたものである。したがって、これまでの実務を変えようという意図はないと解される（村田＝山野目『要件事実30講』295頁）。

以上によれば、旧法の「隠れた瑕疵」は、目的物が「種類、品質及び数量に関して契約の内容に適合しない」場合（契約不適合）に置き換えられたものと解される。その意味では、従前の裁判例は、これからも参考にしてよいであろう。

3 要件事実論からの整理

(1) 契約不適合該当性

設例0―3の売買の目的物は、ゆっくりと水漏れがする壺であるが、これが観賞用の骨董であって花を生けて使用することが予定されていないものであれば、「品質に関して契約の内容に適合しない」とはいえないと解する余

54

地がある。しかし、Xは、この壺は花を生けることもできると請け合ったのであるから、目的物の品質の表示があったということになり、契約不適合と評価してよいであろう。

(2) 履行の追完請求権としての目的物修補請求

(ア) 請求原因

買主は、売主に対して、追完請求権としての目的物修補請求をすることができる（民法562条2項）。その要件事実は、次のとおりである（大江『新債権法の要件事実』37頁）。

> **要件事実**
>
> ① XはYとの間で、本件壺を120万円で売買する契約を締結したこと
> ② XはYに対して、本件壺を引き渡したこと
> ③ 上記②で引き渡された本件壺は、種類、品質および数量に関して契約の内容に適合しないものであること

(イ) 抗 弁

> **要件事実**
>
> その1（追完の抗弁）　Xは、Yの追完請求に対して本件壺を補修したこと
> その2（Xの帰責事由）　請求原因③の不適合がYの責めに帰すべき事由によるものであること
> その3（社会通念上の履行不能）　修補に要する費用が、Yが履行により得る利益と比べて著しく過大なものであること

抗弁その2は、改正法562条2項に基づく抗弁であり、抗弁その3は、改正法412条の2第1項に基づく抗弁である。

(3) 代金減額請求

(ア) 請求原因

買主は、売主に対して、代金減額請求をすることができる（民法563条2

〔第1部〕 第7章 売買契約をめぐる重要論点

項）。その要件事実は、次のとおりである（村田＝山野目『要件事実30講』295頁）。なお、代金減額請求は、損害賠償請求ではないので、債務不履行による損害賠償請求につき債務者に免責事由が存在する場合（改正法415条1項ただし書）であっても、行使することができる。すなわち、売主は債務の不履行が「契約その他の債務の発生原因及び取引上の社会通念に照らして債務者の責に帰することができない事由」による旨の抗弁は主張自体失当となる（大江『民法(5)−1』299頁）。

要件事実

①　XはYとの間で、本件壺を120万円で売買する契約を締結したこと

②　XはYに対して、本件壺を引き渡したこと

③　上記②で引き渡された本件壺は、種類、品質および数量に関して契約の内容に適合しないものであること

④　YはXに対し、履行の追完をするよう催告したこと

⑤　上記③の催告から相当期間が経過したこと

⑥　YはXに対し、不適合の程度に応じた代金減額の意思表示をしたこと

⑦　減額されるべき代金の額

　(イ)　抗　弁

要件事実

その1（追完の抗弁）　　Xは、Yの追完請求に対して本件壺を補修したこと

その2（Xの帰責事由）　　請求原因③の不適合がYの責めに帰すべき事由によるものであること

(4)　契約解除

　(ア)　抗　弁

売主から売買代金請求をされた買主は、抗弁として、契約不適合（債務不

II 契約不適合責任

履行）に基づく契約解除を主張することができる。

　その要件事実は、次のとおりである。

要件事実

① 　XはYに対し、請求原因（売買契約締結）に基づき、本件壺を引き渡した交付したこと

② 　本件壺は、種類、品質および数量に関して契約の内容に適合しないものであること

③ 　YはXに対し、履行の追完をするよう催告したこと

④ 　上記③の催告から相当期間が経過したこと

⑤ 　YはXに対し、上記④の期間経過後、売買契約を解除するとの意思表示をしたこと

　　(イ)　再抗弁

　第1に、契約解除は期間制限に服するから、Xは、解除の抗弁に対して、除斥期間経過の再抗弁を主張証明することができる。

要件事実

① 　Yが不適合の事実を知ったことおよびその時期

② 　①の時期から本件追完請求まで1年が経過したこと

　これに対し、Yは、再々抗弁として、「Yは不適合の事実を知ったときから1年以内にその事実をXに通知したこと」を主張証明することができる（改正法566条）。

　さらにYは、再々抗弁として、「Xの悪意または重過失の評価根拠事実」＝「Xが引渡し時に本件壺が契約の内容に適合しないものであることを知っていたこと」または「Xが引渡し時に本件壺が契約の内容に適合しないものであることを知らなかったことにつき重大な過失の評価根拠事実」を主張証明することができる（改正法566条ただし書）。

57

〔第1部〕 第7章　売買契約をめぐる重要論点

　第2に、不履行の軽微性の再抗弁を主張証明することができる（改正法541条ただし書）。

> **要件事実**
>
> ○　抗弁④の期間を経過した時における債務の不履行がその契約および取引上の社会通念に照らして軽微であること（評価根拠事実）

　第3に、契約不適合責任に関する規定は契約当事者間の利害調整を図る任意規定であるから、当事者間で不担保特約を合意することは可能であり、Xは、これを再抗弁として主張証明することができる。これに対し、Yは、再々抗弁として、「Xは、不担保特約締結時、契約不適合の事実を知っていたこと」、「XはYに対し、不担保特約をするに際し、契約不適合の事実を告げなかったこと」を主張証明することができる（改正法572条）。

> **要件事実**
>
> ○　XとYは、本件目的物が契約内容に適合しない場合にも、Xが担保責任を負わない旨の特約をしていること

　なお、消費者保護の観点から売主の担保責任を減免する特約を制限する特別法として、宅地建物取引業法40条、消費者契約法8条1項5号などがあることに留意すべきである。

⑸　損害賠償請求

　㋐　請求原因

　設例0—3の場合において、Yは、Xに対し、契約不適合責任に基づく損害賠償請求をすることも考えられる（改正法415条、564条）。

　その場合の要件事実（請求原因）は、次のとおりである。

> **要件事実**
>
> ①　XとYとは、本件壺を代金120万円で売買する契約を締結したこと
> ②　XはYに対して、本件壺を引き渡したこと

58

③　上記②で引き渡された本件壺は、種類、品質および数量に関して契約の内容に適合しないものであること

④　損害の発生とその金額

この場合の損害は、履行利益にまで及ぶことになる（筒井＝村松『一問一答』280頁、潮見『改正法の概要』264頁）。

　（イ）　抗　弁

売主Xの抗弁としては、免責事由の評価根拠事実が考えられる（改正法415条1項ただし書）。

要件事実

○　契約その他の債務の発生原因および取引上の社会通念に照らして債務者の責めに帰することができない事由によるものであることの評価根拠事実

4　補論──改正法415条1項ただし書の解釈

改正法415条1項ただし書をどのように解するかという論点がある。ただし書は、本文に対する例外を述べるものであるから、本文が権利の発生根拠要件であるのに対して、権利発生障害規定という位置づけになる。すなわち、本文で発生する請求権についての免責要件と考えられる。つまり、「債務者の責めに帰することができない事由」、すなわち帰責事由なしが免責要件になる。帰責事由についてどのように判断するかという基準が、「その債務の不履行が契約その他の債務の発生原因及び取引上の社会通念に照らして」である。

それでは、「契約その他の債務の発生原因及び取引上の社会通念に照らして債務者の責めに帰することができない事由」（帰責事由なし）の実体的な意味合いはどのように解するのが相当か。

伝統的見解では、債務者の故意過失、信義則上これと同視すべき事由と解されてきた。旧法415条第2文では、「債務者の責めに帰することができない

〔第1部〕 第7章 売買契約をめぐる重要論点

事由によって履行することができなくなったときも、同様とする」と定めており、文言上は、債権者が債務者の帰責性について主張証明しなければならないように読める。しかし、判例（最判昭34・9・17民集13巻11号1412頁）は、債務者の帰責性は、債務者において自己の責めに帰することができないことを主張証明すべきであると解してきた。

これに対して、契約責任説の立場からは、帰責事由は過失の有無で判断するのではなく「債務が契約によって生じた場合には、その債務不履行が債務者の責めに帰することができない事由によるものであるかどうかは、当該契約の趣旨に照らして、その債務不履行（契約違反）の原因が債務者の責めに帰することができない事由によるものであるかどうかという観点から判断されるべきである」と考える。

改正法415条1項は、債務不履行は本旨不履行と帰責事由があること（伝統的理解、過失責任）は変更していない（主張証明責任の転換を明文化した）ものと解するのが相当である。契約責任説は、本旨不履行の本文を復活し、帰責事由をただし書構成とした以上は、文理解釈上、文言上も従前の伝統的見解が維持されていると解される。

改正法415条1項ただし書は、本文の損害賠償請求権の免責要件（帰責事由）を定める権利発生障害規定である。主張証明責任は、帰責事由なしが債務者の抗弁になる。また、帰責事由は、規範的要件であり、改正法下では「帰責事由なし」＝「その債務不履行が契約その他の債務の発生原因及び取引上の社会通念に照らして債務者の責めに帰することができない事由によるものである」という評価を根拠づける事実が、主要事実になる。そして、「帰責事由なし」という評価を障害する事実は再抗弁となる。

「債務者の責めに帰することができない事由」の形容句が「契約その他の債務の発生原因及び取引上の社会通念に照らして」とされるのは、契約および契約外で発生した債務の不履行を包括的に定めることを意味する。これにより、契約債権・法定債権に共通の債務不履行を定めるものとして、債権総則に位置するものであることを示している。

60

以上によれば、債務不履行＝過失責任説においては、改正法415条1項本文の本旨不履行は、外形的事実状態の認定の問題となり、同項ただし書の免責要件（帰責事由）は、賠償責任判定の規範的判断の問題となると整理することが可能であろう（加藤新太郎「改正債権法と裁判実務」安永正昭ほか編『債権法改正と民法学I』213頁〜216頁（商事法務、2018年））。

III　代理の要件事実

いままであげた設例は、「XとYとの間で売買契約が締結した」という直接契約であった。XあるいはYが代理人を使って契約を結んだ場合の要件事実はどのようなものか。

1　有権代理

民法99条は、代理人が代理権の範囲内で本人のためにすることを示してした意思表示は、直接本人にその効果が生ずることを規定している。

たとえば、XがYの代理人と称するAとの間で土地の売買契約をし、XがYに対し、売買代金を請求するという事例を考えてみよう。

この場合の要件事実は次のとおりである。

要件事実

①　XはAとの間で、本件土地を代金〇〇円で売買する契約を結んだこと（法律行為）

②　①の際、AがYのためにすることを示したこと（顕名）

③　YがAに代理権を与えたこと（代理権授与行為）

2　表見代理

(1)　総　説

Aが「Y代理人A」と称し、Yのためにすることを示して法律行為をしたとしても、当該法律行為に関する代理権が存在しない場合には、法律行為の効果は直接本人に発生することはない。しかし、その場合でも、代理人と本人との間に一定の関係があり、かつ、相手方を保護すべき理由があるとき

〔第1部〕 第7章 売買契約をめぐる重要論点

に、代理の効果を発生させるのが、表見代理の制度である（民法109条、110条、112条）。

表見代理に関し、改正法は、㋐代理権授与の表示はされたものの代理権を有しない者が表示された代理権の範囲外の行為をした場合（最判昭45・7・28民集24巻7号1203頁。旧法109条と110条の重畳適用）、㋑代理人であった者が代理権消滅後に過去の代理権の範囲外の行為をした場合（最判昭32・11・29民集11巻12号1994頁。旧法110条と112条の重畳適用）に本人が責任を負う旨の判例法理を明文化した。㋐が改正法109条2項であり、㋑が改正法112条2項である（筒井＝村松『一問一答』28頁）。また、㋒代理権消滅後の表見代理に関する第三者の「善意」（旧法112条本文）の文言を「代理権の消滅の事実を知らなかった」に改めている（改正法112条1項本文）。善意の内容を明確にしたものである（筒井＝村松『一問一答』29頁）。

民法112条については、①要件事実的には民法94条2項・96条3項などと同じ構造をもつ善意者保護規定であると解する見解（司研『要件事実第1巻』97頁）、②予備的請求原因になるとする見解（賀集唱「要件事実の機能」司法研修所論集90号〔1993－Ⅱ〕55頁、同「裁判実務における代理」法時78巻8号102頁、村田渉「法律実務家養成教育としての要件事実の考え方について」ジュリ1288号66〜67頁。山野目章夫「要件事実論の民法学への示唆(1)―民法学の思考様式と要件事実論」大塚ほか『民法学との対話』26頁）がみられる。

XがYの代理人と称するAに土地を売り渡したが、実際は、AがYから土地売買契約のための代理権を授与されていなかったという場合を考えてみよう。

(2) 代理権踰越による表見代理

XがAに土地売買契約の代理権があると信じたという場合には代理権踰越による表見代理が問題になる（民法110条）。同条によれば、本人Yが、代理人Aに対して、ある法律行為を本人Yに代わってする権限を授与した場合に、代理人Aがその権限を越えて越権行為をしたときにも、その代理人Aと越権の法律行為をした第三者Xが、その代理人Aがその越権の法律行為をす

る権限を授与されているものと信じ、そのことに正当な理由があるときは、代理人Ａがその権限を有していた場合と同じく、その越権の法律行為によって、本人Ｙと第三者Ｘとの間に法律効果が生ずる。

そこで、Ｘが民法110条に基づいてＹに対し売買代金を請求するための要件事実は次のとおりである。

> **要件事実**
>
> ①　ＸはＡとの間で、本件土地を代金○○円で売買する契約を結んだこと
>
> ②　①の際、ＡがＹのためにすることを示したこと
>
> ③　ＸがＡに①の代理権があると信じたこと
>
> ④　Ｘが③のように信じたことについて正当の理由があることを基礎づける具体的事実
>
> ⑤　Ａの①の法律行為以外のある特定の事項についての代理権の発生原因事実

④は規範的要件であり、その具体的事実（評価根拠事実）としては、㋐本人から印章、ことに実印を交付して代理人がこれを所持していること、㋑本人から白紙委任状の交付を受けて、代理人がこれを所持していること、㋒登記済権利証の交付を受けて、代理人がこれを所持していることなどが一般的にこれに当たる。逆に、㋐代理人が行う法律行為がもっぱら本人ではなく代理人の利益を図る内容であること、㋑代理人が契約の締結を極端に急いでいたこと、㋒第三者が本人に連絡をとろうとすることを代理人が妨げたこと、㋓第三者が代理権につき電話で本人に問い合わせようとするなどの調査をしなかったことは評価障害事実として、本人Ｙが抗弁として主張証明すべき内容となる（遠藤ほか『注解総則』507頁以下〔小倉顕〕）。

(3)　代理権授与の表示による表見代理

Ｘが、Ｙから、Ａに土地を買う権限を与えたといわれていたという場合には、代理権授与の表示による表見代理が問題になる（民法109条）。同条によ

63

〔第1部〕 第7章 売買契約をめぐる重要論点

れば、本人Yが、第三者Xに対して、ある法律行為を本人Yに代わってする権限を他人Aに授与した旨を表示し、他人Aが第三者Xとの間で、当該表示をされた法律行為をした場合、たとえ真実はその権限を授与していなかったとしても、その権限を真実有していた場合と同じく、その法律行為によって、本人Yと第三者Xとの間に法律効果が生ずる。

そこで、Xが民法109条に基づいてYに売買代金を請求するための要件事実は、次のとおりである。

要件事実

① XはAとの間で、本件土地を代金〇〇円で売買する契約を結んだこと

② ①の際、AがYのためにすることを示したこと

③ YがXに対して、①の契約締結に先立って、Aにその契約締結権限を与えたとの表示をしたこと

⑷ 代理権消滅後の表見代理

㋐ 民法112条を表見代理規定と解する立場

民法112条を表見代理の規定と理解する立場で要件事実を考えてみよう。

これまでと同じように、XがYの代理人Aとの間で土地の売買契約を結び、Yに売買代金を請求するという事例で考える。

この場合には、Xの主張すべき請求原因事実（要件事実）は、次のとおりになる。

要件事実 〔請求原因〕

① XはAに対し、本件土地を代金〇〇円で売買する契約を結んだこと

② ①の際、AがYのためにすることを示したこと

③ YがAに代理権を与えたこと

これに対して、Yは、民法111条2項に基づき、次のとおり、代理権消滅の抗弁を主張することができる。

Ⅲ 代理の要件事実

> **要件事実** 〔抗弁〕
>
> ① 請求原因③の代理権の授与が、ＹとＡとの委任契約に基づくこと
> ② 抗弁①の委任契約が請求原因①に先立って終了したこと

　しかし、ここでＸは、上記請求原因および抗弁を前提にして、以下の事実を加えて、表見代理を根拠とする新たな予備的請求原因を主張証明することができる。

> **要件事実** 〔予備的請求原因〕
>
> ○ Ｘは抗弁②の代理権の消滅原因事実を知らなかったこと

　後述のとおり、この主張を再抗弁ととらえる考え方もある。しかし、再抗弁とは、その主張証明によって抗弁の法律効果を覆し、その結果、請求原因の法律効果を復活させる効力を有する事実であるところ、有権代理と表見代理は、本人の帰責根拠が異なる別個の制度であるから、予備的請求原因になると解される。すなわち、Ｘが自己の善意を主張証明しても、これにより代理権消滅の効果を覆し、有権代理の効果が復活するわけではなく、民法112条１項の「代理権消滅の事実を知らなかったこと」および無過失の主張は、善意者保護を目的とする新たな表見代理の規範が機能を開始することになるのである（賀集・前掲論文55頁、村田・前掲論文66〜67頁）。

　これに対し、Ｙは、抗弁として、以下の事実を主張証明することができる。

> **要件事実** 〔抗弁〕
>
> ○ Ｘが代理権の消滅原因を知らなかったことについて過失があること
> 　を基礎づける事実（評価根拠事実）

　(イ)　民法112条を善意者保護規定と解する立場

　これに対して、民法112条を、要件事実的に民法94条２項・96条３項と同じ善意者保護の規定と解すると、その要件事実は以下のとおりになる。

　Ｘの主張すべき請求原因事実（要件事実）は、(ア)と同じく、次のとおりと

65

〔第1部〕 第7章　売買契約をめぐる重要論点

なる。

> **要件事実** 〔請求原因〕
>
> ①　XはAに対し、本件土地を代金○○円で売買する契約を結んだこと
>
> ②　①の際、AがYのためにすることを示したこと
>
> ③　YがAに代理権を与えたこと

抗弁も(ｱ)と同じく、次のとおりとなる。

> **要件事実** 〔抗弁〕
>
> ①　請求原因③の代理権の授与が、YとAの委任契約に基づくこと
>
> ②　抗弁①の委任契約が請求原因①に先立って終了したこと

　この抗弁に対し、Xは、民法112条1項本文により、再抗弁として、次の事実を主張することができる。

> **要件事実** 〔再抗弁〕
>
> ○　Xは抗弁②の代理権の消滅原因事実を知らなかったこと

　さらに、Yは、再々抗弁として、次の事実を主張することができる（司研『要件事実第1巻』97頁）。

> **要件事実** 〔再々抗弁〕
>
> ○　Xが再抗弁の代理権の消滅原因を知らなかったことについて過失があることを基礎づける事実（評価根拠事実）

Ⅰ 要件事実の構造

第8章 要件事実の構造と効用

Ⅰ 要件事実の構造

　第1部では、現在わが国の民事裁判実務で採用されている要件事実論（それは司法研修所において教えられている要件事実論に重なる）について解説してきた。

　その要件事実論は、基本的に、（修正）法律要件分類説を採用している。これは、あらゆる規定は、「客観的な法規の構造」ないし「実定法秩序」から、①権利根拠規定（権利発生規定、権利発生障害規定）、②権利排斥規定、③権利消滅規定に分類され、そうした規定の性質によって証明責任が分配されるという見解である。

　そこで、法律要件分類説の内容をパラフレイズしておくと、次の3点に要約される。

　第1に、あらゆる法律関係は、成立し、効力を生じ、消滅する。したがって、あらゆる法律要件は、成立要件、効力要件、消滅要件に分類される。成立要件、効力要件、消滅要件は、実定法の各規定に従って、分類される。成立要件は、その法律効果に特有の要件（特別要件）とすべての法律効果に共通の要件（一般要件）に分類される。たとえば、契約の特別要件は、典型契約の類型ごとに民法第3編第2章第2節以下に定められており、一般要件は民法第1編に定められている。

　第2に、原告は、請求の原因として、特別成立要件の存在（権利発生事実）を主張証明しなければならない。

　第3に、被告は、抗弁として、①一般成立要件の不存在（権利発生障害事実、不発生の抗弁）、②効力要件の不存在（権利排斥事実、阻止の抗弁）、③消滅要

67

〔第1部〕　第8章　要件事実の構造と効用

件の存在（権利消滅事実、消滅の抗弁）を主張証明しなければならない。

　そして、証明責任分配の基準は、「客観的な法規の構造」ないし「実定法秩序」の解釈によって分類された法律要件によって、具体的には、法の目的のほか、法規の文言、形式（本文か、ただし書か）、性質（一般規定か、特別規定か）などをバランスよく解釈することによって、決定されると解されているのである。

II　要件事実論の効用

　要件事実の考え方を学ぶことは、法律実務家養成において顕著な教育的効果があるばかりでなく、民事訴訟実務は要件事実の主張・証明を軸に組み立てられているから、実際的な効用がある（田尾桃二「要件事実論について」曹時44巻6号1頁、賀集唱「要件事実の機能」司法研修所論集90号〔1993―II〕30頁）。

　具体的にいえば、第1に、法律実務家として、必要不可欠な実証的な姿勢を形成する契機となる。すなわち、事象に適用すべきものと考える条文をきちんと読むということを徹底することになる。法律要件分類説をとる要件事実論は、条文を読み込み、その要件をきちんと把握し、位置づけることが必要となるわけである。このことは、民法が改正されても変わるところはない。

　第2に、法律実務家の論理的思考を訓練するのに大いに有効である。条文の規定を分類して、権利発生規定か、権利障害規定か、権利排斥規定か、権利消滅規定かについて考えることは、論理的思考の訓練そのものであるといえる。

　第3に、裁判官や弁護士・司法書士など訴訟関係人がすべて要件事実のスキルを修得していれば、民事訴訟進行上の共通の基盤が形成される。したがって、法的安定性にとって最低限度の保障にもなる。裁判官は、訴訟関係を明瞭にするため主張事実について釈明することがある（民訴法149条1項）が、訴訟代理人として活動する弁護士としては、要件事実論をきちんと押さえておけば、その対応にとまどうことはなくなるのである。

　第1と第2の点は、教育的効果に関するものであり、第3の点が、民事訴

訟における実際的な効用である。

　法廷実務を行う法律実務家を志す者は、このような効用を有する「要件事実の考え方」について、学んでいくことが有用であるといえる。そして、「要件事実の考え方」を学ぶことは、民法・商法その他の実体法の知識を、民事訴訟の場で使える立体的なものに組み換えていくことを意味するし、多様な生の事実から、法的に意味のある事実を選り分けて、法的主張や反論として構成していくという法律実務家の仕事の中核を支えるスキルを涵養するものになるのである（加藤新太郎「要件事実論の到達度」新堂監修『証明責任・要件事実論』37頁）。

　第1部は、読者が、「要件事実の考え方」を学ぶことの意義を理解してもらうことを目的とした。第1部を読了することにより、それではより深く要件事実論を勉強していこうというモチベーションを形成することはできたであろうか。第1部を基礎として、第2部で述べる具体的な民事訴訟の類型に応じた要件事実の考え方の実務への展開を学んでいただきたい。

69

第 2 部

要件事実と
実務

〔第2部〕 第1章 土地明渡請求訴訟

土地明渡請求訴訟

訴訟の概要

　土地の明渡しを求めようとする原告が、その請求を基礎づけるために主張する実体法上の請求権（訴訟物）として、実務上代表的なものに、①所有権に基づく物権的請求権と、②賃貸借契約終了に基づく債権的請求権がある。

　賃貸借関係のない土地の占有者に対して明渡しを請求する場合には、原告は、①の所有権に基づく主張をする必要がある。土地の占有者との間で賃貸借関係がある場合には、①と②のいずれをも訴訟物とすることができる。②の賃貸借契約終了に基づくものについては、第6章の賃貸借契約関係訴訟（166頁）で触れるので、ここでは、「所有権に基づく物権的請求権」が訴訟物として問題になるケースを扱う。また、土地を売買契約などにより取得した場合に、買主は売主に対して所有権に基づいて土地の引渡しを求めることもできるが、この場合は、訴訟物を「売買契約に基づく引渡請求権」として構成するのが通常である。

　なお、所有権に基づいて建物の明渡請求をする場合の要件事実は、土地明渡請求のそれに準じて考えれば足りる（秋吉仁美「不動産関係訴訟の証明責任・要件事実」新堂監修『証明責任・要件事実論』55頁）。そこで個別の説明は原則として省略し、必要な限度で触れることとする。

第1節　訴訟物と請求の趣旨

　土地の所有者は、その土地を不法に（自己に対抗できる正当な権原なしに）占有する者に対し、所有権に基づく返還請求権を行使して明渡しを求めることができる（これは、物権的請求権の一態様である。物権的請求権の態様として、

他人の占有によって物権が侵害されている場合の①物権的返還請求権、他人の占有以外の方法によって物権が侵害されている場合の②物権的妨害排除請求権、③物権的妨害予防請求権の三つがある。舟橋諄一ほか編『新版注釈民法(6) 物権(1)』104頁〔好美清光〕、司研『類型別』46頁）。明渡しを求める土地上に被告所有の動産が存在する場合は、単に土地の明渡しを求めるだけで足りる（民執法168条5項。しかし、土地上に建物が存在するときは、建物収去土地明渡しを求めなければ、建物収去の強制執行はできない。第2章105頁参照）。

　この場合の訴訟物は、「所有権に基づく返還請求権としての土地明渡請求権」であり、請求の趣旨は、「被告は原告に対し、別紙物件目録記載の土地を明け渡せ」となる。

第2節　請求原因

I　概　説

　原告は物権的請求権によって保護されるべき自己の権原、および被告がその目的物を占有している事実について主張証明責任を負う。したがって、土地の所有権者であるXが、土地の不法占有者Yに対し、所有権に基づいて土地の明渡請求をする場合の請求原因（要件事実）は、次のようになる（本書8頁）。

要件事実

①　Xが本件土地を所有していること

②　Yが本件土地を占有していること

　この種の事案で、「被告は不法に（または何ら正当な権原なく）土地を占有している」と主張される場合があるが、理論的には、Xは、Yの占有が不法であることを主張証明する必要はない。なぜなら、「占有権原を有すること」については、被告が主張証明責任を負う関係にある（最判昭35・3・1民集

〔第2部〕 第1章 土地明渡請求訴訟

14巻3号327頁。Yの正権原の主張については、Yに証明責任の存することは明らかであり、Yは占有者の権利推定を定めた民法188条の規定を援用して自己の正権原をXに対抗することはできないと解するのが相当である、とする）からである（本書9頁参照）。その意味では、Xが文章としての流れがよいからと考えて、そのように記述しているのであれば許容できないわけではない（抗弁の先行否認という位置づけになる）が、その占有の不法性を主張しなければならないと考えて、そのように記述しているのであれば誤りである。

II　Xの所有

①のXの所有について、具体的な要件事実をどのように記載すべきか。これについては、Yの争い方との関連で、三つの類型に整理することができる（司研『類型別』45頁以下、遠藤ほか『注解物権法』21頁以下〔難波孝一〕）。詳細は、第3節（76頁）以下で説明する。

III　Yの占有

1　占有の時的要素

Xは、②について、いつの時点でのYの占有を主張証明すべきであろうか。

この点については、⑦現占有説＝「Yが現在すなわち口頭弁論終結時に土地を占有していること」を主張証明しなければならないとする考え方と、⑦もと占有説＝「Yが過去の一定時点に土地を占有していたこと」を主張証明すればよく、「Yが占有を失ったこと」を抗弁として主張証明すべきとする考え方とがある。

実体法上、物権的請求権の発生要件として妨害状態の現存が必要とされていることから、XはYの現在の占有を主張証明する必要があると考えるのが相当であろう（司研『類型別』50頁）。したがって、この現占有説の立場に立てば、Yが占有を喪失した事実は、抗弁ではなく、否認ということになる。

2　占有の具体的主張の方法

占有があるといえるためには、「自己のためにする意思」と「所持」（事実

的支配）の二つの要件が必要であるが（民法180条）、「所持」が占有の発生要件として働き、「自己のためにする意思」の不存在が占有の発生障害要件として働くと考える見解が有力である（舟橋ほか編・前掲書148頁〔好美清光〕、遠藤ほか『注解物権法』253頁〔伊藤滋夫〕・25頁〔難波孝一〕）。たとえば、使用人として建物に居住する者や世帯主と一緒に建物に居住する家族などの占有補助者には「所持」はあっても、「自己のためにする意思」はないから、そもそも建物の明渡義務を負うことはない。しかし、原告の側からみれば、誰が占有者で誰が占有補助者であるか相手方の占有の内部事情を正確に認識できず、その点の証明が困難である。上記のように考えることによって、原告と被告双方の衡平が図られるというのである。

　そこで、Xは、Yの占有として、「所持」を主張証明することになるが、「所持」それ自体が評価を伴うものであるから（始終見回りができない遠隔地の更地は事実的支配が目に見えないが、社会観念上、所持ありといえる）、Xとしては、本来これを基礎づける事実を主張しなければならない。もっとも、Yの占有について、当事者間に争いがない場合には、概括的抽象的事実としての「占有」について自白が成立したものとして、「Yが当該土地を現在占有している」と主張することで足りる（司研『類型別』51頁）。

　当事者間に争いがある場合には、単に「占有」と主張するだけでは事実に関する争点が形成されないことになる。そこで、Xとしては、「被告が本件土地を畑として耕作して占有している」、「被告が本件建物を所有して本件土地を占有している」など所持を基礎づける具体的事実を主張証明しなければならない。

〔第 2 部〕 第 1 章 土地明渡請求訴訟

第 3 節　YがXの現在の所有を争わない場合

Xは、2020年 4 月 1 日、Aから更地の土地（本件土地）を代金3000万円で購入して所有するに至った。ところが、本件土地の近隣で不動産建築業を営むYは、同年 6 月 1 日から、本件土地上に建築資材を置いてこれを占有している。

Xは、Yが無断で本件土地を使用しているとして、本件土地の明渡しを求めて訴えを提起した。

Ⅰ　請求原因

Xが当該土地の所有権者であることは、一定の事実（所有権取得原因事実）の結果（法的効果）であるから、これを直接に証明することはできない。したがって、Xは、自らが所有権を有することをいうために、所有権取得原因となる具体的事実を主張しなければならない。

この場合、Xは、理論的には、自分の前主、前々主などに次々に遡り、最終的にはその土地の原始取得者まで遡って、その者から自分までの所有権取得原因事実のすべてを主張証明しなければならないはずである。しかし、YがXとの間の賃貸借契約をもって防御方法とするような場合には、YはXが所有権者であるとの主張を認めざるを得ないから、その結果Xの所有の点について、権利自白が成立し、Xとしては、それ以上、自己が所有権者であることを主張証明することは不要となる。この場合、Xは、請求原因として、Xが前主Aと売買契約を締結して本件土地の所有権を取得した事実等々を遡って主張する必要はなく、「Xは別紙物件目録記載の土地を（現在）所有している」とのみ主張すれば足りる。

第3節 YがXの現在の所有を争わない場合

記載例1—1—1

1 原告（X）は、別紙物件目録記載の土地を所有している。

2 被告（Y）は、本件土地を占有している。

3 よって、原告（X）は、被告（Y）に対し、所有権に基づき、本件土地の明渡しを求める。

II 抗弁——占有正権原の抗弁

相手方が占有すべき正当な権利を有する場合には、物権的請求権の行使は許されない。そして、「占有権原を有すること」については、被告に主張証明責任があるのは前に述べたとおりである。したがって、Xの明渡請求の主張に対して、Yは、「自己が不動産の占有について正当な占有権原を有すること」を抗弁として主張することができる。これを「占有正権原の抗弁」という（本書9頁）。

具体的な占有権原としては、地上権、永小作権、留置権、質権、賃借権、使用借権、同時履行の抗弁権などがある。

たとえば、設例1—1において、「XY間で、2020年6月1日に、本件土地につき賃料1か月5万円、賃貸期間同日から1年間の約定で賃貸借する旨の契約が成立しており、Yは、同日、Xから本件土地の引渡しを受けていた」という事実がある場合に、Yは、占有正権原の抗弁を主張することができる。

その要件事実は次のとおりである。

要件事実

Ⓐ XとYとが本件土地について賃貸借契約を締結したこと

Ⓑ XがYに対し、Ⓐの契約に基づいて本件土地を引き渡したこと

ここで、Ⓐの賃貸借契約につき、契約の成立を主張するには、契約当事者と賃貸借の目的物を特定して主張することのほか、賃料および賃貸期間をその本質的要素として主張する必要がある（貸借型理論。第6章168頁）。また、

77

〔第 2 部〕 第 1 章 土地明渡請求訴訟

賃貸借契約が成立していても、厳密には、その占有が賃借とは別の契機の不法侵奪によって開始されたものでないことを示す必要があるから、Ⓑのとおり賃貸借契約に基づく引渡しにより占有が正当なものであることを主張しなければならない。そして、抗弁Ⓑの引渡しによるＹの占有と請求原因②のＹの現占有が主張証明されれば、民法186条 2 項の両時占有の規定によって、Ｙの占有は、Ｘから引渡しを受けた時から口頭弁論終結時まで継続していることが推定されるから、あらためて、請求原因②の占有が抗弁Ⓐの賃貸借契約に基づくものである旨の主張証明は必要がないことになる。

したがって、設例 1 － 1 において、Ｙが、占有正権原の抗弁を主張する場合の記載例は以下のようになる。

記載例 1 － 1 － 2

1 　原告（Ｘ）は、被告（Ｙ）に対し、2020年 6 月 1 日、本件土地を、賃料 1 か月 5 万円、賃貸期間同日から 1 年間の約定で賃貸した。
2 　原告（Ｘ）は、被告（Ｙ）に対し、同日、前記賃貸借契約に基づき、本件土地を引き渡した。

Ⅲ　占有正権原の抗弁に対する再抗弁

Ｘは、Ｙの占有正権原の抗弁に対して、その権原の消滅原因を再抗弁として主張証明することができる。この再抗弁事実は、賃貸借ないし使用貸借契約、地上権設定契約などが占有権原として主張された場合には、その終了原因事実である（第 6 章の賃貸借契約関係訴訟における原告の請求原因と同じになるので、該当箇所を参照されたい）。

また、賃貸借契約等が虚偽表示（民法94条 1 項）に該当し無効であること、あるいは、錯誤（民法95条 1 項・ 2 項）、詐欺・強迫（民法96条 1 項）に該当し取り消されたことも、Ｘの再抗弁となる。

78

第4節　Yが過去の一定時点における Xの所有を認める場合

I　Yが売買契約の抗弁、Xが虚偽表示の再抗弁を主張する場合

設例
1-2

　Xは、2020年4月1日、Aから更地の土地（本件土地）を代金3000万円で購入して所有していたが、債権者らからの差押えを免れる目的で、Bと共謀して売買を仮装することを企て、同年5月1日付けでBに対して、本件土地を代金3200万円で売却する旨の真意とは異なる合意をした。しかし、BはXに無断で、近隣で不動産建築業を営んでいるYに対し、同年6月3日、本件土地を代金3500万円で売り渡し、Yは、本件土地上に建築資材を置いてこれを占有している。

　Xは、Yが無断で本件土地を使用しているとして、本件土地の明渡しを求めて訴えを提起した。

1　請求原因

　設例は、実体法的には、虚偽表示の当事者たる権利者と取引の第三者との関係が問題となる。民法の教科書では、権利の静的安全と取引の動的安全の利益較量の問題であり、一般には、「通謀虚偽表示を行なった権利者は、その帰責性ゆえに、民法94条2項により、外観を信頼した善意の第三者には虚偽表示の無効を対抗できない」との説明で終わる。けれども、訴訟においては、いきなり虚偽表示が出てくるのではなく、所有権に基づく請求である以上、何よりもまず、所有権との関係で主張が整理されなければならない。要件事実論の観点からは、Xは、まず所有権を基礎付けなければならず、他方、Yとしても、Bからの譲受人であり、X→B→Yの目的物の流れの中で、X→Bの当時におけるXの所有権は認めざるを得ない。

79

〔第2部〕 第1章 土地明渡請求訴訟

前に述べたように（本書76頁）、Ｘは自らが当該土地の所有権者であることをいうために、原則として、原始取得者から自分までの所有権取得原因事実を主張証明しなければならない。しかし、Ｘの所有権に基づく土地明渡請求に対し、Ｙが、上記のように、目的物の取引の流れにおいてＸの下流にある場合には、Ｙとしては、その流れの起点となる最初の取引当時におけるＸの所有について争うことは論理的にできないから、その時点における権利自白が成立することになる。そして、それを覆す事実が立証されない限り、Ｘの所有権は現在も継続しているものと扱われる（「いったん認められた権利は、権利発生につき障害事由ないし消滅事由など何か特別のことが認められない限りそのまま存続する」とも説明される（大江『民法(2)』258頁、村田渉「法律実務家養成教育としての要件事実の考え方について」ジュリ1288号70頁））。

したがって、Ｘは、請求原因として、権利自白成立時点すなわちＢとの取引時点当時所有していたことを主張証明すればよいことになる。具体的には、「Ｘは本件土地をもと所有していた」、あるいは、より厳密に、「Ｘは本件土地を○○○○年○月○日当時所有していた」（年月日は、Ｂの所有権取得原因の発生時）と主張すればよく、ここでも、Ｘが前主Ａと売買契約を締結して本件土地の所有権を取得した事実などを遡ってを主張する必要はない。

記載例1―2―1

1　原告（Ｘ）は、2020年5月1日当時、別紙物件目録記載の土地を所有していた。

2　被告（Ｙ）は、本件土地を占有している。

3　よって、原告（Ｘ）は、被告（Ｙ）に対し、所有権に基づき、本件土地の明渡しを求める。

2　抗　弁

(1)　概　説

Ｘの所有権に基づく土地明渡請求に対し、Ｙは、「Ｘが所有権を喪失した」と主張して争うことができる。ここでも、訴訟における攻防は、所有権をめ

ぐる形を取るのである。具体的には、YがX→Bの売買契約を指摘しさえすれば、Xはその所有権を喪失し、物権的請求権を行使する基礎を欠くことになる。Yの主張としては、それだけで足りる。これを「所有権喪失の抗弁」という。

このとき、Yは「自分は虚偽表示の外観を信頼した第三者である」などと主張する必要はない。訴訟では、「虚偽表示」云々などと言い出さずに、売買契約の事実のみを主張するのがYにとって有利だからである。また、「善意の第三者である」などと主張する必要がないのは、ここでの目的は、自分の所有権を認めさせることではなく、Xの所有権に基づく請求を棄却させることだからである（棄却を得るためには、差し当たりXの所有権喪失さえ主張すれば足りる）。

Bが所有権を取得する原因となる事実としては、具体的には、承継取得である売買、贈与等が主張される場合と、原始取得である時効取得等が主張される場合がある。いずれの場合においても、X以外の者が所有権を取得することによって、Xはその所有権を喪失し、物権的請求権を行使する基礎を欠くことになることから、Yの主張は抗弁として機能する（司研『類型別』52頁）。

(2) 売買契約による所有権喪失

設例1—2では、Xが本件土地をBに売り渡しているので、Yとしては、XB間の売買を所有権喪失の抗弁として主張することができる。

ところで、特定物について物権変動が生ずる時期は、原則として、法律行為（契約）の時であり、売買の場合は、登記や引渡しを待つまでもなく、売買契約の締結と同時に目的物の所有権は売主から買主に移転する（最判昭33・6・20民集12巻10号1585頁）。

【最判昭33・6・20民集12巻10号1585頁】（判決要旨）
売主の所有に属する特定物を目的とする売買においては、特にその所有権の移転が将来なされるべき約旨に出たものでないかぎり、買主に対し直ちに所有権移転の効力を生ずるものと解するを相当とする。

〔第 2 部〕 第 1 章 土地明渡請求訴訟

したがって、Yは所有権喪失の抗弁の内容として、XがBとの間で当該土地の売買契約を締結したことのみを主張すれば足りることになる。

また、売買契約を主張するには、その本質的要素である目的物と代金額を主張証明しなければならない（司研『要件事実第 1 巻』140頁）。

設例 1 — 2 のように、所有権がXからB、BからYに順次移転しているケースについて、被告となっているYは、実務的にはXB間の売買に加えて、BY間の売買も主張することが多い。しかし、要件事実論からは、とにかくXが所有権を喪失すればよいのであるから、Yとしては、XB間の売買だけを主張証明すれば足りる。これに加えて、BY間の売買を主張証明することには意味がない。

記載例 1 — 2 — 2

原告（X）は、2020年 5 月 1 日、Bに対して、本件土地を代金3200万円で売った。

3 所有権喪失の抗弁に対する再抗弁

Xとしては、上記の抗弁に備えて、所有権の復活を言う必要が出てくる。X→Bの所有権喪失、すなわち、自分からBへの売買が無効であることを言う必要が生じ、ここで、意思表示の無効原因たる虚偽表示がはじめて出てくることになる。

法律行為が虚偽表示であるときは無効とされるが（民法94条 1 項）、この場合、法律行為の有効を主張する者が虚偽表示ではないことにつき主張証明責任を負うのではなく、虚偽表示を理由として無効を主張する者に主張証明責任がある（大判明39・1・29民録12輯81頁）。

【大判明39・1・29民録12輯81頁】
　実際は担保付き消費貸借であるにもかかわらず売買契約と仮装する場合には、その必要性が債権者にあろうが債務者にあろうが虚偽表示を主張する者が立証責任を負担する。

したがって、設例1—2で、Yが所有権喪失の抗弁としてXB間の売買を主張したのに対して、Xは、再抗弁として、その売買契約が通謀虚偽表示（民法94条1項）により無効であることを主張証明することができる。

この場合、無効を主張する者は、その無効たるべき意思表示が真意ではなく、かつ真意でないことにつき相手方との間に通謀があることを主張証明する必要がある（司研『要件事実について』12頁）。

記載例1—2—3

　原告（X）とBは、本件売買の際、いずれも売買する意思がないのに、その意思があるもののように仮装することに合意した。

4　「善意の第三者」の主張

虚偽表示は、当事者間では無効であるが、善意の第三者に対する関係ではその無効を主張することができない（民法94条2項）。

この主張は、Xの所有権の喪失をいうものである。「善意の第三者」の主張といっても、厳密には、自分が所有者であることを主張するものではない。訴訟におけるYの目的は、自分の所有権を認めさせることではなく、Xの所有権に基づく請求に対して棄却判決を得ることにあるからである（前者は、自分の所有権に基づき反訴を起こす場合に目的となる事柄である）。

民法94条2項の法律効果を主張する場合の要件事実は、次のとおりである。

要件事実

　①　Yが第三者、すなわち虚偽表示の意思表示の効果につき利害関係を生じた者であること
　②　Yが善意であること

②の善意については、第三者が主張証明責任を負うとするのが判例であり（最判昭35・2・2民集14巻1号36頁、最判昭41・12・22民集20巻10号2168頁）、善意無過失であることを要しない（最判昭42・1・19裁判集（民）86巻75頁）。

〔第2部〕 第1章 土地明渡請求訴訟

> 【最判昭41・12・22民集20巻10号2168頁】（判決要旨）
> 　第三者が民法第94条第2項の保護をうけるためには、自己が善意であつたことを立証しなければならない。

　ところで、この「善意の第三者」の主張については、これを①虚偽表示の再抗弁に対する再々抗弁ととらえる考え方（司研『事実摘示記載例集』38頁、大江『民法(1)』306頁）と、②売買契約の抗弁、虚偽表示の再抗弁を前提とする予備的抗弁（賀集唱「要件事実の機能」司法研修所論集90号〔1993—Ⅱ〕54頁）ととらえる考え方がある。

　再々抗弁は、再抗弁と両立し、その効果を障害、消滅または阻止するとともに、抗弁から発生する法律効果を復活させる機能をもつのであるが、①説は、善意の第三者の主張は、虚偽表示の抗弁によって無効とされたＸＢ間の売買契約の効果を復活させて有効にするものであると考え、これを再々抗弁と位置づけるのが相当という。

　これに対して、②説は、虚偽表示によるＸＢ間の売買はあくまで無効であり、これを善意の第三者に対抗できないといっても、ＸＢ間の所有権移転が存在したことになるものではなく、Ｙは、民法94条2項により、Ｘから直接に所有権を取得するものであると考え、善意の第三者の主張は、ＸＢ間の売買契約の法律効果を復活させるものではないという。そうすると、善意の第三者の主張は、売買の抗弁と並ぶ所有権喪失の抗弁と位置づけられる。売買の抗弁に対して、Ｘが虚偽表示の再抗弁を主張証明したときにＸの土地明渡しを阻止しうる予備的主張ということになる（村田渉「法律実務家養成教育としての要件事実の考え方について」ジュリ1288号68頁は、最判昭42・10・31民集21巻8号2232頁が法定承継取得説の立場を前提としていると思われる旨説明する。同判例は、ＡがＢに不動産を仮装譲渡し、ＹがＢから善意でこれを譲り受けた場合であっても、Ｙが所有権取得登記をする前に、Ａからの譲受人ＸがＢを債務者として当該不動産に処分禁止の仮処分の登記を得ていたときは、Ｙはその所有権取得をＸに対抗することができないとするものである）。

84

第4節　Yが過去の一定時点におけるXの所有を認める場合

　以上の点は、やや難解であるが、これも「所有権喪失の抗弁」の枠組みの重要性にかかわっている。民法の体系書では、94条2項で善意の第三者が保護される場合、X→B→Yの物権変動があったことになるのか（①）、それとも、X→Yの物権変動があったことになるのか（②）は、あまり論じられない。結論的にほとんど変わらないからである。しかし、訴訟においては、所有権に基づく訴訟である以上、「所有権喪失の抗弁」との関係でどのような位置づけになるのかは避けて通れない。そして、上記①であれば、X→Bの「所有権喪失の抗弁」を復活させることになるが、②であれば、全く別種の「所有権喪失の抗弁」になるのである。

　①説、②説のどちらの立場に立つにせよ、Yは、善意の第三者として、以下のように主張することができる。

> **記載例 1—2—4**
>
> 1　Bは、被告（Y）に対し、2020年6月3日、本件土地を代金3500万円で売った。
> 2　被告（Y）は、上記売買契約の際、再抗弁（虚偽表示）の事実を知らなかった。

Ⅱ　Yが売買契約の抗弁、Xが契約解除の再抗弁を主張する場合

　Xは、2020年4月1日、Aから更地の土地（本件土地）を代金3000万円で購入して所有していたが、同年5月1日付けでBに対して、本件土地を代金3200万円で売却した。XB間の売買契約において、XとBは、5月10日にC司法書士事務所で土地の引渡しと登記手続を行い、これと引換えに代金支払いをすることを約束し、Xはその準備をして約束の日にC司法書士事務所に行ったが、Bは現れなかった。そこで、Xは同月15日到着の内容証明郵便でBに対し、代金を同月22日までに支払うよう

〔第２部〕 第１章 土地明渡請求訴訟

催告したが、同日までにＢからの代金支払いはなく、ＸはＢに対し、同月25日到着の内容証明郵便で契約解除の意思表示をした。しかし、ＢはＸに無断で、近隣で不動産建築業を営んでいるＹに対し、同年６月３日、本件土地を代金3500万円で売り渡し、Ｙは、同日以降、本件土地上に建築資材を置いてこれを占有している。

Ｘは、Ｙが無断で本件土地を使用しているとして、本件土地の明渡しを求め訴えを提起した。

1　請求原因と抗弁

ここでも、いきなり債務不履行解除が出てくるわけではない。所有権に基づく訴訟においては、あくまで所有権がベースになるという基本的視座から出発する。それゆえ、ここにおける請求原因は、設例１―３の請求原因と同様となる。

そして、抗弁は、やはり、所有権喪失の抗弁が出てくる。設例１―２のそれと同様である。

2　債務不履行解除の再抗弁

設例１―３では、Ｙが所有権喪失の抗弁としてＸＢ間の売買を主張したのに対して、Ｘは、再抗弁として、その売買契約が債務不履行により解除されたことを主張証明することができる（民法541条）。この場合における代金支払債務の履行遅滞を理由とする売買契約の解除の要件事実は次のとおりである（鎌田ほか『民事法Ⅲ』49頁以下〔吉川慎一〕）。

要件事実

① ＸがＢに対して代金支払いの催告をしたこと

② ①の催告後、相当期間が経過したこと

③ ＸがＢに対して②の相当期間経過後に解除の意思表示をしたこと

④ ＸがＢに対して①の催告以前に売買契約に基づき本件土地の所有権

第4節　Yが過去の一定時点におけるXの所有を認める場合

> ## 移転登記手続（および引渡し）の提供をしたこと

　履行遅滞の要件事実としては、確定期限の定めがある場合（民法412条1項）には確定期限の経過を、不確定期限の定めがある場合（同条2項）には期限の到来と履行請求または期限到来を債務者が知った年月日を、期限の定めのない場合（同条3項）には債務者が債権者から履行の請求（催告）を受けたことを、それぞれ主張証明する必要がある。しかし、そもそも履行遅滞を理由として契約を解除するためには催告が必要であり（民法541条）、一つの催告で契約解除のための催告と付遅滞のための催告とを兼ねることができるから（大判大6・6・27民録23輯1153頁）、期限の定めのない場合はもとより、確定期限の定めがある場合でも確定期限の経過を主張する必要はなく、付遅滞の要件事実としては、①の催告で十分ということになる。

　催告については、催告後相当期間が経過すれば解除権が発生するから、催告に相当な期間を定めたことは要件事実ではない。また、債務者が催告期間内に履行をしなかったことの主張証明責任は債権者にはなく（司研『要件事実第1巻』257頁）、債務者が履行の事実を主張証明すべきであるから、Xは相当期間が経過したことのみを主張すれば足りる。

　さらに、抗弁の売買契約締結の主張自体からBの代金支払債務には同時履行の抗弁権（民法533条）が付着していることが明らかであるが、同時履行の抗弁権は、債務者Bが積極的にこれを行使せずとも、その「存在効果」自体から、Bの履行遅滞の違法性を阻却する（存在効果説といわれ、通説・判例である。最判昭29・7・27民集8巻7号1455頁など）。

> 【最判昭29・7・27民集8巻7号1455頁】（判決要旨）
> 　双方の給付が同時履行の関係にある場合反対給付の提供をしないでした催告にもとづく契約解除は効力を生じない。

　したがって、履行遅滞に基づく解除を主張するXは、同時履行の抗弁権の存在効果を否定する事由を主張証明する必要があり、弁済の提供として、④

〔第２部〕　第１章　土地明渡請求訴訟

の目的不動産の所有権移転登記手続等の提供を主張証明し、同時履行の抗弁
権を排斥しておく必要がある（記載例１―３―１の４参照）。

記載例１―３―１

1　原告（Ｘ）は、Ｂに対し、2020年５月15日、売買代金3500万円の支
　払いを催告した。
2　同月22日が経過した。
3　原告（Ｘ）は、Ｂに対し、同月25日、本件売買契約を解除するとの
　意思表示をした。
4　原告（Ｘ）とＢは、本件売買契約において、引渡しおよび登記手続
　を、2020年５月10日に、Ｃ司法書士事務所で行うとの合意をし、原告
　は、同日、本件土地を引き渡せる状態にし、かつ所有権移転登記手続
　に必要な書類を用意して、Ｃ司法書士事務所に赴いた。

3　解除後の第三者――対抗要件の抗弁

　設例１―３で、Ｙは、ＸＢ間の売買契約の解除後にＢから本件土地を買い
受けている。すなわち、Ｙはいわゆる解除後の第三者に該当するが、この場
合の解除者と第三者との関係については、これを対抗関係と解し、先に対抗
要件を得た者が優先すると解するのが通説・判例（最判昭35・11・29民集14巻
13号2869頁）である。

> 【最判昭35・11・29民集14巻13号2869頁】（判決要旨）
> 　不動産売買契約が解除され、その所有権が売主に復帰した場合、売主はその旨
> の登記を経由しなければ、たまたま右不動産に予告登記がなされていても、契約
> 解除後に買主から不動産を取得した第三者に対し、所有権の取得を対抗できない。

　したがって、Ｘが再抗弁としてＸＢ間の売買契約の解除を主張した場合、
Ｙとしては、対抗要件の抗弁を主張することが考えられるが、設例では登記
はＸのままであるから、いずれにもせよ、その余地はない。

第5節　YがXの所有を認めない場合

Ⅰ　Yが対抗要件の抗弁または対抗要件具備による所有権喪失の抗弁を主張する場合

Xは、2020年4月1日、Aから更地の土地（本件土地）を代金3000万円で購入した。本件土地の近隣で不動産建築業を営んでいるYは、同年6月3日から、本件土地上に建築資材を置いてこれを占有しているが、Yは、同日Aから本件土地を代金3500万円で買い受ける契約を結んでいた。

Xは、Yが無断で本件土地を使用しているとして、本件土地の明渡しを求める訴えを提起した。

1　請求原因

前に述べたように（本書76頁）、Xが所有権を有することを主張証明するためには、自分の前主、前々主など、その土地の原始取得者にまで遡って、その者から自分までの所有権取得原因事実のすべてを主張証明しなければならないのが原則である。しかし、YがXの所有を認めない場合でも、Xの一、二代前の所有者に遡れば、その者が所有者であることをYが認めるのがむしろ通常であり、ここで権利自白が成立するから、Xはそれ以降の所有権移転原因事実を主張証明すれば足りる。したがって、Xとしては、たとえば、前所有権者Aから土地を買い受けた旨を主張すれば足りる。これに対し、Yは、Aからの所有権取得原因事実を主張し、Xの対抗要件具備の有無を指摘して争うことができる。

設例1─4では、X、YともにAを起点としているから、A所有時点での権利自白が成立するはずである。

この場合には、Xは、請求原因としては、「Aが本件土地をもと所有していたこと、およびXのAからの所有権取得原因事実」（前述のとおり、「Aも

〔第2部〕 第1章 土地明渡請求訴訟

と所有」に代えて、より厳密に「Aは本件土地を○○○○年○月○日当時（ＡＸ間の承継取得時）所有していた」と記載することももちろんできる）を主張することになる。なお、売主の所有する特定物を目的とする売買においては、原則として買主に対し契約時に直ちに所有権移転の効力が生ずるから（前掲最判昭33・6・20）、以下の記載例のとおり、ＡＸ間の売買契約については、契約を締結したことのみを主張証明すれば足り、登記・引渡し等があったことまで主張証明することは必要ではない。

記載例1—4—1

1　Aは、2020年4月1日当時、別紙物件目録記載1の土地を所有していた。

2　Aは、同日、原告（X）に対し、本件土地を代金3000万円で売った。

3　被告（Y）は、本件土地を占有している。

4　よって、原告（X）は、被告（Y）に対し、所有権に基づき、本件土地の明渡しを求める。

2　抗弁——対抗要件の抗弁またはＹの対抗要件具備によるＸの所有権喪失の抗弁

(1)　対抗要件の抗弁

設例1—4で、Yは、Xの前主であるAが本件土地を所有していたことを認めたうえで、自らもAから本件土地の所有権を取得した事実を主張証明して、Xの対抗要件具備の有無を問題として指摘することができる。すなわち、民法177条の登記なくして対抗できない「第三者」とは、「当事者もしくはその包括承継人以外の者で、不動産に関する物権の得喪・変更の登記の欠缺を主張する正当な利益を有する者」をいうから（大判明41・12・15民録14輯1276頁）、被告（Y）がＡＹ間の売買といういわゆる「登記の欠缺を主張するについて正当な利益を有する第三者」にあたることを主張証明したときは、原告（X）は、登記（対抗要件）を具備しなければ、その権原を被告（Y）に主張して物権的請求権を行使することはできない。

この対抗要件に関する主張証明責任につき、誰が、どのような要件事実を主張すべきかについては見解が分かれている。

① 第三者抗弁説＝第三者の側で対抗要件の欠缺を主張しうる正当な利益を有する第三者であること（上記の例で、ＡＹ間の売買の事実）のみを主張証明すれば足りるとする見解。しかし、第三者抗弁説によれば、Ｙにおいて Ｘの権利取得に関し、その対抗要件の具備を問題として指摘して主張する趣旨ではないのに、対抗要件の抗弁を主張しているととらえられる不都合が生じるケースがある。

② 事実抗弁説＝対抗要件の欠缺を主張しうる正当な利益を有する第三者であることに加えて、対抗要件を具備していないこと（上記の例では、ＡＹ間の売買の事実のほか、Ｘが対抗要件を具備していないこと）まで主張証明する必要があるとする見解。しかし、事実抗弁説は、「具備していないこと」という不存在の事実の主張証明を要求することになり当事者の公平に反し、登記以外の種類の対抗要件の事案では妥当でないことが多い。

③ 権利抗弁説＝そこで、Ｙが、抗弁として、いわゆる正当な利益を有する第三者であることを基礎づける事実を主張証明し、かつ、対抗要件の有無を問題としてこれを争うとの権利主張をすることを要すると解するのが一般的である（司研『要件事実第１巻』247頁、司研『類型別』57頁。なお、司研『新問題研究』74頁では、第三者抗弁説と権利抗弁説とを同等の比重で解説している）。

したがって、Ｙの主張すべき要件事実は、次のとおりとなる。

要件事実

① ＡとＹとが本件土地につき売買契約を締結したこと

② Ｘが対抗要件を具備するまではＸの所有権取得を認めないとの権利主張

〔第2部〕 第1章 土地明渡請求訴訟

記載例1―4―2

1　Aは、被告（Y）に対し、2020年6月3日、本件土地を代金3500万円で売った。

2　原告（X）が対抗要件を具備するまで、原告（X）の所有権取得を認めない。

---

(2)　Yの対抗要件具備によるXの所有権喪失の抗弁

　Yが、Aからの所有権取得原因事実を主張証明する場合、さらに対抗要件である登記も具備しているときは、これによりYが確定的に所有権を取得し、その結果としてXが所有権を喪失することになるから、Yは、これを「所有権喪失の抗弁」として主張することができる。

　設例1―4で、YがAと本件土地の売買契約を結んだうえ、Aから所有権移転登記を取得していたとすると、この場合の主要事実の記載例は以下のようになる。

記載例1―4―3

1　Aは、被告（Y）に対し、2020年6月3日、本件土地を代金3500万円で売った。

2　Aは、被告（Y）に対し、同日、前記売買契約に基づき、本件土地につき所有権移転登記手続をした。

3　対抗要件の抗弁に対する再抗弁

(1)　対抗要件具備の再抗弁

　Yの対抗要件の抗弁に対して、Xは、再抗弁として、対抗要件を具備した事実を主張することができる。

　設例1―4で、XがAと本件土地の売買契約を結んだ同日に所有権移転登記を取得していたとすると、この場合の主要事実の記載例は以下のようになる。

92

第 5 節　Ｙが Ｘ の所有を認めない場合

記載例 1 ― 4 ― 4

　Ａは、原告（Ｘ）に対し、2020年 4 月 1 日、請求原因 2 の売買契約に基づき、本件土地につき所有権移転登記手続をした。

(2)　背信的悪意者の再抗弁

　実体上物権変動があった事実を知りながら、当該不動産について利害関係をもつに至った者において、その物権変動についての登記の欠缺を主張することが信義に反するものと認められる事情がある場合には、このような背信的悪意者は、登記の欠缺を主張するについて正当な利益をもたず、民法177条にいう「第三者」にあたらない（最判昭43・8・2民集22巻 8 号1571頁、最判昭44・1・16民集23巻 1 号18頁）。したがって、Ｘは、Ｙが背信的悪意者であることを主張証明すれば、その所有権を登記なしにＹに対抗できる。

　この場合において、Ｘが、Ｙが背信的悪意者であることをいうための要件事実は次のとおりである。

要件事実

　①　ＡがＸに対して不動産を譲渡したことをＹが知っていること（悪意）
　②　ＹがＸの登記の欠缺を主張することが信義則に反するものであることを基礎づける具体的事実（背信性）

　②の背信性は、規範的要件である（本書20頁）。そこで、具体的に、たとえば、ⓐＹがＡの近親者または法人とその代表者という関係にあり、両者が実質的に同一とみられる事実、ⓑＹがＸの権利取得を承認し、これを前提とする行動をとっていた事実、ⓒＹがＡＸ間の譲渡行為の代理人、仲介人等であるなどこれに密接に関与していた事実、ⓓＡＸ間の譲渡の対価が無償または著しく廉価である事実、ⓔＹがＸに対する害意・不当な利得の獲得など反倫理的な意図・動機をもって譲り受けた事実、ⓕＹが二重譲渡するように譲渡人Ａに対して不当な働きかけをした事実、ⓖＹがＸの登記の具備を妨げたり、これに関与した事実などを主張証明する必要がある（遠藤ほか『注解物

93

〔第2部〕 第1章 土地明渡請求訴訟

権法』138頁以下〔永野厚郎・牧野利秋〕)。

記載例1―4―5

1 被告(Y)は、抗弁1の売買の際、請求原因2の売買を知っていた。
2 背信性の評価根拠事実
　(1) YはAの叔父である。
　(2) ＡＹ間の売買契約における代金は○○○円である。
　(3) ………………
　(4) ………………

　これに対して、Yは、背信性を否定するに足りる具体的事実、たとえば、ⓐXが権利者であることを疑わしめるような事情があること、ⓑ登記の懈怠につきXに帰責事由があること、ⓒXのAに対する信義に反する行為がＡＹ間の譲渡を招いた事実などを再々抗弁として主張証明することができる。

　(3) その他
　Xは、その他に、Yが詐欺または強迫によって登記の申請を妨げた者であること(不動産登記法5条1項)、Yが他人のため登記を申請する義務のある者であること(不動産登記法5条2項)、抗弁1の売買契約が虚偽表示(民法94条1項)に該当し無効であること、錯誤(民法95条1項本文)、詐欺・強迫(民法96条1項)に該当して取り消されたことなどを再抗弁として主張証明することもできる。

Ⅱ　Yが時効取得による所有権喪失の抗弁を主張する場合

設例
1―5

　Xは、1998年12月13日に本件土地を所有者Aから代金100万円で購入した。一方、Yは、1999年2月3日、Bから本件土地を代金120万円で買い受けて以来、本件土地を占有使用しているが、Yは、上記売買の際、Bから、ＡＢ間の1998年12月13日付け売買契約書を見せられたりして、ＡＢ間で同日付け代金100万円の売買契約が成立したものと考えていた。しかし、実

94

第5節　ＹがＸの所有を認めない場合

際には、ＡＢ間で本件土地の売買契約が締結された事実はな
かった。

　Ｘは、2020年４月に至って、Ｙが本件土地を無断で使用して
いるとして、本件土地の明渡しを求める訴えを提起した。

1　請求原因

　設例１―５で、Ｙとしては、Ａ所有の事実自体を争うことはないであろう
から、請求原因についての要件事実は、Ｘの前主であるＡの所有権につき権
利自白するⅠと同様となる。

　設例１―５に従った記載例は、以下のようになる。

記載例１―５―１

1　Ａは、1998年12月13日当時、別紙物件目録記載の土地を所有してい
　た。
2　Ａは、同日、原告（Ｘ）に対し、本件土地を代金100万円で売った。
3　被告（Ｙ）は、本件土地を占有している。
4　よって、原告（Ｘ）は、被告（Ｙ）に対し、所有権に基づき、本件
　土地の明渡しを求める。

2　時効取得による所有権喪失の抗弁

　設例１―５で、Ｙが本件土地を買い受けた相手方であるＢは無権利者であ
るから、Ｙは契約に基づく所有権取得を主張することはできない。そこで、
Ｙとしては、Ｘからの土地明渡請求を阻止するため、長期間の占有使用状態
に基づいて、時効取得の抗弁を主張することが考えられる。この場合、Ｙと
しては、占有期間20年の長期取得時効、占有期間10年の短期取得時効をそれ
ぞれ主張することができる。

(1)　長期取得時効

　Ｙが、長期取得時効を主張するため、抗弁となる要件事実は、次のとおり
である（司研『類型別』68頁、鎌田ほか『民事法Ⅰ』293頁〔小泉博嗣〕）。

95

〔第2部〕　第1章　土地明渡請求訴訟

要件事実

① 　Ｙが本件土地をある時点で占有していたこと

② 　Ｙが①の時から20年経過した時点で本件土地を占有していたこと

③ 　ＹがＸに対し時効援用の意思表示をしたこと

　長期取得時効の要件は、条文上、占有者が「所有の意思」を有すること、占有の態様が「平穏かつ公然」であること、時効の客体が「他人の物」であること、占有の期間が「20年間」であることである（民法162条1項）。

　しかし、まず、20年間の占有継続については、20年の両端の時点における占有の事実があれば、占有はその間継続したものと推定されるから、占有開始時と20年経過時の二つの時点の占有を主張すれば足りる（民法186条2項。これに対し、相手方は、その間の占有継続の不存在を主張証明することによって、この推定を覆すことができる）。

　また、暫定真実の規定である民法186条1項によって「所有の意思」と「平穏かつ公然」性が推定されるから（本書13頁）、取得時効の成立を争う者が、その反対事実である占有者に所有の意思がないこと（他主占有）、占有が強暴によるものであること、または、占有が隠秘であることを主張証明しなければならないことになる（最判昭54・7・31裁判集（民）127号37頁、司研『要件事実第1巻』27頁）。

　さらに、取得時効の対象物は自己の所有物であってもよく、「他人の物」であることは要件とはならない（最判昭42・7・21民集21巻6号1643頁、最判昭44・12・18民集23巻12号2467頁）。

　ただし、時効による権利の得喪は援用によって初めて確定的に生じるから（最判昭61・3・17民集40巻2号420頁）、③の時効援用の意思表示が必要になる。

【最判昭61・3・17民集40巻2号420頁】
　民法167条1項は「債権は、10年間行使しないときは、消滅する」と規定しているが、他方、同法145条および146条は、時効による権利消滅の効果は当事者の意思をも顧慮して生じさせることにしているから、時効による債権消滅の効果

> は、時効期間の経過とともに確定的に生ずるものではなく、時効が援用されたときにはじめて確定的に生ずるものと解される。

したがって、Yとしては、結局、上記①ないし③のみを主張証明すれば足りる。

記載例 1 — 5 — 2

1　被告（Y）は、1999年2月3日、本件土地を占有していた。

2　被告（Y）は、2019年2月3日経過時、本件土地を占有していた。

3　被告（Y）は、原告（X）に対し、2020年○月○日、本件時効を援用するとの意思表示をした。

(2)　短期取得時効

Yが短期取得時効を主張するために、抗弁となる要件事実は次のとおりである（司研『類型別』69頁）。

要件事実

①　Yが本件土地をある時点で占有していたこと

②　Yが①の時から10年経過した時点で本件土地を占有していたこと

③　占有開始時に善意であることについて無過失であること（無過失の評価根拠事実）。

④　YがXに対し時効援用の意思表示をしたこと

短期取得時効の要件は、条文上、占有継続期間が10年間であること、占有者が占有開始時に善意・無過失であることのほかは、長期取得時効と同様である（民法162条2項）。占有開始時の善意・無過失の要件のうち、善意については民法186条1項により推定されるが、占有開始時の無過失は推定されない（最判昭43・12・19裁判集（民）93号707頁、最判昭46・11・11判時654号52頁）。

> 【最判昭46・11・11判時654号52頁】
> 　民法162条2項の10年の取得時効を主張する者は、その不動産を自己の所有と

97

〔第2部〕 第1章 土地明渡請求訴訟

> 信じたことにつき無過失であったことの立証責任を負う。

そこで、Yは、請求原因において、無過失を主張証明する必要があるが、ここで無過失とは、自己に所有権があると信ずることにつき過失がないことを意味する。すなわち、Yは、所有権が自己に属すると信ずるに値するだけの原因事実を評価根拠事実として主張証明しなければならない（規範的要件）。

記載例1—5—3

1　被告（Y）は、1999年2月3日、本件土地を占有していた。

2　被告（Y）は、2009年2月3日経過時、本件土地を占有していた。

3　（無過失の評価根拠事実）

(1)　被告（Y）は、BからAB間の売買契約書を見せられた。

(2)　………………………

4　被告（Y）は、原告（X）に対し、2020年○月○日、本件時効を援用するとの意思表示をした。

3　再抗弁

Xは、Yの長期および短期取得時効の抗弁に対して、「Yに所有の意思がなかったこと」を再抗弁として主張することができる。ここで、「Yに所有の意思がなかったこと」は、占有取得の原因である権原または占有に関する事情により外形的客観的に定められるから、Xは、①他主占有権原または②他主占有事情のいずれかを主張証明しなければならない（最判昭58・3・24民集37巻2号131頁、最判平7・12・15民集49巻10号3088頁、最判平8・11・12民集50巻10号2591頁。井上哲男「所有の意思と他主占有事情」自正51巻5号66頁以下、鎌田ほか『民事法Ⅰ』293〜297頁〔小泉博嗣〕参照）。

要件事実

①　Yがその性質上所有の意思のないものとされる権原に基づいて占有を取得した事実

98

第 5 節　Ｙ が Ｘ の所有を認めない場合

> **要件事実**
> ②　占有者が占有中、真の所有者であれば通常はとらない態度を示し、もしくは所有者であれば当然とるべき行動に出なかったことなど、外形的客観的にみて占有者が他人の所有権を排斥して占有する意思を有していなかったものとみられる具体的事実

　たとえば、設例１―５において、Ｙの占有が売買ではなく、賃貸借契約に基づくものである場合には、賃借権に基づく占有に所有の意思はないから、Ｘは、「ＢとＹとが賃貸借契約を締結したこと、Ｙの占有が同賃貸借に基づくこと」を再抗弁として主張証明することができる（①）。

　また、短期取得時効の抗弁に対して、「Ｙが占有開始時に本件土地の所有権が自己に属すると信じていなかったこと」（悪意）、無過失の評価障害事実（設例１―５で、「1999年２月３日当時、本件土地の登記名義人はＸであった」という事情があるとすると、この事実を評価障害事実として主張することができる）などを再抗弁としてそれぞれ主張証明することができる（②）。

Ⅲ　Ｙ が占有正権原の抗弁を主張する場合

　　Ｘは、Ａの所有する中古のワンルームマンションを、2020年10月19日に代金1000万円で買い受けた。しかし、その後、Ｘの知らないうちに、前記マンションにＹが居住しており、Ｙによれば、ＹはＡとの間で、同年10月15日に、賃料１か月８万円、賃貸期間同日から２年間の約定で前記マンションを賃借する旨の契約を結んだという。

　　Ｘは、Ｙが前記マンションの不法占拠者であるとして、建物明渡しを求める訴えを提起した。

１　請求原因

設例１―６では明渡しの対象が建物となっているが、請求原因の要件事実

〔第2部〕 第1章 土地明渡請求訴訟

は、Yの争い方から、Xの前主であるAの所有権を権利自白する形となり、
Iと同様となる。

記載例1－6－1

1 Aは、2020年10月19日当時、別紙物件目録記載の建物を所有していた。

2 Aは、同日、原告（X）に対し、本件建物を代金1000万円で売った。

3 被告（Y）は、本件建物を占有している。

4 よって、原告（X）は、被告（Y）に対し、所有権に基づき、本件建物の明渡しを求める。

2 抗 弁

上記請求原因に対して、Yは、まず対抗要件の抗弁を主張証明することができる（その内容については本書108頁のとおりである）。

また、Yは、占有正権原の抗弁を主張することができる。その要件事実は次のとおりである。

要件事実

① AとYとが本件建物について賃貸借契約を締結したこと

② AがYに対し、①の契約に基づいて本件建物を引き渡したこと

土地明渡請求訴訟の場面では、占有正権原を主張するに際して、①および②に加えて、対抗要件を具備していることをも主張証明する必要があるが（本書109頁参照）、建物明渡請求訴訟については、②の「引渡し」の主張が、借地借家法31条1項、借家法1条1項にいう建物賃貸借の対抗要件となるので、上記①、②のほかに主張証明する事実はない。

記載例1－6－2

1 Aは、被告（Y）に対し、2020年10月15日、本件建物を、賃料1か月8万円、賃貸期間同日から2年間の約定で賃貸した。

100

第5節　YがXの所有を認めない場合

> 2　Aは、被告（Y）に対し、前記賃貸借契約に基づき、本件建物を引
> き渡した。

3　再抗弁、再々抗弁

　設例1―6において、XがAから本件建物の所有権移転登記を取得してい
る場合には、Xは、占有正権原の抗弁に対する再抗弁として、次のとおり主
張証明することができる。

要件事実

> ○　本件建物について、請求原因2の売買契約の義務の履行としての所
> 有権移転登記がされたこと

記載例1―6―3

> 　Aは、原告（X）に対し、2020年10月19日、本件建物につき、請求原
> 因2の売買契約に基づき、所有権移転登記手続をした。

　さらに、設例1―6で、YがXの所有権移転登記取得より以前に本件建物
の引渡しを受けている場合には、Yは、再々抗弁として、次のとおり主張証
明することができる。もっとも、抗弁において時的因子から引渡しと登記の
先後関係が明らかになっている場合には、このような形の攻撃防御にならな
いことも少なくない（司研『類型別』137頁参照）。

要件事実

> ○　抗弁②の引渡しが再抗弁の所有権移転登記に先立つこと

記載例1―6―4

> 　Aが、被告（Y）に対し、前記賃貸借契約に基づき、本件建物を引き
> 渡したのは、2020年10月15日である。

　なお、これと異なり、Xは、再抗弁として、下記①に加えて、②まで主張

101

証明すべきであるとする見解もありうる（司研『要件事実第2巻』44頁）。これは、抗弁事実が主張証明されれば、一応占有権原の主張証明としては十分であると解し、再抗弁として②まで必要とする考え方によるものである。

> **要件事実**
>
> ①　本件建物について、請求原因2の売買契約の義務の履行としての所有権移転登記がされたこと
> ②　①の所有権移転登記が抗弁②の引渡しに先立つこと

第6節　付帯請求としての損害金請求

Ⅰ　訴訟物と請求の趣旨

　所有権に基づき不動産の明渡しを求めるケースでは、不法占有により不動産の使用収益が妨げられているから、原告としては、土地明渡しのほか、付帯請求として、所有権侵害の不法行為に基づく損害賠償請求権に基づき、賃料相当損害金を請求するのが普通である。

　この場合の請求の趣旨としては、「被告は、原告に対し、別紙物件目録記載の土地を明け渡せ。被告は、原告に対し、〇〇〇〇年〇月〇日から同土地の明渡済みまで月額〇万円の割合による金員を支払え」と記載する。

Ⅱ　請求原因

　　Xは、2020年4月1日、Aから更地の土地（本件土地）を代金3000万円で購入して所有していた。本件土地の近隣で不動産建築業を営んでいるYは、同年6月1日から、本件土地上に建築資材を置いてこれを占有している。

　　Xは、Yが無断で本件土地を使用しているとして、本件土地の明渡しとともに、本件土地使用料相当の損害金の支払いを求

めて訴えを提起した。

　土地明渡しに関する請求原因についてはこれまで述べたところを参照されたい。Xの主張すべき不法行為に基づく損害賠償を請求するための要件事実は、次のとおりである（民法709条。本書395頁）。

要件事実

① 　Xが一定の権利または法律上保護される利益を有すること

② 　①の権利または法律上保護される利益に対するYの加害行為

③ 　②についてYに故意があること、または②についてYに過失があることを基礎づける事実

④ 　Xに損害が発生したことおよびその数額

⑤ 　②の加害行為と④に因果関係があること

---

　①につき、所有権に基づく土地明渡請求の付帯請求として損害金を請求する場合の被侵害利益は、Xの所有権である。

　②の加害行為は、Xの不動産の使用収益をYが妨害すること、すなわちYの不法占有である。そして、Yの使用収益妨害はYが占有している間継続するが、取得時効の要件事実で述べたように（本書96頁）、ある期間中の占有継続については、民法186条2項により推定されるので、Xは、その期間の始期における占有と終期における占有を主張証明すれば足りる（記載例1―7―1の「2　被告は、2020年6月1日、本件土地を占有していた」、「3　被告は、本件土地を占有している」がそれぞれ占有の始期と終期を示しており、3は現占有、すなわち、口頭弁論終結日における占有を意味する）。もっとも、実務上は、このような推定を使わず、期間の開始時からYが占有していると主張することも少なくない（記載例1―7―1の2と3をまとめて、「被告は、2020年6月1日から現在まで本件土地を占有している」と主張する）。

　③④⑤の、「被告が故意または少なくとも過失により原告の土地の使用収益を妨げ、原告に賃料相当額の損害を与えている」という事実は、実務上当

〔第２部〕 第１章 土地明渡請求訴訟

然のこととして省略することが多い（なお、司法研修所編『10訂 民事判決起案の手引』では「相当賃料額」としているが、本書では「賃料相当額」とした）。

しかし、④の損害額については、損害額算定の基礎として、賃料相当額が主張されなければならない（司研『事実摘示記載例集』13頁）。

記載例１―７―１

1　原告（X）は、2020年６月１日当時、別紙物件目録記載１の土地を所有していた。

2　被告（Y）は、20206月１日、本件土地を占有していた。

3　被告（Y）は、本件土地を占有している。

4　本件土地の2020年６月１日以降の賃料相当額は、１か月５万円である。

5　よって、原告（X）は、被告（Y）に対し、所有権に基づき、本件土地の明渡しを求めるとともに、不法行為に基づき、2020年６月１日から本件土地明渡済みまで１か月５万円の割合による損害金の支払いを求める。

第2章　建物収去（退去）土地明渡請求訴訟

訴訟の概要

　無権原者が土地上に建物を建てて土地を占有している場合や、その建物をさらに第三者が賃借して土地を占有している場合には、裁判実務上、土地の所有者は単に土地の明渡しを求めるだけでは、土地の完全な支配を回復することはできない。土地所有者としては、土地の明渡しに加えて、建物の所有者に対しては建物収去を、建物の占有者に対しては建物退去をそれぞれ求めて訴えを提起して、勝訴判決を得ることによって、これら建物や占有者を排除することができる。

　ここで、建物収去とは建物の取り壊しのことであり、建物退去とは建物からの立ち退きのことであって、土地所有者は、土地の返還を受けるに当たって、地上建物から占拠者を立ち退かせ、建物所有者に建物の取り壊しをさせなければ、十分ではない。実体法上、理念的に所有権に基づく物権的請求権としての返還請求権があるといっても、建物が存在し、そこに人が居住しているならば、その状態のまま返還を受けても経済上意味をなさない。ここから、上記の訴訟上の観点が浮上する。このような訴訟的、要件事実的な観点を欠くと、訴訟を提起しても、結局、土地の返還を求めた目的を達し得ないという、法律実務家（弁護士、司法書士）として重大な結果を招くことになる。

　そこで、以下、建物収去土地明渡請求訴訟、建物退去土地明渡請求訴訟の要件事実を検討する（秋吉仁美「不動産関係訴訟の証明責任・要件事実」新堂監修『証明責任・要件事実論』71頁）。

105

〔第2部〕 第2章 建物収去（退去）土地明渡請求訴訟

第1節　建物収去土地明渡請求訴訟

I　訴訟物と請求の趣旨

　地上建物を所有して明渡しの対象土地を占有するYに対し、建物収去土地明渡しを求める場合の訴訟物は、「所有権に基づく返還請求権としての土地明渡請求権」であると解される（通説。「旧1個説」と呼ばれる）。つまり、土地所有者には土地返還請求権のみが発生し、土地明渡しの債務名義だけでは別個の不動産である地上建物を収去することができないという執行法上の制約から、執行方法を明示する必要があるために判決主文に建物収去が加えられるにすぎないと考えるのである（建物収去請求権と土地明渡請求権の2個が訴訟物となるとする「2個説」と呼ばれる考え方、建物収去土地明渡請求権という訴訟物が1個発生するとする「新1個説」と呼ばれる考え方もある。司研『類型別』59頁は、判例は通説と同様の立場に立っているとする）。

　この場合、請求の趣旨は「被告は原告に対し、別紙物件目録1記載の建物を収去して同目録2記載の土地を明け渡せ」と記載する。

II　Yが対抗要件の抗弁または占有正権原の抗弁を主張する場合

　Xは、別荘用住宅を建築する目的で、2020年7月25日、知人のAから更地の土地（本件土地）を代金2000万円で購入した。Xは知人との取引だからと安心していたところ、半年後に現地に行ってみると、すでに建物（本件建物）が建っており、Yが本件建物に居住していた。Yに事情を聴くと、Yは2020年8月5日にAから本件土地を1か月5万円の賃料で賃借する旨の契約を結んで本件建物を建てたという。

　Xは、Yが無断で本件土地を利用しているとして、本件建物の収去と本件土地の明渡しを求めるため、訴えを提起すること

にした。

1　請求原因

(1)　概　説

Xが、X所有の土地上にYが建物を所有して土地を占有しているとして建物収去土地明渡しを請求する場合、請求原因となる要件事実は次のとおりである（鎌田ほか『民事法Ⅰ』290頁〔小泉博嗣〕）。

> **要件事実**
>
> ①　Xが本件土地を所有していること
>
> ②　本件土地上に建物が存在すること
>
> ③　Yが本件建物を所有していること

実務では、②、③をまとめて、「Yは当該土地上に建物を所有していること」を主張するのが一般的である。

(2)　Xの所有

Xの所有については、土地明渡請求訴訟（第1章）で説明したとおりであり、後記記載例の当該部分も被告の争い方に従って異なる（記載例2―1―1では、設例2―1で被告が原告の所有を争っていることを前提にして記載している）。

(3)　Yの占有

Xは、請求原因において、Yが土地を占有していることの主張はどうなるか。

②、③の「Yが土地上に建物を所有している」との事実について、土地上に建物を所有する場合、これにより、その敷地を事実的支配の下におくものと社会観念上認められ、これを占有と評価するのが一般的である。したがって、Yは当該土地上に建物を所有していることのみを主張すれば十分である（建物を所有することによって土地を占有していることになる）。ただし、建物の土地に占める割合がわずかであり、建物の所有によって土地全体を占有して

〔第2部〕 第2章 建物収去（退去）土地明渡請求訴訟

いるとはいえないような場合には、建物の所有に加えて、さらに土地を占有していることまで主張しなければならない。

⑷ Yの建物所有

他人の土地に無権原で建物を所有する者は、そこに居住して土地を現実に占拠すると否とを問わず、その建物の存在によって他人の土地を侵害していることになり、また、建物を収去する権原を有することから、Xは、請求原因として、③の「Yの建物所有」の事実を主張証明する。

Yが建物を所有していることを認める場合には権利自白が成立し、Xはそれ以上主張証明する必要はないが、Yがこれを争う場合には、Xは、Yの建物の所有権取得原因事実を主張証明しなければならない。この場合の主張の仕方は、土地明渡請求訴訟における「X所有」の主張と同様であり、「Yは本件建物をもと所有していた」、「Aは本件建物をもと所有していたことおよびYのAからの所有権取得原因事実」などとなる（後述Ⅲ111頁参照）。

記載例2―1―1

1　Aは、2020年7月25日当時、別紙物件目録記載1の土地を所有していた。

2　Aは、同日、原告（X）に対し、本件土地を代金2000万円で売った。

3　被告（Y）は、本件土地上に同目録記載2の建物を所有して本件土地を占有している。

4　よって、原告（X）は、被告（Y）に対し、本件土地の所有権に基づき、本件建物を収去して本件土地を明け渡すことを求める。

2　抗弁・再抗弁

建物収去土地明渡請求に関する抗弁以下の攻撃防御方法は、土地明渡請求と同一のものが考えられるが、ここでは設例2―1に従って、対抗要件の抗弁、占有正権原の抗弁について説明する。

⑴ 対抗要件の抗弁

Yは、まず、対抗要件の抗弁として、次のとおり主張証明することができ

る（本書90頁）。

要件事実

① ＡとＹとが本件土地について賃貸借契約を締結したこと

② Ｘが対抗要件を具備するまで、Ｘの所有権取得を認めないとの権利主張

記載例２─１─２

1　Ａは、被告（Ｙ）に対し、2020年８月５日、本件土地を、期間の定めなく、賃料１か月５万円の約定で賃貸するとの合意をした。

2　原告（Ｘ）が対抗要件を具備するまで、原告（Ｘ）の所有権取得を認めない。

これに対して、Ｘは、「対抗要件の抗弁に対する再抗弁」（本書92頁）で説明したとおり、さらに反論することができる。

(2)　占有正権原の抗弁

(ア)　占有正権原の抗弁(1)

不動産の賃貸借は、これを登記することによって、対抗力を取得する（民法605条）。したがって、設例２─１において、Ｙが賃借権設定登記をしている場合には、賃借権をＸに対しても主張し得（「賃借権の物権化」）、Ｙは占有正権原の抗弁を主張することができる。

その要件事実は、次のとおりである。

要件事実

① ＡとＹとが本件土地について賃貸借契約を締結したこと

② ＡがＹに対し、①の契約に基づいて本件土地を引き渡したこと

③ ＡとＹとが①の契約について賃借権設定登記をする旨の合意をしたこと

④ ③の合意に基づく賃借権設定登記がされたこと

109

〔第2部〕 第2章 建物収去（退去）土地明渡請求訴訟

この占有正権原の抗弁については、①、②のみの事実をもって足り、Xから再抗弁として、「Yが対抗要件を具備するまでは本件土地の賃借権を認めない」旨主張されたことに対して、再抗弁として③、④の事実を主張すべきとの考え方もある。しかし、この場合のYの権利は、①、②だけではその効果が覆されるおそれのあるものであることが顕れており、これを占有正権原と呼ぶには不十分といわざるを得ない。債権である賃借権は、対抗要件を具備することによって初めて、新たな物権取得者に対して物権化効果をもつことができるから、①ないし④の事実をすべて主張して占有権原となるものと考えるのが相当であろう（司研『要件事実第2巻』40頁、大江『民法(5)−2』32〜33頁。なお、明渡しの対象が建物である場合につき、本書99頁参照）。

記載例2－1－3

1　Aは、被告（Y）に対し、2020年8月5日、本件土地を、期間の定めなく、賃料1か月5万円の約定で賃貸するとの合意をした。

2　Aは、被告（Y）に対し、同日、前記賃貸借契約に基づき、本件土地を引き渡した。

3　Aと被告（Y）は、同日、前記賃貸借契約について賃借権設定の登記をする旨合意した。

4　Aと被告（Y）は、前記3の合意に基づき、賃借権設定登記手続をした。

(イ)　占有正権原の抗弁(2)

借地人は、賃借地上に登記されている建物を所有するときは、これをもって第三者に対抗することができる（借地借家法10条、建物保護ニ関スル法律1条）。したがって、Yは、賃借権設定登記がない場合でも、同条に基づき、占有正権原の抗弁を主張することができる。

その要件事実は、次のとおりである（大江『民法(5)−2』193〜194頁）。

110

第1節　建物収去土地明渡請求訴訟

> **要件事実**
>
> ①　ＡとＹとが本件土地について賃貸借契約を締結したこと
>
> ②　ＡがＹに対し、①の契約に基づいて本件土地を引き渡したこと
>
> ③　ＡとＹとが①の契約において建物所有を目的とする合意をしたこと
>
> ④　建物についてＹ所有名義の登記がされたこと

ここで、④の登記は、建物の表示登記でも差し支えないとされている（最判昭50・2・13民集29巻2号83頁）。

> **記載例2―1―4**
>
> 1　Ａは、被告（Ｙ）に対し、2020年8月5日、本件土地を、期間の定めなく、賃料1か月5万円の約定で賃貸するとの合意をした。
>
> 2　Ａは、被告（Ｙ）に対し、同日、前記賃貸借契約に基づき、本件土地を引き渡した。
>
> 3　Ａと被告（Ｙ）は、前記賃貸借契約において、建物所有を目的とすることを合意した。
>
> 4　本件建物について、被告（Ｙ）所有名義の登記がされた。

占有正権原の抗弁(1)では、ＡＸ間の所有権移転登記がされると、ＡＹ間の賃借権について設定登記がされる余地はないが、ここでは、土地の権利に関する登記と建物の権利に関する登記が別個の登記簿であることから、対抗要件の先後関係が問題となる。したがって、占有正権原の抗弁に対して、Ｘは、再抗弁として、「請求原因の売買契約の履行としての所有権移転登記がされたこと」を、さらに、Ｙは、再々抗弁として、「抗弁④の登記が再抗弁の登記に先立つこと」をそれぞれ主張証明することができる。

Ⅲ　Ｙが建物所有権喪失の抗弁を主張する場合の請求原因

1　建物所有権喪失の抗弁

建物の所有者は建物を所有することによって他人の土地の効用を妨害して

111

〔第2部〕　第2章　建物収去（退去）土地明渡請求訴訟

いることになるが、そればかりでなく、建物収去、すなわち、取り壊しができるのは、論理的必然的に、その所有者だけである。ここから、自らが建物所有を喪失したことは、抗弁として機能することになる。

　Xが、X所有の土地上にYが建物を所有して土地を占有しているとして建物収去土地明渡しを請求する場合、請求原因として、「Yが当該建物を所有していること」を主張証明する必要があるのは、前に述べたとおりである。

　建物につき登記簿上所有名義をまだ有していても、所有権譲渡の意思表示さえすれば、その者に対しては明渡請求は成立しなくなるのかという問題がある。

　原告において建物の実質的所有者の把握は困難である。そこで、判例は、建物所有権が移転し譲受人が占有しているが、登記名義はまだ譲渡人にある場合のうち、被告が、建物の所有権を取得し自らの意思に基づいてその旨の登記をした場合は、建物を他に譲渡したとしても、被告が引き続き登記名義を保有する限り、原告に対し、建物所有権の喪失を主張して建物収去土地明渡しの義務を免れることはできないとしている（最判平6・2・8民集48巻2号373頁）。

【最判平6・2・8民集48巻2号373頁】（判決要旨）
　甲の所有地上の建物の所有権を取得し、自らの意思に基づいてその旨の登記を経由した乙は、たとい右建物を丙に譲渡したとしても、引き続き右登記名義を保有する限り、甲に対し、建物所有権の喪失を主張して建物収去・土地明渡しの義務を免れることはできない。

2　建物所有権喪失の抗弁に備えた予備的請求原因の主張

　そこで、上記最判の判示に従い、Yが建物所有権を喪失した旨の抗弁を主張した場合に備えて、建物収去土地明渡請求の予備的請求原因を構成する必要が生ずる。その要件事実は次のとおりとなる（遠藤ほか『注解物権法』35頁〔難波孝一〕）。

第1節　建物収去土地明渡請求訴訟

要件事実

① 　Xが本件土地を所有していること

② 　本件土地上に建物が存在すること

③ 　Yが本件建物をもと所有していたこと

④—ⅰ 　Yは請求原因③の当時建物の登記名義人であったこと

④—ⅱ 　本件登記はYの意思に基づくものであること

④—ⅲ 　Yは現在も建物の登記名義人であること

　そもそも建物収去土地明渡請求の要件事実は①ないし③の事実で足りるから、上記①ないし④の請求原因は過剰な主張となり、そのままでは要件事実的に意味がない。しかし、上記最判によれば、Yの建物所有権喪失の抗弁が主張される場合には、あらためて建物の登記名義にかかわる請求原因を根拠づけることができるはずであり、この主張は、別個の請求原因の主張または予備的主張として位置づけることができる（村田渉「要件事実論の課題」ジュリ1290号43頁は、この主張が選択的請求原因と考えるべきか、予備的請求原因と考えるべきか、さらに分析・検討する必要があるとする）。

　付言すれば、Yが第三者Bに対して建物を売買し、所有権を喪失した旨を抗弁として主張すると、③の「Yが当該建物をもと所有していたこと」というのは、YB間の売買時点までの所有しか意味していないことになり、上記①ないし③だけでは、土地についてのYのもと占有（YB間の売買の時点までの占有）しか主張していないことになる。したがって、占有の時的要素につき現占有説をとる前提の下では（本書74頁）、上記①ないし③の主張では不十分であり、Xは、上記の①ないし③に加えて、④の各事実を主張証明することが必要になるのである。

113

〔第2部〕 第2章 建物収去（退去）土地明渡請求訴訟

第2節　建物退去土地明渡請求訴訟

I　訴訟物と請求の趣旨

　この場合の訴訟物は、建物収去土地明渡請求訴訟のそれと同様、「所有権に基づく返還請求権としての土地明渡請求権」である。

　判例・通説は、建物はその敷地を離れて存在し得ず、建物を占有する者は、同時にその建物の敷地をも占有すると解している（「占有説」と呼ばれる。最判昭45・12・24民集24巻13号2271頁）。

> 【最判昭45・12・24民集24巻13号2271頁】（判決要旨）
> 　土地の賃借人がその地上に有する建物を他人に賃貸した場合において、土地の賃貸借が賃借人の債務不履行により解除されたとしても、右建物の賃貸借は、ただちに終了するものではなく、土地賃貸人と建物賃借人との間で建物敷地の明渡義務が確定されるなど、建物の使用収益が現実に妨げられる事情が客観的に明らかになり、または建物賃借人が現実の明渡を余儀なくされたときに、はじめて、賃貸人の債務の履行不能により、終了する。

　そして、請求の趣旨は、「被告は、原告に対し、別紙物件目録記載の建物を退去して同目録記載の土地を明け渡せ」となるが、多くの場合は地上建物所有者に対する建物収去土地明渡請求と併合して訴えられ、その場合の請求の趣旨は、「原告に対し、被告Aは別紙物件目録1記載の建物を収去し、被告Bは同建物を退去して、それぞれ同目録2記載の土地を明け渡せ」と記載する。

II　請求原因

　Yが地上建物を占有しているとして建物退去土地明渡しを請求する場合、Xの主張すべき、請求原因事実（要件事実）は、次のとおりである。

第2節　建物退去土地明渡請求訴訟

> **要件事実**
>
> ①　Ｘが本件土地を所有していること
>
> ②　本件土地に建物が存在すること
>
> ③　Ｙが本件建物を占有していること

　①については、Ｙの争い方により、主張事実が変わることは前に述べたとおりである。また、②、③により、Ｙが当該建物の敷地を占有していることが示されているから、Ｘは、さらにＹが土地を占有している旨を主張する必要はない（占有説）。

Ⅲ　抗　弁

　建物退去土地明渡請求に関する抗弁以下の攻撃防御方法は、土地明渡請求、建物収去土地明渡請求に関するそれと同一のものが考えられる。

　たとえば、Ｙは、占有正権原の抗弁を提出することが考えられるが、その要件事実は、次のとおりである。

> **要件事実**
>
> ①　ＸがＡとの間で、本件土地の賃貸借契約を締結したこと
>
> ②　ＸがＡに①の賃貸借契約に基づいて、本件土地を引き渡したこと
>
> ③　Ａが本件建物を所有していること
>
> ④　ＡとＹとの間で、本件建物の賃貸借契約を締結したこと
>
> ⑤　Ｙの本件建物の占有は、上記④の賃貸借契約に基づくものであること

　ここで、ＸＹ間に直接本件土地に関する契約関係があるわけではないが、ＸＡ間の土地の賃貸借契約において、同地上にＡが建物を所有し同建物を賃貸する場合、Ａの所有建物を賃借する者（Ｙ）がその敷地を利用することを認める意思が当然に含まれていると解されるから（建物所有目的土地賃貸人の一般的意思であり、「占有説」の裏返しでもある）、ＹはＡの有する本件土地の占有正権原を援用することができるのである。

115

第3章 登記関係訴訟

第1節 総　説

I　登記請求権

1　総　説

　民法は「物権の設定及び移転は、当事者の意思表示のみによって、その効力を生ずる」と規定し（民法176条）、物権変動につき意思主義の原則を採用している。もっとも、この物権変動の効果を第三者に対抗するには、不動産については登記が必要であり（対抗要件）、不動産についての物権取得者は登記を具備して初めて自己の権利取得を完全にすることができる。そして、物権取得者などの権利者は、不動産物権が正しく登記簿に表示されていることに利害をもつから、あるべき権利関係の正しい登記に協力すべき契約上の義務のある者が任意に協力せず、あるいは、正しい登記をするのに障害があり、その状態を支配している者が不当にその除去に応じない場合には、これらの者に対して正しい登記へ協力するよう求める権利を有する。この実体法上の権利を登記請求権という。

　他方、このような請求権を登記簿上で実現するためには、不動産登記法の定める手続を踏まなければならず、同法は、登記の申請は原則として手続上の登記権利者と手続上の登記義務者が共同してすることを要求している（不動産登記法60条）。ここで、「登記権利者」とは、所有権移転登記において新しく所有者として表示される者のように、登記をすることによって直接的に利益を受ける者をいう（不動産登記法2条12号）。また、「登記義務者」とは、所有権移転登記において新しい所有者に権利を移転することによって登記簿

上の権利を喪失したことが表示される現在の所有名義人のように、その登記をすることによって不利益を受ける者をいう（不動産登記法2条13号）。この登記法上の登記権利者・登記義務者と、実体法上の権利者・義務者は一致するのが通常であるが、異なることもある。たとえば、所有者であるXからY₁、Y₁からY₂へと順次不実の登記がされているときに、XはY₂に対して実体法上の抹消登記請求権を有するが、登記権利者はあくまでY₁である（本書131頁）。

2　登記請求権の発生根拠

登記請求権は理論上どのような場合に発生するであろうか。

これについては、①統一的にこれを説明する一元説と、②多元的な説明をする多元説の立場がある。判例および実務は多元説をとり、ⓐ実質的な物権変動があるのに登記がない場合（たとえば、売買がされた場合）、ⓑ実質的に物権が存在せず、または物権変動が生じていないのに登記がある場合（たとえば、不実の登記がされている場合）、ⓒ当事者間の特約に基づく場合（たとえば、中間省略登記の場合）などに場合分けされている。

なお、中間省略登記とは、甲から乙、乙から丙と不動産所有権が移転した場合に、中間者乙を飛ばして、甲から丙への直接に所有権移転登記をするように、中間の権利変動の登記を省略した登記をいう。これには、不動産業者の間の不動産売買では、短期間に転売されることも多く、一般にも、登録免許税を節約するため中間省略登記を利用したいという背景があったが、中間省略登記請求を安易に認めると物権変動の過程・態様を登記上に反映・公示する登記制度の趣旨に反するという問題があった。しかし、中間省略登記の判例法理は、「甲から乙、乙から丙と不動産所有権が移転した場合に、甲・乙・丙三者の合意があれば、甲から丙への直接の移転登記請求が認められる」というもの（最判昭40・9・21民集19巻6号1560頁）であり、また、中間者の同意なく中間省略登記がされても、登記の現状が実質上の権利者と一致している場合において、中間者に登記の抹消を求めるにつき正当な利益がないときは、抹消請求は許されない（最判昭35・4・21民集14巻6号946頁）としていた。

〔第2部〕 第3章 登記関係訴訟

つまり、中間省略登記が判例上許容されていたことから、本書第2版までは
その要件事実を解説していた（本書第2版114頁）。しかし、現行不動産登記
法では、登記原因証明情報を法務局に提供する制度とされたことから、中間
者への所有権移転を省略した登記を申請した場合には、実体上に所有権変動
を記載した登記原因証明情報と申請した登記とが符合しないことが判明し、
同法25条8号により申請が却下されることになる（山野目章夫『不動産登記法』
302頁）。そうしたことから、今後は、中間省略登記請求訴訟はみられなくな
るであろう（加藤新太郎『司法書士の専門家責任』287頁）。

3　登記請求権の法的性質

また、登記請求権の法的性質については、①物権的請求権としての物権的
登記請求権、②当事者の合意等による債権的登記請求権、③物権の変動とい
う事実から発生する物権変動的登記請求権の3種類があると論じられている。

物権変動的登記請求権（③）は、不動産の買主が当該不動産を転売して所
有権を喪失し、かつ、売買契約に基づく債権的登記請求権も消滅時効にか
かっているような場合に、これを観念する実益があるとされる（司研『類型別』
64頁）。しかし、物権変動的登記請求権を観念する必要性は乏しい。そうし
たことから、実務上、物権変動的登記請求権として法的構成する例はほとん
どみられない。

II　登記請求訴訟とその種類

1　登記請求訴訟の意義

不動産登記法は、登記権利者と登記義務者による共同申請の例外として、
登記手続をすべきことを命ずる確定判決に基づく申請の場合には、「当該申
請を共同してしなければならない者の他方」が単独で申請することができる
旨規定している（不動産登記法63条）。

そこで、登記請求権の義務者が任意に登記に協力しない場合、登記権利者
は登記手続を命ずる判決を求めて義務者に対する訴訟を提起しなければなら
ない。

118

第 1 節　総　説

　登記請求訴訟の判決の主文は、いわゆる登記引取請求訴訟の場合を除き、登記法上の登記義務者から登記法上の登記権利者に対して登記手続を命ずるものでなければならず、そうでなければ、登記申請は受理されないので、訴えの提起にあたっては、登記法上の登記義務者となる者を被告とする必要がある。

　登記申請では、申請書に登記の目的および登記原因とその日付を記載することを要するから（不動産登記法18条、不動産登記令3条）、請求の趣旨では、何の登記を求めるのか、そして、その登記の登記原因とその日付の記載が必要となる。

2　登記請求訴訟の種類

　登記請求訴訟は、まず、登記申請訴訟と承諾訴訟の2種類に大きく分けられる。

　登記申請訴訟は、登記権利者と義務者間の登記請求権を訴訟物とする訴訟であり、登記義務者の登記所あての登記申請という意思表示を求めるものである。また、登記申請訴訟には、表示登記請求訴訟と権利登記請求訴訟があるが、権利登記請求訴訟は、さらに、所有権移転登記手続請求訴訟と抹消登記手続請求訴訟に分けられる。

　これに対して、承諾訴訟は、登記申請人と承諾義務者間の承諾請求権を訴訟物とする訴訟であり、承諾義務者の登記申請人あての承諾という意思表示を求めるものである。

　以下では、実務上一般的な、所有権移転登記手続請求訴訟、所有権・抵当権などの各抹消登記手続請求訴訟、承諾訴訟について取り上げることとする（森宏司「不動産登記訴訟の証明責任・要件事実」新堂監修『証明責任・要件事実論』97頁）。なお、以下の記述のうち物権的登記請求権にかかわる部分については、第1章で説明した物権的請求権の説明とパラレルの関係にあるので、随時、同箇所の説明を参照してもらいたい。

119

第2節　所有権移転登記手続請求訴訟

I　売買契約に基づく所有権移転登記手続請求

設例
3−1

Xは、2020年12月14日、Yとの間で、Yが所有する土地を代金2000万円で買い受ける旨の契約を締結した。しかし、Yは本件土地の移転登記に応じようとしない。そこで、Xは、本件土地の所有権移転登記をすることを求めて、Yに対し訴えを提起した。

1　訴訟物と請求の趣旨

設例3−1で、Xは売買契約に基づく債権的登記請求権を訴訟物とすることができる。また、Xは、原則として、売買契約の成立と同時にその所有権を取得するから（民法176条。最判昭33・6・20民集12巻10号1585頁。本書81頁参照）、Xは所有権に基づく物権的登記請求権を訴訟物とすることもできる。しかし、以下にみるように、物権的登記請求権、物権変動的登記請求権の請求原因事実は、債権的登記請求権の請求原因事実を含んでいるから、要件事実的には、買主としては、債権的登記請求権を訴訟物とするのが負担が少なく、一般的である。ただし、被告の立場から考えると、債権的登記請求権に対しては消滅時効の抗弁を提出しうるものの、物権的登記請求権および物権変動的登記請求権に対しては消滅時効の抗弁は主張自体失当となること、また、物権的登記請求権に対しては所有権喪失の抗弁を提出しうるが、物権変動的登記請求権および債権的登記請求権に対しては、所有権喪失の抗弁を主張しても主張自体失当となること、などの違いがあることには注意を要する。

請求の趣旨は、「被告は、原告に対し、別紙物件目録記載の土地について、令和○年○月○日売買を原因とする所有権移転登記手続をせよ」と記載する。

2　請求原因

(1) 債権的登記請求権が訴訟物とされた場合の請求原因

第2節　所有権移転登記手続請求訴訟

　XがYから不動産を買い受ける契約を締結した場合には、YにおいてXに登記をすることが給付義務として債務の主たる内容となっているから、特に売買契約と別に所有権移転登記をする特約を結ぶ必要はない（大判大9・11・22民録26輯1856頁）。したがって、売買契約に基づく所有権移転登記手続請求の請求原因は、次のようになる。

要件事実

○　XとYとが売買契約を締結したこと

　売買契約締結日の主張は、登記法上の記載事項である登記原因の日付としても主張証明されなければならない。

　この場合、売買契約締結時にYが目的物を所有していたことやY名義の登記が存在することは請求原因とならない（民法561条参照。他人物の売買も債権的には有効に成立するというのが民法の建前であり、それゆえ、債権的請求権を根拠とする場合の要件事実は契約の成立だけで足りる）。

記載例3−1−1

1　原告（X）は、被告（Y）から、2020年12月14日、別紙物件目録記載の土地を代金2000万円で買った。

2　よって、原告（X）は、被告（Y）に対し、上記売買契約に基づき、本件土地につき、上記売買を原因とする所有権移転登記手続をすることを求める。

　Yは、売買契約締結後10年が経過している場合には、Xの所有権移転登記請求に対して、債権的登記請求権が消滅時効により消滅したことを抗弁として主張証明することができる（具体的には、「売買契約締結の日から10年が経過したこと」、「YがXに対し、時効を援用する旨の意思表示をしたこと」が要件事実である）。しかし、XがYから本件土地を買い受けた後に、これをAに売却したとの所有権喪失の抗弁は、債権的登記請求権に対しては抗弁としては機能せず、主張自体失当となる。

121

〔第2部〕 第3章 登記関係訴訟

⑵ 物権的登記請求権が訴訟物とされた場合の請求原因

この場合、所有権に基づく物権的請求権として登記請求権が発生すること
になるから、請求原因は、次のようになる。

> **要件事実**
>
> ① Xが本件土地を所有していること
> ② Yが本件土地について所有権移転登記を有していること

この場合の②は土地明渡請求訴訟における現占有説（第1章第2節Ⅲ1・
74頁参照）と同様に、口頭弁論終結時における登記の存在が請求原因事実に
なるので、登記喪失の事実は抗弁ではなく、否認となる。

①について、Xが本件不動産を所有することについて権利自白が成立せ
ず、YがXの所有権を争う場合には、Xは、所有権取得原因につきさらに主
張証明しなければならない。その場合、Xは、①に代えて、次の事実を主張
証明することになる。

> **要件事実**
>
> ①′─ⅰ Yが本件土地をもと所有していたこと
> ①′─ⅱ XとYとが売買契約を締結したこと

Yは、Xの所有権移転登記請求に対して、XがYから本件土地を買い受け
た後に、これをAに売却したとの所有権喪失の抗弁を主張証明することがで
きる。

しかし、消滅時効の抗弁は、物権的登記請求権に対しては抗弁としては機
能せず、主張自体失当となる。なぜなら、所有権それ自体は消滅時効にかか
り得ず、物権的請求権も所有権の円満な支配状態を回復すべき作用を有する
ものである以上、所有権と同様に消滅時効にかからないと解されるからであ
る。

⑶ 物権変動的登記請求権が訴訟物とされた場合の請求原因

この場合、物権変動の過程を如実に登記に反映させることに登記請求権の

122

根拠があるから、請求原因は、次のようになる。

要件事実

① Ｙが本件土地をもと所有していたこと

② ＸとＹとが売買契約を締結したこと

これは、①の状態で、②が成立すると、所有権がＹからＸに移転し、この事実に基づいて登記請求権が発生するからである。

ＸがＹから本件土地を買い受けた後に、これをＡに売却したとの所有権喪失の抗弁は、物権変動という事実自体に基づいて発生する物権変動的登記請求権に対しては抗弁としては機能せず、主張自体失当となる。また、物権変動的登記請求権は消滅時効にかからないと解されているから、消滅時効の抗弁は、物権変動的登記請求権に対しては抗弁としては機能せず、主張自体失当となる。

3 抗 弁

(1) 同時履行の抗弁

設例３―１で、ＸがまだＹに売買代金を支払っていないという場合、ＹはＸからの所有権移転登記請求に対して、同時履行の抗弁権（民法533条）を行使することができる（本書33頁）。

同時履行の抗弁が成立するための要件は、「①同一の双務契約から生じた二つの対立した債権が存在すること、②双方の債務が履行期にあること、③相手方が自己の債務の履行またはその提供をしないで履行を請求すること、④援用者から同時履行の抗弁権の行使のあること」である。

ここで、①については請求原因において双務契約であることが明らかである。②について、双務契約では、当事者は法律行為として発生した請求権を直ちに行使することができるのが原則であり、これに対して、一方の債務に期限が付されていることは、その法律行為に基づく権利行使に対する阻止事由であって、この請求を拒む債務者側に主張証明責任がある。つまり、同一の双務契約から発生した二つの債務は、反対の主張証明がない限り、双方と

も弁済期にあるものとして扱われる。③についても、履行のないことを債権者が主張証明する必要はなく、債務者が自己の債務を履行したことを主張証明すべきである。したがって、同時履行の抗弁権を行使するためには、④として、権利行使を主張証明すれば足りる（倉田『契約法上巻』143頁、鎌田ほか『民事法Ⅲ』45頁〔吉川慎一〕）。

> 記載例3－1－2
>
> 　被告（Y）は、原告（X）が代金2000万円を支払うまで所有権移転登記手続を拒絶する。

(2) 債務不履行解除の抗弁

設例3－1で、YがXに登記申請手続と引換えに代金を支払うよう催告したにもかかわらず、Xが代金を支払わなかったという場合には、YはXとの売買契約を解除することができる。

売買契約が債務不履行（履行遅滞）に基づき解除（民法541条）された場合の要件事実は、すでに説明したように、①履行を催告したこと、②履行を催告後相当期間が経過したこと、③相当期間経過後に解除の意思表示をしたこと、④催告以前に反対給付の履行の提供をしたことである（第1章第4節Ⅱ2・86頁参照）。

Ⅱ　時効取得に基づく所有権移転登記手続請求

　大工であるXは、1999年（平成11年）1月14日から、Aの所有していた本件土地を作業場として使用し始め、現在まで、同じように本件土地を使用している。Xは、1999年（平成11年）当時、Aから口約束で本件土地を買い受けたものの、その後登記をしないまま放置していたが、2020年になって、Aの相続人であるYに本件土地の移転登記をしてくれるよう依頼したところ、Yは売買の事実は知らないとして、移転登記に応じようとしない。

第2節　所有権移転登記手続請求訴訟

　そこで、Xは、時効取得を原因とする所有権移転登記を求めて、Yに対し訴えを提起した。

1　訴訟物と請求の趣旨

　取得時効による所有権取得に基づいて所有権移転登記手続請求をする場合、Xとしては、物権的登記請求権すなわち「所有権に基づく妨害排除請求権としての所有権移転登記請求権」を訴訟物とするのが通常である。

　この場合、請求の趣旨は、「被告は、原告に対し、別紙物件目録記載の土地について、平成○年○月○日時効取得を原因とする所有権移転登記手続をせよ」と記載する。時効による所有権取得は原始取得であるが、登記は移転登記によるとするのが登記実務である（明治44年6月22日民第414号民事局長回答）。また、その登記原因の日付は時効完成の日ではなく、時効の起算日である。

2　請求原因

　Xが長期取得時効を主張する場合の要件事実は、次のとおりである（本書95頁）。

> **要件事実**
>
> ①　ある時点で本件土地を占有していたこと
> ②　①の時から20年経過した時点で本件土地を占有していたこと
> ③　援用権者が相手方に対し時効援用の意思表示をしたこと

　また、短期取得時効を主張する場合の要件事実は、次のとおりである（本書97頁）。

> **要件事実**
>
> ①　ある時点で本件土地を占有していたこと
> ②　①の時から10年経過した時点で本件土地を占有していたこと
> ③　占有開始時に善意であることについて無過失であること（無過失の

125

〔第 2 部〕 第 3 章 登記関係訴訟

評価根拠事実）

④ 援用権者が相手方に対し時効援用の意思表示をしたこと

加えて、次の事実も、要件事実となる。

> **要件事実**
>
> ○ Xの所有権に対する妨害としてのY名義の所有権移転登記の存在

そうすると、設例 3 ― 2 で、Xが長期取得時効を主張する場合の請求原因の記載例は次のようになる。

> **記載例 3 ― 2 ― 1**
>
> 1 原告（X）は、1999年 1 月14日、別紙物件目録記載の土地を占有していた。
>
> 2 原告（X）は、2019年 1 月14日経過時、本件土地を占有していた。
>
> 3 原告（X）は、被告（Y）に対し、2021年○月○日、時効を援用するとの意思表示をした。
>
> 4 本件土地について、別紙登記目録記載の所有権移転登記がある。
>
> 5 よって、原告（X）は、被告（Y）に対し、所有権に基づき、本件土地につき、平成11年 1 月14日時効取得を原因とする所有権移転登記手続をすることを求める。
>
> （登記目録）
>
> ○○地方法務局○○支局令和元年11月 5 日受付第○○号所有権移転
>
> 原　因　令和元年10月 7 日相続
>
> 所有者　（被告Yの住所氏名）

3 抗 弁

取得時効の成立を争うYは、抗弁として、Xに「所有の意思がないこと」、また、短期取得時効の主張に対し、「Xが占有開始時に本件土地の所有権が自己に属すると信じていなかったこと」（悪意）、無過失の評価障害事実など

126

を主張証明することができる（本書98頁以下）。

Ⅲ 抹消登記に代わる所有権移転登記手続請求

Ｘ所有の土地につき、Ａ名義に所有権移転登記がなされ、さらにＡからＹに所有権移転登記がなされている。Ｘは、Ａが登記関係書類を偽造してＡ名義に移転登記をしたと主張して、Ｙに対し、所有権移転登記手続を求めて訴えを提起した。

1 訴訟物と請求の趣旨

　設例３—３のような場合に、実際の物権変動の過程と態様をできるだけ反映させるべきであるとする登記制度の理想からすると、現在の登記名義人であるＹの登記から逆巻き式に無効の登記を抹消してＸの名義を回復していくべきということになる。しかし、Ｘの立場からすると、ＸＡ、ＡＹ間の各抹消登記に代えてＹから直接移転登記手続をすることで済めば、Ｙのみを相手にすることによって目的を達成することができて便利である。そこで、所有権の登記に関して不実の登記が存在する場合には、抹消登記がされるのが通常であるが、その抹消登記に代えて、不実登記の名義人から直接真実の所有権者に移転登記をすることも認められている（大判昭16・3・4民集20巻385頁、最判昭30・7・5民集9巻9号1002頁、最判昭32・5・30民集11巻5号843頁、最判昭34・2・12民集13巻2号91頁。昭和36年10月27日民甲第2722号民事局長回答、昭和39年2月17日民三第125号民事局第三課長回答、同年4月9日民甲第1505号民事局長回答）。

　この場合も、訴訟物は物権的登記請求権すなわち「所有権に基づく妨害排除請求権としての所有権移転登記請求権」となると考えられる。請求の趣旨は、「被告は原告に対し、別紙物件目録記載の土地につき、真正な登記名義の回復を原因とする所有権移転登記手続をせよ」と記載する。

2 請求原因と抗弁

　真正な登記名義の回復を原因とする抹消に代わる所有権移転登記を求める

〔第2部〕 第3章 登記関係訴訟

場合には、請求原因は、次のようになる。

> **要件事実**
>
> ① **Xは本件土地を所有していること**
> ② **本件土地につきY名義の登記が存在すること**

　この点については、①②だけでは所有権に基づく妨害排除請求権としての抹消登記請求を求める要件事実と変わらないことから、ＸＹ間の所有権移転の原因が無効であるが（たとえば民法94条1項）、抹消登記をするまでの間に第三者Ａが本件土地に抵当権設定登記を得ているような場合には、Ｙの所有権移転登記を抹消することが不可能なので（不動産登記法68条）、こうした事情である③抹消登記に代わる所有権移転登記を求める必要性を基礎づける事実の主張証明がある場合にのみ抹消登記に代わる移転登記を認めるとする説（大江『民法(2)』116頁）もある。①につき、Ｙの権利自白が得られない場合には、Ｘは所有権取得原因事実を主張証明する必要がある。

　これに対して、Ｙは、抗弁として、ⓐＸの所有権取得原因についての権利障害事実や権利消滅事実を主張するほか、ⓑ登記によって表示された自己の所有権の取得原因事実を主張することができる。

第3節　抹消登記手続請求訴訟

I　抹消登記請求

　抹消登記請求は、既存の登記が原始的理由（たとえば、登記原因の不存在もしくは無効等）、または後発的理由（たとえば、売買契約の解除、抵当権の被担保債権の弁済等）により不適法であることを原因として、その登記名義人に対し、その登記の抹消登記手続を求める訴えである。

　抹消登記手続請求訴訟には、所有権移転登記、抵当権など制限物権設定登記、これら設定登記の附記登記、仮登記などいろいろな種類の登記の抹消登

記請求があるが、以下では、代表的な所有権移転登記の抹消登記請求と、抵当権設定登記の抹消登記請求を取り上げる。

Ⅱ 所有権移転登記抹消登記手続請求

1 不実の登記の抹消登記請求

設例
3-4

Xは土地（本件土地）を所有していたが、本件土地の登記簿には、XからYへ令和元年10月19日付け売買を原因として所有権移転登記がされている。Xは、XからYへの所有権移転登記が自分の知らないうちになされた不実の登記であるとして、Yに対し、Y名義の所有権移転登記の抹消登記手続を求めて訴えを提起した。

(1) 訴訟物と請求の趣旨

不実の所有権移転登記がされ、実体的な権利関係と登記簿上の権利関係とが一致しない場合に、この不一致を除去するため、XはYに対し、所有権に基づく妨害排除請求権としての所有権移転登記抹消登記請求権を行使することができる。物権的請求権には、他人に占有を奪われている場合の返還請求権、他人に占有を奪われる以外の方法で所有権が侵害されている場合の妨害排除請求権、所有権侵害のおそれがある場合の妨害予防請求権の3種類があるが（本書73頁）、現在の物権の法律関係と異なった登記が存在すると、そのこと自体が当該物権に対する妨害となり、妨害排除請求権としての物権的登記請求権が発生することになる（伊藤滋夫＝平手勇治「要件事実論による若干の具体的考察」ジュリ869号33頁）。

さらに、Xとしては、物権変動的登記請求権に基づいてYの所有権移転登記の抹消登記手続を求めることもが考えられるが、物権変動的登記請求権の請求原因事実には物権的登記請求権の請求原因事実が含まれているから、Xとしては、物権的登記請求権すなわち所有権に基づく妨害排除請求権としての所有権移転登記の抹消登記請求権を訴訟物とするのが通常である（設例3-4の場合には、XY間には何らの所有権移転原因が存在しないから、債権的登記

〔第2部〕 第3章 登記関係訴訟

請求権は発生しない)。

この場合、請求の趣旨は、「被告は、別紙物件目録記載の土地について、〇〇地方法務局令和〇年〇月〇日受付第〇〇号の所有権移転登記の抹消登記手続をせよ」と記載する。

(2) 請求原因

物権的登記請求権を訴訟物とする請求原因は、次のようになる。

> **要件事実**
>
> ① Xが本件土地を所有していること
> ② 本件土地についてY名義の所有権移転登記が存在すること

①については、所有権に基づく土地明渡請求訴訟の場合と同様に考えることができる。なお、Yは、後記のとおり、Xが過去の一定時点においてその不動産を所有していたことを前提に、Yによる所有権取得を所有権喪失の抗弁として主張することが考えられるが、この場合には、所有権取得原因事実の発生時点当時におけるXの所有について権利自白が成立しているとみることができるから、請求原因としては、Xがその不動産をその時点当時所有していたことを主張することになる(本書79頁)。

このように、相手方の争い方を予測したうえで要件事実を考えるという思考的枠組みが可能なのは、訴訟の特性に由来する。すなわち、訴訟においては、原告代理人の弁護士や司法書士は、必ずと言ってよいほど相応の事実調査を経て訴え提起に至るはずであり、訴訟前に相手方がどのような争い方をしてくるのか予測できるし、また、予測しなければならないからである。

②について、Xは、Xの所有権に対する妨害としてのY名義の所有権移転登記の存在を主張証明する必要がある。Yが所有権を有することを表示する登記の存在がXの所有権に対する妨害となるから、この妨害状態を明らかにするために登記の記載内容を登記目録を利用するなどして具体的に主張証明しなければならない。

設例3―4で、Yが2020年10月19日にXとの間で本件土地につき売買契約

130

第3節　抹消登記手続請求訴訟

を締結したことを所有権喪失の抗弁として主張する場合の、請求原因の記載例は以下のとおりである。

> **記載例3―4―1**
>
> 1　原告（X）は、2020年10月19日当時、別紙物件目録記載の土地を所有していた。
> 2　本件土地について、別紙登記目録記載の所有権移転登記がされている。
> 3　よって、原告（X）は、被告（Y）に対し、所有権に基づき、上記所有権移転登記の抹消登記手続をすることを求める。

(3)　**抗弁・再抗弁**

Xの請求原因の主張に対し、Yとしては、所有権喪失の抗弁として、Xが過去の一定時点においてその不動産を所有していたことを前提に、Yによる所有権取得原因事実、たとえばXY間の売買契約などを主張することが考えられる。

これに対し、Xは、さらに、再抗弁として、売買契約の無効、取消し、解除等の権利障害事由および権利消滅事由を主張証明することができる。

2　数次の所有権移転登記の抹消登記請求

X所有の土地につき、XからY₁、Y₁からY₂と順次売買を原因として所有権移転登記がされているが、X・Y₁間、Y₁・Y₂間には売買契約はない。そこで、Xは、Y₁およびY₂に移転登記の抹消を求める訴えを提起した。

(1)　**XのY₁、Y₂に対する請求の関係**

抹消登記手続においては現在の登記名義人が登記義務者となるから（不動産登記法2条13号）、Xは、現在の登記名義人から順次遡って登記を抹消しなければならない。すなわち、XのY₁に対する抹消登記請求が認容されて確定したとしても、XはY₁の登記所に対する抹消登記申請という意思表示を獲得したにすぎず、さらにY₂に対する勝訴判決を得なければ、Y₁名義の

〔第2部〕　第3章　登記関係訴訟

所有権移転登記を登記簿（登記記録）上抹消することはできない。また、X
のY2に対する抹消登記請求が認容されて確定したとしても、この場合の登
記権利者はあくまでY1であるから、Xとしては、不動産登記法18条、不動
産登記令3条4号によって、Y1が有するY2に対する登記申請権を代位行
使する方法によらなければならない。したがって、Xは、登記簿上、まず、
XのY1に対する抹消登記判決を「代位原因を証する情報」（不動産登記令7
条3号）としてY1からY2に対する所有権移転登記を抹消し、それと同時ま
たはその後にXからY1に対する所有権移転登記を抹消することが必要にな
る（もっとも、この点に関し、前出127頁、後出133頁参照）。

　しかし、XのY1に対する抹消登記請求と、XのY2に対する抹消登記請
求は固有必要的共同訴訟（共同訴訟とすることが法律上強制され、訴訟の勝敗
が一律に決まらなければならない場合をいう）ではなく、仮にY1、Y2を共同
被告として訴えても、類似必要的共同訴訟（共同訴訟とすることが法律上強制
されるわけではないが、共同訴訟とされた以上、訴訟の勝敗が一律に決まらなけ
ればならない場合をいう）にならない（最判昭29・9・17民集8巻9号1635頁、
最判昭31・9・28民集10巻9号1213頁、最判昭33・1・30民集12巻1号103頁、最
判昭36・6・6民集15巻6号1523頁）。

　Y1、Y2を共同被告として訴える場合の請求の趣旨は、「被告Y1は、原
告に対し、別紙物件目録記載の土地につき、○○法務局令和○年○月○日受
付第○○号をもってなされた所有権移転登記の抹消登記手続をせよ。被告
Y2は、原告に対し、上記土地につき、○○法務局令和○年○月○日受付第
○○号をもってなされた所有権移転登記の抹消登記手続をせよ」と記載する。

(2)　XのY1に対する登記請求権

(ア)　訴訟物

　登記名義はすでにY2に移転しているが、Y1名義の登記がされているこ
とによって、Y1はXの所有権を侵害しているから、XはY1に対し「所有
権に基づく妨害排除請求権としての物権的登記請求権」を有する（大判明
40・3・1民録13輯203頁、前掲最判昭36・6・6）。Xとしては、物権変動的

132

登記請求権に基づいてＹ₁の所有権移転登記の抹消登記手続を求めることも考えられるが、通常は、物権的登記請求権を訴訟物とするのが通常であること、設例３─５の場合には、ＸＹ₁間には何らの所有権移転原因が存在しないから、債権的登記請求権は発生しないことなどは、１で説明したとおりである。

(イ)　請求原因

物権的登記請求権を訴訟物とする請求原因は、次のようになる。

> **要件事実**
>
> ①　Ｘが本件土地を所有していること
> ②　本件土地についてＹ₁名義の所有権移転登記が存在すること

①のＸの現所有について、Ｙ₁がこれを争う場合には、Ｘは遡って自己の所有権取得を主張しなければならない。しかし、設例３─５では、Ｙ₁はＸから所有権を取得しているので、Ｘが過去の一定時点で所有権を取得していたことは争うことはないはずであるから、「Ｘは本件土地をもと所有していた」、あるいは、「Ｘは本件土地を○○○○年○月○日当時所有していた」と主張すればよい。

(3)　ＸのＹ₂に対する登記請求権

(ア)　訴訟物

Ｙ₂名義の登記がされていることによって、Ｙ₂はＸの所有権を侵害しているから、ＸはＹ₂に対し「所有権に基づく妨害排除請求権としての物権的登記請求権」を有する（前掲最判昭29・9・17）。

また、本章第２節Ⅲで述べたとおり、所有権の登記に関して不実の登記が存在する場合には抹消登記がされるのが通常であるが、その抹消登記に代えて不実登記の名義人から直接真実の所有者に移転登記をすることができる（前掲大判昭16・3・4、最判昭30・7・5、最判昭32・5・30、最判昭34・2・12）。

(イ)　請求原因

〔第2部〕 第3章 登記関係訴訟

物権的登記請求権を訴訟物とする請求原因は、次のようになる。

> 要件事実
> ① Xが本件土地を所有していること
> ② 本件土地についてY₂名義の所有権移転登記が存在すること

(4) Y₁のY₂に対する登記請求権（上記の代位行使の対象）
　(ア) 訴訟物

Y₁は本件土地の所有権者ではないから物権的登記請求権が発生する余地はなく、また、Y₁Y₂間で登記抹消の合意などもないから、債権的請求権が発生することもない。しかし、Y₁は、不動産の権利関係を公示する登記制度の目的から、物権変動の過程、態様と登記とが一致しない場合に、それを一致させる必要があるという観点から認められている物権変動的登記請求権を行使できる（最判昭36・4・28民集15巻4号1230頁）。

　(イ) 請求原因

物権変動的登記請求権を訴訟物とする請求原因は、次のようになる。

> 要件事実
> ① Xが本件土地を所有していたこと
> ② 本件土地についてY₁からY₂に所有権移転登記がされていること
> ③ Y₁からY₂に所有権移転原因がないこと

　3　債権的登記請求権

設例
3-6

　Xは、Yとの間で、2021年3月1日、本件土地を代金5000万円、うち4000万円については代金支払期日同日、残金1000万円については同年4月1日で売り渡す旨の売買契約を締結し、同年3月1日に上記4000万円の支払いを受けるとともにY名義への所有権移転登記をした。しかし、Yは、残金1000万円については代金支払期日を過ぎても支払わないので、Xは同年4月2日、Yに対し、1週間以内に代金を支払うよう催告した。その

後、Yからの連絡はなく、Xは、同年4月10日に売買契約を解除し、Yに対し、所有権移転登記の抹消登記を求めて訴えを提起した。

(1) 訴訟物と請求の趣旨

所有権移転登記の登記原因である売買契約が解除された場合に、売主に原状回復請求として認められる抹消登記請求権は、債権的登記請求権としての抹消登記請求権である（契約解除の効果について、直接効果説の立場をとり、契約解除により所有権がXに戻ったことを前提として、物権的登記請求権を訴訟物とすることも考えられるが、ここでは省略する）。したがって、訴訟物は、「売買契約解除に基づく原状回復請求権としての所有権移転登記抹消登記請求権」である。

そして、請求の趣旨は、「被告は、別紙物件目録記載の土地について、○○地方法務局××支局令和○年○月○日受付第○○号所有権移転登記の平成○年○月○日解除を原因とする抹消登記手続をせよ」と記載する。

(2) 請求原因

売買契約の債務不履行（履行遅滞）に基づく解除（民法541条）が抗弁として機能する場合の要件事実についてはすでに説明しているが（本書86頁・124頁、履行遅滞の要件事実については、本書228頁）、ここでは、請求原因として機能するので、基本債権の発生原因事実を自ら主張しておかなければならない。

そこで、Xは、売買契約解除に基づく抹消登記を求めるために、次のとおり主張証明する必要がある。

> **要件事実**
>
> ① XとYが売買契約を締結したこと
> ② XはYに対し代金支払いの催告をしたこと
> ③ ②の催告後相当期間が経過したこと
> ④ XがYに対して③の相当期間経過後に解除の意思表示をしたこと

〔第２部〕　第３章　登記関係訴訟

---

⑤　ＸはＹに対し、所有権移転登記手続をしたこと

---

①は基本債権の発生原因事実である。

②は付遅滞のための催告とともに解除のための催告を意味する。すなわち、履行遅滞については、債務の履行に確定期限があるときはその履行期の到来した時（民法412条１項）、期限の定めのないときは履行の催告を受けた時（同法412条３項）から遅滞になるが、判例は、期限の定めのない債務につき、債権者は、付遅滞のための催告と解除のための催告を２回行う必要はなく、１回で足りるとする（大判大６・６・27民録23輯1153頁）。なぜならば、債権者が契約解除の前提として相当期間を定めて債務の履行を債務者に催告したときは債権者はその催告により債務者を遅滞に付す意思は明確であり、特に債務者を遅滞に付するための催告と解除権発生の前提条件となる催告とを区別して催告をする必要はなく、催告は一方で債務者を遅滞に付す効力を有すると同時に契約解除の要件を具備すると解されるからである。

そうすると、催告解除に基づく請求を主張する場合には、確定期限のある債務であっても、債権者としては催告および解除の意思表示のみを主張証明すれば足りることになる（確定期限の経過を主張することは過剰な主張となる。司研『要件事実第１巻』294頁）。

③につき、判例・通説によれば、期限を定めないで催告をした場合や催告に示された期間が相当でない場合にも、催告として無効ではなく、催告後に客観的に相当な期間が経過すれば解除権が発生する。したがって、債権者としては、催告後解除までに客観的に相当な期間が経過したことを主張証明すれば足りる。

⑤については、①の基本債権の発生原因事実で、双務契約である売買契約が主張されている以上、同時履行の抗弁権がその存在自体の効果によって遅滞の違法性を阻却しているから（「存在効果説」と呼ばれる）、債権者は、自己の反対給付の履行の提供（設例３─６の訴えでは、登記がすでに移転していることが前提であるから、履行の提供ではなく、履行そのものとなる）を主張証明

136

第3節　抹消登記手続請求訴訟

しなければならない。

記載例3―6―1

1　原告（X）は被告（Y）に、2021年3月1日、代金5000万円で別紙
　物件目録記載の土地を売った。

2　原告（X）は、被告（Y）に対し、同年4月2日、売買代金1000万
　円の支払いを催告した。

3　同月9日は経過した。

4　原告（X）は、被告（Y）に対し、同月10日、本件売買契約を解除
　するとの意思表示をした。

5　原告（X）は、被告（Y）に対し、本件土地につき○○地方法務局
　××支局令和○年○月○日受付第○○号所有権移転登記をした。

6　よって、原告（X）は、被告（Y）に対し、本件売買契約解除に基
　づき、上記所有権移転登記の抹消登記手続をすることを求める。

(3)　抗　弁

　売買契約解除で、履行期における債務の履行について、①債権者が解除原
因としての不履行を主張証明すべきと考える債権者説と、②債務者が解除の
効果の発生障害事由として履行を主張証明すべきと考える債務者説とがあ
る。民法541条の文言によれば、「債務を履行しない」ことが解除権の発生原
因であるかのようにみえるが、主張証明責任分配の基本原理である公平の観
点から、債務者に履行についての主張証明責任があると解すべきである（司
研『要件事実第1巻』257頁）。したがって、YはXの売買契約解除の主張に対
し、「Yは、Xに対し、期限までに代金を支払ったこと」（弁済）、または、
弁済以外の債務消滅事由である代物弁済、供託、相殺などを主張証明するこ
とができる（本書232頁）。

　また、売買契約についての虚偽表示、錯誤による取消し、詐欺・強迫によ
る取消しを主張証明することもできる。

　以上とは別に、既払代金4000万円に関する抗弁がある。双務契約が解除さ

137

〔第2部〕 第3章 登記関係訴訟

れた場合、当事者双方の原因回復義務は同時履行関係に立つ（民法546条による533条の準用）。したがって、Yは、既払代金が返還されるまでXの抹消登記請求には応じないとの抗弁を提出することができる。

Ⅲ　抵当権設定登記抹消登記手続請求

設例
3－7

X所有の土地について、Yを抵当権者とする抵当権設定登記がされている。登記の内容は次のとおりである。

　　○○地方法務局○○出張所令和元年12月5日受付第○○号
　　抵当権設定
　　　原　　因　　令和元年12月1日金銭消費貸借同日設定
　　　債権額　　1000万円
　　　利　　息　　年5分
　　　損害金　　年7分
　　　債務者　　X
　　　抵当権者　　Y

Xは、Yとの間で同登記にかかる消費貸借契約や抵当権設定契約を締結したことがないのに、Yが登記の抹消登記に応じないとして、登記の抹消登記手続を求める訴えを提起した。

1　訴訟物と請求の趣旨

設例3－7では、Xは、実体的には抵当権が存在しないにもかかわらず、抵当権設定登記がされているとして、その抹消を求めている。不実の登記が存在しても、当該不動産の占有が奪われたり、その使用収益が妨げられたりしているわけではない。しかし、現在の物権の法律関係と異なった登記が存在することによって、そのこと自体が当該物権に対する妨害となっているとみることができる（伊藤＝平手・前掲論文33頁）。そこで、抵当権設定登記の抹消登記請求訴訟では、物権的登記請求権に基づいてY名義の抵当権設定登記の抹消登記手続を求めるのが通常であり、その場合の訴訟物は、「所有権

に基づく妨害排除請求権としての抵当権設定登記抹消登記請求権」である。

そして、請求の趣旨は、「被告は、別紙物件目録記載の土地について、別紙登記目録記載の抵当権設定登記の抹消登記手続をせよ」と記載する（登記目録には、法務局名、受付年月日、受付番号のほか、登記原因、債権額、利息、損害金、債務者、抵当権者を具体的に記載する）。

2　請求原因

物権的登記請求権に基づいて、抵当権設定登記の抹消登記手続請求をする場合の要件事実は次のとおりである。

要件事実

① 　Xが本件土地を所有していること
② 　本件土地についてY名義の抵当権設定登記が存在すること

---

①については、YがXの現在の所有を争わない場合には、Xの現在の所有について権利自白が成立することになるので、Xは、所有権取得原因事実を主張証明する必要がない。しかし、YがXの所有を争うときは、Xは、所有権の帰属につき争いのない時点まで遡り、以後Xに至るまでの所有権の取得原因を主張証明しなければならない（本書76頁）。

②については、妨害状態としての登記の内容を明らかにするために、前に述べたような登記目録などを引用して、抹消を求めているY名義の抵当権設定登記についての表示内容を具体的に主張する必要がある。

記載例 3 ― 7 ― 1

1　原告（X）は、別紙物件目録記載の土地を所有している。
2　本件土地について、別紙登記目録記載の抵当権設定登記がある。
3　よって、原告（X）は、被告（Y）に対し、所有権に基づき、抵当権設定登記の抹消登記手続をすることを求める。

X所有の不動産にAのために設定された抵当権がYに譲渡され、Aのためになされた抵当権設定登記につき、Yに対する権利移転の付記登記（不動産

139

〔第 2 部〕 第 3 章 登記関係訴訟

登記規則 3 条）がなされている場合の被告は誰になるであろうか。XはYを被告として主登記である抵当権設定登記および権利移転の付記登記の抹消を請求できるか、それとも、付記登記の抹消につきY、主登記である抵当権設定登記の抹消につきAを被告とすべきかが問題になる。判例（最判昭44・4・22民集23巻 4 号815頁）は、Yのみを被告とすれば足り、Aを被告とすることは要しないとし、登記実務の取扱いも、Xを登記権利者、Yを登記義務者とする共同申請により権利設定登記と附記登記の双方の抹消登記を認めている。

【最判昭44・4・22民集23巻 4 号815頁】（判決要旨）
　甲所有の不動産について乙のためにされた抵当権設定登記および停止条件付代物弁済契約を原因とする所有権移転請求権保全の仮登記につき、それぞれ丙に対する権利移転の附記登記が経由された場合において、甲が、丙に対する抵当債務の弁済を理由に抵当権設定登記の抹消登記手続を求め、また右停止条件付代物弁済契約の無効を理由に右仮登記の抹消登記手続を求めるには、丙のみを被告とすれば足り、乙を被告とすることを要しない。

3 抗 弁

⑴ 登記保持権原の抗弁

抵当権設定登記抹消手続請求において、所有権に基づく土地明渡訴訟の場合の相手方の占有権原に相当するのが登記保持権原であり、抗弁として機能する。

登記保持権原の抗弁の要件事実は次のとおりである。

> 要件事実
>
> ① **XY 間の被担保債権の発生原因事実**
> ② **XがYとの間で①の債権を担保するため本件土地につき抵当権設定契約を締結したこと**
> ③ **Xが②当時、本件土地を所有していたこと**
> ④ **抵当権設定登記が前記②の抵当権設定契約に基づいてされたこと（いわゆる、基づく登記）**

140

①の被担保債権について、債権額、利息・損害金の定めなど、登記に表示されたものと一致する実体関係を主張することが必要である。

次に、抵当権設定契約は直接物権の発生を目的とする物権契約であるから、②に加えて、③の要件が必要となる（請求原因においてXが現在その不動産を所有していることについて権利自白が成立するとされた場合であっても、これによって直ちに抵当権設定契約時に所有していたことが基礎づけられることにはならないことに注意を要する）。

④について、Y名義の抵当権設定登記が有効であるためには、その抵当権設定登記が前記②の抵当権設定契約に基づいてされたこと（いわゆる、基づく登記）が必要である。その意味は、登記が抵当権設定契約に基づく私法上の義務の履行としてされたことと、手続的に適法にされたことを意味する。登記申請が登記義務者の意思に基づかない場合には、その登記は無効であると考える見解もあるが、判例は、偽造文書による登記申請は不適法であることを前提にして、偽造文書によって登記がされた場合でも、その登記の記載が実体的権利関係に符合し、かつ、登記義務者において登記を拒むことができる特段の事情がなく、登記権利者においてその登記申請が適法であると信ずるにつき正当な事由があるときは、登記義務者はその登記の無効を主張することができないと判示している（最判昭41・11・18民集20巻9号1827頁）。

【最判昭41・11・18民集20巻9号1827頁】（判決要旨）
　偽造文書によつて登記がされた場合でも、その登記の記載が実体的法律関係に符合し、かつ、登記義務者において登記申請を拒むことができる特段の事情がなく、登記権利者において当該登記申請が適法であると信ずるにつき正当の事由があるときは、登記義務者は右登記の無効を主張することができない。

このような判例の立場によれば、登記の有効性を主張する者が、

要件事実

○　その登記が登記義務者の登記申請意思に基づくこと

または、

〔第2部〕 第3章 登記関係訴訟

> **要件事実**
>
> ○ 登記申請時に、登記義務者においてその登記を拒みうる特段の事情
> がなく、かつ、登記権利者においてその登記申請が適法であると信ず
> るにつき正当な事由があること

のいずれかを主張証明しなければならないと解される。

　もっとも、この点の要件事実について当事者間に争いがない場合には、単
に、登記は②の抵当権設定契約に基づいてされたというように主張すれば足
りる（司研『類型別』76頁）。

記載例3—7—2

1　被告（Y）は、原告（X）に対し、2020年12月1日、次の約定で
　1000万円を貸し付けた。

　　　弁済期　　2021年11月30日

　　　利　息　　年5パーセント

　　　損害金　　年7パーセント

2　原告（X）と被告（Y）は、2020年12月1日、原告（X）の1の債
　務を担保するため、本件土地に抵当権を設定するとの合意をした。

3　原告（X）は、上記抵当権設定契約当時、本件土地を所有していた。

4　請求原因2の登記は、上記抵当権設定契約に基づく。

---

(2)　その他の抗弁

　請求原因でXの現在の所有が争われる場合には、Yは、たとえば、原告が
第三者へ不動産を売買したことによる所有権喪失を主張することができる
（物権的請求権は、物権の効力として発生するので、Xが現に物権を有しないとき
は、物権的登記請求権も有しないことになる。本書81頁）。また、Xが時効によ
る所有権取得を主張した場合には時効中断の主張をしたり、Xが売買契約に
よる所有権取得を主張した場合には契約解除を主張をすることもできる。

4 再抗弁

Xは、抵当権の設定に関しては、通謀虚偽表示（民法94条）などによる無効、錯誤（民法95条）、詐欺（民法96条）による取消しを主張することができる。

また、被担保債権に関しては、原始的原因として、抵当権設定に対するのと同じような無効・取消しが、後発的原因として、弁済、代物弁済（民法482条）、相殺（民法505条）、免除（民法519条）、消滅時効（民法167条）などを主張証明することができる。

第4節　承諾請求訴訟

X所有の土地について、2021年2月1日売買を原因として、X名義からY₁名義への所有権移転登記がされたうえで、さらにY₂のY₁に対する債権を被担保債権として、同年3月1日付けで、Y₂名義の抵当権設定登記がされている。Xは、Y₁に対する所有権移転登記が自己の知らないうちにされた不実の登記であるとして、Y₁に所有権移転登記の抹消を、Y₂に抹消登記の承諾を求めて訴えを提起した。

I　訴訟物と請求の趣旨

1　Y₁に対する訴訟物を所有権移転登記抹消登記請求権とした場合

XのY₁に対する請求の訴訟物は所有権に基づく妨害排除請求権としての所有権移転登記抹消登記請求権とされる場合が多い。

この場合に、このY₁に対する所有権移転登記を前提とするY₂名義の抵当権設定登記を抹消するためにY₂に対していかなる請求をすべきであろうか。

〔第2部〕 第3章　登記関係訴訟

権利に関する登記の抹消を申請する場合、登記上の利害関係を有する第三者が存在するときは、申請書に第三者の承諾書またはこれに対抗することのできる裁判の謄本を添付しなければならない（不動産登記法68条、不動産登記令7条1項5号ハ）。設例3—8における抵当権設定登記の名義人Y2は、ここにいう第三者に該当する。Xは、Y1の所有権移転登記の抹消についてY2から任意に承諾書を得ることができない場合、Y2に対して承諾を求める訴訟を提起する必要がある。この裁判で、第三者Y2を被告として抹消登記について承諾すべきことを命じた給付判決などが、「第三者が承諾したことを証する情報」（不動産登記令7条1項5号ハ）に該当する。その場合の訴訟物は、「所有権に基づく妨害排除請求権としての承諾請求権」である。

2　Y1に対する訴訟物を所有権移転登記請求権とした場合

設例3—8において、XがY1に対し所有権に基づく妨害排除請求権としての所有権移転登記請求権を訴訟物として抹消に代わる移転登記手続を求める場合がある。この場合には、Y2に対しては、所有権に基づく妨害排除請求権としての抵当権設定登記抹消登記請求権を訴訟物とすることになる。

3　請求の趣旨

設例3—8で、Y1に対して所有権移転登記抹消を、Y2に対して承諾請求を求める場合の請求の趣旨は、「被告Y1は、原告に対し、別紙物件目録記載の土地につき、○○法務局令和○年○月○日受付第○○号をもってなされた所有権移転登記の抹消登記手続をせよ。被告Y2は、原告に対し、前項の抹消登記手続を承諾せよ」と記載する。

II　請求原因

Y1に対する請求について所有権に基づく妨害排除請求権としての所有権移転登記抹消登記請求権が、また、Y2に対する請求について所有権に基づく妨害排除請求権としての承諾請求権がそれぞれ訴訟物とされた場合について考えてみよう。

Xは、Y1に対する抹消登記請求権の請求原因として、次のように主張証

明しなければならない。

> **要件事実**
>
> ① Xが本件土地を所有していること
> ② 本件土地についてY₁名義の所有権移転登記が存在すること

また、Xは、Y₂に対する承諾請求権について、この①、②に加えて、③、④を主張証明しなければならない。

> **要件事実**
>
> ③ 本件土地についてY₂名義の抵当権設定登記が存在すること
> ④ ③の抵当権設定登記は、Y₁が本件土地の所有名義人となっているときにされたこと

Y₁、Y₂において、Xが過去の一定時点において本件土地を所有していたことを前提に、所有権喪失の抗弁として、XY₁間の売買などを主張する場合には、Y₁の所有権取得原因事実の発生時点当時におけるXの所有について権利自白が成立しているとみることができるから、①については、Xがその不動産をY₁の所有権取得原因事実の発生時点当時所有していたことを主張することになる。

> **記載例3─8─1**
>
> 1 原告（X）は、2021年2月1日当時、別紙物件目録記載の土地を所有していた。
> 2 本件土地について、別紙登記目録記載1の所有権移転登記及び同登記目録記載2の抵当権設定登記がある。
> 3 2021年3月1日当時、被告Y₁が本件土地の所有名義人であった。
> 4 よって、原告（X）は、所有権に基づき、本件土地につき、被告Y₁に対し所有権移転登記の抹消登記手続をすることを求めるとともに、被告Y₂に対し抹消登記手続の承諾を求める。

〔第2部〕　第3章　登記関係訴訟

（登記目録）
1　省略（令和3年2月1日受付、所有者Y1）
2　省略（令和3年3月1日受付、抵当権者Y2）

Ⅲ　抗　弁

Xの請求原因の主張に対し、Y1、Y2は、Xが過去の一定時点において本件土地を所有していたことを前提に、所有権喪失の抗弁として、たとえば、「XがY1との間でその不動産について売買契約を締結したこと」を主張証明することができる。

Ⅳ　再抗弁

Y1、Y2の売買の抗弁に対し、Xは、再抗弁として、たとえば、「その売買契約が通謀虚偽表示であること」を主張証明することができる（本書82頁）。

Ⅴ　再々抗弁

Xの通謀虚偽表示の主張に対し、Y2は、「自らが善意の第三者（民法94条2項）であること」を主張証明することができる（本書83頁）。

　この善意の第三者の主張の位置づけについては考え方が分かれるが（司研『類型別』80頁）、民法94条2項による権利変動の実体的過程は、XからY2への法定の承継取得であるとする法定承継取得説によれば、第三者Y2は、権利を仮装譲渡人Xから直接に承継取得することになる。この効果は、Y1の所有権取得によるXの所有権喪失の効果を復活させるものではなく、Y2の登記保持権原を基礎づけるものであるということになる。そして、この登記保持権原は、XY1間の売買契約を前提としているから、あくまでXとY1との間の売買契約という抗弁が成立している限りにおいては過剰な主張となり、売買の抗弁が通謀虚偽表示により無効とされて初めて抗弁として機能するから、予備的抗弁という位置づけになる（予備的抗弁については本書84頁）。

146

第4節　承諾請求訴訟

　したがって、Y₂は、前記売買の抗弁および通謀虚偽表示の再抗弁を前提とする登記保持権原の抗弁として、次のとおり主張証明すべきことになる。

要件事実

①　Y₁Y₂間の被担保債権の発生原因事実

②　Y₁がY₂との間で①の債権を担保するため本件土地につき抵当権設定契約を締結したこと

③　Y₂が②の際、XY₁間の売買契約が通謀虚偽表示であることを知らなかったこと

④　その登記が②の抵当権設定契約に基づくこと

147

土地・建物所有権確認請求訴訟

訴訟の概要

　土地・建物の所有権をめぐる紛争を解決する手段には、土地・建物の明渡請求訴訟、登記請求訴訟のほかに、端的に所有権の所在自体を直接確定することを求める所有権確認請求訴訟がある。所有権確認請求訴訟は、確認対象たる権利関係が自らに帰属することの確認を求める積極的確認の訴えである（消極的確認の訴えの代表的な例として、債務不存在確認訴訟がある。本書375頁参照）。

　所有権確認請求訴訟で勝訴し、これを前提に相手方に明渡しや登記を求めても、相手方が任意に履行に応じなければ、確認訴訟の勝訴判決では強制執行をすることはできない。しかし、確認訴訟には、基本関係から派生する可能性のある他の諸紛争を予防する機能を期待することができるから、明渡請求訴訟や登記請求訴訟を提起することができる場合でも、確認の利益を認めることができる（最判昭29・12・16民集8巻12号2158頁）。もちろん、明渡請求訴訟や登記請求訴訟を提起することによって争いを解決することができるならば、それが最も有効で簡明であるから、あえて確認訴訟を提起する必要はない。

　給付訴訟と異なり、確認訴訟では、確認の対象となりうるものは形式的には無限定であるから、判決による解決を必要とする紛争が現実にあるかという観点、紛争解決手段としての確認訴訟の効率という観点から、確認の訴えの利益が必要とされる。この確認の利益は、原告の権利または法律的地位に危険・不安が現存し、かつ、その危険・不安を除去する方法として原告・被告間にその請求について判決することが有効適切である場合に認められるもので、そのことを請求原因の中で主張する必要がある。

Ⅱ　請求原因と抗弁

　建設業を営むXは、1989年7月3日に、Aから更地の土地を代金500万円で購入し、上記土地に作業用のトラックや資材を置いて利用していた。しかし、Aから上記土地を購入したというYが、最近になって、上記土地の所有権を主張し、Xに内容証明郵便などを送り付けてきている。

そこで、Xは、本件土地の所有権が自己に属することの確認を求めて、Yに対し訴えを提起することにした。

Ⅰ　訴訟物と請求の趣旨

土地・建物の所有権確認請求訴訟での訴訟物は「土地・建物の所有権」である。所有権の取得原因として、売買契約、取得時効などが主張されたとしても、訴訟物は所有権の存否そのものであり、所有権取得原因は一つの主張にすぎない。したがって、所有権の取得原因ごとに訴訟物が異なるものではない。

請求の趣旨は、「原告が、別紙物件目録記載の土地につき、所有権を有することを確認する」と記載する。

Ⅱ　請求原因と抗弁

1　所有権取得原因として売買契約を主張する場合

所有権確認請求訴訟では、原告は、所有権の存在を立証するために、その権利の発生を根拠づける事実、すなわち、所有権の取得原因事実を主張証明する必要がある。

Xが請求原因として主張すべき事実は、次のとおりである。

主張すべき事実
①　Xが本件土地の所有権を有すること
②　確認の利益を基礎づける事実

149

〔第2部〕 第4章 土地・建物所有権確認請求訴訟

①については、Xは、理論的には、自己が所有権を有することを主張証明するために、自分の前主、前々主など、土地の原始取得者にまで遡って、その者から自分までの所有権取得原因事実のすべてを主張証明しなければならないことになる。しかし、実際は、相手方である被告Yは、Xが現在不動産を所有していることは争うとしても、Xの前主あるいは前々主が不動産を所有していたことは認めるのが通常であるから、そこで権利自白が成立し、Xとしては、権利自白が成立した以降の所有権取得原因について主張証明すれば足りることになる（本書80頁）。

②の確認の利益は、訴訟要件であり、厳密にいえば請求原因事実（要件事実）ではない。また、いわゆる職権調査事項であり、当事者から異議や申立てによって指摘がなくとも、裁判所は常に進んでその有無を取り上げなければならない。しかし、その判断の前提となる具体的事実（確認の利益を基礎づける事実）は弁論主義の原則が適用され、Xがその事実を主張証明する必要がある。たとえば、Xは、確認の利益を基礎づける事実として、「被告は、本件土地は自己の所有であると主張し、本件土地についての原告の所有権を争っている」などと主張することになる。

設例4―1で、YはXの現在の所有を争っているが、Y自身、本件土地をXの前主であるAから買い受けたと主張しているから、Aが本件土地の所有権者であったことは認める趣旨であると解される。

そこで、設例4―1に基づく、請求原因欄の記載例は、以下のようになる。

記載例4―1―1

1　Aは1989年7月3日当時、本件土地を所有していた。

2　原告（X）は、1989年7月3日、Aから代金500万円で本件土地を買い受けた。

3　被告（Y）は、本件土地が自己の所有であると主張して原告（X）の所有権を争っている。

4　よって、原告（X）は、本件土地につき原告（X）が所有権を有す

Ⅱ　請求原因と抗弁

ることの確認を求める。

　売買契約を所有権取得原因事実とする請求原因に対して、Ｙは、抗弁（対抗要件の抗弁）として、次のような主張ができる（本書90頁）。

要件事実

　①　ＡとＹとが本件土地につき売買契約を締結したこと
　②　Ｘが対抗要件を具備するまではＸの所有権取得を認めないとの権利
　　　主張

　さらに、Ｙは、抗弁（所有権喪失の抗弁）として、次のような主張もできる（本書92頁）。

要件事実

　①　ＡとＹとが本件土地につき売買契約を締結したこと
　②　Ｙが①に基づき所有権移転登記手続をしたこと

2　所有権取得原因として取得時効を主張する場合

　Ｘは所有権取得原因事実として取得時効を主張することもできよう。長期取得時効の要件事実は、次のとおりである（本書95頁）。

要件事実

　①　本件土地をある時点で占有していたこと
　②　①の時から20年経過した時点で本件土地を占有していたこと
　③　援用権者が相手方に対し時効援用の意思表示をしたこと

　また、短期取得時効の要件事実は、次のとおりである（本書97頁）。

要件事実

　①　本件土地をある時点で占有していたこと
　②　①の時から10年経過した時点で本件土地を占有していたこと

〔第2部〕 第4章　土地・建物所有権確認請求訴訟

---

③　占有開始時に善意であることについて無過失であること（無過失の
　評価根拠事実）
④　援用権者が相手方に対し時効援用の意思表示をしたこと

　これに対して、Yは、Xの長期および短期取得時効の主張に対して、「X
に所有の意思がなかったこと」（その内容は、①Xがその性質上所有の意思のな
いものとされる権原に基づいて占有を取得した事実または、②占有者が占有中、
真の所有者であれば通常はとらない態度を示し、もしくは所有者であれば当然と
るべき行動に出なかったことなど、外形的客観的にみて占有者が他人の所有権を
排斥して占有する意思を有していなかったものと解される具体的事実である）を
抗弁として主張することができる（本書98頁）。

　短期取得時効の主張に対して、Yは「Xが占有開始時に本件土地の所有権
が自己に属すると信じていなかったこと」（悪意）、無過失の評価障害事実な
どを抗弁としてそれぞれ主張証明することができる（本書99頁）。

　1と同様に、対抗要件の抗弁、所有権喪失の抗弁も問題となり得る。時効
取得による不動産物権変動は時効完成後に生じた第三者に対する関係では対
抗問題となるが、時効完成前に生じた第三者に対しては登記を要しないとい
うのが判例理論であるから、上記各抗弁を出せるのはAYの売買契約がX主
張の時効完成後の場合に限ることになる。この時間的順序に関しては、Xの
請求原因が長期、短期取得時効のいずれであるかにもかかわる。

3　所有権取得原因として代物弁済契約が主張される場合

　もし、貸金債務の土地による代物弁済であるとすれば、要件事実は次のよ
うになる（本書235頁）。

要件事実

①　債務者Aが②の当時本件土地を所有していたこと
②　XとAが本来の債務に代えて異なる給付をすることを合意したこと

　設例4－1で、Xが1989年4月3日にAに500万円を貸し付けており、同

年7月3日にAとX間で貸金債務500万円の弁済に代えてA所有の本件土地の所有権を移転するとの合意があったとすると、その場合の要件事実の記載例は、以下のようになる。

記載例4—1—2

1　原告（X）は、Aに対し、1989年4月3日、500万円を弁済期同年10月2日との約定で貸し渡した。

2　Aは、原告（X）との間で、同年7月3日、上記貸金債務の弁済に代えて本件土地の所有権を移転するとの合意をした。

3　Aは、2の当時、本件土地を所有していた。

4　被告（Y）は、本件土地が自己の所有であると主張して、原告（X）の所有権を争っている。

5　よって、原告（X）は、本件土地につき原告（X）が所有権を有することの確認を求める。

# 動産引渡請求訴訟

訴訟の概要

　動産取引はわれわれの日常生活において一般的であり、多く行われるものとして、重要なことはいうまでもない。しかし、動産の種類は多種多様であり、その価値も高価な物から安価な物までさまざまある。そのため、実際に民事訴訟の目的物になる動産は、継続的商品供給契約や集合動産譲渡担保のような場合を除けば、単体で価値が高い、建設機械や自動車などが主であるといえよう。

　裁判実務における動産引渡訴訟の占める割合は、不動産に比較すれば少ないが、不動産法と異なる独自の法理が支配する場面もあることから、その要件事実への反映を押さえておくことは実務家にとって必須である。

　動産の引渡しを求めようとする原告が、その請求を基礎づけるために主張する実体法上の請求権（訴訟物）としては、不動産の明渡請求訴訟（第1章）や登記請求訴訟（第3章）とパラレルに、①所有権に基づく物権的請求権と、②売買契約、贈与などの債権的原因に基づく債権的請求権が考えられる。売買契約に基づく動産の引渡請求訴訟については、売買契約の要件事実の箇所に譲り、ここでは、所有権に基づく物権的請求権を訴訟物とする場合を念頭に議論を進めよう。

第1節　二重譲渡における対抗要件の抗弁と所有権喪失が問題になる場合

設例
5-1

　Aは、印刷会社を経営していたが、2019年12月1日、Xに対し、Aの所有にかかる印刷機械をXに売り渡し、引き続き、AにおいてXからの許可を得て、本件印刷機械を使用して印刷業を継続していた。しかし、さらに資金繰りに窮したAは、2020年2月1日、本件印刷機械をYに代金500万円で売り渡し、Yは自社倉庫に本件印刷機械を持ち帰った。
　Xは、2020年4月2日、Yを被告として、本件印刷機械の引渡しを求める訴えを提起した。

I　訴訟物と請求の趣旨

　動産引渡請求の訴訟物は、所有権に基づく返還請求権としての動産引渡請求権である（物権的請求権の態様については、第1章第1節73頁参照）。
　請求の趣旨は、「被告は原告に対し、別紙物件目録記載の動産を引き渡せ」と記載する。

II　請求原因

　XがYに対し、所有権に基づき、本件印刷機械（本件動産）の引渡しを求める場合の請求原因は以下のようになる。

> **要件事実**
> ①　Xが本件動産を所有していること
> ②　Yが本件動産を占有していること

　①について、Xは、本来、口頭弁論終結時の所有を主張証明することが必

〔第2部〕 第5章 動産引渡請求訴訟

要であるが、所有権は観念的なものであり、それを直接に証明することは不可能である。しかし、Yが、Xが本件動産を現在所有していること、あるいは、Xが本件動産をもと所有していたことを争わなければ、Xは、前主、前々主と遡ったうえで所有権取得原因を主張証明する必要はないことになる。そして、設例5―1のとおり、YはAから本件動産を買い受けているので、YがXの現所有あるいはもと所有を認める余地はないが、ＸＹ間ではAが本件動産をもと所有していたという事実までは争いがない。

そこで、Xは、設例5―1の請求原因として、以下の事実を主張証明する必要がある。

要件事実

① Aは本件動産をもと所有していたこと
② Aは、Xとの間で、本件印刷機械の売買契約を締結したこと
③ Yが本件動産を占有していること

記載例5―1―1

1 Aは本件動産をもと所有していた。
2 Aは、原告（X）との間で、2019年12月1日、本件印刷機械を代金500万円で売買する旨の契約を締結した。
3 被告（Y）は本件印刷機械を占有している。
4 よって、原告（X）は、被告（Y）に対し、本件印刷機械の引渡しを求める。

Ⅲ 抗 弁

1 対抗要件の抗弁

Yは、設例5―1において、対抗要件の欠缺を主張するについて正当な利益を有する第三者である旨の抗弁と、所有権喪失の抗弁を主張することができる（本書90頁以下）。

156

第1節　二重譲渡における対抗要件の抗弁と所有権喪失が問題になる場合

　Ｙは、対抗要件の抗弁として、以下のように主張証明することができる（司研『類型別』117〜119頁）。

> **要件事実**
>
> ①　ＡとＹが本件印刷機械の売買契約を締結したこと
> ②　Ｘが対抗要件を具備するまではＸの所有権取得を認めない旨の権利主張

　Ｙの対抗要件の抗弁に対して、Ｘは、再抗弁として、対抗要件具備を主張証明することができる。ここで、動産取引の対抗要件としての「引渡」（民法178条）は、占有改定による引渡しを含むから（最判昭30・6・2民集9巻7号855頁）、Ｘは、再抗弁として、以下のとおり、占有改定による引渡しを主張することができる。

> 【最判昭30・6・2民集9巻7号855頁】（判決要旨）
> 　債務者が動産を売渡担保に供し引きつづきこれを占有する場合においては、債権者は、契約の成立と同時に、占有改定によりその物の占有権を取得し、その所有権取得をもつて第三者に対抗することができるものと解すべきである。

> **要件事実**
>
> ○　Ｘは占有改定による引渡しを受けたこと

　そうすると、設例5―1で、Ｙが動産の現実の引渡しを受けている場合には、Ｙは、再々抗弁として、Ａとの売買契約に基づいて現実の引渡しを受けたことを主張証明することができるが、これに対して、Ｘは、再々々抗弁として、ＡからＸへの占有改定が、ＡからＹへの現実の引渡しに先立つことを容易に主張証明できるであろう（我妻榮＝有泉亨『新訂物権法（民法講義Ⅱ）』193頁以下。設例5―1で、もしＸが占有改定による引渡しを受けた後にＹも二重に占有改定による対抗要件を備えていた場合も理論的には同様である）。

157

〔第2部〕 第5章 動産引渡請求訴訟

2 所有権喪失の抗弁

(1) 承継取得

Yは、所有権喪失の抗弁を主張証明することもできる。すなわち、Yが、承継取得による所有権喪失の抗弁を主張証明する場合の要件事実は以下のとおりである（司研『類型別』118～119頁）。

> **要件事実**
>
> ① AとYが本件印刷機械の売買契約を締結したこと
> ② YがAから①の売買契約に基づき本件動産の引渡しを受けたこと

②の主張は、対抗要件具備の主張である。

①と②の主張によって、AX間の売買契約の締結が、AY間の売買契約の締結に先行する場合であっても、Yは、本件印刷機械の所有権を確定的に取得すると同時に、その時点における所有者Xは、いったん取得した所有権を喪失することになる。この場合には、1で述べたとおり、AからXへの引渡し（設例5－1では占有改定）が「AからYへの引渡しに先立つこと」を再抗弁として主張証明することができる。

(2) 原始取得

(1)の①、②の承継取得による所有権喪失の抗弁は、同時に即時取得の要件事実でもある（即時取得の要件事実についての詳しい説明は、第2節を参照）。

民法の基本書では、占有改定が対抗要件になることと、即時取得との関係について、「（民法）178条だけからは、先に買って所有権を取得し、占有改定で引渡を受ければ、対抗要件を備えたことになるから、その物が売主のもとにあるので、売主の物と信じて、売主から二重に買った者も所有権を取得できないことになる。しかし、これでは、取引の安全ははかられない。そこで、動産については、他人の所有と信じてその所持する物を買った者を、一定の場合に保護している。これが『即時取得』の制度である」と説明されている（星野英一『民法概論Ⅱ（物権・担保物権）』63頁）。しかし、即時取得の抗弁を主張できるのは、設例5－1で、Yが現実の引渡しを受けているから

158

である。設例5—1でも、もしYが備えた対抗要件が占有改定にすぎないならば、Yは即時取得の主張をすることができないことに注意しなければならない（最判昭32・12・27民集11巻14号2485頁、最判昭35・2・11民集14巻2号168頁）。

> 【最判昭32・12・27民集11巻14号2485頁】（判決要旨）
> 　占有改定により占有を取得したに止まるときは、民法第192条の適用はない。

> 【最判昭35・2・11民集14巻2号168頁】（判決要旨）
> 　占有取得の方法が外観上の占有状態に変更を来たさない占有改定にとどまるときは、民法第192条の適用はない。

そして、Yが原始取得としての即時取得の抗弁を主張した場合、Xが再抗弁として、①XがAX間の売買契約に基づき占有改定による引渡しを受けたこと、②その引渡しが抗弁②の引渡しに先立つこと、を主張証明しても、Xの所有権が復活することはないから、主張自体失当となる（遠藤ほか『注解物権法』381～382頁〔小長光馨一〕）。

第2節　即時取得が問題となる場合

　Xは、土木機械を所有していたが、2020年11月10日、Aに対し、代金100万円、同月14日現金による一括払い、物件の所有権は代金全額の支払いが完了するまでXに留保する旨の約定により本件土木機械を売り渡し、Aの指示により、同月10日、Bにこれを納入した。土木業者であるYは、かねてからBに土木機械の入手方を依頼していたところ、同日、代金80万円、納品と同時に一括現金払いという条件で本件土木機械を買い受け、同日中に、本件土木機械をBから引き取り、Yの資材置場に移

〔第2部〕 第5章 動産引渡請求訴訟

動させた後、Bに現金を手渡して代金を支払った。Yは、代金を支払った際、BからA名義の「納品書」と「領収証」を交付されて売主がAであることを初めて認識したが、Aとは売買の前後を通して一度も会わなかった。

Xは、Aとの売買契約に基づく代金支払期限である2020年11月14日を過ぎても、Aが代金を支払わないことから、Bに対して、本件土木機械の返還を求めたところ、Yが本件土木機械を使用していることが判明した。そこで、Xは、2020年12月1日、Yに対して、本件土木機械の返還を求める訴えを提起した。

I　訴訟物と請求の趣旨

設例5─1と同様、動産引渡請求の訴訟物は、所有権に基づく返還請求権としての動産引渡請求権である。

また、請求の趣旨は、「被告は原告に対し、別紙物件目録記載の動産を引き渡せ」と記載する。

II　請求原因

原告は、不動産明渡請求訴訟における請求原因と同様、物権的請求権によって保護されるべき自己の権原、および、被告がその目的物を占有している事実について主張証明責任を負う（本書73頁）。したがって、設例5─2において、土木機械の所有権者であるXが、土木機械の不法占有者Yに対し、所有権に基づいて、土木機械の引渡しを求める場合の請求原因（要件事実）は、次のようになる。

要件事実

① 　Xが本件土木機械を所有していること
② 　Yが本件土木機械を占有していること

第2節　即時取得が問題となる場合

　動産引渡請求訴訟においても、Ｙの争い方によって、Ｘが本件土木機械の所有権を有することの要件事実の内容が異なるものになることは、これまで繰り返し述べてきたとおりである。簡単にまとめれば、ＹがＸとの間で本件土木機械を賃借したなどと占有正権原を主張する場合には、Ｘは単に本件土木機械を現在所有していることを主張証明すれば足りる。また、ＹがＸとの売買契約による承継取得などＸの所有権喪失を主張する場合には、Ｘは、本件土木機械を「もと所有」していたことを主張証明することになる。また、Ｙが、Ｘの前主（前の所有権者）が本件土木機械の所有権を所有していたことは認めるが、Ｙがその前主から所有権を取得したと主張するような場合には、Ｘは前主からＸへの所有権取得原因事実を主張証明しなければならない（本書89頁）。

　設例５―２では、Ｙは、「ＸがＡに本件土木機械を売り渡した」ことを主張すると考えられるから、Ｘは、本件土木機械をもと所有していたことを主張することになる。

記載例５―２―１

1　原告（Ｘ）は、別紙物件目録記載の土木機械をもと所有していた。

2　被告（Ｙ）は、本件土木機械を占有している。

3　よって、原告（Ｘ）は、被告（Ｙ）に対し、所有権に基づき、本件土木機械の引渡しを求める。

Ⅲ　抗　弁

1　所有権喪失の抗弁

　Ｙは、ＸがＡに対し本件土木機械を売り渡したことを主張証明することによって、Ｘが、現在、所有権者でないこと、すなわち、ＸのＹに対する所有権に基づく引渡請求権が発生しないことを理由づけることができる（所有権喪失の抗弁）。

　しかし、設例５―２では、ＸとＡとの間で、「物件の所有権は代金全額の

161

〔第2部〕 第5章 動産引渡請求訴訟

支払いが完了するまでXに留保する」旨の約定がされているから、Xはこの所有権留保特約を再抗弁として主張証明することによって、Yの所有権喪失の抗弁の効果を失わせることができる。Yにおいては、さらに、AがXに代金を完済していることを再々抗弁として主張立証することも理論的には可能である。

なお、設例5－2で、Aの所有権取得原因が代物弁済であったとした場合の要件事実については、第4章Ⅱ3・152頁参照。

2 即時取得の抗弁

もっとも、設例5－2では、AがXに売買代金を支払っていないから、Yの所有権喪失の抗弁は理由がないことに帰するであろう。

そこで、Yとしては、XからAに所有権が移転したとの主張証明のほかに、自ら原始取得により所有権を取得したことを主張証明することを考えることができる。すなわち、即時取得（民法192条）の主張である（取得時効との比較につき、鎌田ほか『民事法Ⅰ』314頁〔小泉博嗣〕参照）。

即時取得の実体法上の要件としては、①動産であること、②取引によって占有を承継すること、③動産を処分する権限のない者から占有を承継したこと、④平穏・公然・善意・無過失であることなどがあげられる（我妻榮＝有泉亨『新訂物権法（民法講義Ⅱ）』214頁以下）。しかし、要件事実の観点からは、③の前主が無権利者であるということは、即時取得成立のための積極的要件ではなく、消極的な要件にすぎない。即時取得の制度はもともと前主が権利者かどうかいちいち確かめないでもその占有（権利の外観）を信じて取引したのであればそれを保護しようという制度だからである。契約どおりの権利の取得を主張する者は、自己の前主が無権利者であったことを主張証明する責任を負わず、ただ前主から所有権の取得を目的とする取引行為に基づき、占有を取得したことを主張証明すれば足りる（川島武宜編『新版注釈民法(7)物権(2)』183頁〔好美清光〕）。そして、善意は、平穏・公然とともに推定され（民法186条）、無過失も推定される（最判昭41・6・9民集20巻5号1011頁）。

162

> 第2節　即時取得が問題となる場合

> 【最判昭41・6・9民集20巻5号1011頁】（判決要旨）
> 　民法第192条により動産の上に行使する権利を取得したことを主張する占有者
> は、同条にいう「過失ナキ」ことを立証する責任を負わない。

　したがって、Yが、即時取得の抗弁として主張証明すべき内容は以下のとおりである。①が動産の取引行為の主張であり、②が占有の承継の主張である（司研『類型別』115頁）。

要件事実

①　AとYが本件土木機械の売買契約を締結したこと（取引行為）

②　YがAから①の売買契約に基づき本件土木機械の引渡しを受けたこと（基づく引渡し）

記載例5―2―2

1　Aは、被告（Y）との間で、2020年11月10日、本件土木機械を代金80万円で売却する旨の契約を締結した。

2　被告（Y）は、同日、上記契約に基づきAから本件土木機械の引渡しを受けた。

IV　再抗弁

1　悪　意

　抗弁の箇所で触れたとおり、占有者は、「善意で、平穏に、かつ、公然と占有をするものと推定」（民法186条）されるから、相手方であるXは、即時取得の成立を妨げる障害事由として、その逆の事実、すなわち、占有の取得が強暴または隠秘に行われたこと、あるいは、取得者が悪意であることを主張証明しなければならない。ここで「悪意」の要件事実は、次のようになる。

163

〔第2部〕 第5章 動産引渡請求訴訟

要件事実

① 前主の所有権の不存在
② ①であるとの認識（前主が権利者であると信じていなかったこと）

具体的には、「Ｙは、Ａとの売買契約に際し、本件土木機械につきＡが所有者でないことを知っていた」などと記載する。

2　有過失

また、前述のとおり、判例により無過失も推定されるから、相手方であるＸにおいて、即時取得の成立を妨げる障害事由として、取得者に過失があったこと、すなわち、前主が権利者であると信じたことにつき過失があったことを再抗弁として主張証明することができる。過失は規範的要件であるから、Ｘはこれを基礎づける評価根拠事実を主張証明することになる。

設例5―2では、Ｘは、以下のような事実を主張し、Ｙには、本件土木機械を買い受けて占有を始めるに際し、それが売主Ａの所有であると信じたことにつき過失があったと主張することができるであろう。

要件事実

① Ｙは土木業者である。
② 高価な建設機械については、そのほとんどが所有権留保特約付きで取引されており、また、機械を転売する際にはメーカーの発行する譲渡証明書を付けて取引される慣行となっている。
③ Ｙは、代金を支払う段階になって、ＢからＡ名義の「納品書」と「領収証」を交付され、初めて売主はＡであると認識した。
④ Ｙは、本件土木機械の売買に際し、Ａと一度も会わなかった。
⑤ ＹはＡないしＢに、本件土木機械の代金を完済したかどうか確認したり、譲渡証明書の交付を要求したりしなかった。

なお、抗弁の箇所で、即時取得を主張する者（Ｙ）は、取引行為の成立とこれに基づく引渡しを主張証明すれば足り、これに加えて、占有者に処分権

164

限がなかったことを主張証明する必要はないと説明した。しかし、逆に、即時取得の成立を争う側の当事者（X）が、占有者に処分権限があった旨を直接的に主張証明をすることも必要でない。そのような主張は、所有権の取得事由を実体法的に即時取得から承継取得に転換させるだけの主張であるから、無意味であり、主張自体失当となる（遠藤ほか『注解物権法』382頁〔小長光馨一〕）。

　取引行為は有効なものでなければならないから、取引行為における行為者が制限行為能力者であることによって取り消されたこと（民法5条2項・9条本文・17条4項）、取引行為における意思表示が錯誤（民法95条）、詐欺・強迫（民法96条）により取り消されたことなどは即時取得の効果を否定する再抗弁となる。

V　再々抗弁

　Yは、過失の評価障害事実を主張証明することができる。

　設例5―2では、Yは、以下のような事実を主張することができるであろう。

要件事実

○　Xは代金支払日が11月14日であるにもかかわらず、本件土木機械を11月10日にAに引き渡した。

[第 2 部] 第 6 章 賃貸借契約関係訴訟

第 6 章　賃貸借契約関係訴訟

訴訟の概要

　　賃貸借契約で生じる紛争の多くは、賃貸借の終了に関するものである。不動産の所有者と占有者との間に契約関係が存在しない場合に、物権的請求権を訴訟物として土地（建物）明渡し、建物収去土地明渡し、建物退去土地明渡しの訴えが提起されたときの要件事実については、すでに説明した（第1章、第2章）。そこでも、不動産の占有者が抗弁として当事者間に賃貸借契約関係が存在することを主張すれば、実質的な争点は賃貸借契約の終了に関するものとなるが、本章では、端的に、原告が賃貸借契約を前提にこれを訴訟物として訴えを提起した場合の要件事実について説明する。

　　以下では、賃貸借契約が継続していることを前提とした訴訟である賃料関係訴訟について説明した後、建物明渡請求、土地明渡請求、建物収去土地明渡請求、建物退去土地明渡請求という類型ごとに賃貸借の終了について順次検討する。賃貸借の終了原因については、各訴訟類型で要件事実が異ならないときにはあらためて説明せず、他の類型と異なる点だけを取り上げて説明するので、読者において適宜、応用して考えていただきたい。

第 1 節　賃料関係訴訟

I　賃料請求訴訟

設例
6 － 1

　　Xは、2021年3月1日、自己の所有する建物を賃料月額20万円、賃料当月分の月末払い、賃貸期間同日から2年間の約定で賃貸する契約をYとの間で結んだ。しかし、XがYに本件建物

第 1 節　賃料関係訴訟

を引き渡して 3 か月が経過したが、Y はその間一向に賃料を支払わない。

　　そこで、X は Y に対して賃料を支払うよう求める訴えを提起した。

1　訴訟物と請求の趣旨

　設例 6 ─ 1 の訴訟物は、賃貸借契約に基づく賃料請求権であり、請求の趣旨は、「被告は、原告に対し、金60万円及びこれに対する2021年 6 月 1 日から完済まで年 3 分の割合による金員を支払え」と記載する。ここでの付帯請求としての遅延損害金は、毎月の賃料の各支払期限が経過したときに発生すると解される（ 3 月分については 3 月31日が支払期限であるから 4 月 1 日から遅滞に陥り、同じく 4 月分については 5 月 1 日、 5 月分については 6 月 1 日にそれぞれ遅滞に陥る）。したがって、厳密に遅延損害金を請求する場合には、毎月の賃料ごとに個別の遅延損害金の発生日を記載しなければならないが、上記請求の趣旨では、便宜、請求金額全額が遅滞となる日を発生日としている。

2　請求原因

　賃貸人 X が賃借人 Y に対し、一定期間分の賃料を請求する場合における請求原因事実（要件事実）は、次のとおりである（司研『要件事実第 2 巻』 6 頁、100頁）。

要件事実

① 　X と Y とが賃貸借契約を締結したこと
② 　X が Y に対し、①の賃貸借契約に基づき目的物を引き渡したこと
③ 　一定期間が経過したこと
④ 　民法614条所定の支払時期が到来したこと

---

　①で、賃貸借契約の成立を主張証明する場合には、目的物を特定することのほか、売買契約における代金額と同様、賃料の具体的な金額を主張証明する必要がある。また、賃貸借契約は債権的な契約であり、他人の物の賃貸借

167

〔第2部〕 第6章 賃貸借契約関係訴訟

契約も有効に成立するから（民法559条本文、561条）、Ｘが賃貸借の目的物を自ら所有していることを主張証明する必要はない。

　さらに、売買契約においては、代金支払債務や目的物引渡債務の履行期限は契約の本質的要素（要件）ではないから、実際の契約で期限の合意がある場合であっても、原告は、その期限の合意と期限の到来を請求原因で主張証明する必要はない（本書17頁・32頁）。これに対して、賃貸借契約、消費貸借契約および使用貸借契約は、一定の価値をある期間借主に利用させることを当然に合意の内容とする契約（講学上「貸借型の契約」といわれる）であるから、その契約を主張するには、返還時期（賃貸期間）に関する合意もその本質的内容として主張しなければならない（司研『要件事実第1巻』276頁、同『要件事実第2巻』4頁、同『類型別』92頁）。これを貸借型理論といい、司法研修所教官室の採用していた見解であり、実務にも浸透していた。これに対して、貸借型理論に反対し、売買契約などと同様に返還時期の合意は付款と解する見解もみられた。さらに、近時は、学説において、貸借型理論の考え方を見直す機運があり（吉川愼一「貸借契約関係訴訟の証明責任・要件事実」新堂監修『証明責任・要件事実論』159頁）、司法研修所の教材でも、貸借型の契約の成立要件として冒頭規定を重視して返還時期の合意は不要とする立場で解説し、貸借型理論は参考として紹介するにとどめるもの（司研『新問題研究』40頁、46頁）もみられる。考え方としては両様あり得るところであるが、本書ではなお貸借型理論を基本として解説することにしたい。

　②、③について、賃料請求のためには、その性質上、目的物を一定期間賃借人の使用収益が可能な状態においたことが先履行の関係にあるから（最判昭36・7・21民集15巻7号1952頁）、①のほかに、②の引渡しおよび③の一定期間の経過の主張が必要である。

　ところで、設例6―1では、賃料の支払時期が毎月末日と合意されている。これは、民法の定める任意規定である賃料後払いの原則（民法614条）と同一内容の合意であるから、Ｘは、当該合意を請求原因として主張証明する必要はない（ただし、①の賃貸借契約締結の事実を主張することで、目的物が土

168

地、建物、動産などに該当することがおのずと明らかになるので、目的物に応じた民法614条所定の支払時期が到来したことは主張する必要が出てくる）。むしろ、任意規定と異なる法律行為に基づく法律効果を享受しようとする者がその法律行為を主張証明すべきである（民法91条参照）。したがって、設例6―1で、XとYが賃料の支払時期について、翌月分の賃料を前月末日までに支払う旨の合意をしていたときには、任意規定である民法614条と異なる法律効果を享受しようとするXは、当該合意を主張証明しなければならないことになる。

記載例6―1―1

1　原告（X）は、被告（Y）との間で、2021年3月1日、別紙物件目録記載の建物を、賃貸期間同日から2023年2月末日まで、賃料1か月20万円の約定で賃貸するとの合意をした。

2　原告（X）は、被告（Y）に対し、上記賃貸借契約に基づき、本件建物を引き渡した。

3　2021年3月から5月までの各末日が経過した。

4　よって、原告（X）は、被告（Y）に対し、上記賃貸借契約に基づき、賃料60万円及びこれに対する支払期限後である2021年6月1日から支払済みまで民法所定の年5分の割合による遅延損害金の支払いを求める。

3　抗　弁

Yは、Xからの賃料請求に対して、使用不能、賃料減額請求権（民法606条、609条）、賃料の当然減額（民法611条1項）、賃料支払拒絶権（民法606条）、契約解除（民法607条、610条、611条2項）などを抗弁として主張することができる。

たとえば、Yは、賃借物の一部滅失を理由に契約解除（民法611条2項）を主張する場合の要件事実は次のとおりである（司研『要件事実第2巻』80頁）。

> **要件事実**
> ① 請求原因2の目的物引渡し後、本件建物の一部が滅失したこと
> ② ①の滅失が、Yの責めに帰すことができない事由によることを基礎づける事実
> ③ ①の事実のため、Yの賃貸借契約の目的が達せられないこと
> ④ YがXに対し、請求原因①の賃貸借契約の解除の意思表示をしたこと、およびその意思表示が到達した時期

II 賃料増額訴訟

Xは、2000年5月1日、Yが建物を建てて居住することを目的として、その所有にかかる本件土地を月額2万円でYに賃貸した。その後、土地価格の高騰、物価の上昇、公租公課の増額、近隣地代の上昇があったものの、XはYから懇願されて賃料をそのまま据え置いていたが、2020年5月1日付けで本件土地の賃料を5万円に増額する旨の意思表示を内容証明郵便で送付した（同月2日Yに到達）。しかし、その後もYは従前の賃料2万円しか支払わず、賃料の増額を認めない。

そこで、Xは、増額賃料と従前の賃料の差額1か月3万円の未払分の支払いを求めて、Yに対して訴えを提起した。

1 訴訟物と請求の趣旨等

(1) 概　説

建物所有を目的とする地上権および土地賃借権については借地借家法11条1項（借地法12条1項）が、建物賃借権については借地借家法32条1項（借家法7条1項）が、それぞれ一定の要件の下に、貸主の賃料増額請求権を定めている。ここで増額請求権とは、私法上の形成権であり、その行使の時から客観的に相当と認められる金額への増額の効果が発生すると解される（判

例・通説。最判昭32・9・3民集11巻9号1467頁、最判昭36・2・24民集15巻2号304頁)。

具体的に賃料増額請求がされた後に提起される訴訟としては、①増額された後の賃料額の確認を求める賃料増額確認訴訟、②増額された賃料額と従前の賃料額の差額の支払いを求める増額賃料給付訴訟、③増額分の賃料不払いを理由とする土地・建物賃貸借契約の解除を原因とする土地・建物明渡訴訟がある(訴訟提起前に民事調停を申し立てなければならない。民事調停法24条の2第1項)。

賃借人は、地代・家賃の増額を正当とする裁判が確定するまでは、相当と認める額の地代等を支払うことをもって足りるが、裁判が確定した場合にすでに支払った額に不足があるときは、その不足額に年1割の割合による支払期後の利息を付してこれを支払わなければならない(借地借家法11条2項、32条2項)。

(2) 訴訟物と請求の趣旨

賃料増額確認請求の訴訟物は、賃料増額請求権が行使されたことにより賃料が増額されたとする日から事実審の口頭弁論終結日までの間の賃料債権である(増額賃料給付訴訟の訴訟物は、支払いを求める差額分の賃料債権となる)。請求の趣旨は、「原告と被告との間で、別紙物件目録記載の土地についての賃貸借契約における賃料は、○○○○年○月○日以降1か月金○○万円であることを確認する」(賃料増額確認訴訟)、「被告は、原告に対し、金○○円及びその内金である別表上段記載の各金員に対し、それぞれ対応する下段記載の日から完済まで年1割の割合による金員を支払え」(増額賃料給付訴訟)と記載する(確認訴訟と給付訴訟を併合して提起する場合には、上記請求の趣旨を二つ掲げることになる)。

2 請求原因

設例6─2のように、経済事情が変更した結果、従前の賃料が不相当となった場合には、Xは、賃料の増額請求権を行使することができる。

Xが賃料増額請求権を行使し、これに基づいて賃借人Yに対し、その後一

〔第 2 部〕 第 6 章 賃貸借契約関係訴訟

定期間分の賃料を請求する場合、Ｘの主張すべき要件事実は、次のとおりである（司研『要件事実第 2 巻』70頁）。

> **要件事実**
>
> ①　ＸとＹとが本件土地の賃貸借契約を締結したこと
> ②　ＸとＹとが①の契約において建物所有を目的とすることを合意したこと
> ③　ＸがＹに対し、①の契約に基づいて本件土地を引き渡したこと
> ④　賃料額が不相当となったことを基礎づける事実
> ⑤　ＸがＹに対し、土地の賃料を増額する旨の意思表示をしたことおよびその意思表示が到達した時期
> ⑥　増額後の賃料の額
> ⑦　一定期間が経過したこと

③、⑦は、賃料請求のために必要な要件事実であり、すでにＩで説明した。②は、賃料増額請求権を根拠づける、借地借家法の適用があることを明らかにするために必要な要件事実である。④はいわゆる規範的要件であり、Ｘは、これを基礎づける具体的事実を主張証明しなければならない。その具体的事実の代表的なものとして、土地に対する租税その他の公課の増加、土地の価格の騰貴、近隣土地の賃料の増額などがある。賃料増額請求権は形成権であり、意思表示が相手方に到達したときに相当な範囲において賃料増額の効果が発生するから、⑤が必要となる。

3　抗弁・再抗弁

(1)　不増額の特約の抗弁

Ｘが賃料増額請求をするためには、不増額の特約のないことが要件となっている（借地借家法11条 1 項ただし書（借地法12条 1 項ただし書）、借地借家法32条 1 項ただし書（借家法 7 条 1 項ただし書））。しかし、消極的事実を証明するのは困難であることから、賃借人のほうで不増額の特約がなされたことを主張証明すべきであり、Ｘからの賃料増額請求に対して、Ｙは、抗弁として、

172

第2節　建物明渡請求訴訟

次のとおり主張証明することができる。

> **要件事実**
>
> ○　XとYとが一定期間賃料を増額しない旨合意したこと

　これに対して、Xは、再抗弁として、次のように主張証明することによって、抗弁で主張された特約の効果を排除することができる（司研『要件事実第2巻』71～72頁）。

> **要件事実**
>
> ○　請求原因⑤の意思表示の際、抗弁の賃料不増額の特約を存続させることが信義則に反することを基礎づける事実が存在したこと

(2)　消滅時効の抗弁

　賃料増額の効果は、賃料増額の意思表示が相手方に到達した日から発生するが、賃料は各支払期日ごとに履行期が到来しているので、Yは、各賃料の弁済期から5年が経過したことを主張証明して、増額賃料の支払いを免れることができる。

第2節　建物明渡請求訴訟

I　総　説

1　訴訟物と請求の趣旨

　賃貸借契約の終了に基づく建物明渡請求訴訟の訴訟物は、「賃貸借契約の終了に基づく目的物返還請求権としての建物明渡請求権」である。債務不履行による解除、期間満了、解約申入れなど賃貸借契約の終了原因ごとに訴訟物を考える見解（多元説と呼ばれる）もあるが、訴訟物は常に賃貸借契約終了に基づく建物明渡請求権1個であり、個々の終了原因は原告の攻撃防御方法にすぎないと考えるのが一般的である（一元説と呼ばれる。大江『民法(5)－2』

173

〔第2部〕 第6章 賃貸借契約関係訴訟

9〜10頁)。

　また、賃貸人が建物の所有者である場合は、①所有権に基づく返還請求権としての明渡請求権と、②賃貸借契約終了に基づく目的物返還請求権としての明渡請求の双方を主張することができる。ただし、原告が訴訟物として①を選択した場合でも、賃貸借契約の終了が争点となる場合には、実務上、原告は訴状段階において、自ら被告の抗弁を先取りして、賃貸借契約の成立やその終了原因を先行的に主張するのが通例である。

　請求の趣旨は、「被告は、原告に対し、別紙物件目録記載の建物を明け渡せ」と記載する。

2　請求原因

　賃貸借契約の終了に基づく建物明渡請求において、原告Xの明渡請求権を根拠づけるため、主張証明すべき要件事実は、次のとおりである。

要件事実

①　XがYとの間で本件建物の賃貸借契約を締結したこと

②　XがYに対し、①の契約に基づいて本件建物を引き渡したこと

③　賃貸借契約の終了原因となる具体的事実

---

　②の「引渡し」の主張証明が必要なのは、契約終了に基づいて建物の返還を求める以上、目的物が相手方に渡っていることが論理的な前提となるからである。

　③の賃貸借の終了原因には、債務不履行による契約解除、用法順守義務違反による解除、無断譲渡転貸による解除、解約申入れ、期間満了などがあり、以下項をあらためて説明する。

Ⅱ 債務不履行による解除

1 賃料不払いによる解除

設例
6−3

Xは、2020年4月2日、Yとの間で、X所有にかかる本件建物を、賃料月額20万円、賃料の支払方法翌月分を前月末日までに前払い、賃貸期間同日から2年間の約定で賃貸する旨の契約を締結してYに引き渡した。しかし、Yは、2021年1月分以降の賃料を支払わないので、Xは、同年6月3日到達の内容証明郵便で1週間以内に延滞賃料6か月分を支払うよう催告した。その後もYから賃料の支払いはなく、Xは、同年6月30日、本件賃貸借契約を解除する旨の意思表示をし、同年8月、本件建物の明渡しと、2021年1月1日から明渡済みに至るまで1か月20万円の割合による金員の支払いを求めてYに訴えを提起した。

(1) 訴訟物と請求の趣旨

設例6－3の訴訟物は、主たる請求について、賃貸借契約終了に基づく目的物返還請求権としての建物明渡請求権、付帯請求について、2021年1月1日から同年6月30日までの賃貸借契約に基づく賃料請求権、同年7月1日から建物明渡済みに至るまでの本件建物の返還義務の履行遅滞に基づく損害賠償請求権である。

請求の趣旨は、「被告は、原告に対し、別紙物件目録記載の建物を明け渡せ。被告は、原告に対し、2021年1月1日から同建物の明渡済みまで月額20万円の割合による金員を支払え」と記載する。

(2) 請求原因

(ア) 法定解除

賃貸借契約において、賃貸人は賃料受領を目的として目的物を賃貸するのであるから、賃料支払いは賃借人の最も重要な義務である。不動産の賃貸人は、賃借人が一定期間分の賃料支払債務を履行しない場合、相当の期間を定

〔第2部〕 第6章 賃貸借契約関係訴訟

めて履行を催告し、その期間内に履行のないときに契約の解除をすることができる（民法541条）。民法541条の文言によれば「債務を履行しない」ことが解除権の発生原因であり、契約解除の積極要件であるかのようにみえるが、主張証明責任分配の基本原理である公平の観点等からすれば、債権者に不履行の主張証明責任があるのではなく、むしろ債務者に履行についての主張証明責任がある（司研『要件事実第1巻』257頁）。

したがって、Xは、賃貸借契約の成立要件①、②に加えて、終了原因として③から⑦を主張証明しなければならない（司研『類型別』102頁、倉田『契約法下巻』639頁）。

> **要件事実**
>
> ① XがYとの間で本件建物の賃貸借契約を締結したこと
> ② XがYに対し、①の契約に基づいて本件建物を引き渡したこと
> ③ 一定期間が経過したこと
> ④ 民法614条所定の支払時期が経過したこと
> ⑤ XがYに対し、その一定期間分の賃料の支払いを催告したこと
> ⑥ 催告後相当期間が経過したこと
> ⑦ XがYに対し、⑥の経過後賃貸借契約を解除するとの意思表示をしたこと

賃料の支払時期についての民法614条の定めは任意規定であり、実際には、毎月末日に翌月分を支払うとの賃料前払特約が締結されることも多い。その場合には、Xは、③および④に代えて、XがYとの間で賃料前払い特約を締結したことおよびこの特約による支払時期が経過したことを主張証明することができる（もっとも、同条による支払時期もすでに経過している場合には、このような特約の存在等を主張しても実益がないことになる）。

> **記載例6―3―1**
>
> 1 原告（X）は、被告（Y）との間で、2020年4月2日、別紙物件目

録記載の建物を、賃貸期間同日から2022年3月末日まで、賃料1か月20万円、賃料翌月分を毎月末日までに前払いとの約定で賃貸するとの合意をした。

2　原告（X）は、被告（Y）に対し、上記賃貸借契約に基づき、本件建物を引き渡した。

3　2020年12月から2021年5月までの各末日が経過した。

4　原告（X）は、2021年6月3日、被告（Y）に対し、同年1月分から6月分まで6か月分の賃料120万円の支払いを催告した。

5　同月10日は経過した。

6　原告（X）は、被告（Y）に対し、同年6月30日、本件賃貸借契約を解除するとの意思表示をした。

7　平成17年1月1日以降の本件建物の相当賃料額は、1か月20万円である。

8　よって、原告（X）は、被告（Y）に対し、上記賃貸借契約終了に基づき本件建物の明渡し、賃貸借契約に基づき2021年1月1日から同年6月30日までの賃料120万円の支払い及び賃貸借契約終了に基づき、賃貸借契約終了の日の翌日である2021年7月1日から建物明渡済みまで1か月20万円の割合による遅延損害金の支払いを求める。

　設例6—3で、Xが、2021年6月3日、Yに賃料支払いの催告をするのと同時に、Yが1週間以内に賃料を支払わないときは賃貸借契約を解除するとの意思表示（賃借人が催告期間内に催告金額を支払わなかったことを停止条件としているから、停止条件付契約解除の意思表示と呼ばれる）をしていた場合の要件事実はどうなるか。

　この点は、当事者の立証の負担の公平という観点等からは、意思表示の内容として、賃貸人XがYによる催告金額の不履行の事実を主張証明するのではなく、債務者Yが履行の事実を主張証明することを要すると考えるのが相当である（司研『要件事実第1巻』259頁）。このように、催告金額の支払いに

〔第2部〕 第6章 賃貸借契約関係訴訟

よって解除権の発生が妨げられると解すると、Xは、上記⑥、⑦に代えて、次の⑥′、⑦′を主張証明すればよいことになる。

要件事実

⑥′ XがYに対し、⑤の催告と同時に、一定期間が経過したときに本件賃貸借契約を解除する旨の意思表示をしたこと（たとえば、「原告は、2021年6月3日、同年1月分から6月分までの賃料120万円を支払うよう催告するとともに、同月10日が経過したときは本件賃貸借契約を解除するとの意思表示をした」）

⑦′ ⑥′の一定期間が経過したこと（「同月10日は経過した」）

　(イ)　無催告解除特約に基づく解除

　設例6―3のXY間の賃貸借契約において、Yが賃料の支払いを1回でも怠ったときはXは催告を要しないで賃貸借契約を解除することができるとのいわゆる無催告解除特約が締結されていた場合には、Xはその特約に基づいて賃貸借契約の解除を主張することができるであろうか。

　賃料支払いの遅滞はそれ自体で直ちに賃貸借の継続を困難にするような債務不履行には当たらないこともあり、かつ、賃借人の意思いかんにより催告に応じて履行をすることが容易であるから、賃料については、債務の履行が物理的に困難または不可能となった場合に比べて、催告の必要性は大きい。したがって、賃料不払いの無催告解除特約については、賃料不払いがあったと主張する一定期間の経過およびこれに対応する賃料支払時期の経過に加え、契約を解除するにあたり催告をしなくても不合理とは認められない事情すなわち賃借人による信頼関係破壊があれば、賃貸人による無催告解除が認められると解される（最判昭43・11・21民集22巻12号2741頁）。

【最判昭43・11・21民集22巻12号2741頁】（判決要旨）
　　家屋賃貸借契約において、1箇月分の賃料の遅滞を理由に催告なしで契約を解除することができる旨を定めた特約条項は、賃料の遅滞を理由に当該契約を解除するにあたり、催告をしなくても不合理とは認められない事情が存する場合に

は、催告なしで解除権を行使することが許される旨を定めた約定として有効と解するのが相当である。

したがって、Xが賃貸借契約の終了原因として賃借人の一定期間分の賃料支払債務の履行遅滞を理由とする無催告解除を主張する場合の要件事実は、次のとおりとなる（司研『類型別』103頁）。

> **要件事実**
>
> ① XがYとの間で本件建物の賃貸借契約を締結したこと
> ② XがYに対し、①の契約に基づいて本件建物を引き渡したこと
> ③ 一定期間が経過したこと
> ④ 民法614条所定の支払時期が経過したこと
> ⑤ XがYとの間で、賃料支払時期が経過したときは賃貸人は催告を要しないで賃貸借契約を解除することができるとの特約を締結したこと
> ⑥ Yの背信性による信頼関係破壊の評価根拠事実
> ⑦ XがYに対し、④の支払時期の経過後、賃貸借契約を解除するとの意思表示をしたこと

(3) 抗　弁

(ア) 弁済の提供

賃料不払いによる解除が終了原因として主張された場合に、Yは、契約解除の効果の発生を妨害する事実である「弁済の提供」を抗弁として主張証明することができる（司研『類型別』103頁）。

> **要件事実**
>
> ○ YがXに対し、催告後、解除の意思表示前に賃料およびその遅延損害金の弁済の提供をしたこと

また、無催告解除特約に基づく解除の場合にも、Yは、抗弁として、同様に、主張証明することができる（司研『類型別』103頁）。

〔第２部〕　第６章　賃貸借契約関係訴訟

> **要件事実**
>
> ○　ＹがＸに対し、解除の意思表示前に賃料の弁済の提供をしたこと

　(イ)　信頼関係破壊と認めるに足りない特段の事情

　賃料不払いの債務不履行があっても、それが信頼関係破壊と認めるに足りない特段の事情があるときは解除することができないので（最判昭39・7・28民集18巻6号1220頁）、Ｙはこれを抗弁として主張することができる。

> 【最判昭39・7・28民集18巻6号1220頁】（判決要旨）
>
> 　家屋の賃貸借において、催告期間内に延滞賃料が弁済されなかつた場合であつても、当該催告金額9600円のうち4800円はすでに適法に弁済供託がされており、その残額は、統制額超過部分を除けば、3000円程度にすぎなかつたのみならず、賃借人は過去18年間にわたり当該家屋を賃借居住し、右催告に至るまで、右延滞を除き、賃料を延滞したことがなく、その間、台風で右家屋が破損した際に賃借人の修繕要求にもかかわらず賃貸人側で修繕をしなかつたため、賃借人において2万9000円を支出して屋根のふきかえしをしたが、右修繕費については本訴提起に至るまでその償還を求めたことがなかつた等判示の事情があるときは、右賃料不払を理由とする賃貸借契約の解除は信義則に反し許されないものと解すべきである。

2　用法順守義務違反による解除

　Ｘは、2021年3月8日、Ｙに対し、本件建物を賃料月額20万円、賃貸期間同日から2年、居住目的で賃貸した。しかし、同年7月1日になって、Ｙが建物を増改築し始めたので、Ｘが調べてみると、Ｙは居住用建物を改造して、居酒屋を開店するとのことだった。Ｘは同日ころ、Ｙに対し、工事の中止を申し入れたが、Ｙはこれを聞き入れずに工事を強行した。

　そこで、Ｘは、同年7月10日、用法順守義務違反により、本件賃貸借契約を解除し、Ｙに対して建物明渡しを求めて訴えを提起した。

(1) 請求原因

(ア) 催告後の解除

賃借人は、賃貸借契約に基づく債務として、目的物を使用収益する際に、合意または目的物の性質により定まった用法に従う義務（用法順守義務）を負い（民法616条、594条1項）、この義務に違反した場合、賃貸人は、賃貸借契約の解除を請求することができる（倉田『契約法下巻』646頁）。ここで、賃貸借契約の解除は、民法612条の無断譲渡・転貸を除いて、民法540条以下の法定解除の規定によるべきであり、用法順守義務違反による解除の場合も、同法541条による催告が必要であると解されている。

建物賃貸借では、無断増改築禁止特約は当然のことを定めた確認的な意味をもつにすぎず、設例6—4で、建物の使用目的を居住目的と限定しているのに、これと異なる店舗（しかも飲食店）目的で使用するような場合には、建物の内装等の改造や、大勢の客の出入りによる建物の毀損などが激しくなることが予想されるから、解除が認められることになろう。

そこで、賃貸人Xが賃借人Yに対し、用法順守義務違反を理由に賃貸借契約を解除して目的物の返還を求める場合、Xは、請求原因として、次のとおり主張証明しなければならない（司研『要件事実第2巻』106頁）。

> **要件事実**
>
> ① XとYとが本件建物の賃貸借契約を締結したこと
> ② XがYに対し、①の契約に基づいて本件建物を引き渡したこと
> ③ XとYとが、本件建物の賃貸借を居住目的としたこと
> ④ Yが本件建物を店舗用に増改築をしたこと
> ⑤ XがYに対し、増改築をやめることを求める催告をしたこと、または、増改築した部分を元どおりに修復することを求める催告をしたこと
> ⑥ Yが、⑤の催告後相当期間内に、増改築をやめなかったこと
> ⑦ ⑤の催告後相当期間が経過したこと

〔第２部〕 第６章 賃貸借契約関係訴訟

> ⑧　ＸがＹに対し、⑦の期間経過後、①の契約を解除する旨の意思表示をしたこと

　賃借人は、賃貸人から、賃貸借契約に基づいて目的物の引渡しを受けて初めて、目的物の使用収益につき現実に一定の用法順守義務を負う。また、賃貸人が賃借人に対し、賃貸借契約の終了に基づく目的物の返還を求めるためには、賃貸借契約に基づき目的物が賃借人に対し引渡済みであることが前提になる。そこで、②の「引渡し」が必要になる。

　④はＹの債務不履行を示す事実である。用法順守義務が不作為義務である場合、公平の見地から、義務違反を主張する者の側で、賃借人の義務違反行為の存在について主張証明責任を負うのが相当である。

記載例６―４―１

1　原告（Ｘ）は、2021年３月８日、被告（Ｙ）に対し、本件建物を賃料月額20万円、賃貸期間同日から２年間、居住目的で賃貸する旨の契約を締結し、本件建物を引き渡した。

2　被告（Ｙ）は、同年７月１日ころ、本件建物を店舗用に増改築する工事を開始した。

3　原告（Ｘ）は、同日ころ、被告（Ｙ）に対し、上記増改築の工事をやめるよう口頭で催告をした。

4　被告（Ｙ）は、上記増改築の工事を続行した。

5　原告（Ｘ）は被告（Ｙ）に対し、同月10日、上記賃貸借契約を解除する旨の意思表示をした。

6　よって、原告（Ｘ）は被告（Ｙ）に対し、賃貸借契約の終了に基づき本件建物の明渡しを求める。

　㈠　無催告解除

　判例は、用法順守義務違反による解除の場合には無催告解除特約がなくても賃貸借契約の継続を著しく困難ならしめる不信行為（信頼関係破壊）があ

182

れば、無催告解除が認められるとしている（最判昭38・9・27民集17巻8号1069頁）。

> 【最判昭38・9・27民集17巻8号1069頁】（判決要旨）
> 　土蔵造り瓦葺2階建家屋（建坪6坪）の賃借人が賃貸人所有の右敷地またはこれに隣接する同人所有地上に木造瓦葺2階建居宅1棟（建坪約6坪）を無断で建増ししたような場合においては、賃貸人は著しい不信行為のなされたことを理由として催告なしに賃貸借契約を解除することができる。

そこで、Ｘが、無断増改築を理由として、無催告解除に基づいて建物の明渡しを請求するための要件事実は、次のようになる。

要件事実

① 　ＸとＹとが本件建物の賃貸借契約を締結したこと

② 　ＸがＹに対し、①の契約に基づいて本件建物を引き渡したこと

③ 　ＸとＹとが本件建物の賃貸借を居住目的としたこと

④ 　Ｙが本件建物を店舗（居酒屋）に増改築をしたこと（著しい不信行為を基礎づける事実）

⑤ 　ＸがＹに対し、賃貸借契約を解除するとの意思表示をしたこと

---

(2)　抗　弁

(ア)　承諾の意思表示

Ｘからの用法順守義務違反に基づく解除の主張に対し、Ｙは、次のような抗弁を主張証明することができる（司研『要件事実第2巻』115頁）。

要件事実

○ 　ＸがＹに対し、増改築について承諾の意思表示をしたこと

(イ)　信頼関係破壊と認めるに足りない特段の事情

また、Ｙは、次のとおり、主張証明することができる（司研『要件事実第2巻』115頁）。

[第2部] 第6章 賃貸借契約関係訴訟

> **要件事実**
>
> ○ Yの用法順守義務違反がXに対する信頼関係破壊と認めるに足りない特段の事情があることを基礎づける事実

　この信頼関係破壊の欠如は、いわゆる規範的要件に当たるから、Yは、信頼関係破壊がないという評価を根拠づける具体的事実（評価根拠事実）を主張証明すべきである。これに対して、信頼関係破壊の欠如という規範的評価を妨げる具体的事実（評価障害事実）の主張は、Xの再抗弁となる。

Ⅲ　無断譲渡・転貸による解除

　Xは、2021年3月1日、本件建物につき、事務所として利用することを目的として、賃料月額10万円、賃貸期間同日から2年間の約定でYに賃貸した。しかし、最近になって、本件建物に見知らぬ人が多数出入りするようになったため、Xが調べてみると、Yは2022年12月1日に賃料月額12万円で本件建物をAに賃貸したという。

　そこで、Xは、2023年6月25日付けの内容証明郵便で、本件建物の賃貸借を解除する旨の意思表示をしたうえ、Yに対し、本件建物の明渡しを求める訴えを提起した。

1　請求原因

　賃貸借契約において、賃借人は賃貸人の承諾なしには賃借権を譲渡し、または転貸することができず（民法612条1項）、これに違反して賃借人が第三者に賃借物を使用収益させたときは賃貸人は賃貸借契約を解除することができる（同法612条2項）。

　したがって、賃貸人Xが賃借人Yに対して、民法612条2項に基づき賃貸借契約を解除して建物の返還を求める場合、Xは、請求原因として、次のとおり主張証明することになる（司研『要件事実第2巻』88頁）。

第2節　建物明渡請求訴訟

要件事実

①　ＸとＹとが本件建物につき賃貸借契約を締結したこと

②　ＸがＹに①の契約に基づいて本件建物を引き渡したこと

③　ＹとＡとが①の契約に基づくＹの賃借権につき売買契約を締結し、または、本件建物につき賃貸借契約を締結したこと

④　Ａが③の契約に基づいて本件建物の引渡しを受け、これを使用収益したこと

⑤　ＸがＹに対し①の契約を解除する旨の意思表示をしたこと

　なお、実務的には、Ｘは、賃借人Ｙに対する建物明渡しと共に、転借人Ａを共同被告として、Ａに対しても建物明渡しの訴えを提起するが、Ａは、Ｘとの関係では不法占拠者であるので、ＸのＡに対する訴訟物は、所有権に基づく返還請求権としての明渡請求権である（物権的請求権の態様として、「他人の占有によって物権が侵害されている場合の」返還請求権、「他人の占有以外の方法によって物権が侵害されている場合の」妨害排除請求権、妨害予防請求権があることにつき、司研・類型別46頁）。

記載例6―5―1

　1　原告（Ｘ）は、2021年3月1日、被告（Ｙ）に対し、本件建物を賃料月額10万円、賃貸期間同日から2年間で賃貸して、これを引き渡した。

　2　被告（Ｙ）は、2022年12月1日、Ａに対し、本件建物を賃料月額12万円、賃貸期間同日から2年間で賃貸して、これを引き渡した。

　3　原告（Ｘ）は、2023年6月25日、被告（Ｙ）に対し、本件賃貸借契約を解除する旨の意思表示をした。

　4　よって、原告（Ｘ）は被告（Ｙ）に対し、賃貸借契約の終了に基づき、本件建物の明渡しを求める。

185

〔第2部〕 第6章　賃貸借契約関係訴訟

2　抗　弁

(1)　承諾の意思表示

　賃貸人が承諾するときは、賃借権の譲渡または転貸が有効であることは、民法612条1項の文言から明らかである。そこで、賃借人Ｙは、抗弁として、次のとおり主張証明することができる（司研『要件事実第2巻』91頁）。

> **要件事実**
>
> ○　Ｘが契約解除に先立ってＹまたはＡに対しＹＡ間の契約について承諾の意思表示をしたこと

(2)　背信行為と認めるに足りない特段の事情

　また、判例は、賃借人が賃貸人の承諾なしに第三者に賃借物を使用収益させたときでも、「賃貸人に対する背信行為と認めるに足りない特段の事情」があるときは、賃貸人は、賃貸借契約を解除することができないとしている（最判昭28・9・25民集7巻9号979頁など）から、Ｙは、承諾の抗弁に代えて、次のとおり主張証明することができる（司研『要件事実第2巻』92頁）。なお、判例上、無断譲渡・転貸に関する場合は「背信行為」論、その他の債務不履行に関しては「信頼関係破壊」論という枠組みが取られている（能見＝加藤『判例民法6』400〜401頁〔中村肇〕参照）。

> 【最判昭28・9・25民集7巻9号979頁】（判決要旨）
> 　賃借人が賃貸人の承諾なく第三者をして賃借物の使用または収益をなさしめた場合でも、賃借人の当該行為を賃貸人に対する背信的行為と認めるにたらない本件の如き特段の事情があるときは、賃貸人は民法第612条第2項により契約を解除することはできない。

> **要件事実**
>
> ○　ＹがＡに賃借物を使用収益させたことについて、Ｘに対する背信行為と認めるに足りない特段の事情があることを基礎づける具体的事実

　この「特段の事情」は非背信性の評価根拠となる具体的事実である。これ

186

に対する非背信性の評価障害事実、すなわち背信性の評価を根拠づける具体的事実は再抗弁となる。

Ⅳ 解約申入れ

設例
6-6

Xは、2010年9月3日、その所有にかかる本件建物を賃料月額10万円、賃貸期間を特に定めずにYに賃貸し、これを引き渡した。その後、海外に赴任していたXの長男家族が帰国することになったことから、Xは、本件建物を長男家族に使わせようと考えて、2020年5月25日、Yに本件賃貸借契約についての解約申入れをした。しかし、Yは病気の母を引き取って看病しているので明渡しはできないとXに回答し、その後6か月が経過しても本件建物をXに明け渡さないので、Xは本件建物の明渡しと賃料相当損害金の支払いを求めて、Yに訴えを提起した。

1 請求原因

建物の賃貸借について、その存続期間は借地借家法(借家法)の適用を受ける。まず、借地借家法29条1項(借家法3条の2)は、1年未満の期間を定めても、その合意は無効で、期間の定めがない契約であるとみなす旨規定している。したがって、賃貸人Xが賃借人Yに建物の明渡しを求めるケースで期限の定めがないものには、①XYが1年未満の存続期間を定めたため当初より期限の定めがないか、②1年以上の存続期間を定めたときでも法定更新により期限の定めがない(借地借家法26条1項ただし書)とされる場合の2通りを含むことになる。

当事者が賃貸借の期間を定めなかったときは、各当事者はいつでも解約の申入れをすることができる(「当事者が賃貸借の期間を定めなかったときは、各当事者は、いつでも解約の申入れをすることができる」(民法617条))。

賃貸借契約は、要件事実論上、いわゆる貸借型の契約とされてきたが、前述のとおり(本書168頁)、近時、貸借型理論について見直しの機運がある。

〔第2部〕　第6章　賃貸借契約関係訴訟

　また、民法617条1項にいう「賃貸借の期間を定めなかったとき」がどのような場合を指すのかについては、①合意欠落説と②合意欠落否定説とがある（この点は、消費貸借において弁済期の定めがない場合の議論でも同様である。第8章223頁）。合意欠落説は、賃貸借であっても、常に返還時期の合意があるとは限らず、その合意が欠けていることもあるとの前提に立ち、この規定を文字どおり合意が欠けている場合の補充規定であるとする（この説によれば、賃借人は、返還時期の定めがあることを抗弁として主張証明することができることになる）。合意欠落否定説は、賃貸借において返還時期の合意が欠けている場合があることを否定し、民法617条1項の「賃貸借の期間を定めなかったとき」とは、当事者の合理的意思解釈として、返還時期を賃貸人が解約申入れをした時とする合意がある場合であるとする。実務では後説が一般的であり、これによれば、Xは、返還時期の合意について、返還時期を解約申入れとの時とする合意があったこと（具体的には、返還時期の定めがなしと記載すれば足りる）を主張証明すべきことになる（司研『要件事実第2巻』5頁）。

　そうすると、賃貸人Xが賃借人Yに対して、賃貸借契約の解約申入れに基づき建物明渡しを請求するには、解約申入れの事実とその後3か月の期間の経過（民法617条1項2号）を主張証明すればよさそうであるが、借地借家法（借家法）は、解約申入期間を6か月間に延長している（借地借家法27条1項、借家法3条1項）ほか、解約申入れに正当事由の存在を要求している（借地借家法28条、借家法1条の2）。したがって、XがYに解約申入れに基づき建物明渡しを請求する場合の要件事実は次のとおりである（司研『要件事実第2巻』139頁、倉田『契約法下巻』653頁）。

> **要件事実**
>
> ①　XとYとが本件建物につき期限の定めのない（当初は1年以上の期間の定めがあったが、その後法定更新された結果、期限の定めがないものとなった）賃貸借契約を締結したこと
> ②　XがYに対し、①の契約に基づいて本件建物を引き渡したこと

第2節 建物明渡請求訴訟

③ ＸがＹに対し、解約申入れをしたこと

④ ③の後6か月が経過したこと

⑤ 解約申入時からその後6か月経過時まで解約申入れについての正当
事由が存在したことを基礎づける事実

　正当事由は、いわゆる規範的要件であるから、これを基礎づける具体的事実（評価根拠事実）が主要事実となる。設例6—6では、たとえば、「長男家族を本件建物に居住させる必要がある」ことが評価根拠事実となる。

記載例6—6—1

1　原告（Ｘ）は、被告（Ｙ）に対し、2015年9月3日、別紙物件目録記載の建物を、期間の定めなく、賃料1か月10万円で賃貸した。

2　原告（Ｘ）は、被告（Ｙ）に対し、同日、賃貸借契約に基づき、上記建物を引き渡した。

3(1)　原告（Ｘ）は、被告（Ｙ）に対し、2020年5月25日、賃貸借契約の解約申入れの意思表示をした。

　(2)　解約申入れの正当事由の評価根拠事実

　　ア　原告（Ｘ）の長男家族は海外から帰国し、本件建物に居住する必要がある。

　　イ　………………………

　　ウ　………………………

4　2020年11月25日は経過した。

5　2020年11月26日以降の本件建物の賃料相当額は、1か月10万円である。

6　よって、原告（Ｘ）は、被告（Ｙ）に対し、賃貸借契約の終了に基づき、建物の明渡しと賃貸借契約終了の日の翌日である2020年11月26日から明渡済みまで1か月10万円の割合による遅延損害金の支払いを求める。

189

〔第2部〕 第6章 賃貸借契約関係訴訟

2 抗弁・再抗弁

⑴ 正当事由の評価障害事実

　Xの請求原因⑤の正当事由は規範的要件であるから、Yは、評価根拠事実と両立し、その評価を消極（マイナス）方向で基礎づける事実（評価障害事実）を抗弁として主張証明することができる。設例6─6で、たとえば、Yは、「病気の母を本件建物に引き取って看病している」という事実を評価障害事実として主張証明することができる。正当事由は総合判断型一般条項であるから、評価根拠事実と評価障害事実を通常の請求原因と抗弁のように判断順序を厳格につけて認定判断するのではなく、両者を総合的に判断して規範的要件該当性（正当事由該当性）を認定判断することが相当である（加藤新太郎「民事訴訟における論証責任論」春日古稀『課題』49頁）。

⑵ 法定更新

　解約申入れがされた場合でも、6か月の期間経過後に賃借人Yが本件建物の使用・収益を継続している場合に賃貸人Xが遅滞なく異議を述べないときには、従前の賃貸借と同一条件で賃貸借契約が締結されたものとみなされる（借地借家法27条2項、26条2項、借家法3条2項、2条2項）。

　そこで、Yは、抗弁として、次のとおり主張証明することができる（司研『要件事実第2巻』140頁）。

要件事実

○　Yが期間の経過後、本件建物の使用または収益を継続したこと

　これに対しては、さらに、Xが再抗弁として、次のとおり主張証明することができる。

要件事実

○　XがYに対し、Yの本件建物の使用・収益について遅滞なく異議を述べたこと

第2節　建物明渡請求訴訟

V　期間満了

1　請求原因

建物の賃貸借について、その存続期間は借地借家法（借家法）の適用を受ける。なお、借地借家法29条（借家法3条の2）は、1年未満の期間を定めても無効であり、期間の定めのない契約とする。

そうすると、賃貸人Xが、賃借人Yに対して、期間満了により建物明渡しを請求するには、上記存続期間の経過を主張証明すれば足りるようにみえる。しかし、借地借家法によれば、当事者が期間満了前6か月ないし1年内に相手方に対して更新拒絶の通知などをしないときは期間満了後も従前の賃貸借と同一条件で賃貸借契約が締結されたものとみなされることになっている（借地借家法26条1項、借家法2条1項。更新拒絶等に自己使用などの正当事由が必要とされることについては、借地借家法28条、借家法1条の2）。そこで、Xが、Yに対する期間満了による建物明渡しを求める場合の請求原因事実（要件事実）は、次のとおりとなる（司研『要件事実第2巻』35頁、160頁）。

要件事実

① 　XとYとが本件建物につき存続期間の定めのある賃貸借契約を締結したこと

② 　XがYに対し、①の契約に基づいて本件建物を引き渡したこと

③ 　存続期間の経過

④ 　③の期間満了の1年ないし6か月前までの間に、XがYに対し更新拒絶の通知をしたこと

⑤ 　更新拒絶の通知時から存続期間経過時まで更新拒絶についての正当事由が存在したことを基礎づける事実

2　抗弁・再抗弁

(1)　正当事由の評価障害事実

Xの請求原因⑤の正当事由は規範的要件であるから、Yはその評価障害事

191

〔第2部〕　第6章　賃貸借契約関係訴訟

実を抗弁として主張証明することができる（司研『要件事実第2巻』161頁）。

(2)　合意による更新の抗弁

Yは、期間満了による明渡請求に対して、合意による更新の抗弁として、次の事実を主張することができる（民法604条2項本文、司研『要件事実第2巻』162頁）。

> **要件事実**
>
> ○　XとYとが請求原因①の賃貸借契約を更新する旨合意したこと

(3)　法定更新

更新拒絶の通知をされた場合でも、期間満了後に賃借人Yが本件建物の使用・収益を継続している場合に賃貸人Xが遅滞なく異議を述べないときには、やはり従前の賃貸借と同一条件で賃貸借契約が締結されたものとみなされることになっている（借地借家法26条2項、借家法2条2項）。

そこで、Yは、法定更新の抗弁として、次の事実を主張することができる（司研『要件事実第2巻』162頁）。

> **要件事実**
>
> ○　Yが存続期間の経過後、本件建物の使用または収益を継続したこと

これに対しては、さらに、Xが再抗弁として、次の事実を主張することができる。

> **要件事実**
>
> ○　XがYに対し、Yの本件建物の使用・収益について遅滞なく異議を述べたこと

第3節　土地明渡請求訴訟（民法上の存続期間満了）

設例
6 ― 7

　Xは、2020年10月3日、Yとの間で、Xの所有する本件土地を資材置場として使用する目的で、賃料月額5万円、賃貸期間同日から1年間の約定で賃貸する旨の契約を締結した。しかし、2021年10月3日以降もYは本件土地を使用し続け、Xの明渡要求に応じないことから、Xは、本件土地の明渡しを求めてYに対し訴えを提起した。

Ⅰ　訴訟物と請求の趣旨

　設例6―7の訴訟物は、「賃貸借契約終了に基づく目的物返還請求権としての土地明渡請求権」である。
　請求の趣旨は、「被告は、原告に対し、別紙物件目録記載の土地を明け渡せ」と記載する。

Ⅱ　請求原因

　土地の賃貸借について、建物所有目的がある場合には、借地借家法（借地法）の適用によって存続期間が伸長される。
　XがYに対し、Yとの間で締結した土地賃貸借契約が期間満了により終了したと主張して、土地明渡しを求める場合の請求原因事実（要件事実）は、次のとおりである（倉田『契約法下巻』605頁）。

> **要件事実**
>
> ①　XがYとの間で、本件土地の賃貸借契約を締結したこと
> ②　XがYに対し、①の契約に基づいて本件土地を引き渡したこと
> ③　存続期間の経過（50年以下）

〔第2部〕 第6章 賃貸借契約関係訴訟

記載例6─7─1

1　原告（X）は、被告（Y）との間で、2020年10月3日、別紙物件目録記載1の土地を、賃貸期間同日から2021年10月2日まで、賃料1か月5万円の約定で賃貸するとの合意をした。

2　原告（X）は、被告（Y）に対し、2020年10月3日、上記賃貸借契約に基づき、本件土地を引き渡した。

3　2021年10月2日は経過した。

4　よって、原告（X）は、被告（Y）に対し、賃貸借契約終了に基づき、本件土地を明け渡すことを求める。

III　抗　弁

1　当事者の合意による更新の抗弁

設例6─7で、YとXとの間で賃貸借契約を更新する旨の合意ができていたという場合には、Yはその旨を主張証明することができる（民法604条2項本文）。

2　黙示の更新の抗弁

民法619条1項は、賃貸借契約の更新の推定（黙示の更新）を規定する。この規定の性質については、法律上の事実推定と解するのが一般的である（本書12頁）。すなわち、同条項は、「期間満了後における賃借人の賃借物の使用収益の継続」と「賃貸人がその事実を知って異議を述べなかったこと」という前提事実によって、「賃貸借契約の更新の合意」を推定するものであると解される（司研『要件事実第2巻』149頁）。

したがって、請求原因において賃貸借契約の終了原因として賃貸借契約の存続期間の満了が主張された場合には、Yは、黙示の更新の抗弁として、次のとおり主張証明することができる。

第3節　土地明渡請求訴訟（民法上の存続期間満了）

> **要件事実**
>
> ①　Yが期間満了以後本件土地の使用を継続したこと
>
> ②　Xが①の事実を知りながら相当期間内に異議を述べなかったこと

②の「異議を述べなかったこと」を賃借人であるYが主張証明しなければならず、借地借家法（借家法、借地法）で「異議を述べたこと」（本書192頁）を賃貸人Xが主張証明するのと主張証明責任が反対となる。この点は、特別法における賃借人保護と民法上の賃借人保護との権衡からこのように解するのが当事者の公平に合致すると考えられる（司研『要件事実第2巻』151頁、157頁）。

IV　再抗弁（更新の合意の不成立──黙示の更新の抗弁に対して）

黙示の更新の抗弁に対し、Xは、再抗弁として、次のとおり主張証明することができる（司研『類型別』98頁）。

> **要件事実**
>
> ○　更新の合意が成立しなかったこと

更新の合意が推定されるのは、民法619条1項という推定規定の適用の結果にすぎず、更新の合意の事実の存在が証明されたことを意味するものではないから、更新の合意の不存在を主張証明することによって、上記推定は覆ることになるのである。

なお、黙示の更新が認められた場合には、XY間の賃貸借契約は期間の定めのない賃貸借となるので（大判昭10・3・16新聞3827号13頁）、Xは、解約申入れをして土地の明渡しを求めることができる（民法619条1項後段）。しかし、解約申入れの主張は、請求原因で主張されている賃貸借契約の期間満了による終了という効果を復活させるものではないから、再抗弁にはならず、新たな請求原因を構成することになる（本書205頁）。

195

〔第2部〕 第6章 賃貸借契約関係訴訟

第4節 建物収去土地明渡請求訴訟

Xは、2020年10月1日、Yとの間で本件土地につき、その使用目的を自動車教習所、賃料月額5万円の約定で賃貸する旨の契約を結び、Yは本件土地上に事務所建物などを建築して自動車教習所を営んでいた。Xは、本件賃貸借の存続期間が2020年10月1日から5年の約束であるとしてYに建物収去土地明渡しを求めたのに対し、Yは、本件賃貸借が建物所有目的であると主張して土地の明渡しを拒んでいる。

そこで、Xは、期間終了による建物収去土地明渡しを求めて、Yに訴えを提起した。

I 民法上の存続期間満了

1 訴訟物と請求の趣旨

土地の賃貸人であるXが賃貸借契約の期間満了を理由として賃借人に対して建物収去土地明渡しを請求する場合の訴訟物は、「賃貸借契約の終了に基づく目的物返還請求権としての建物収去土地明渡請求権」である。

所有権に基づく建物収去土地明渡請求のところで、土地所有者には土地返還請求権のみが発生し、土地明渡しの債務名義だけでは別個の不動産である地上建物を収去することができないという執行法上の制約から執行方法を明示するために判決主文に建物収去が加えられるにすぎないと説明したが（本書106頁）、賃貸借契約終了に基づく建物収去土地明渡請求訴訟の場合も同様の問題がある。この点については、賃貸借契約が終了した場合に賃借人が負う目的物返還義務は、目的物を引渡し時の原状（客観的状態）に回復したうえで返還する義務であり（民法621条）、契約期間中に付属させられた建物の収去義務は土地の返還義務に包摂されると考えられるから、訴訟物は全体と

196

して1個であると考えるのが相当であろう（司研『要件事実第2巻』122頁、倉田『契約法下巻』617頁。これに対し、建物収去請求権は目的物返還請求権と併存し、訴訟物は2個と解する説もある）。

請求の趣旨は、「被告は、原告に対し、別紙物件目録2記載の建物を収去して、同目録1記載の土地を明け渡せ」と記載する。

2 請求原因

Xが、建物所有を目的とした特別法上の賃貸借を前提にしてではなく、民法上の土地賃貸借を前提として、Yに対し、Yとの間で締結した土地賃貸借契約が期間満了により終了したと主張して、建物収去土地明渡しを求める場合の請求原因事実は、次のとおりである。

要件事実

① XがYとの間で、本件土地につき存続期間の定めのある賃貸借契約を締結したこと

② XがYに対し、①の契約に基づいて本件土地を引き渡したこと

③ 存続期間の経過（50年以下）

④ ②の引渡し後、③の契約終了までの間に、本件土地上に建物が付属させられ、③の契約終了時にその建物が本件土地に付属していたこと

---

④で建物収去義務は賃貸借契約の終了に基づき発生するものであるから、XはYが建物を所有していることを主張証明する必要はない（最判昭53・2・14裁判集（民）123号43頁）。

記載例6―8―1

1 原告（X）は、被告（Y）との間で、2020年10月1日、別紙物件目録記載1の土地を、賃貸期間同日から2025年9月30日まで、賃料1か月5万円の約定で賃貸するとの合意をした。

2 原告（X）は、被告（Y）に対し、2020年10月1日、賃貸借契約に基づき、本件土地を引き渡した。

〔第2部〕 第6章 賃貸借契約関係訴訟

3　2025年9月30日は経過した。

4(1)　2の後、3の時までに、本件土地上に、同目録記載2の建物が建築された。

(2)　3の時、本件土地上に、本件建物が存在した。

5　よって、原告（X）は、被告（Y）に対し、賃貸借契約終了に基づき、本件建物を収去して本件土地を明け渡すことを求める。

3　抗　弁

(1)　建物所有目的の抗弁

土地賃貸借契約が建物の所有を目的とする場合には、借地借家法が適用され、その施行日（平成4年8月1日）以前の同契約には借地法が適用される。

まず、借地法（旧借地法）の規定による効力が認められる土地賃貸借契約については、その契約が期間の定めのないものである場合には、存続期間は、堅固建物の所有を目的とするときは60年、堅固建物以外の建物（普通建物）の所有を目的とするときは30年となり（借地法2条）、また、その契約が期間の定めのあるものである場合には、約定による存続期間の最短期間が堅固建物については30年、普通建物については20年とされている（同条2項）。これに対して、借地借家法の適用を受ける土地賃貸借契約については、約定による存続期間の最短期間および法定の存続期間がいずれも30年とされている（借地借家法3条）。そして、当事者が最短期間より短い存続期間を定めた場合、その約定は定めなかったものとみなされる（借地法11条、借地借家法9条）。

つまり、Xが民法上の存続期間として20年未満の期間の満了を主張した場合には、Yは、借地借家法上（および借地法上）の普通建物については、次のとおり主張することによって30年の存続期間という効果を享受することができる。

> **要件事実**
>
> ○　XがYとの間で、賃貸借契約につき建物の所有を目的とする合意を

第4節　建物収去土地明渡請求訴訟

したこと

　また、Ｙは、同じく借地法上の堅固建物（つまり、平成４年８月１日以前に
契約締結した場合）については、次のとおり主張することによって60年の存
続期間を主張証明することができる（司研『要件事実第２巻』29頁、152頁）。

要件事実

○　ＸがＹとの間で、賃貸借契約につき堅固な建物の所有を目的とする
　合意をしたこと

　なお、この建物所有目的の抗弁が認められることを前提に、この抗弁によ
り伸長された賃貸借契約の存続期間もすでに経過している場合には、その期
間の経過は、請求原因で主張されている賃貸借契約の期間満了による終了と
いう効果を復活させるものではないから、再抗弁とはならない。別個の終了
原因として新たな請求原因となる（本書205頁）。

⑵　合意による更新の抗弁、黙示の更新の抗弁

　これらの抗弁については第３節Ⅲ（194頁）で述べたとおりである。

4　再抗弁（一時使用）

　借地借家法25条（借地法９条）によれば、一時使用のために借地権を設定
したことが明らかな場合には、借地借家法等の借地権の存続期間の規定は適
用されない。そして、一時使用は、契約書の文言中に一時使用という言葉が
あることのみによって判断されるものではなく、その目的とされた土地の利
用目的、地上建物の種類、設備、構造、賃貸期間等、諸般の事情を考慮し、
賃貸借当事者に短期間に限り賃貸借を存続させる合意が成立したと認められ
る客観的合理的な理由が存する場合にのみ、一時使用の賃貸借に該当するも
のとされる（最判昭43・３・28民集22巻３号692頁、最判昭45・７・21民集24巻
７号1091頁）。

【最判昭43・３・28民集22巻３号692頁】（判決要旨）

199

〔第2部〕 第6章 賃貸借契約関係訴訟

> 裁判上の和解により成立した土地賃貸借についても、土地の利用目的、地上建物の種類、設備、構造、賃貸期間等諸般の事情から、賃貸借当事者間に短期間にかぎり賃貸借を存続させる合意が成立したと認められる場合には、右賃貸借は、借地法第9条にいう一時使用の賃貸借に該当し、同法第11条の適用を受けないと解すべきである。

> 【最判昭45・7・21民集24巻7号1091頁】（判決要旨）
> 　借地法9条にいう一時使用の賃貸借というためには、その期間は、少なくとも借地法自体が定める借地権の存続期間より相当短いものであることを要し、賃貸期間を20年とする土地賃貸借は、それが裁判上の和解によつて成立した等の事情があつたとしても、これを同条にいう一時使用の賃貸借ということはできない。

　したがって、建物所有目的の抗弁に対し、Xは、再抗弁として、次のとおり主張証明することができる（司研『類型別』96頁）。

要件事実

① 　XがYとの間で、賃貸借契約を短期間に限って存続させるとの合意をしたこと
② 　賃貸借契約が借地借家法等にいう一時使用のためのものであるとの評価を根拠づける事実

5　再々抗弁（一時使用の評価障害事実）

　一時使用は一種の規範的要件であるとみられるから、Yは一時使用目的の再抗弁に対し、再々抗弁として、次のとおり主張証明することができる。

要件事実

○ 　賃貸借契約が借地借家法等にいう一時使用のためのものであるとの評価を障害する事実

II　借地借家法等の存続期間満了

設例
6-9

　Xは、1984年1月14日、Yが木造建物を築造して居住することを目的として、本件土地を賃料月額5万円、賃貸期間の定めなく貸し渡した。Xは、2020年4月に、本件賃貸借が2014年1月14日ですでに期間（30年）が満了していることを主張して、Yに建物の収去と本件土地の明渡しを求めたが、Yはこれに応じない。
　そこで、Xは、建物収去土地明渡請求を求めて、Yに対し訴えを提起した。

1　訴訟物と請求の趣旨

　民法上の存続期間満了の場合と同じで、訴訟物は、「賃貸借契約終了に基づく目的物返還請求権としての建物収去土地明渡請求権」である。請求の趣旨も、民法上の存続期間満了を理由とする訴えの場合（本書196頁）と同様である。

2　請求原因

　Xが建物所有目的を自認したうえ、借地借家法等による存続期間の満了を主張する場合の請求原因事実（要件事実）は、次のとおりである。

要件事実

① XがYとの間で、本件土地につき存続期間の定めのある賃貸借契約を締結したこと
② XがYに対し、①の契約に基づいて本件土地を引き渡したこと
③ XとYとが①の契約において建物の所有を目的とすることを合意したこと
④ 借地借家法（借地法）が適用された場合の存続期間の経過
⑤ ②の引渡し後、④の契約終了までの間に、本件土地上に建物が付属

〔第2部〕 第6章 賃貸借契約関係訴訟

させられ、④の契約終了時にその建物が本件土地に付属していたこと

記載例6―9―1

1　原告（X）は、被告（Y）との間で、1984年1月14日、別紙物件目録記載1の土地を、賃貸期間の定めなく、賃料1か月5万円の約定で賃貸するとの合意をした。

2　原告（X）は、被告（Y）に対し、1984年1月14日、賃貸借契約に基づき、本件土地を引き渡した。

3　原告（X）と被告（Y）は、1の賃貸借契約で普通建物の所有を目的とすることを合意した。

4　2014年1月14日は経過した。

5(1)　2の後、4の時までに、本件土地上に、同目録記載2の建物が建築された。

　(2)　4の時、本件土地上に、本件建物が存在した。

6　よって、原告（X）は、被告（Y）に対し、賃貸借契約終了に基づき、本件建物を収去して本件土地を明け渡すことを求める。

3　抗弁・再抗弁

(1)　当事者の合意による更新

　賃借人Yは、抗弁として、次のとおり主張証明することができる（司研『要件事実第2巻』32頁、135頁、156頁。合意による更新がされた場合の存続期間については、借地借家法4条本文、借地法5条1項参照）。

要件事実

○　XとYとが本件賃貸借契約を更新する旨合意したこと

(2)　土地使用継続に基づく法定更新の抗弁

　賃借人が期間満了後も土地使用を継続する場合に、賃貸人が遅滞なく異議を述べないと、契約は更新されたものとみなされる（借地法6条、借地借家

202

第 4 節　建物収去土地明渡請求訴訟

法施行後に設定された賃借権については、使用継続による法定更新は建物がある
場合に限るとされるから（借地借家法 5 条 2 項）、賃借人において使用継続およ
び建物の存在を主張証明する必要がある）。したがって、Y は、抗弁として、
次のとおり主張証明することができる（司研『要件事実第 2 巻』33頁、131頁、
156頁）。

> **要件事実**
>
> ○　Yが期間満了以後本件土地の使用を継続したこと

これに対して、X は、上記のとおり、異議を述べることができるが、借地
上に建物があるときは賃貸人の異議には正当事由があることが必要である
（借地借家法 6 条、借地法 6 条）。そこで、X は、再抗弁として、次のとおり主
張証明することができる。

> **要件事実**
>
> ①　XがYに対して、Yの本件土地の使用継続について遅滞なく異議を
>   述べたこと
> ②　異議に正当事由があることを基礎づける事実

(3)　更新請求による更新

賃借人が更新請求をすると、建物が存在する場合には、賃貸人が更新につ
き遅滞なく異議を述べ、かつ、異議に正当な事由があるときを除いて、契約
が更新されたものとみなされる（借地借家法 5 条 1 項・6 条、借地法 4 条 1 項）。

したがって、Y は、抗弁として、次のとおり主張証明することができる（司
研『要件事実第 2 巻』32頁、136頁、154頁）。

> **要件事実**
>
> ①　YがXに対し、存続期間満了の際、更新を請求する旨の意思表示を
>   したこと
> ②　期間満了時に本件土地上に建物が存在したこと

203

〔第2部〕 第6章 賃貸借契約関係訴訟

　これに対し、賃貸人は自己使用の必要その他正当な事由があって遅滞なく異議を述べれば更新の効果の発生を妨げることができる（借地借家法5条1項ただし書・6条、借地法4条1項ただし書）。そこで、Xは、再抗弁として、次のとおり主張証明することができる。

> **要件事実**
>
> ①　XがYに対し、更新請求後遅滞なく更新を拒絶する旨の通知をしたこと
> ②　更新を拒絶するについて正当の事由があることを基礎づける事実

(4)　建物買取請求権の行使

　借地権の存続期間が満了した場合において、契約の更新がないときは、借地権者は、借地権設定者に対し、建物その他借地権者が権原により土地に付属させた物を時価で買い取るべきことを請求することができる（借地借家法13条1項、借地法4条2項）。そして、これが認められると、建物買取請求権行使のときに建物等の売買契約が成立し、建物所有権が借地権者から借地権設定者に移転することになるから、XのYに対する建物収去土地明渡しの訴えのうち建物収去請求は排斥され、土地明渡請求の限度で一部認容されることになる。

　そこで、Yは、建物収去請求部分に対する抗弁として、次のとおり主張証明することができる（司研『要件事実第2巻』129頁、156頁。倉田『契約法下巻』636頁）。

> **要件事実**
>
> ①　Yが本件土地上に本件建物を付属させたこと
> ②　Yが存続期間満了時に本件建物を所有していたこと
> ③　本件建物が④の意思表示のときに本件土地上にあったこと
> ④　Yが存続期間満了後に、Xに対し、本件建物を時価で買い取ることを請求する旨の意思表示をしたこと

204

第4節　建物収去土地明渡請求訴訟

Ⅲ　解約申入れによる建物収去土地明渡請求

1　請求原因

賃貸借契約において存続期間の定めがなく、Xが、賃貸借契約の解約申入れを終了原因事実としてYに建物収去土地明渡しを請求する場合の請求原因（要件事実）は、次のとおりである（民法617条1項）。

要件事実

① 　XとYとが本件土地につき存続期間の定めがない賃貸借契約を締結したこと

② 　XがYに対し、①の契約に基づいて本件土地を引き渡したこと

③ 　XがYに対し、①の賃貸借契約の解約申入れの意思表示をしたこと

④ 　①の後、1年が経過したこと

⑤ 　本件建物が②の引渡し後、本件土地上に建築され、④の経過時に存在していたこと

なお、期間の定めのある賃貸借契約について黙示の更新がされた場合には、更新後の賃貸借契約について民法617条の規定による解約の申入れができることになる（民法619条1項ただし書）。したがって、Xが請求原因において賃貸借契約の終了原因として民法上の存続期間の満了を主張し、Yが抗弁として黙示の更新を主張した場合には、Xは、さらに賃貸借契約の別個の終了原因として、解約の申入れを主張証明することができ、この主張は、当初の請求原因とは別個の請求原因として位置づけられる（本書195頁）。

2　抗弁（建物所有目的）・再抗弁・再々抗弁

前記のとおり、借地法の規定による効力が認められる土地賃貸借契約については、その契約が期間の定めのないものである場合には、存続期間は、堅固建物の所有を目的とするときは60年、堅固建物以外の建物（普通建物）の所有を目的とするときは30年となり（借地法2条）、また、その契約が期間の定めのあるものである場合には、約定による存続期間の最短期間が堅固建物

205

〔第2部〕 第6章 賃貸借契約関係訴訟

については30年、普通建物については20年とされている（同条2項）。さらに、借地借家法の適用を受ける土地賃貸借契約については、約定による存続期間の最短期間および法定の存続期間がいずれも30年とされる（借地借家法3条）。そして、当事者が最短期間より短い存続期間を定めた場合、その約定は定めなかったものとみなされる（借地法11条、借地借家法9条）。

　したがって、請求原因において賃貸借契約の終了原因として解約の申入れが主張された場合には、Yは、抗弁として、次のとおり主張証明することができる（司研『要件事実第2巻』134頁）。

> **要件事実**
>
> ○　XがYとの間で、**賃貸借契約につき建物の所有を目的とする合意をしたこと**

　この抗弁に対し、Xは、再抗弁として、賃貸借契約が一時使用のために締結されたことを基礎づける事実を主張証明することができる（借地借家法25条、9条）。さらに、Yは、一時使用のために締結されたとの評価を障害する事実を再々抗弁として主張証明することができる。

第5節　建物退去土地明渡請求訴訟

　土地の賃借人Y_1が借地上の建物を第三者Y_2に賃貸している場合には、Y_2は敷地をも占有していると解され（最判昭45・12・24民集24巻13号2271頁）、Xは、Y_1に対する建物収去土地明渡請求訴訟のほかに、Y_2に対して建物退去土地明渡請求訴訟を提起する必要がある（本書105頁）。この場合、土地の賃貸人Xと建物の賃借人Y_2との間には契約関係がないから、訴訟物は、「土地所有権に基づく返還請求権としての土地明渡請求権」と構成される。したがって、Xは、Y_1に対する建物収去土地明渡請求訴訟については債権的請求権を、Y_2に対する建物退去土地明渡請求訴訟については物権的請求権を、それぞれ訴訟物とすることも考えられるが、実務的には、Y_1とY_2

206

に対する両請求をいずれも物権的請求権と構成することもできよう。

　この建物退去土地明渡請求訴訟の請求の趣旨は、「被告は、原告に対し、別紙物件目録記載1の建物から退去して、同目録2記載の土地を明け渡せ」と記載される。

第6節　敷金返還請求訴訟

　Xは、2020年4月1日、Yから、本件建物を賃料月額10万円、賃貸期間同日から2年、敷金賃料の2か月分、礼金賃料の1か月分の約定で借り受ける契約を結び、そのころ本件建物に引越した。XとYは、2022年5月末日で本件賃貸借契約を終了させることを合意し、Xは、同日、本件建物を退去することとし、鍵をYに返還して本件建物を明け渡したが、その後、2か月経っても、Yは敷金を返還しようとしない。

　そこで、Xは敷金と訴状送達の日の翌日からの遅延損害金の支払いを求めて、Yに対し訴えを提起した。

I　総　説

1　意　義

　敷金とは、賃借人の賃料債務その他の賃貸借に基づいて生ずる金銭債務を担保する目的で、賃借人から賃貸人に交付されるものをいう（民法622条の2）。権利金、礼金、保証金などの名目で賃貸人に交付される金銭であっても、上記のような担保的性格をもつものはやはり敷金であるし（同条「いかなる名目によるかを問わず」）、敷金という言葉が使用されていても、無条件に賃貸人に支払われ、賃借人に返還されない金銭は、法律的には敷金とはいえない。契約終了の際に、賃借人の金銭債務で不履行のものがあれば敷金から

〔第2部〕 第6章 賃貸借契約関係訴訟

充当されて（同条2項一文）、残額が返還される（同条1項）。充当の権限をもつのは賃貸人のみであり、賃借人は充当請求権を有しない（同条2項後段）。

敷金返還請求権の発生時期については、これを賃貸借終了時とする説と、明渡時とする説があったが、改正法は明渡時説を採用した（民法622条の2第1号）。賃借人は、賃借物を明け渡した後に初めて、敷金の残額を返還請求できる。したがって、賃貸人が賃借人に対し賃借物の返還を請求した場合、賃借人は敷金との同時履行を抗弁として主張することはできない。

> 【最判昭49・9・2民集28巻6号1152頁】（判決要旨）
> 　家屋の賃貸借終了に伴う賃借人の家屋明渡債務と賃貸人の敷金返還債務とは、特別の約定のないかぎり、同時履行の関係に立たない。

2　訴訟物と請求の趣旨

設例6—10で、訴訟物は、「XのYに対する敷金契約終了に基づく敷金返還請求権」と解され、請求の趣旨は、「被告は、原告に対し、金○○円及びこれに対する本訴状送達の日の翌日から支払済みまで年3分の割合による金員を支払え」と記載される。

II　請求原因

賃借人Xが賃貸人Yに対して敷金の返還を求める場合、Xは、次のとおり主張証明しなければならない（司研『要件事実第2巻』163頁）。

要件事実

① 　XとYとが本件建物について賃貸借契約を締結したこと

② 　YがXに対し、①の契約に基づいて本件建物を引き渡したこと

③ 　XとYが敷金授受の合意をし、これに基づいてXがYに敷金を交付したこと

④ 　本件賃貸借契約が終了したこと

第6節　敷金返還請求訴訟

⑤　XがYに対し、賃貸借契約終了に基づき本件建物を返還したこと
⑥　XがYに対し、②から④までの期間の賃料および④から⑤までの期間の賃料相当損害金を支払ったこと

　賃貸借が終了した場合において、賃借人が賃貸人に対して負担する金銭債務が存在するときには、当然に敷金をもってその弁済に充てられ、また、賃貸借が終了した後、明渡しまでの間の賃料相当額の債務についても敷金の中から当然に差し引かれる。そこで、Xにおいて、敷金の返還を求めるには、これら金銭債務の典型的なものである賃料および賃料相当損害金を支払っている事実を主張証明する必要がある。

記載例6−10−1

1　原告（X）は、被告（Y）から、2020年4月1日、別紙物件目録記載の建物を、賃料1か月10万円、賃貸期間同日から2年間の約束で賃借し、その引渡しを受けた。
2　原告（X）は、上記賃貸借契約に際し、被告（Y）に対し、敷金として賃料の2か月分に当たる20万円を交付した。
3　上記賃貸借契約は2022年5月末日、原告（X）と被告（Y）との合意により終了し、原告（X）は被告（Y）に対し、同日、本件建物を明け渡した。
4　Xは、2020年4月1日から2022年5月末日まで1か月10万円の賃料を支払った。
5　よって、原告（X）は被告（Y）に対し、敷金契約終了に基づき敷金20万円及びこれに対する本訴状送達の日の翌日から支払済みまで年3分の割合による遅延損害金の支払いを求める。

Ⅲ　抗弁・再抗弁

　敷金によって担保される債権は、賃借人が賃貸人に対して負う金銭債務の

209

〔第2部〕 第6章 賃貸借契約関係訴訟

一切と解されている。そこで、金銭債務のうち非典型的なものについては、賃貸人Yとしては、抗弁として、次のとおり主張証明することができる。

要件事実

○ 賃借人Xが権限外でした工事の原状回復費用など、敷金から控除されるべきXの債務の発生原因事実

これに対して、Xは、「抗弁にかかる債務を弁済したこと」を、再抗弁として主張証明することができる（司研『要件事実第2巻』165頁）。

第7章　使用貸借契約関係訴訟

訴訟の概要

　使用貸借は、平成29年改正前民法では、目的物を受け取ることによって効力を生ずる要物契約とされていたが、改正法により諾成契約に改められた（民法593条「使用貸借は、当事者の一方がある物を引き渡すことを約し、相手方がその受け取った物について無償で使用及び収益をして契約が終了したときに返還することを約することによって、その効力を生ずる」。筒井＝村松『一問一答』303頁）。ただし、書面による場合を除き、貸主は、借主が借用物を受け取るまでは、契約を解除することができる（同法593条の２）。

　使用貸借で多く問題になるのは不動産、ことに宅地、建物の使用貸借である。使用貸借は、対価を支払わない無償契約であるが、実務的には、家族・親族間の人間関係に基づいて土地、建物の使用貸借契約が締結されている例が多く、人間関係を損ねたときに、紛争が裁判にもちこまれるケースは決して少なくない（升田純『要件事実の実践と裁判』112頁）。

　賃貸借と使用貸借は、建物の占有権原、土地の占有権原を認めるものである点では同様な機能を有するものではあるが、契約としては別個の契約であり、法的には異なる性質を有することはいうまでもない。

第１節　物権的請求権に基づく請求

　　　　　Ａ男は、その所有する土地を内縁関係にあるＹ女に無償で貸し、Ｙ女は同土地上に建物を建てて居酒屋を営んでいた。しかし、2020年４月10日にＡ男が死亡し、その子であるＸが本件土

211

〔第 2 部〕 第 7 章 使用貸借契約関係訴訟

地を相続したことから、Xは、Y女に対し、建物を収去して土
地を返還するよう求めた。

しかし、Y女が要求に応じないことから、Xは、Y女に対し、
建物を収去して土地を明け渡すよう求める訴えを提起した。

Ⅰ 訴訟物と請求の趣旨

設例 7 ― 1 で、考えられる訴訟物は二つある。一つは、「所有権に基づく
返還請求権としての土地明渡請求権」であり、一つは、「使用貸借契約終了
に基づく目的物返還請求権としての土地明渡請求権」である。

実務上は、使用貸借契約が問題となる事例では、契約書等が交わされるこ
とは稀であるから、契約の成否自体が争われることが多く、原告は、必然的
に、物権的請求権を訴訟物として選択することになる（甲斐哲彦「使用貸借」
伊藤ほか『講座 3 』314頁）。

請求の趣旨は、物権的請求権に基づく建物収去土地明渡請求訴訟（第 2 章
106頁）や賃貸借契約終了に基づく目的物返還請求権としての建物収去土地
明渡訴訟（第 6 章196頁）で述べたのと同様に、「被告は原告に対し、別紙物
件目録 1 記載の建物を収去して同目録 2 記載の土地を明け渡せ」と記載する。

Ⅱ 請求原因

設例 7 ― 1 で、Xが物権的請求権に基づきYに建物収去土地明渡しを請求
する場合の要件事実は、Yとしては、少なくともAが本件土地を所有してい
たことは争わないであろうから、以下のとおりとなる（相続の要件事実につ
いては、第 8 章コラム224頁参照）。

要件事実

① Aは本件土地をもと所有していたこと

② Aは2020年 4 月10日に死亡したこと

③　ＸはＡの子であること

④　Ｙは本件土地上に建物を所有していること

Ⅲ　占有正権原の抗弁

　Ｙは、Ａとの間で締結された使用貸借契約の成立を占有正権原の抗弁（第１章第３節Ⅱ77頁）として主張証明することができる。

　抗弁の要件事実は、①借主が目的物の無償使用収益後の返還を約したこと、②返還時期の合意があること、③使用収益の目的である。

　上記②については、使用貸借契約も、賃貸借契約と同様、一定の価値をある期間借主に利用させることを当然の前提としているから、使用貸借契約の成立を主張するには、返還時期の合意も主張しなければならない（貸借型理論。本書168頁）。前述したとおり、近時、貸借型理論の考え方を見直す機運がある（本書168頁）が、以下では、貸借型理論に従って説明する。

　上記③については、次のとおり。使用貸借契約は、返還時期の定めがある場合もあるが（民法597条１項）、前述したような人間関係を基礎とした契約であるから、返還時期を定めない契約であることも少なくない（民法597条２項、598条１項・２項）。設例７―１も、そのようなケースである。ここで、Ｙが、返還時期の定めも使用収益の目的の合意も主張しない場合には、Ｘはいつでも契約解除することができるから（民法598条２項）、Ｙがそのような主張をしても意味がない。そのような内容の抗弁は常に排斥される関係にあるからである（司研『要件事実第１巻』280頁）。使用収益の目的の定めは、使用貸借に不可欠の要素ではなく、法律行為の特約と解されるが（司研『要件事実第１巻』279～280頁）、期間の定めがない場合には即時の明渡しを免れる唯一の防御方法となる（甲斐・前掲論文316頁、藤田耕三＝小川英明編『不動産訴訟の実務〔６訂版〕』232頁〔小林克己〕）。そこで、設例７―１のＹは、使用収益の目的の合意をもあわせて主張証明しなければならないことになる。

213

〔第 2 部〕 第 7 章 使用貸借契約関係訴訟

> **要件事実**
>
> ○ Aは、Yに対し、本件土地を無償で、返還期限の定めなく、本件土
> 地上にYが建物を所有する目的で貸し渡したこと

IV 再抗弁

1 使用収益に必要な期間の経過

Xは、Yの占有正権原の抗弁に対し、以下のとおり再抗弁を主張証明する
ことができる。

> **要件事実**
>
> ○ 目的物の使用収益が終わったこと（民法597条 2 項本文）
> または、
> ○ 使用収益が終了していなくても、目的物の使用収益をするに足りる
> 期間が経過したこと（民法598条 1 項）

2 用法違反解除

Xは、Yの占有正権原の抗弁に対し、借主Yが契約または目的物の性質に
よって定められた用法に違反して使用収益したこと、Xが解除の意思表示を
したことを再抗弁として主張証明することができる（民法594条 1 項・3 項）。

3 第三者転貸解除

Xは、Yの占有正権原の抗弁に対し、借主Yが第三者に目的物を使用・収
益させたこと、Xが解除の意思表示をしたことを再抗弁として主張証明する
ことができる（民法594条 2 項・3 項）。

これに対し、Yは、再々抗弁として、第三者使用について、貸主Aの承
諾があったことを主張証明することができる。

214

第2節　債権的請求権（使用貸借契約終了）に基づく請求

設例 7-2

　Xは、1990年12月1日、その所有する土地を長男Aに無償で貸し、長男Aは、そのころ、同土地上に建物を建てて妻Y₁と子Y₂と居住していた。ところが、AとY₁はその後不仲になり、2010年ころには、Y₁がY₂を連れて建物を出て別居するようになり、Aは、同建物において一人で生活を送っていた。そのような状態が続いた後、2020年6月1日にAが死亡し、Y₁とY₂が本件建物の所有権を相続したことから、Xは、Yらに対し、建物を収去して土地を返還するよう求めた。

　しかし、Yらが要求に応じないことから、Xは、Yらに対し、建物を収去して土地を明け渡すよう求める訴えを提起した。

I　訴訟物と請求の趣旨

　使用貸借契約においても、賃貸借契約と同様に、使用貸借の終了原因ごとに訴訟物を考える見解と、返還請求権は終了原因のいかんにかかわらず1個であると考える見解の対立があるが、個々の終了原因は原告の攻撃方法にすぎないと考える、いわゆる一元説が相当であろう（本書173頁）。

　請求の趣旨は、「被告らは原告に対し、別紙物件目録1記載の建物を収去して同目録2記載の土地を明け渡せ」と記載する。

II　請求原因と抗弁

1　請求原因

　使用貸借契約終了に基づく建物収去土地明渡請求の請求原因（要件事実）は、①使用貸借契約が成立したことと、②使用貸借契約の終了原因からなる。

〔第2部〕 第7章 使用貸借契約関係訴訟

　ここで、使用貸借契約が成立したことは、第1節のⅢ（213頁）で述べた
とおりであり、使用貸借の一般的な終了原因については、第1節のⅣ（214頁）
で述べたとおりである。

　設例7—2では、借主が死亡していることから、Ⅹは、使用貸借契約の終
了原因として、民法597条3項に基づき、次のとおり主張証明することがで
きる。

要件事実

○　**借主が死亡したこと、および、被告が借主の相続人に当たる身分関
　係にあること**

2　抗　弁

　Ⅹらとしては、建物の使用貸借や、建物所有を目的とする土地の使用貸借
が、継続的な契約関係、法律関係であることから、権利の濫用、信義則違反
などの抗弁を考えていくことになる（升田・前掲書120頁）。

　たとえば、借主の死亡にもかかわらず、使用貸借の存続を認めた裁判例と
して東京地判昭56・3・12判時1016号76頁（建物所有目的の土地使用貸借につ
き借主が死亡しても、病臥中のその妻を借主の三女夫婦が面倒をみつつ二人の子
とともその建物に居住していたという事案）がある（幾代通＝広中俊雄編『新版
注釈民法⒂　債権(6)〔増補版〕』127頁〔山中康雄〕）。

216

第8章　消費貸借契約関係訴訟

訴訟の概要

　消費貸借は、当事者の一方が種類、品質および数量の同じ物をもって返還することを約することを要素とする貸借型の契約である。消費貸借の目的物は、金銭に限られず、種類物であればよいが、社会的経済的に意味をもつのは金銭の消費貸借である。そして、この金銭消費貸借をめぐる訴訟の代表的なものとして、貸主から提起される、①貸金返還請求訴訟、②準消費貸借貸金請求訴訟、③保証債務履行請求訴訟がある。逆に、借主の側から提起される訴訟類型として、これら貸金債務、準消費貸借貸金債務、保証債務などの債務不存在確認訴訟がある（第13章375頁参照）。

　上記①・③の訴訟類型では、次のとおり、改正法による変更事項が多い。

　①貸金返還請求訴訟については、これまで要物契約とされていた消費貸借が、要物契約と要式諾成契約の二本立てとされた（民法587条、587条の2）。また、利息や遅延利息について、法定利率に関する大幅な制度変更が行われた（同法404条）。さらに、貸金については消滅時効が争点となることが少なくないが、これについても大きな制度変更があった（「債権の消滅時効の期間の短期化・一律化」、「時効中断制度から時効障害制度へ」）。

　③保証債務履行請求訴訟については、すでに平成16年民法改正により保証契約は書面ですることが要件であり、要式契約とされていた。今般の改正で、事業用貸金等債務の個人保証においては、厳格な手続のもとに公正証書によらなければならないことが定められ、保証人保護を目的とした要式化が一層進んだ（民法465条の6）。また、保証人に対する債権者の債務情報開示・提供義務が新たに設けられ（同法458条の2、458条の3）、この点でも保証人保護が前進した。債権者がこれらの義務を怠った場合には、保

証債務からの解放や遅延損害金失効という法的効果が結び付けられている。

本章では、上記①～③の金銭消費貸借をめぐる代表的な訴訟類型の要件事実について検討することにする。

第1節　貸金返還請求訴訟

Xは、2021年3月1日、100万円を、弁済期を同年3月31日、利息月1分、遅延損害金年1割5分の各約定で、Yに貸し付けた。しかし、返済期限を過ぎてもYが上記借金を返済しようとしないので、Xは、Yに対して、上記貸金の返還を求める訴えを提起することにした。

I　訴訟物と請求の趣旨

1　訴訟物

金銭消費貸借契約を締結した貸主が、借主に対し、その貸金の返還を求める訴訟は、金銭をめぐる訴訟類型のうちで、最も基本的なものである。既出のように、改正法は消費貸借契約を2本立てとし、㋐金銭等の目的物を受け取ることによって成立する要物契約（民法587条）と、㋑書面をもってする諾成契約としての消費貸借（民法587条の2）に分けて規定した。したがって、金銭消費貸借に基づいて、貸主である原告（X）が、借主（Y）を被告として貸金元本の返還を求める場合、その訴訟物は、㋐要物契約としての消費貸借契約に基づく貸金元本返還請求権、㋑諾成的消費貸借契約に基づく貸金元本返還請求権である。

また、貸金返還請求訴訟では、金銭消費貸借契約に基づく貸金元本の返還請求権のほか、訴訟物としては別個である利息金や遅延損害金の支払請求権が付帯請求として併合されることが多い。

第1節　貸金返還請求訴訟

以下、Ⅱで元本の請求原因について、Ⅲで利息および遅延損害金の請求原因について、Ⅳで抗弁について説明する。

2　請求の趣旨

設例8―1で、元本100万円のみの返還を求める場合の「請求の趣旨」は、「被告は原告に対し、金100万円を支払え」と記載する。元本に加えて、利息および遅延損害金を請求する場合の「請求の趣旨」は、「被告は、原告に対し、金100万円及びこれに対する2021年3月1日から同年3月31日まで月1分の割合による、同年4月1日から支払済みまで年1割5分の割合による各金員を支払え」と記載する。

また月1分の割合による金員の支払いを求める部分はすでに発生し、金額が確定している利息部分であるので、その額を元本金額に併せて、「被告は、原告に対し、金101万円及びうち金100万円に対する2021年4月1日から支払済みまで年1割5分の割合による各金員を支払え」と記載することもできる。

Ⅱ　貸金元本の請求原因

1　総　説

改正法の下では、消費貸借契約には、㋐要物契約としての消費貸借（民法587条）と㋑諾成契約としての消費貸借（民法587条の2）の二通りがある。後者の諾成的消費貸借は書面によることを要し（同条）、要式契約とされている。

したがって、XがYに対して、消費貸借契約に基づき貸金の返還を請求する場合、その請求原因事実（要件事実）は、次のように二通りになる。

㋐　要物契約としての消費貸借

> **要件事実**
>
> ①　XがYとの間で金銭の返還の合意をしたこと（返還約束）
>
> ②　XがYに対し金銭を交付したこと（要物性）

219

〔第2部〕 第8章 消費貸借契約関係訴訟

㋑ 要式契約としての諾成的消費貸借

要件事実

① XがYとの間で、XがYに対し金銭を交付することを約し、Yが受け取った金額の金銭の返還をすることを約したこと（返還約束）
② 上記①が書面によってされたこと（要式性）
③ 上記①に基づき、XがYに対し金銭を交付したこと

③は、諾成契約であっても返還請求の論理的前提として必要になる。

また、消費貸借契約は、一定の価値をある期間借主に利用させることを当然の前提とする、いわゆる貸借型の契約であり、弁済期の合意は、条件や期限などのような単なる法律行為の付款ではなく、契約の本質的要素と解されている（貸借型理論。本書168頁）。もっとも、前述のとおり、近時、貸借型理論の考え方を見直す動きもみられるが、本書では、貸借型理論に基づき説明する。

消費貸借は、一定の価値をある期間借主の使用に委ねることを本質とする継続的関係であり、消費貸借契約の成立があったといえるためには、返還時期の合意があることが不可欠と解される。そして、貸主は、弁済期として定めた日が到来したときに初めて返還を請求することができることになるから、消費貸借契約に基づき貸金の返還を請求するためには、契約で定められた返還時期の到来を主張証明することが必要となる（「到来」と「経過」は異なる概念であり、弁済期が2021年3月31日である場合には、同日の午前零時になれば「到来」となる。2021年3月31日が「経過」したというためには、同日の24時を過ぎることが必要である。古財英明「消費貸借・準消費貸借」伊藤ほか『講座3』290頁）。

したがって、結局、Xが消費貸借契約に基づき、貸金の返還を請求する場合の要件事実は次のようになる（以下、要物契約としての消費貸借のみを掲げる）。

第1節　貸金返還請求訴訟

要件事実

① 　XがYとの間で金銭の返還の合意をしたこと（返還約束）

② 　XがYに対し金銭を交付したこと（要物性）

③ 　XがYとの間で弁済期の合意をしたこと

④ 　弁済期が到来したこと

---

　③および④の弁済期の合意とその到来については、項をあらためて詳しく説明しよう。

2　弁済期の合意

(1)　弁済期として一定の期限が定められた場合

　前記③の弁済期については、当事者が一定の期限（確定期限・不確定期限）を定める場合と、そうでない場合がある。

　一定の期限が定められた場合には、貸主としては、「その期限（確定期限・不確定期限）の定めと、その到来」を主張証明する必要がある（ただし、確定期限の到来は自明のことであるから、実務上はあらためて主張しないことが多い）。

　設例8―1は、確定期限の弁済期が定められた場合であり、この場合の要件事実の記載例は以下のとおりである。

記載例8―1―1

1　原告（X）は、被告（Y）に対し、2021年3月1日、弁済期を同年3月31日として、100万円を貸し付けた。

2　2021年3月31日は到来した。

3　よって、原告（X）は、被告（Y）に対し、上記消費貸借契約に基づき、貸金100万円の支払いを求める。

---

(2)　期限の利益喪失約款が付されている場合

　設例8―1の事実を若干変えて、「XとYが貸金債務の弁済期日につき、2021年3月から毎月末日に10万円ずつ支払うこと、Yが分割払いの支払いを

221

〔第2部〕 第8章 消費貸借契約関係訴訟

1回でも怠ったときは期限の利益を失い、残額全部の弁済期が経過したものとすることなどの特約を結んでいたが、Yが2021年5月分の分割金を支払わなかった」とする。

このように、貸金の弁済方法につき、当事者間で分割払いの合意をするとともに、借主が分割払いの支払いを1回でも怠ったときは期限の利益（民法136条1項）を失い、残額全部の弁済期が経過したものとする旨を約することが実務上よく行われており、「期限の利益喪失約款」と呼ばれている。

この場合、貸主Xが残債務の全額を請求するために貸主Xにおいて、「Yが分割金の支払いを怠ったこと」を主張証明しなければならないのではなく、むしろ、証明の負担の公平上、分割金を支払ったことをYが主張証明しなければならないと考えるべきである。そうすると、この期限の利益喪失約款というのは、論理的に分析すれば、「各分割金の弁済期が経過したときは、当然に、借主はその後に到来すべき期限の利益を失い、残額全部の弁済期が経過したものとする」ということを意味していることになる（司研『要件事実第1巻』272頁）。

したがって、貸主Xとしては、請求原因として、次のとおり主張証明すればよいことになる（司研『要件事実第1巻』274頁）。

要件事実

①　XがYに対し金銭を貸し付けたこと（分割弁済の合意を含む）

②　XとYとが期限の利益喪失約款を結んだこと

③　特定の分割金の弁済期が経過したこと

記載例8－1－2

1　原告（X）は、被告（Y）に対し、2021年3月1日、100万円を次の
　とおりの約定により貸し付けた。

　　　弁済期及び方法

　　　　　　　　　　　　最終弁済期　2021年12月31日

第1節　貸金返還請求訴訟

ただし、同年3月31日を第1回とし、以後毎月末日に各10万円ずつを支払う。

期限の利益喪失　各分割金の弁済期が経過したときは被告（Y）は原告（X）に対する一切の債務の期限の利益を失う。

2　2021年5月31日が経過した。

3　よって、原告（X）は、被告（Y）に対し、上記消費貸借契約に基づき、貸金100万円の支払いを求める。

(3)　弁済期の定めがない場合

設例8－1の事実を変えて、弁済期について当事者間で特に定めず、貸主Xが貸付けから1か月が経過した4月1日に口頭で、借主Yに対し、1週間以内に貸金を返還するよう催告していたという場合の請求原因の記載はどうなるであろうか。

民法591条1項は、「当事者が返還の時期を定めなかったときは、貸主は、相当の期間を定めて返還の催告をすることができる」と規定しているが、この「返還の時期を定めなかったとき」の意味が問題となる。

一つの考え方は、消費貸借であっても、常に弁済期の合意があるとは限らず、その合意が欠けていることもあるとの前提に立ち、この規定を文字どおり合意が欠けている場合の補充規定であるとする（合意欠落説。貸主Xが催告および相当期間の末日の経過を主張証明すると、借主Yは確定期限、不確定期限など期限の定めがあることを抗弁として主張証明することができることになる）。この場合の要件事実は、次のとおりとなる（司研『新問題研究』40頁）。

> **要件事実**
>
> ①　消費貸借債務の履行の催告をしたこと
> ②　①の催告後相当の期間が経過したこと

これに対して、合意欠落否定説は、返還時期の合意が契約に不可欠の要素

223

〔第2部〕　第8章　消費貸借契約関係訴訟

である消費貸借において弁済期の合意が欠けている場合はあり得ないとして、民法591条1項の「返還の時期を定めなかったとき」とは、当事者の合理的意思解釈として、弁済期を貸主が催告した時とする合意がある場合であるとする（司研『類型別』27頁）。この説によれば、貸主は、③として、「弁済期を催告の時とする合意があること」（債務者としては、催告を受けてから弁済資金を準備する期間が必要であり、当事者間で特別の合意をしない限り、催告後の相当期間の経過を不要とする趣旨までは含まれない。具体的には「弁済期の定めなし」と主張すれば足りる）、④として、「催告および相当期間の末日の到来」を主張証明すべきことになる（賃貸借契約において期間の定めがない場合にも同様の議論がある。第6章168頁）。

記載例8−1−3

1　原告（X）は、2021年3月1日、被告（Y）に対し、**弁済期の定めなく100万円を貸し付けた**。

2　原告（X）は、同年4月1日、被告（Y）に対し、**上記貸金を返還すべき旨を催告**した。

3　同年4月8日が経過した。

4　よって、原告（X）は、被告（Y）に対し、**上記消費貸借契約に基づき、貸金100万円の支払いを求める**。

コ ラ ム　相続の要件事実

本文では、関係者が死亡したというような事例は検討しなかった。しかし、実際には、あらゆる類型の訴訟で、関係者が死亡し、原告Xあるいは被告Yが被相続人の権利を相続して承継しているという例は数多い。

〔貸金返還請求〕

たとえば、XがAに100万円を貸し付けたが、その後、Aが死亡したため、XがAの相続人であるYに貸金返還請求訴訟を提起したという例を考えてみよう。民法は、「相続は死亡によって開始する」（882条）、「相続人は、相続開始の時から、

第1節　貸金返還請求訴訟

被相続人の財産に属した一切の権利義務を承継する」（896条本文）と規定している。そこで、Ｘは、相続による権利の承継を主張するために、①被相続人の死亡、②被相続人を相続する一定の身分関係にあることの各事実を主張証明する必要がある。具体的には、上記の事例での要件事実は、次のとおりである。

要件事実

① 　ＸはＡに対し100万円を貸し付けた。

② 　弁済期が到来した。

③―ⅰ 　Ａは平成○年○月○日に死亡した。

③―ⅱ 　ＹはＡの子である。

　この記載例は、「他に相続人が存在すること」を被告Ｙが抗弁として主張すべきであるとの見解（「非のみ説」）に基づくが、被告Ｙが単独で相続したことを主張するためには、「他に相続人が存在しないこと」をも請求原因として主張すべきであるとの見解（「のみ説」）もある（司研『事実摘示記載例集』5頁）。

〔建物明渡請求〕

　ＸがＹに対し、建物明渡請求訴訟を提起したが、ＹはＸの亡父であるＡから建物を賃借して占有していると主張して争う例を考えてみよう。この場合、Ｙは、Ａとの間の占有正権原を主張するから、Ａが本件建物を所有していたことは認めるのが通常と解される。そこで、Ｘは、請求原因事実（要件事実）として、次のとおり主張する。

要件事実

①―ⅰ 　Ａは本件建物をもと所有していた。

①―ⅱ 　Ａは平成○年○月○日死亡した。

①―ⅲ 　ＸはＡの子である。

② 　Ｙは、本件建物を占有している。

　これに対して、Ｙは、占有正権原の抗弁として、次のとおり主張証明することができる。

225

〔第2部〕 第8章 消費貸借契約関係訴訟

要件事実

○ AとYとの間で本件建物の賃貸借契約を締結し、本件建物の引渡しを受けた。

Ⅲ 利息と遅延損害金の請求原因

1 利息の請求原因

(1) 利息の性質と請求原因

　利息と遅延損害金は、訴訟上、元本とともに請求されるのが通常であるが、あくまで元本とはその発生原因事実を異にする別個の請求権（訴訟物）である。利息については、「利息契約に基づく利息請求権」が訴訟物となる（民法589条1項）。

　XがYに対し一定期間分の利息を請求する場合の請求原因事実（要件事実）は、次のとおりである。

要件事実

① 元本債権の発生原因事実

② XがYとの間で利息支払いの合意をしたこと

③ その後一定期間が経過したこと（一定期間の最終日の到来）

　利息は元本の存在を前提としてその利用の対価として支払われるものであり、元本債権に対して付従性を有するから、まず①の主張が必要になる。

　また、消費貸借は原則として無利息であるから（民法587条以下）、Xが利息を請求するためには、②の利息支払いについての約定を主張証明しなければならない（ただし、利息支払いの約定がなくとも、商人間の金銭消費貸借では当然に法定利息を請求できる（商法513条1項）から、この場合には、②に代えて、「②′ 消費貸借当時XとYがいずれも商人であること」を主張証明することができる）。

　利息支払いの合意があったとしても、利率についての特段の合意がない場

226

第1節　貸金返還請求訴訟

合、利率は年3分となる（民法404条1項・2項）。

そこで、XがYとの間で法定利率（3分）を超える約定をしていたとして、その約定利率による利息を請求する場合には、②に代えて、民法404条1項の「別段の意思表示」として、次のとおり主張証明する必要がある。

> **要件事実**
>
> ②´´　XがYとの間で法定利率を超える利率の合意をしたこと

(2)　法定利率

改正法は、法定利率について、次のような新たな定めをした（筒井＝村松『一問一答』79頁、潮見『改正法の概要』56頁）。

従前の法定利率5％を3％と改めた（民法404条2項）うえで、以後、3年を1期とする法定利率の見直しを行うこととした（同条3項、変動利率）。見直しの方法は、短期貸付の平均利率をもとにした「基準割合」を基本として、それが改正法施行後の最初の期と後続期との間で1％以上差が開いた場合には、その変動を「↗4％、5％」あるいは「↘2％」といった具合に法定利率に反映させる（パーセンテージの差を小数点以下切り捨てで加算又は減算する）というものである（同条4項、改正法附則15条2項）。それ以降は、直近変動期と当期の比較において、上記の扱いを繰り返していく。

市中の短期貸付の利率動向が大きく変わらない限りは、3％のままであり、「緩やかな変動制」といわれる。

なお、細かくは、基準割合とは、銀行の1年未満の短期の新規貸付利率を過去5年平均で取り、その平均値を0.1％未満切り捨て処理した数値である（民法404条5項）等のやや煩瑣な要件があるが、「基準割合」は法務大臣により告示されることになっているから（同前）、それを参照すれば足りる。

改正法404条は、施行日（2020年4月1日）以降に利息が生じた債権に適用され、金銭債権の遅延損害金に関する同法419条は、同日以降に債務者が遅滞の責任を負った場合に適用される（上記附則経過規定）。

227

〔第2部〕 第8章 消費貸借契約関係訴訟

(3) 利息の生じる期間

　利息の生じる期間は、特約のない限り、消費貸借の目的物を受け取った日から元本の返還をすべき日までの元本使用期間であり（民法589条2項）、③がこれにあたる。具体的には、「一定期間の最終日の到来」を主張すれば足りる（厳密には、一定期間の「経過」は、最終日24時の経過を意味する。しかし、最終日が到来すれば貸主は元本を返還請求できるし、借主としても最終日の途中で元本を返還することになっても最終日1日分の利息を支払わなければならないから、結局、最終日の経過の主張までは必要はなく、「到来」で足りることになる。古財・前掲論文293頁）。

2　遅延損害金の請求原因

(1) 遅延損害金の性質と請求原因

　遅延損害金は、債務者が金銭債務につきその本旨に従った履行をしないとき（債務不履行）に発生する損害賠償金である。金銭債務の不履行については履行不能ということはあり得ず、履行遅滞だけが問題となるから、遅延損害金は、債務者の履行遅滞に基づく遅延賠償としての性質を有する損害金ということになる。

　一般に履行遅滞の要件事実は、①履行の可能なこと、②履行期を経過したことおよび履行期に履行しないこと、③債務者の責めに帰すべき事由に基づくこと、④履行しないことが違法であること、⑤損害が発生したことおよびその数額である（司研『要件事実について』42頁）。

　しかし、債務は履行が可能であることが常態であるから、債権者から①を積極的に主張する必要はなく、②のうち履行期に履行しないことについては、不履行が履行遅滞の要件ではなく、履行が債務者の抗弁事実である（司研『要件事実について』42頁）。また、③については、債務者が「債務者の責に帰すべき事由に基づかないこと」を主張証明しなければならない（大判大14・2・27民集4巻97頁、最判昭34・9・17民集13巻11号1412頁。ただし、金銭債務については、民法419条3項の特則があるため、債務者はこの証明をしても無意味である）。④については、留置権、同時履行の抗弁権など履行の遅延を

228

正当ならしめる事由があることを債務者が主張証明しなければならないが、貸金債務では、そのような事由は通常考えられない。

【最判昭34・9・17民集13巻11号1412頁】（判決要旨）
1　賃借権の譲渡人は、特別の事情のないかぎり、譲受人に対し、譲渡につき遅滞なく賃貸人の承諾をえる義務を負うものと解すべきである。
2　債務が履行不能となつたときは、債務者は右履行不能が自己の責に帰すべからざる事由によつて生じたことを証明するのでなければ、債務不履行の責を免れることはできない。

したがって、結局、債権者は、当該債権の発生原因事実と履行期の態様に応じた付遅滞の要件を主張すれば足りることになる。

すなわち、Ｘは、遅延損害金を請求する場合、請求原因として次の事実を主張証明する。

要件事実

① 　**元本債権の発生原因事実**

② 　**弁済期が経過したこと**

③ 　**損害の発生とその数額**

遅延損害金は、遅延利息と称されることもあり、利息と類似した性格を有し、利息と同様に元本債権の存在を前提とする。その意味で元本債権に付従するから、①が必要となる。また、弁済期日中に支払われれば履行遅滞は生じないところ、遅延損害金は債務者の履行遅滞に基づくものであるから、②の弁済期の経過が必要となる（民法415条前段。前述のとおり、「経過」は最終日の午後12時（24時）を過ぎたことであり、「到来」は最終日の午前０時になったことである。したがって、「経過」には「到来」が含まれているから、同一日の到来と経過を主張すべき場合には、便宜的に、「経過」だけを主張すれば足りる。鎌田ほか『民事法Ⅱ』199頁〔須藤典明〕）。具体的には、確定期限の合意がある場合にはその期限の経過（同法412条１項）、不確定期限の合意がある場合には「その期限の到来後に履行の請求を受けた時又は期限の到来を債務者が

〔第2部〕 第8章 消費貸借契約関係訴訟

知った時」（同条2項）、期限の定めがない場合には催告および相当期間の末
日の経過（同法591条1項）であるが、これらの点は、そもそも貸金元本を請
求する場合の要件事実であるから、遅延損害金請求のための要件事実とし
て、あらためて主張する必要はない。

　③の損害の発生とその数額については、金銭債務の不履行の場合、利率に
ついての約定があれば、約定利率によって損害賠償の額が定められ、また、
利率についての特約がなくとも、当然に法定利率年3分（民法404条）の割合
による遅延損害金を請求することができる（同法419条1項本文）。利息につ
き法定利率を超える利率の合意がされている場合（同項ただし書）または損
害賠償額の予定（同法420条1項）として遅延損害金の利率の合意がされてい
る場合には、Xは当然合意に基づく損害を請求することができる。したがっ
て、Xがこれら合意に基づき損害金を請求するときには、③´または③´´を
も主張証明すべきである。

> **要件事実**
>
> ③´　XとYが法定利率を超える利息の利率の合意をしたこと

> **要件事実**
>
> ③´´　XとYが遅延損害金の利率の合意をしたこと

(2) 遅延損害金の生じる期間

　遅延損害金の生じる期間については、元本の返還をすべき日の翌日から元
本が完済された日までであり、その始期から終期までの時の経過が要件事実
となるが、実務上、当然のこととして主張を省略するのが通常である。

(3) 利息・遅延損害金を含む要件事実

　結局、設例8－1で、貸主Xが借主Yに対して、元本のほか利息および遅
延損害金の支払いを求める場合の要件事実の記載例は、次のようになる。

第 1 節　貸金返還請求訴訟

記載例 8 ― 1 ― 4

1　原告（X）は、被告（Y）に対し、2021年3月1日、100万円を次の
　約定で貸し付けた。

　　　　弁済期　2021年3月31日

　　　　利　息　月1分

　　　　損害金　年1割5分

2　2021年3月31日は経過した。

3　よって、原告（X）は、被告（Y）に対し、**消費貸借契約に基づき**、
　元金100万円並びにこれに対する2021年3月1日から同年3月31日ま
　で約定の月1分の割合による利息及び同年4月1日から支払済みまで
　約定の年1割5分の割合による遅延損害金の支払いを求める。

IV　抗　弁

1　概　説

　貸主Xからの貸金返還請求に対して、借主Yは、㋐消費貸借の成立に関す
るものと、㋑消費貸借の終了に関するものと、大きく二つの方法で防御する
ことができる。

　まず、Yは、消費貸借の成立に関し、金銭消費貸借契約が公序良俗に反し
無効であること（民法90条。たとえば、賭博の用に供されることを知ってする金
銭消費貸借は無効である。最判昭61・9・4裁判集（民）148号417頁）、心裡留
保（民法93条）により無効であること、制限行為能力（民法9条本文、13条4項、
17条4項、120条1項）・錯誤（民法95条）・詐欺・強迫（民法96条）等の取消し
により無効であることを抗弁として主張証明することができる。また、Y
は、消費貸借の終了に関し、貸金債務が弁済、代物弁済、相殺、消滅時効な
どにより消滅したことを抗弁として主張証明することができる。

　ここでは、以下、債権の消滅事由である弁済などの抗弁について説明す
る。なお、これらの抗弁は貸金返還請求訴訟に限らず、準消費貸借契約訴訟、

231

〔第2部〕　第8章　消費貸借契約関係訴訟

保証債務履行請求訴訟においても妥当する。

2　弁　済

⑴　概　説

　債権の目的である給付が実現され、債権者がこれを受領するときは、債権はその存在意義を全うして消滅する。債権の消滅原因である弁済の主張証明責任は、債権の消滅を主張する側にあり、その要件事実は、次のとおりである（最判昭30・7・15民集9巻9号1058頁。本書34頁）。

要件事実

①　Y（または第三者）がXに対し、債務の本旨に従った給付をしたこと

②　①の給付がその債権についてされたこと

　たとえば、設例8―1で、Yが弁済期日前である2021年3月25日にXに100万円弁済したと主張する場合には、記載例は次のようになる。

記載例8―1―5

　被告（Y）は、原告（X）に対し、2021年3月25日、本件貸金債務につき、100万円を支払った。

　第三者AがYの債務を弁済した場合、Yは、抗弁として「AはXに対し、2021年3月25日、本件貸金債務につき100万円を弁済した」旨を主張証明することができる。もしXとYが2021年3月25日より前に本件貸金債務につき第三者の弁済を許さないこととしていた場合には、「反対の意思を表示したこと」（民法474条4項）の主張証明責任は第三者弁済の無効を主張する者にある（最判昭38・11・15裁判集（民）69号215頁）から、Xの再抗弁となる。

⑵　弁済の充当

　設例8―1で、YがXに100万円を弁済していたとして、さらに、YがXに別口の売買代金100万円の債務を負担していた場合には、上記100万円の弁済はどうなるであろうか。

第 1 節　貸金返還請求訴訟

　債務者が同一の債権者に対して同種の目的を有する数個の債務を負担する場合（民法488条 1 項）、または、 1 個の債務の弁済として数個の給付をすべき場合（民法491条）などにおいて、債務者が給付した金員が債務の全部を消滅させるに足りないときには、どの債務または給付の弁済に充当されるのかという問題が生じる。弁済の充当は当事者が契約によって定めることができるが、契約がない場合には当事者の一方行為による充当、法定充当がされる。

　弁済の充当に関しては、①債務者において「給付が当該債務の履行としてされたこと」の主張証明責任を負うとする考え方（前掲最判昭30・ 7 ・15）、②債務者の弁済の抗弁に対して、債権者は再抗弁として「自己に有利な別口債権の存在」と「これについての弁済の充当」についての主張証明責任を負い、さらにこれに対して、債務者が再々抗弁として「自己に有利な当該債務についての弁済充当」についての主張証明責任を負うとする考え方とに分かれる。

　判例の中には、債権者である原告が、「別口債権を有すること」を再抗弁として主張したときは、債務者である被告において再々抗弁として「具体的な弁済充当関係を主張立証すべきである」とするもの（最判昭35・10・14裁判集（民）45号271頁）もあるが、(1)で述べたように、①の考え方をとるのが実務である（詳細については、倉田『債権総論』236頁以下参照）。

⑶　弁済の提供

　債務者が債務の本旨に従った弁済の提供をした場合には、債務者は以後の債務不履行を理由とする一切の責任を免れる（民法492条）。

　弁済の提供には、債務の本旨に従って現実にこれをすることを要する現実の提供（民法493条本文）と、一定の場合に弁済の準備をしたことを通知して受領を催告することで足りる口頭の提供（民法493条ただし書）があるが、いずれにしろ、弁済の効果を主張する者にその主張証明責任がある（倉田『債権総論』236頁）。

　現実の提供の要件事実は、「①Ｙの提供を現実にする行為があること、②提供が債務の本旨に従うものであること、③提供がその債務についてなされ

233

〔第2部〕 第8章 消費貸借契約関係訴訟

るものであること」である。

口頭の提供の要件事実は、「①Xがあらかじめその受領を拒み、または、債務の履行につきXの行為を要するときであること、②Yが弁済の準備をしたことを通知してその受領を催告すること」である。

設例8—1で、XがYに対して、元本・利息のほか遅延損害金の支払いを請求している場合には、Yは、「Yが弁済期に100万円を持参してX方に赴き、Xに受領を求めた」などと履行の提供をしたことを主張証明すれば、履行遅滞に基づく損害賠償としての遅延損害金の支払いを免れることができる。もちろん、この弁済の提供の抗弁によって、貸金債権元本の支払いを免れることはできない。

3 代物弁済

代物弁済は、債務者が本来の給付に代えて他の給付をすることによって債務を消滅させる債権者と債務者間の契約である（民法482条）。債務の消滅事由であるから、その主張証明責任は債務者にある（所有権取得原因として代物弁済が主張される場合の要件事実については、本書152頁）。

代物弁済契約については、従来は要物契約か諾成契約か議論があったが、改正法で諾成契約であることが明記された（民法482条「他の給付をすることにより債務を消滅させる旨の契約」。筒井＝村松『一問一答』187頁、潮見『改正法の概要』181頁）。

ところで、これまでは、代物弁済では所有権の移転を要し、目的物は被告Yの所有に属する旨の主張証明が必要とされていた（司法研修所『改訂　民事訴訟第一審手続の解説』41頁以下）。

また、債務の消滅原因として代物弁済を主張する場合には、本来の給付と異なる給付の完了として対抗要件の具備まで主張証明しなければならないと解されていた。たとえば、金銭債務の履行に代えて不動産の所有権を移転するという場合において、その不動産をもって代物弁済をするという意思表示をするだけでは足りず、登記その他の引渡行為を終了し、第三者に対する対抗要件を具備したときでなければ代物弁済による債務消滅は生じないとされ

234

ている（最判昭39・11・26民集18巻 9 号1984頁、最判昭40・ 4 ・30民集19巻 3 号768頁）。

【最判昭40・ 4 ・30民集19巻 3 号768頁】

　債務者がその負担した給付に代えて不動産所有権の譲渡をもって代物弁済をする場合の債務消滅の効力は、原則として単に所有権移転の意思表示をなすのみでは足らず、所有権移転登記手続の完了によって生ずるものと解すべきである。

　以上は、代物弁済の諾成契約化によっても変わらない。代物の給付があった時にはじめて債務消滅の効果が生ずる点は、改正法の下でも変わらないからである（伊藤『要件事実 I 』281〜282頁〔栗林信介〕）。

　したがって、債務の消滅原因として代物弁済を主張する場合、Ｙが主張すべき代物弁済の要件事実は次のとおりである

要件事実

① 　Ｙが②の当時本件土地を所有していたこと

② 　ＸとＹが本来の債務の弁済に代えて異なる給付をすることを合意したこと

③ 　②の合意に基づいて本来の給付と異なる給付をしたこと

記載例 8 ― 1 ― 6

1 　被告（Ｙ）は、2021年 3 月25日当時、別紙物件目録記載の土地を所有していた。

2 　被告（Ｙ）は、原告（Ｘ）との間で、同日、本件貸金債務の弁済に代えて本件土地の所有権を移転するとの合意をし、原告（Ｘ）に対し、同合意に基づき本件土地につき所有権移転登記手続をした。

　ただ、当事者間において所有権の移転登記手続に必要な一切の書類を債務者から受領しただけで直ちに代物弁済による債務消滅の効果を生ぜしめるというような特約が存するときには、債権者が債務者から同書類を受領したと

〔第 2 部〕 第 8 章 消費貸借契約関係訴訟

きに代物弁済による債務消滅の効果が発生する（最判昭43・11・19民集22巻12号2712頁）。したがって、Yは、前記特約と書類の交付を主張証明すべきことになる。

> 【最判昭43・11・19民集22巻12号2712頁】（判決要旨）
> 　債務者が不動産所有権の譲渡をもつて代物弁済をする場合でも、債権者が右不動産の所有権移転登記手続に必要な一切の書類を債務者から受領しただけでただちに代物弁済による債務消滅の効力を生ぜしめる旨の特約が存するときには、債権者が債務者から右書類を受領した時に、代物弁済による債務消滅の効力が生ずる。

4　相　殺

(1)　概　説

債務者Yが、債権者Xに対して、同様に金銭債権を有している場合には、その債権を自働債権として相殺の主張をすることができ（民法505条 1 項本文）、これによって請求債権は対当額で消滅する。

(2)　相殺の要件事実

相殺の要件事実は、次のとおりである。

> **要件事実**
>
> ①　自働債権の発生原因事実
> ②　受働債権（請求債権）につきYがXに対し一定額について相殺の意思表示をしたこと

民法505条 1 項本文は、①および②のほかに、「対立する債権が同種の目的を有すること」および「双方の債務が弁済期にあること」が必要であると規定している。

まず、「対立する債権が同種の目的を有すること」に関しては、通常は、請求原因の貸金債権の発生原因事実と①の自働債権の発生原因事実が主張証明されれば、おのずと両債権が金銭債権等同種の目的を有することが明らかになる。

236

第 1 節　貸金返還請求訴訟

　また、「双方の債務が弁済期にあること」に関しては、①の自働債権の発生原因が即時の履行が予定されている売買型の契約である場合は、Ｙは①の事実だけを主張証明すれば足り、弁済期の合意が再抗弁となる。①の自働債権の発生原因が一定の期間経過後の履行を予定している貸借型の契約である場合は、①の事実を主張証明することにより、弁済期の合意の事実が現れるので、Ｙは実質的に自働債権の履行を求める相殺の用に供するためには、弁済期の到来も主張証明しなければならない（司研『要件事実第 1 巻』66頁）。

　さらに、自働債権の発生原因が売買型の契約で、同時履行の抗弁権が付着している場合、通説・判例によれば、抗弁権の存在効果として相殺が許されないことになる（存在効果説と呼ばれる。存在効果説とこれに対する行使効果説については、倉田『債権総論』36頁、倉田『契約法上巻』119頁）。したがって①の自働債権の発生原因事実の主張自体からその債権に抗弁権が付着していることが明らかな場合は、Ｙは、抗弁権の発生障害または消滅原因となる事実をもあわせて主張しなければ相殺の抗弁が主張自体失当となる（記載例 8 ― 1 ― 7 で、2 の目的物の引渡しがこれにあたる。厳密にいえば、「履行」でなくても、「履行の提供」で足りる）。

　②については、「相殺は、当事者の一方から相手方に対する意思表示によってする」（民法506条 1 項本文）とされていることから、この要件事実が必要となる。

　また、相殺は遡及効を有する（民法506条 2 項）ので、相殺がされると相殺適状を生じた時以後は受働債権についての利息および遅延損害金は発生しなかったことになるから、相殺の抗弁は、受働債権の元本に対する抗弁となるのみならず、相殺適状を生じた時以降の利息および損害金に対する抗弁ともなる。たとえば、設例 8 ― 1 で、Ｙが売主、Ｘが買主となって、2021年 3 月25日に中古車を売り渡していたという場合には、ＹはＸに対する売買代金債権を自働債権として、次のように主張することができる。

237

〔第 2 部〕　第 8 章　消費貸借契約関係訴訟

> ### 記載例 8 ― 1 ― 7
>
> 1　被告（Y）は、原告（X）に対し、2021年 3 月25日、別紙物件目録記載の中古車 1 台を代金200万円で売った。
> 2　被告（Y）は、原告（X）に対し、同日、売買契約に基づき、本件中古車を引き渡すとともに、同車について登録手続をした。
> 3　被告（Y）は、原告（X）に対し、2021年 6 月 3 日の本件口頭弁論期日において、上記代金債権をもって、原告（X）の本訴請求債権とその対当額において相殺するとの意思表示をした。

5　消滅時効

(1)　消滅時効と平成29年改正法

改正法は、時効に関する規定を大幅に変更した。要点を挙げる。

(ア)　債権の消滅時効の期間（「 5 年」化）

債権の消滅時効の期間については、Ⓐ「権利を行使することができることを知った時」から 5 年（主観的起算点）、Ⓑ「権利を行使することができる時」から10年（客観的起算点）の二元的構成を採用した（民法166条 1 項。筒井＝村松『一問一答』55頁）。

ここで、注意すべきことは、確定期限がある取引上の債務では、Ⓐの主観的起算点とⒷの客観的起算点が一致することがほとんどであるはずだから、通例、 5 年の消滅時効にかかることになったことである（部会資料68Ａ・ 8 頁）。

これに伴って、 5 年の時効期間を定めていた商事時効（商法514条）も廃止された。また、改正前民法170条〜174条の各種短期消滅時効もすべて廃止された。

(イ)　生命・身体侵害損害賠償請求権に関する時効期間（「 5 年・20年」で一元化）

交通事故等の生命・身体侵害不法行為については、従来の不法行為の時効期間「知った時から 3 年」「不法行為の時から20年」のうち、前者の 3 年が

238

5年へと変更された（民法724条の2）。他方、生命・身体侵害を内容とする債務不履行については、上記債権一般の時効期間Ⓑ（10年）を20年と特例化した（民法167条）。これによって、医療過誤や安全配慮義務違反事案では、不法行為構成と債務不履行構成とで時効期間の違いがなくなった（筒井＝村松『一問一答』62頁）。

　㈡　時効中断制度の刷新（機能的な「時効障害」制度へ）

　改正法は、これまでの「中断」等の概念を廃止したうえ、ⓐ時効を振り出しに戻す「更新」、ⓑ若干の期間的猶予を与えるに過ぎない「完成猶予」の二元的構成に整理し直した（筒井＝村松『一問一答』44〜51頁）。そして、ⓐ ⓑをあわせて「時効障害」と称する。

　この二元的構成は、単に種々の時効障害事由をどちらかに振り分けるというだけでなく、時効障害の法的な根拠（権利存在の明証説、権利行使意思の表明説）に着目した機能的分類体系となっている。つまり、上記ⓐの更新は、「権利の存在が明証されたことを根拠に、時効の進行を振り出しに戻す」機能、上記ⓑの完成猶予は、「権利行使の意思が明らかにされたことを根拠に、時効の進行を一定期間阻止する」機能に対応している。たとえば、時効障害事由たる「裁判上の請求」は、訴え提起により権利行使の意思が明らかにされたことで、裁判が終了するまで時効の完成が猶予されることになり（＝上記ⓑ）、手続終了時に認容判決として確定したときには、権利が公権的に明証されたことで、時効の進行を振り出しに戻し、その時から新たに時効が進行を始めることになる（＝上記ⓐ）という複合的性格をもつ（民法147条）。

　㈢　経過措置（時効の新規定の適用時期）

　時効については長年月を跨ぐため、法適用の時的基準が問題となる。改正法の上記新規定㈠㈡の適用を受けるのは、改正法施行後に生じた債権であり、また、上記新規定㈡の適用を受けるのは、改正法施行後に生じた時効障害となっている（附則10条4項経過規定）。

⑵　本書の記述

　上記㈢との関係で、今後、当面は、法律実務家が扱う「時効消滅の主張の

〔第 2 部〕　第 8 章　消費貸借契約関係訴訟

可否」の問題は、依然、平成29年改正前民法の規定の適用を受けることになる。したがって、本書では、この点を念頭に置いた設例を用いて解説している。また、適宜旧法規定についても説明している。

(3)　消滅時効の要件事実

設例 8 — 1 で、Ｘの貸付日が2011年 3 月 1 日、弁済期が同年 3 月31日であったとして、Ｘが2021年 4 月22日になって貸金の返還を求める訴えをＹに提起してきたとする。この場合、時効期間は平成29年改正前民法の適用を受ける。弁済期からすでに10年の期間が経過しているから、Ｙとしては消滅時効を主張することができる（旧法167条 1 項）。

消滅時効は権利の消滅事由であるから、権利が消滅したことを主張する者にその主張証明責任がある。時効の要件事実は、「①時効起算日（民法166条 1 項）、②時効期間の経過、③時効援用の意思表示（同法145条）」の三つである（取得時効につき、本書95頁以下参照）。

消滅時効は、「権利を行使することができる時」（旧法166条 1 項）から進行するから、Ｙは、消滅時効の抗弁を主張するために、次のように主張することが必要になる。

要件事実

① 　権利を行使することができる状態になったこと

② 　その時から一定の期間（時効期間）が経過したこと

③ 　援用権者が相手方に対し時効援用の意思表示をしたこと

権利行使可能時期（起算点）は債権発生原因ごとに異なる。期限の定めのない債権は債権成立の時（もっとも弁済期の定めのない賃金債権の場合発生から相当期間経過した時）を起算点とすべきである（村田＝山野目『要件事実30講』370頁、我妻榮『新訂民法総則（民法講義Ⅰ）』486頁、幾代通＝広中俊雄編『新版注釈民法(15)』46頁〔浜田稔〕）。確定期限ないし不確定期限のある債権については期限到来の時である。消費貸借契約のような貸借型の契約では、返還時期の合意は請求原因として債権者が主張証明しなければならないから、時効の

起算点はすでに現れていることになる。一方、貸借型の契約の場合と異なり、売買型の契約においては、期限は法律行為の付款であり（本書32頁）、法律行為に基づく請求権の行使を阻止する事由として債務者が主張証明して初めて明らかになる。したがって、売買型の契約が請求原因として主張される場合、その段階での請求権は期限の定めがないものとして、起算点は債権成立の時とされるのが一般的である。

②の時効期間について、消滅時効の期間計算は初日を算入せずに翌日からとするのが判例である（大判昭6・6・9新聞3292号14頁、最判昭57・10・19民集36巻10号2163頁）。具体的には、「時効期間の末日の経過」を主張すれば足りる。

③の時効の援用は、援用者が時効完成による利益を享受することを欲する意思表示であり、判例によれば、時効が援用されたときに初めて時効による債権消滅の効果が確定的に生ずる（最判昭61・3・17民集40巻2号420頁。不確定効果説のうちの停止条件説と呼ばれる。第1章第5節Ⅱ2(1)96頁参照）。したがって、時効の援用は、権利の得喪を確定させる実体法上の要件であり、時効によって不利益を受ける者に対する実体法上の意思表示であるということになる（司研『類型別』36頁）。

したがって、設例8―1の貸付日が2011年3月1日、弁済期が同年3月31日であったとして、Xが2021年4月22日になって貸金の返還を求める訴えをYに提起した場合において、Yが同年5月31日にXに対して時効援用の意思表示をした、と主張するときの消滅時効の抗弁の記載例は以下のようになる。

記載例8―1―8

1　2021年3月31日が経過した。

2　被告（Y）は、原告（X）に対し、2021年5月31日、上記時効を援用するとの意思表示をした。

---

(4) 時効中断の再抗弁

Yの消滅時効の抗弁に対し、Xは時効完成の障害事由である承認等の時効

〔第2部〕 第8章 消費貸借契約関係訴訟

中断事由（旧法147条）を再抗弁として主張することができる。この場合には、債権者が中断事由として主張証明すべき内容は、旧法147条に列挙する各号の一つに該当する具体的事実関係である。

たとえば、「承認」であれば、時効を振り出しに戻す効果がある。承認は、時効の利益を受ける者が時効によって権利を失う者に対してその権利の存在することを知っていることを表示する観念の通知である。この承認があったことについて当事者間に争いがない場合には、Ｙが債務の承認をしたと主張すれば足りるが、争いがある場合には、一部弁済、支払猶予の懇請、利息の支払いなどの承認に当たる具体的事実を主張しなければならない。たとえば、「2020年1月14日、ＹはＸに対し、本件貸金債務の支払猶予を求めた」などと記載する。この場合、平成29年改正法は適用されない（上記経過規定により、「承認」の時期が新法適用の基準となる）。なお、前述したとおり、改正法は、種々の時効障害事由について、時効を振り出しに戻す「更新」と、期間的猶予を与えるに過ぎない「完成猶予」の機能別の二元的構成を採用したが、この二元的体系の中で、債務者の承認は「更新」に属し（改正法152条）、改正前と名称は異なるが（「中断」→「更新」）、法的効果の実質的内容には変わりはない（筒井＝村松『一問一答』47頁）。

また、「催告」は、催告時から6か月を経過するまで時効を完成させないという完成猶予の効果を導く。Ｘの上記(1)の消滅時効の抗弁の事例で、Ｘが時効完成前の2020年12月14日にＹに対し貸金返還を催告し、その後6か月以内に訴えを提起している場合を考えると、この場合の「催告」は改正法の適用を受けることになる。改正法の下では、債権者の催告は上記の「完成猶予」に属する（150条）。改正前と比べ、法的効果の実質的内容には変わりはないが、時効障害事由としての名称が変わる（「中断」→「完成猶予」）。要件事実の記載例は以下のようになる（要件事実の記載自体は旧法と変わりない）。

記載例8－1－9

1　原告（Ｘ）は、被告（Ｙ）に対し、2020年12月14日、本件貸金債務

の履行を催告した。

2　原告（X）は、被告（Y）に対し、2021年4月20日、本件訴えを提
起した。

(5)　再度時効消滅の抗弁

Yは、中断解消時（ないしは更新時）から10年を経過したことによる時効
消滅を主張することもできる。この主張は、当初の権利行使可能時からの時
効消滅の効果とは別の、中断解消時（ないしは更新時）からの時効消滅の効
果を生じさせるものであるから、再々抗弁ではなく、当初の時効の抗弁とは
別の抗弁になる。

時効期間に関する改正法の適用は、上記のとおり、債権発生時が基準とな
るから、この場合も平成29年改正前民法の適用を受けることになる。

(6)　時効の中断（更新）の効力障害の再々抗弁

さらに、旧法149条以下は時効中断の効力が生じない場合をあげているが、
これらは、いったん生じた時効中断の効果を消滅させる事由として、原則と
して、債務者（Y）側が主張証明すべき再々抗弁となる。なお、改正法の下
では、148条2項ただし書で規定されている時効障害事由（強制執行、担保権
の実行等）の「取下げ・取消し」で同じ問題を生ずるが、これが再々抗弁と
なることは同じである。

(7)　時効援用権の喪失の再抗弁

時効の完成によって利益を得るYが時効の完成によって不利益を受けるX
に対して、時効完成後に（民法146条参照）時効の利益を放棄する意思表示を
していたときは、Xは、時効の効果の発生障害事由として、時効利益の放棄
を再抗弁として主張証明することができる。ただし、時効利益の放棄とは、
不確定効果説によれば、時効の効力を発生させないことに確定させる意思表
示であり、意思表示である以上、その前提として、時効の完成を知っている
ことを必要とする（最判昭35・6・23民集14巻8号1498頁）。しかし、債務者
が時効完成後に債権者に対し債務の承認をした場合には、承認は観念の通知

243

[第2部] 第8章 消費貸借契約関係訴訟

であるから、上記とは異なり、時効完成の事実を知らなかったときでも、信義則に照らし、その後その時効の援用をすることは許されない（最判昭41・4・20民集20巻4号702頁）。結局、時効完成後の債務の承認は、時効完成の知・不知にかかわらず、これによって時効援用権を失うのと同じ結果をもたらすものであり、それだけで再抗弁として機能することになる。

【最判昭41・4・20民集20巻4号702頁】（判決要旨）
1　消滅時効完成後に債務の承認をした場合において、そのことだけから右承認はその時効が完成したことを知つてしたものであると推定することは許されないと解すべきである。
2　債務者が、消滅時効完成後に債権者に対し当該債務の承認をした場合には、時効完成の事実を知らなかつたときでも、その後その時効の援用をすることは許されないと解すべきである。

　Xの上記(1)の消滅時効の抗弁の事例で、たとえば、Yが時効完成後である2021年5月7日にXに対し貸金の支払いの猶予を申し入れて、債務の存在を承認していた場合に、Xが再抗弁として主張する時効援用権喪失の要件事実の記載例は以下のようになる。

記載例8—1—10

　被告（Y）は、原告（X）に対し、2021年5月7日、本件貸金の支払いの猶予を申し入れた。

第2節　準消費貸借に基づく貸金返還請求訴訟

　Xは、2020年10月7日、自己が所有していた中古自動車を代金70万円、代金を1か月後に支払うとの約定でYに売り渡す契約を締結し、同日、同自動車を譲り渡した。Yが同年11月7日の支払期限を過ぎても代金を支払わないためXが催促したとこ

第 2 節　準消費貸借に基づく貸金返還請求訴訟

ろ、Yは2021年 2 月末まで支払いを猶予してもらいたいと懇願
してきた。そこで、XとYは、2020年11月29日付けで上記自動
車代金70万円を消費貸借の目的として、弁済期を2021年 2 月28
日とする準消費貸借契約書を取り交わした。しかし、上記返済
期限を経過してもYが債務を返済しようとしないため、Xは、
70万円と遅延損害金の支払いを求めて訴えを提起することにし
た。

I　訴訟物と請求の趣旨

　準消費貸借金返還請求訴訟の訴訟物は、「準消費貸借契約に基づく貸金返
還請求権」である。
　請求の趣旨は、貸金返還請求訴訟のそれと同様である（本書219頁）。

II　要件事実

1　被告説の考え方による要件事実

(1)　概　説

　準消費貸借は、「金銭その他の物を給付する義務を負う者がある場合にお
いて、当事者がその物を消費貸借の目的とすることを約した」ことにより成
立する（民法588条）。たとえば、金銭消費貸借契約を締結する関係にある貸
主と借主間では、 1 回限りでなく、継続的にこれを繰り返す例も多いが、こ
のような場合には、一定の時期にその残額を確認し合う意味で借用証を作成
することがある。また、売買代金債務のように貸金債務以外の債務について
も、債権者と債務者が合意して、これを消費貸借の目的として借用証を作成
する例も見受けられる。

(2)　請求原因

　準消費貸借に基づいて金銭の返還を請求する場合に、Xは、請求原因とし
てどのような事実を主張証明すべきであろうか。

245

〔第 2 部〕　第 8 章　消費貸借契約関係訴訟

　民法588条によれば、Xは準消費貸借の要件事実として、「①消費貸借の目的となる従前の債務（「旧債務」と呼ばれる）の存在と、②旧債務を準消費貸借とすること」の合意の成立を主張証明しなければならなくなりそうである。しかし、判例によれば、旧債務については、準消費貸借の成立を主張する者に主張証明責任があるのではなく、その不存在を主張し、新債務の存在を争う相手方において、抗弁として主張証明しなければならないとされている（被告説ないし抗弁説という。最判昭43・2・16民集22巻 2 号217頁）。もっとも、この被告説の考え方による場合でも、旧債務の存否の主張証明責任とは別に、原告は特定の準消費貸借契約に基づく請求であることを明らかにするために旧債務を特定する必要がある。この場合、原告は、債務の発生原因事実まで含めて旧債務を特定する必要がある（理論的には、金額のみの特定、債務の種類まで含めた特定で必要かつ十分との考え方も成り立ちうるが、実務的には前記のように解するのが相当であろう）。

> 【最判昭43・2・16民集22巻 2 号217頁】（判決要旨）
> 　準消費貸借契約において、旧債務の不存在を事由として右契約の効力を争う者は、旧債務の不存在の事実を立証する責任を負う。

　加えて、「③弁済期の合意、④弁済期の到来」が必要なことは、貸金返還請求訴訟の箇所で述べたのと同様である（本書221頁）。

記載例 8 ─ 2 ─ 1

1　原告（X）は、被告（Y）との間で、2020年11月29日、弁済期を2021年 2 月28日として、X Y間で2020年10月 7 日に締結された、XがYに対し別紙目録記載の中古自動車を代金70万円で売るとの契約の代金債務70万円をもって消費貸借の目的とすることを約した。

2　2021年 2 月28日は経過した。

3　よって、原告（X）は、被告（Y）に対し、準消費貸借契約に基づき、元金70万円及びこれに対する弁済期の翌日である2021年 3 月 1 日から

第 3 節　保証債務履行請求訴訟

支払済みまで民法所定の年53分の割合による遅延損害金の支払いを求める。

⑶　抗　弁

被告説による請求原因の主張証明がされた場合、これに対し、被告は、㋐旧債務の権利根拠事実の不存在（たとえば旧債務の発生原因たる売買契約の不存在）、㋑権利障害事実の存在（たとえば旧債務の発生原因たる売買契約に要素の錯誤があったこと）、㋒権利消滅事実の存在（たとえば旧債務の発生原因たる売買代金を支払ったこと）を主張証明することができる。

2　原告説

旧債務の主張証明責任について、原告となる債権者に旧債務の存在の主張証明責任があるとする原告説と呼ばれる考え方もある。この説は、民法587条で、消費貸借の要件事実として、金銭の交付と返還の約束が定められている点を、民法588条においてもパラレルに考えて、旧債務の存在と返還の約束が要件事実になると考える。

この考え方によると、原告は、請求原因において、旧債務の発生原因事実を主張証明すべきであり、被告は、抗弁として、旧債務の発生を障害させる事実または旧債務を消滅させる事実を主張証明すべきことになる。

第 3 節　　保証債務履行請求訴訟

保証債務履行請求訴訟は、貸金債権の履行を確保するため、人的担保として、貸主が保証人との間で保証契約を締結している場合に、貸主が保証人に対しその保証債務の履行を求める訴訟類型である。

247

I 単純保証

Xは、Aに対し、2021年年7月7日、自動車1台を代金200万円で売却したが、Aの支払能力に不安があったため、Aに保証人を立てるよう求め、同日、Aから紹介のあったYとの間でAの自動車売買代金債務を保証する旨の保証契約を結んだ。

Aが自動車代金を支払わないので、Xは、Yに対し、自動車代金200万円の支払いを求めて訴えを提起した。

1 訴訟物と請求の趣旨

訴訟物は、保証契約に基づく保証債務履行請求権であり、請求の趣旨は、金銭の支払を求める消費貸借のそれと基本的には同じであり、「被告は、原告に対し、金○○円を支払え」などと記載される（本書219頁）。

ここで注意すべきことは、保証債務履行請求訴訟の訴訟物は、主債務者に対する消費貸借契約上の貸金請求訴訟の構成と異なることである。保証契約の性質上、通常、保証の対象は、主債務の元本のみならず、利息、遅延損害金に及ぶから、これらは保証債務の履行請求権にすべて包含され、保証債務履行請求訴訟では訴訟物はまとめて1個となる（伊藤『要件事実Ⅰ』214頁〔河村浩〕）。

2 請求原因

保証債務は、主たる債務が履行されない場合に、これを履行することによって、債権者に主たる債務が履行されたのと同一の利益を与えようとするものであって、主たる債務と保証債務との間には主従の関係がある。したがって、保証債務は、主たる債務の存在をその前提として成立し、主たる債務が消滅すれば、それに伴って消滅する。これを保証債務の付従性という。

したがって、XがYに対し、保証債務の履行を請求する場合、Xは、請求原因として、次のとおり主張証明することになる（倉田『債権総論』320頁）。

第3節　保証債務履行請求訴訟

要件事実

① 　主たる債務の発生原因事実

② 　XがYとの間で書面による保証契約を締結したこと

　保証人は主たる債務者がその債務を履行しない場合に責任を負うが（民法446条1項）、これは、債権者が保証人に対して請求をしてきたときに、保証人がこれに対して催告の抗弁権（同法452条）、検索の抗弁権（同法453条）を行使することを指す。したがって、Xが請求原因事実として、「主たる債務者がその債務を履行しないこと」を主張証明する必要はない。

　XがYに対し保証契約に基づき利息・遅延損害金分の保証債務の履行も請求する場合、保証契約において利息・遅延損害金が保証の対象になっていることを主張証明する必要はない（民法447条1項）。保証債務の付従性から、主たる債務が消費貸借契約に基づく貸金返還債務、利息金債務および遅延損害金債務であれば、①の主たる債務の発生原因事実は、貸金返還請求権、利息金請求権および遅延損害金請求権の各発生原因事実となる。利息・遅延損害金債務が保証契約の対象外であるときは、Yにおいて抗弁としてこれらの債務を保証契約から除外する合意（特約）があったことを主張証明することになる。

　②の保証契約については、従来、諾成・無方式の契約とされていたが、平成16年の民法改正によって、要式行為として書面でしなければその効力を生じないこととされた（平成16年法律第147号による改正後の民法446条2項。保証人の保証意思が書面化されていれば足りるか、債権者および保証人双方の意思が書面化されている必要があるかについては説が分かれる。司研『類型別』39頁）。

記載例8−3−1

　1　原告（X）は、Aに対し、2021年7月7日、別紙物件目録記載の自動車1台を代金200万円で売った。

　2　被告（Y）は、原告（X）との間で、同日、前項のAの売買代金債

〔第2部〕 第8章 消費貸借契約関係訴訟

> 務を保証するとの合意を書面によりした。
>
> 3　よって、原告（X）は、被告（Y）に対し、保証契約に基づき200万
> 円の支払いを求める。

3　抗　弁

(1)　概　説

第1に、保証債務の二次的性格（「補充性」）から、催告の抗弁（民法452条）、検索の抗弁（同法453条）がある。第2に、保証債務の付従性にまつわる抗弁がある。保証債務は、主たる債務に付従しているため、主たる債務に関する抗弁以下の攻撃防御方法（本書231頁以下参照）は、保証債務に関しても同様に攻撃防御方法となる。

すなわち、設例8―3で、保証人であるYは、主たる債務である売買契約が錯誤（民法95条）や詐欺（同法96条）により取り消されたため主たる債務が有効に成立しなかったことを抗弁として主張することができるし、主たる債務者Aが売買代金債務について、すでに弁済、代物弁済、供託、相殺、更改などをすることによって債務を消滅させているときは、抗弁として、これによる保証債務の消滅を主張することができる。

その他、問題となる例を以下で検討する。

(2)　主たる債務者の有する取消権、解除権、相殺権の行使

保証人は、主たる債務の発生原因たる契約が取り消しうるものである場合、主たる債務の運命が取消権、解除権、相殺権の存在によって不確定である間は、保証債務の履行を拒絶することができ（民法457条3項）、これを抗弁として主張証明することできる。

(3)　消滅時効

主たる債務が時効消滅しているときは、保証人はこれを援用し、付従性に基づき自己の保証債務も消滅したことを抗弁として主張証明することができる（大判大4・7・13民録21輯1387頁）。保証人は、主たる債務者が時効利益を放棄している場合でも、援用・放棄の相対効により、時効を援用すること

250

ができる（大判大 5・12・25民録22輯2494頁、大判昭 6・6・4 民集10巻401頁）。

　また、保証人は、保証債務の時効完成について自己の援用権を行使することもでき（前掲大判昭 6・6・4 ）、これを抗弁として主張証明することができる。

II　連帯保証

1　訴訟物と請求の趣旨

⑴　訴訟物

　保証人が主たる債務者と連帯して保証債務を負担する保証を連帯保証といい、実務上、連帯保証のほうが単純保証よりも頻繁に利用されている。連帯保証が単純保証と相違する点は、補充性がないこと、すなわち、連帯保証人は催告の抗弁権、検索の抗弁権を有しないこと（民法454条）、および保証人について生じた事由が主たる債務者に対して効力を及ぼす場合があること（同法458条）、保証人が数人あっても分別の利益がないことである。

　債権者が連帯保証人に対して連帯保証債務の履行請求をする場合の訴訟物について、①これを連帯保証債務履行請求権と考える見解（連帯保証説）と、②単純な保証債務履行請求権と考える見解（保証説）がある。この点は、連帯保証について、連帯債務と同様に連帯の免除があるとすると、これによって保証債務のみは残るから、連帯保証は単純保証債務という基本債務に連帯の特約が付加されたにすぎず、連帯保証契約という別な契約類型は独立に存在しないとする考え方（②説）が相当であろう（倉田『債務総論』318頁、司研『類型別』38～39頁）。

　したがって、ここでの訴訟物は、「保証契約に基づく保証債務履行請求権」となる。

⑵　請求の趣旨

　請求の趣旨は、「被告は、原告に対し、金〇〇万円及びこれに対する平成〇年〇月〇日から支払済みまで年 3 分の割合による金員を支払え」などと記載する。

〔第2部〕 第8章 消費貸借契約関係訴訟

　また、主債務者と連帯保証人に対して訴えを提起する場合あるいは複数の連帯保証人に訴えを提起する場合の請求の趣旨としては、①「被告らは、原告に対し、各自金○○円を支払え」という書き方や、②「被告らは、原告に対し、連帯して金○○円を支払え」という書き方がされる。①は、上記のような共同訴訟が、本来被告各自に対する請求を併合したもので判決の主文も被告ごとに独立したものであり、他の被告との連帯関係は、理論上主文に表示する必要がないことを根拠とするのに対し、②は、誤解を避けるとともに、判決を執行し、弁済を受ける場合、主文そのものから、連帯関係が明らかになっていたほうがよいという実際的考慮に基づいている（司法研修所編『民事判決起案の手引〔10訂版〕』12頁）。

2　要件事実

(1)　請求原因

　連帯保証契約という別個独立の契約類型が存在しないとする考え方をとると、連帯の約定は、催告・検索の抗弁に対する再抗弁に位置づけられ、請求原因として主張する必要はない。したがって、設例8−3で、ＸＹ間の保証契約が連帯保証契約であっても、ＸがＹに対し保証債務の履行を請求するための要件事実は、単純保証の場合のそれと同一である（保証説。これに対し、連帯保証債務履行請求権は、単純な保証債務履行請求権とは別個の訴訟物であるとする見解によれば、連帯保証債務履行請求の要件事実は、①連帯保証契約の締結、②主たる債務たる売買代金債務の発生原因事実となる）。

　しかし、保証説によっても、同一訴訟手続内において複数の保証人各自に対しそれぞれ保証債務全額を請求する場合には、請求原因において共同保証人の存在が顕れている（民法456条）から、連帯の特約等、共同保証人の各保証債務が連帯保証債務となるべき事実（または保証連帯関係を生じさせる事実）を主張証明しないと、請求の一部が主張自体失当となるため、この事実を保証債務履行請求の請求原因として主張証明する必要が生じる（窪田正彦「保証人に対する貸金返還請求の要件事実」薦田茂正＝中野哲弘編『裁判実務大系第13巻（金銭貸借訴訟法）』94頁）。

252

第3節　保証債務履行請求訴訟

⑵　抗弁・再抗弁

　改正法は、連帯保証についても見逃せない変更を施した。従来、連帯保証人に対する請求・免除は絶対的効力を生ずるとされていたが、この点を改め、相対的効力事由に過ぎないとした（民法458条。筒井＝村松『一問一答』131頁）。これによって、連帯保証人に対する請求は、主債務者には効力を及ぼさず、主債務の時効を障害しないことになる。

　したがって、消滅時効に関して「時効障害の再抗弁」について、改正前と違いを生ずる。すなわち、主債務につき消滅時効が完成した場合、連帯保証人に対する請求を時効障害事由として主張しても主張自体失当となったのである。

Ⅲ　改正法の下における保証債務履行訴訟上の変更点と要件事実

1　要　点

　冒頭で触れたように、改正法は、保証人保護の法政策として、事業用貸金等債務の個人保証（貸金や手形割引の債務を含んだ事業用の資金の返済について個人が保証する場合）については、公正証書によらなければならないこととし、そのための厳格な手続細目を定めた（民法465条の6。筒井＝村松『一問一答』140頁）。それゆえ、この場合の請求原因は、これまでとは様相を大きく異にすることになる。しかし、反面では、以上が公証人マターとなったことで、訴訟や代理人交渉で問題となることは逆に少なくなったとみられる。

　また、改正法は、やはり保証人保護の趣旨から、債権者の保証人に対する債務情報提供義務を新たに設けた（民法458条の2、458条の3）。こちらは、裁判実務に対する影響が大きい。いずれも、抗弁、再抗弁に関して新しい主張を可能にする。

253

Xは、知人のAから生活資金の融資を懇請され、連帯保証人を立てることを条件に、これに応じることとし、2021年7月7日、Aに対し、金200万円を「2021年7月から毎月末日に10万円ずつ銀行振込の方法で支払うこと、Yが分割払いの支払いを1回でも怠ったときは期限の利益を失い、残額全部の弁済期が経過したものとする」との分割返済約定のもとに貸し渡すとともに、Aの義兄であるYとの間でAの借入金返済債務を連帯して保証する旨の保証契約を結んだ。

　ところが、Aは2021年9月分から分割返済金の支払いをしなかったので、Xは、2021年12月27日、Yに対し、借入金200万円の支払いを求めて訴えを提起した。

2　請求原因

改正法458条の2、458条の3は、いずれも、抗弁、再抗弁にかかわるものであり、請求原因には変更点はない。

記載例8—4—1

1　原告（X）は、被告（Y）に対し、2021年7月7日、200万円を次のとおりの約定により貸し付けた。

　　弁済期及び方法

　　　最終弁済期　　2023年2月31日

　　　　　　　　　　ただし、2021年7月31日を第1回とし、以後毎月末日に各10万円ずつを銀行振込により支払う。

　　期限の利益喪失　各分割金の弁済期が経過したときは被告（Y）は原告（X）に対する一切の債務の期限の利益を失う。

2　被告（Y）は、原告（X）との間で、前同日、前項のAの貸金債務を（連帯）保証するとの合意を書面によりした。

第3節　保証債務履行請求訴訟

3　2021年9月30日が経過した。

4　よって、原告（X）は、被告（Y）に対し、上記（連帯）保証契約に基づき、貸金残額180万円及びこれに対する2021年10月1日から支払済みまで年3分の割合による遅延損害金についての保証金の支払いを求める。

3　民法458条の3に基づく抗弁・再抗弁

(1)　抗　弁

改正法の債権者の保証人に対する債務情報提供義務（民法458条の2、同条の3）のうち、民法458条の3は、期限の利益喪失約定に関する。主債務者が期限の利益を喪失した場合には、債権者は2か月以内に、その事実を保証人（個人保証人）に通知しなければならない（同条1項）。知らない間に遅延損害金が膨らんで、その分を含めた請求を求められるのは、妥当でないとの立法趣旨による（筒井＝村松『一問一答』133頁）。

それゆえ、法律効果としては、2か月以内に通知しなかったからといって、期限の利益喪失（残額全額の請求）を保証人に対抗し得なくなるわけではないが、通知の欠缺に対応する分の遅延損害金について保証債務の履行を請求できなくなる（民法458条の3第2項）。その結果、遅れて通知をした時からの遅延損害金を請求し得るに過ぎなくなる。

ここでは、保証債務履行請求訴訟の訴訟物（本節Ⅰ・1）を踏まえ、民法458条の3所定の事実は、保証人が主張すべき抗弁となる（伊藤『要件事実Ⅰ』221～222頁〔河村〕）。

要件事実

①　保証人が法人ではなく個人であること（民法458条の3第3項）

②　主債務の期限の利益喪失

③　上記②を債権者が知ったこと

④　上記③から2か月の経過

255

〔第2部〕 第8章 消費貸借契約関係訴訟

> ⑤ 上記②の時点以降の遅延損害金の額（民法458条の3第2項）

　①については、請求原因で顕れているはずの事柄であり、②については、分割支払期限における不履行をいえば、請求原因1と合わせ、期限の利益喪失の事実の記載となる。

記載例8－4－2

　1　主債務者Aは、2021年9月30日、分割返済金の支払いをしなかった。
　2　主債務の分割返済の方法は銀行振込とされていたから、原告（X）は、遅くとも2021年10月5日ころには、上記1の事実を知った。
　3　2021年10月1日を起算とする遅延損害金の額

(2)　再抗弁

　以上に対して、中核的要件である「通知」は、通知がなかったことまで保証人が抗弁として主張証明しなければならないものではない。期間内に通知をした事実が債権者の再抗弁となる（伊藤『要件事実Ⅰ』222頁〔河村〕）。

　この点は、民法458条の3の文言上ははっきりしないが（2項「通知をしなかったときは……遅延損害金に係る保証債務の履行を請求することができない」）、上記のように解さなければ、期限の利益喪失の知らせを受けなかった保証人が、その本来知らされてしかるべき事項に属する事実を主張証明しなければならないことになって背理だからである。

要件事実

○　主債務の期限の利益喪失を知ってから2か月以内の到達通知

記載例8－4－3

　原告（X）は、被告（Y）に対し、主債務者Aが2021年9月分の分割返済金の支払いをしなかったことを同年11月20日に通知し、同通知は、同日、被告（Y）に到達した。

第3節　保証債務履行請求訴訟

2　民法458条の2に基づく抗弁・再抗弁等

(1)　抗　弁

民法458条の2は、債権者の一般的債務情報提供義務を定め、委託を受けた保証人から請求があったときは、債権者は遅滞なく主債務者に情報の提供をしなければならないと定めた。これは、従来、主債務者が無資力や行方不明状態になるまで保証人がかやの外に置かれ、請求を受けたときには遅延損害金が積み重なって多額に上り、主債務者への求償なども不可能となっているという酷な事態がしばしばみられたからである。

ここで、債権者の保証人に対する義務の不履行は、保証債務からの解放という効果を導き得るものとされている。同条には債務情報提供義務の違反の効果は明定されていないものの、債務不履行の一般原則に基づき、保証契約の解除が可能であると解されている（潮見『改正法の概要』125～126頁）。

要件事実（保証契約解除の抗弁）

①　保証委託

②　債権者への情報提供請求

③　相当期間の経過

④　解除の前提としての催告

⑤　上記②の不履行を理由とする保証契約の解除

---

①のように債務者から委託を受けていない保証人が除外されるのは、委託がないのに債務者情報を開示するのは債務者の個人情報保護の観点から適切でないとの趣旨である。②の請求は、④の解除の催告を兼ねると解される。

記載例8―4―4

1　被告（Y）は、2021年7月7日、主債務者Aから保証委託を受けた。

2　被告（Y）は原告（X）に対し、2021年10月1日、主債務者の元本残額、利息、遅延損害金、期限の利益喪失等についての情報提供を請求した。

257

〔第2部〕 第8章 消費貸借契約関係訴訟

> 3 被告（Y）は原告（X）に対し、2022年1月31日本件口頭弁論期日
> において、請求原因2の保証契約を解除するとの意思表示をする。

(2) 再抗弁

保証人の側からの解除の抗弁に関しては、民法458条の2の「保証人の請求があったときには、債権者は、保証人に対し、遅滞なく……情報を提供しなければならない」に関連して、次のような訴訟上の攻撃防御方法が予定される。

再抗弁・記載例 8 ― 4 ― 5

> 原告（X）は被告（Y）に対し、遅滞なく、請求所定の情報を提供した。

また、これに代えて、次の再抗弁を主張証明することができる。

再抗弁・記載例 8 ― 4 ― 6

> 1 XはYに対し、2021年○月○日、請求所定の情報を提供した。
> 2 Yの請求を受けてから上記情報提供までの間に、主債務者の債務の
> 履行状況等に変化はない。

再抗弁・記載例 8 ― 4 ― 7

> XがYに対して上記のYの請求に応じなかったのは、主債務者からの
> 「履行に向けて努力中なので、知らせないでほしい」という要請に基づく。

債権者による情報提供義務の懈怠は、それに基づく損害賠償責任を発生させることは明確であるが、保証人を保証債務から解放する効果と結びつく場合について改正法の下では、まだ不明確なところがある（能見＝加藤『判例民法4』375頁〔下村正明〕参照）。そのため、債権者による情報提供が多少遅れたとしても、解除の抗弁に対する再抗弁が立つ場合があると解される。また、通知をしなかったことが、主債務者の要請に基づくような場合には、やはり、保証債務からの解放の効果は生じないことがあり得る（中田裕康＝大

258

第3節　保証債務履行請求訴訟

村敦志＝道垣内弘人＝沖野眞已『講義　債権法改正』202〜203頁参照）。

　なお、保証人が解除ではなく損害賠償を選択した場合には、㋐相殺の抗弁または反訴の形になること、㋑同じ民法458条の2の義務違反であっても上記のような問題は生じないことに注意を要する。

〔第2部〕 第9章 債権譲渡関係訴訟

第9章 債権譲渡関係訴訟

訴訟の概要

　発達した資本主義経済社会では、債権者は、債権を売買することによって履行期前に金銭を入手し、これによって投下資本を回収し、あるいは、入手した金銭を新たな投資に利用することができる。債権譲渡は、経済活動と市場の活性化をもたらす作用を有し、「債権の流動化」という形で1990年代半ばから急速な高まりをみせている。かつて、指名債権の譲渡がされる場面として主に想定されていたのは、資金繰りに窮した債権者が自己の財産の一部の債権を弁済期前に、額面額より低い価格で第三者に譲渡して当面の運転資金・返済資金を確保するという危機対応型の場面であった（危機対応型取引）が、現在では、健全な企業による正常業務型の資金調達の方法（正常業務型資金調達取引）として債権譲渡の利用が活発化してきている（以上につき、潮見佳男『新債権総論Ⅱ』349頁、池田真朗「債権譲渡、債権担保の新動向」加藤雅信＝加藤新太郎編著『現代民法学と実務（中）』53頁以下）。

　改正法は、近年の債権流動化の要請に応えるために、譲渡禁止特約の効力を限定し（従来の物権的効力から債権的効力へ）、将来債権の譲渡を明文で認めるなどの手当てを行った。沿革的には、民法典起草時には、債権譲渡が悪辣な請求に利用されることが警戒されて債権譲渡の自由が否定されていたこと（明治9年7月6日太政官布告第99号）を考えると、債権譲渡は移り変わりの激しい法分野といえる。

　ここでは、近年、動きの激しい債権譲渡関係訴訟の分野に関し、改正法による変化を取り入れたうえでそのオーソドックスな要件事実を修得することを目標とすることとし（司研『類型別』124頁以下、鎌田ほか『民事法Ⅱ』305頁以下〔奥田隆文〕）、取引界の先端的な将来債権譲渡や動産及び債権の

第1節　譲渡禁止の特約、債務者に対する対抗要件、譲渡債権に付着していた抗弁事由が問題になる場合

譲渡の対抗要件に関する民法の特例等に関する法律（いわゆる「動産・債権譲渡特例法」）をめぐる新たな問題に対処するための応用型については読者自ら発展的に検討していただきたい（たとえば、升田純『要件事実の実践と裁判』222頁以下参照）。

第1節　譲渡禁止の特約、債務者に対する対抗要件、譲渡債権に付着していた抗弁事由が問題になる場合

Aは、2020年7月1日、Yに対し、400万円を弁済期2021年6月30日、利息年5分の約定で貸し付けた。Aは、2020年12月1日、Xに対し、AのYに対する上記貸付債権を代金350万円で売り渡した。

Xは、弁済期を経過した2021年7月上旬、Yに対し、元金400万円と利息20万円を支払うよう電話で催促したが、Yは支払いを拒絶した。

そこで、Xは、2021年9月1日、Yに対して、元金400万円と利息20万円、弁済期以降の遅延損害金の支払いを求めて訴えを提起した。

I　訴訟物と請求の趣旨

設例9—1における訴訟物は、XのYに対する（AとYとの間の消費貸借契約に基づいて発生した）貸金返還請求権である。債権譲渡は、債権の同一性を変えることなく、契約によって債権を移転することであり、債権譲渡によって、当該債権の帰属主体に変更は生ずるが、譲渡された債権の性質・内容に何ら変更は来さない。この債権譲渡の性質から、Xが主張する実体法上

〔第2部〕　第9章　債権譲渡関係訴訟

の請求権は、ＡＹ間の貸金返還請求権であるが、その訴訟物は、権利主体であるＸがＹに対して有するＡとＹとの間の消費貸借契約に基づいて発生した貸金返還請求権であると解される（北秀昭「債権譲渡」伊藤ほか『講座3』184頁以下、187頁）。

　請求の趣旨は、「被告は、原告に対し、420万円及びうち金400万円に対する2021年7月1日から支払済みまで年5分の割合による金員を支払え」と記載する。

Ⅱ　請求原因

　債権譲渡は、これによって債権の移転を目的とする処分的な行為である（動産や不動産を移転する契約と同様に、1個の財産として、譲渡によって処分されることから、準物権契約といわれている）。債権を譲渡する原因には、売買、贈与などさまざまなものがあるが、債権譲渡を目的とする売買・贈与などの契約と債権を移転すること自体を内容とする債権譲渡との関係は、動産・不動産の売買・贈与を目的とする契約とその動産や不動産を移転する契約との関係と同一にとらえることができる。したがって、理論的には、債権の売買などの原因行為とは別に、準物権行為としての債権譲渡契約を観念することはできるが、債権の売買・贈与が行われた場合に、実際上も、債権譲渡は必ずこの契約と別個に存在すると解する必要もなく、所有権の移転の場合と同様に、売買・贈与などのように終局において債権を移転することを目的とする行為においては、債権譲渡の効果もまたこれとともに生ずるのが原則である（我妻榮『新訂債権総論（民法講義Ⅳ）』519頁、526頁以下）。

　債権譲渡の対抗要件の主張証明責任については、後述のとおり、権利抗弁説をとるのが妥当であり、債務者の権利主張があったときに再抗弁として対抗要件の具備（通知または承諾）を主張すれば足り、請求原因の段階でこれを主張する必要はない。

　したがって、ＸがＹに対し、消費貸借契約に基づき、貸金の返還を求める場合の要件事実は以下のようになる。

262

第1節　譲渡禁止の特約、債務者に対する対抗要件、譲渡債権に付着していた抗弁事由が問題になる場合

要件事実

① 譲受債権の発生原因事実（売買型、貸借型の契約などさまざまなものがありうる）

② 譲受債権の取得原因事実

これを設例9―1にあてはめると、記載例は以下のようになる。

記載例9―1―1

1　Aは、2020年7月1日、被告（Y）に対し、400万円を弁済期平成25年6月30日、利息年5分の約定で貸し付けた。

2　Aは、2020年12月1日、原告（X）に対し、Aの被告（Y）に対する上記貸金債権を代金350万円で売った。

3　2021年6月30日が経過した。

4　よって、原告（X）は、被告（Y）に対して、A・被告（Y）間の消費貸借契約に基づき、元金400万円と利息20万円、弁済期である2021年7月1日から支払済みまで年5分の割合による遅延損害金の支払いを求める。

Ⅲ　抗弁・再抗弁

1　譲渡禁止特約の抗弁（債権的効力に基づく抗弁）

(1)　抗　弁

債権は、性質上譲渡が許されない場合を除き、自由に譲渡することができるのが原則である（民法466条1項）。この「債権譲渡自由の原則」により、当事者が債権譲渡を禁止する意思表示をしても、譲渡の自由のない債権を当事者が任意につくり出すことは認められず、譲渡禁止特約によって債権譲渡が妨げられることはない（同条2項）。したがって、譲渡禁止特約が付されていても、譲受人は常に債権を取得する。たとえ、悪意の譲受人であっても権利者（債権者）となる。

263

〔第2部〕 第9章 債権譲渡関係訴訟

　改正前には、譲渡性（すなわち、譲渡の自由）のない債権を当事者の意思によってつくり出すことが認められており、そのため、譲渡禁止特約は「物権的効力をもつ」といわれていた（物権的効力とは、結局、債権譲渡自由の原則を制限する効力のことである）。これに対して、改正法の下では、譲渡禁止特約は「債権的効力」しかもたない（債権譲渡自由の原則を制限する効力をもたない）。

　しかし、当事者が債権譲渡を禁止する旨を合意しただけでなく、譲渡禁止特約につき譲受人が悪意または重過失である場合には、悪意重過失者を保護する必要はないので、かかる譲受人に対しては、債務者は履行を拒むことができる（民法466条3項、権利者に対する履行拒絶の抗弁）。これは、旧法下で譲渡禁止特約を善意の第三者に対抗することはできない旨（旧466条2項ただし書）規定されていたものを判例（最判昭48・7・19民集27巻7号823頁）が善意・無重過失と解していたことに近い。しかし、旧法と異なり悪意重過失の譲受人に対する債権譲渡も有効であることに注意すべきである（大江『新債権法の要件事実』271頁）。譲受人が悪意・重過失であることの主張証明責任は債務者Yにある（民法466条3項）。

　そこで、設例9─1において、AとYとの間で、債権譲渡禁止特約の合意がされているような場合、債務者Yは、以下のとおり、譲渡禁止特約の抗弁を主張証明することができる。

要件事実

① 債権譲渡禁止特約の存在
② 譲受人が悪意または重過失であること

記載例9─1─2

1　被告（Y）は、Aとの間で、請求原因1の消費貸借契約締結の際、貸金債権の譲渡を禁止するとの合意をした。
2　原告（X）は、請求原因2の売買契約の際、上記譲渡禁止の合意を

第1節　譲渡禁止の特約、債務者に対する対抗要件、譲渡債権に付着していた抗弁事由が問題になる場合

> 知っていた。

(2)　再抗弁

取引の実際上、譲受人が悪意重過失であっても、債務者が債権譲渡を承諾することがある。この場合の「承諾」は、譲渡禁止特約上の利益を放棄する旨の権利者に対する意思表示であると解されている（潮見『改正法の概要』149頁）。

そこで、譲受人Ｘが、債務者Ｙから上記承諾を得ていたというような場合には、債務者Ｙからの譲渡禁止特約の抗弁に対して、Ｘは以下の事実を再抗弁として主張証明することができる。

なお、この議論は、債務者がいったんは債権譲渡を承諾するかのような言動をとりながら、その後、財産状態が悪化するなどして返済を拒むに至り、訴訟提起となった場合を念頭においていることはいうまでもない。

要件事実

○　ＹがＡからＸへの債権譲渡を承諾したこと

記載例９―１―３

被告（Ｙ）は、Ａに対し、○○○○年○月○日、Ａから原告（Ｘ）への債権譲渡を承諾した。

2　譲渡禁止特約の抗弁（物権的効力に基づく抗弁）

(1)　抗　弁

設例９―１において、譲渡債権が貸金債権ではなくて預貯金債権（債務者は金融機関ということになる）であった場合について考える。

一般の債権に関する譲渡禁止特約の効力は上記のとおりであるが、預貯金債権については、例外的に別扱いがされている。預貯金債権についてだけは、改正前の扱いが残り、譲渡禁止特約は物権的効力をもつ。これは、預貯金に譲渡禁止特約が付いていることは広く周知されており、かつ譲渡の実例

〔第2部〕 第9章 債権譲渡関係訴訟

が少ないことが背景となっている。

　預貯金債権に譲渡禁止特約が付された場合には、悪意または重過失の譲受人に対する関係では債権譲渡の効力は生じない（民法466条の5第1項）。ここでは、債権譲渡の効力自体が生じない点で、一般の場合とは異なる。すなわち、悪意重過失の譲受人の請求を拒める点では、1の債権的効力に基づく抗弁の場合と同じであるが、抗弁の性格が異なる。この場合は、権利者に対する履行拒絶の抗弁ではなく、無権利者に対する履行拒絶の抗弁（無権利の抗弁）となる。

　要件事実の記載としては、1の債権的効力に基づく抗弁と同じである。

(2) 再抗弁

　譲受人が悪意であっても、その後に債務者が債権譲渡に承諾を与えた場合には、債権譲渡は譲渡時にさかのぼって有効となる（最判昭52・3・17民集31巻2号308頁）。

> 【最判昭52・3・17民集31巻2号308頁】（判決要旨）
> 　譲渡禁止の特約のある指名債権を譲受人が特約の存在を知つて譲り受けた場合でも、債務者がその譲渡につき承諾を与えたときは、債権譲渡は譲渡の時にさかのぼつて有効となり、譲渡に際し債権者から債務者に対して確定日付のある譲渡通知がされている限り、債務者は、右承諾後に債権の差押・転付命令を得た第三者に対しても債権譲渡の効力を対抗することができる。

　この場合の「承諾」は、譲渡禁止特約抗弁が債権的効力をもつにすぎない一般の場合の「承諾」とは異なる。法的には、「追認（追完）」（民法116条）の性質をもつ。このように考えることによって、はじめて譲渡禁止特約の物権的効力との関係を説明することができる。この場合、債務者の追認（追完）によって、債権譲渡の自由と譲渡権限が補完され、譲渡禁止特約の物権的効力による債権譲渡無効が当初に遡って有効になる。

　ここでも、譲渡禁止特約抗弁が債権的効力をもつにすぎない一般の場合と比べ、要件事実の記載は同じであるが、再抗弁の法的意味合いが異なる。前者は特約利益放棄の再抗弁であるが、この場合は処分権限追完の再抗弁であ

266

第1節　譲渡禁止の特約、債務者に対する対抗要件、譲渡債権に付着していた抗弁事由が問題になる場合

る。

3　債務者に対する対抗要件（権利行使要件）の抗弁

⑴　抗　弁

　債権譲渡された債権の債務者は、二重弁済の危険にさらされ、債権者が誰であるかにつき重大な利害関係を有するといえるから、民法は、債務者を保護するために、①譲渡人から債務者に対する通知、あるいは、②債務者からの承諾、という債務者に対する対抗要件（権利行使要件）を要求している（民法467条1項）。

　そこで、設例9─1で、Aから債務者Yに対する債権譲渡の通知あるいは債務者Yの承諾がないというような場合、Yは、抗弁として、以下のとおり主張証明することができる。

> **要件事実**
>
> ○　AからYへの債権譲渡の通知またはYの承諾があるまでは、Xを債権者と認めない。

　これは、民法177条に関する対抗要件の抗弁の箇所で触れたように（本書90頁）、いわゆる権利抗弁説と同様の考え方に基づくものである。すなわち、Yが対抗要件の欠缺を主張する正当な利益を有する第三者であることは、請求原因ですでに現れているので、ここでは権利主張のみをすれば足り、Yが、「AからYへの債権譲渡の通知もYの承諾もされていない」との事実までは主張証明する必要はない。

> **記載例9─1─4**
>
> 　請求原因2の債権譲渡につき、Aが被告（Y）に通知し、または、被告（Y）が承諾するまで、原告（X）を債権者と認めない。

⑵　再抗弁

　Yの債務者に対する対抗要件（権利行使要件）の抗弁に対し、Xは、債務者対抗要件（権利行使要件）を具備したことを主張証明することができる。

267

〔第2部〕 第9章 債権譲渡関係訴訟

この場合、通知は債権譲渡をした後にされたものでなければならないが、承諾は債権譲渡の前後のいずれにされたものであるかを問わない（最判昭28・5・29民集7巻5号608頁）。そして、承諾は、債権の譲渡人または譲受人のいずれかに対してすれば足りる（最判昭49・7・5裁判集（民）112号177頁）。以上のことを考慮すると、結局、譲受人Xは、以下のいずれかを再抗弁として主張証明することができる。

【最判昭28・5・29民集7巻5号608頁】（判決要旨）
　債権者が特定の債権を特定の譲受人に譲渡しようとするにあたり、債務者が予めその譲渡行為に同意を与えたときは、右譲渡の後、あらためて民法第467条第1項所定の通知または承諾がなくても、当該債務者に対しては、右債権譲渡を対抗し得ると解するのが相当である。

要件事実

○　AからYに対して債権譲渡以後、譲渡の通知をしたこと

要件事実

○　債権譲渡につき、YがAまたはXに対して承諾したこと

後者の再抗弁の記載例は以下のとおりである。

記載例9―1―5

　被告（Y）は、原告（X）に対し、○○○○年○月○日、請求原因2の債権譲渡を承諾した。

4　譲渡債権に付着している抗弁事由

譲渡人Aから譲渡通知があれば、債務者Yは、対抗要件具備時までに生じた事由をもって、譲受人Xに対抗することができる（民法468条1項）。ここで、「対抗要件具備時までに生じた事由」とは、たとえば、債務者Yがすでに譲渡人Aに弁済していること、譲渡対象である債権が不存在であること、債権発生原因である契約が解除されたり、取り消されたりして債権が消滅し

268

たこと、同時履行の抗弁権などである。

設例9-1で、YがAに400万円と弁済期までの利息（民法136条2項ただし書）を弁済していたとしよう。この場合、Yは譲渡人について生じた事由の抗弁として、以下の事実を主張証明することができる。

> **要件事実**
> ○　YがAに対し、債権につき、債務の本旨に従った給付をしたこと

> **記載例9-1-6**
> Yは、Aに対し、2020年10月30日、本件貸金債務の元本400万円と弁済期までの利息20万円を弁済した。

第2節　債権の二重譲渡の場合

Aは、2020年7月1日、Yに対し、400万円を弁済期を2021年6月30日、利息年5分の約定で貸し付けた。Aは、2020年12月1日、Xに対し、AのYに対する上記貸付債権を代金350万円で売り渡した。

Xは、2021年7月上旬、Yに400万円の返済を求めたが、Yは、2020年12月3日に到達した配達証明付内容証明郵便で、AからBに債権を譲渡した旨のA作成の通知書が郵送されている旨主張して、その返済を拒絶した。

そこで、Xは、2021年9月2日、Yに対して、元金400万円と利息20万円、弁済期以降の遅延損害金の支払いを求めて訴えを提起した。

〔第2部〕 第9章 債権譲渡関係訴訟

I 訴訟物と請求の趣旨

訴訟物と請求の趣旨は、第1節 I（261頁）と同じである。

II 請求原因

XがYに対し、消費貸借契約に基づき、貸金の返還を求める場合の請求原因は、第1節 II（262頁）で述べたのと同様である。

III 抗弁・再抗弁・再々抗弁

1 第三者対抗要件の抗弁

(1) 抗 弁

Yは、Xの請求原因に対して、以下のとおり、第三者対抗要件の抗弁を主張証明することができる。

要件事実

① AがBに対し債権を譲渡したこと（原因事実）

② AからBへの債権譲渡につき、それ以後、①の債権譲渡の通知をしたこと

あるいは、

②´ AからBへの債権譲渡につき、YがAまたはBに対し①の債権譲渡を承諾をしたこと

③ AからXへの債権譲渡につき、Aが確定日付ある証書による譲渡の通知をし、または、Yが確定日付ある証書による承諾をしない限りXを債権者と認めないとの権利主張

これは、二重譲渡における対抗要件という言葉から明らかなとおり、不動産との二重譲渡の場面における対抗要件の抗弁と同様の論理構造に基づく抗弁である（本書90頁）。②につき、Bが債務者対抗要件（権利行使要件）を欠けば、YはAからBへの債権譲渡の事実にもかかわらず、二重弁済の危険を

270

負うことなく、Ｘに弁済すべきことになるところ、Ｙとしては、Ｂが債務者対抗要件（権利行使要件）を備えた事実を主張証明することによって、Ｘとの関係で「第三者」の地位にあることを基礎づけることができる。また、③につき、Ｘが対抗要件を備えていない限り、ＹはＸからの支払請求に応じる必要はないことになるから、この権利主張が抗弁事由となる。なお、③を主張しない場合につき、２の「債権喪失の抗弁」を参照。

記載例 9 ― 2 ― 1

1　Ａは、Ｂに対し、2020年○月○日、請求原因１の貸金債権を300万円で売った。

2　Ａは、被告（Ｙ）に対し、2020年12月３日、１の債権譲渡を通知した。

3　請求原因２の債権譲渡につき、Ａが確定日付のある証書によって被告（Ｙ）に通知し、または、被告（Ｙ）が確定日付のある証書によって承諾するまで、原告（Ｘ）を債権者と認めない。

---

(2)　再抗弁

Ｙからの対抗要件の抗弁に対して、Ｘは、以下のとおり、第三者に対する対抗要件具備の再抗弁を主張証明することができる。

要件事実

○　ＡからＸへの債権譲渡につき、ＡがＹに対し確定日付ある証書による譲渡の通知をしたこと

　あるいは

○　ＡからＸへの債権譲渡につき、ＹがＡまたはＸに対し確定日付ある証書による承諾をしたこと

そうすると、設例９―２で、ＡがＹに対する貸金債権をＸに譲渡した後、内容証明郵便によってＹに債権譲渡の通知をしていたような場合には、Ｘによる再抗弁の記載例は以下のとおりとなる。

271

〔第2部〕 第9章 債権譲渡関係訴訟

記載例9—2—2

　Aは、被告（Y）に対し、2020年12月〇日、内容証明郵便によって、請求原因2の債権譲渡を通知した。

(3) 再々抗弁

　Xの対抗要件具備の再抗弁に対し、YはBの対抗要件具備がXに先立つことを主張証明することができる（もっとも、ＸＹ双方が対抗要件具備を主張証明する中で、具体的な日時が現れることになる）。

2　債権喪失の抗弁

(1) 抗　弁

　Yは、Xの請求原因に対して、以下のとおり、債権喪失の抗弁を主張証明することができる。Bが第三者に対する対抗要件を具備したことにより、AからXへの貸金債権移転の効力が否定され、Xは債権を喪失する結果となるから、以下の事実は債権喪失の抗弁として機能する。

要件事実

①　AがBに対し債権を譲渡したこと（原因事実）

②　AからBへの債権譲渡につき、それ以後、AがYに対し確定日付ある証書による譲渡の通知をしたこと

　　あるいは、

②´　AからBへの債権譲渡につき、YがAまたはBに対し確定日付ある証書による承諾をしたこと

記載例9—2—3

1　Aは、Bに対し、2020年〇月〇日、請求原因1の貸金債権を300万円で売った。

2　Aは、被告（Y）に対し、2020年12月3日、内容証明郵便によって1の債権譲渡を通知した。

(2) 再抗弁

Xは、Yの「Bが第三者対抗要件を具備した」という債権喪失の抗弁に対し、自らも対抗要件を具備したことを再抗弁として主張証明することができる。

> **要件事実**
>
> ○ AからXへの債権譲渡につき、それ以後、AがYに対し確定日付ある証書による譲渡の通知をしたこと
>   あるいは
> ○ AからXへの債権譲渡につき、YがAまたはXに対し確定日付ある証書による承諾をしたこと

(3) 再々抗弁

Xの第三者対抗要件具備の再抗弁に対して、Yは、Bの第三者対抗要件具備がXの第三者対抗要件具備に先立つことを再々抗弁として主張証明することができる。

> **要件事実**
>
> ○ AからBへの債権譲渡についての第三者に対する対抗要件の具備が、AからXへの債権譲渡についての第三者に対する対抗要件の具備に先立つこと

第3節　将来債権の譲渡

Aは、空き地を所有していたため、アパート経営による老後の生活設計を考え、同土地上に2階建てアパート（全10戸）の建築を計画したが、折悪しく建築途中で病気になり、療養上の不安と建築資金借入金の返済のため、同アパート完成後に発生

〔第2部〕 第9章 債権譲渡関係訴訟

が見込まれる家賃を譲渡することにし、2020年7月1日、Xに
対し、建物竣工後向こう10年間に生ずる全賃料債権を代金3000
万円で売り渡した。

　Aは、当初の計画よりも建物を大幅に低仕様に変更し、上記
代金3000万円で建築資金を手当てして、同アパートは2020年10
月末日に完成し、同日、賃借人の入居募集が始まった。入居募
集に際して、XはAに「本物件の家賃は包括譲受人であるXに
お支払いいただきます」と案内するように依頼した。

　2020年12月1日、Xが、同年11月1日に入居したYに対し
て、同月分家賃8万円を請求したところ、Yは「大家はAだと
思っている」、「それに造りが粗悪なため暖房も十分に効かない」
と言って、支払いを拒絶した。

　そこで、Xは、平成2021年2月1日、Yに対して、経過賃料
と各弁済期以降の遅延損害金の支払いを求めて訴えを提起した。

I　訴訟物、請求の趣旨、請求原因

　将来債権の譲渡については、従来、当の債権が将来発生することが確実で
あることが前提となると考えられてきたが、最高裁は、債権発生の確実性や
可能性を問題とすることなく、将来債権の譲渡を認めるに至った（最判平
11・1・29民集53巻1号151頁）。そして、改正法は、これを明文で認めた（民
法466条の6第1項「債権の譲渡は、その意思表示の時に債権が現に発生している
ことを要しない」）。

　その趣旨は、次のとおりである。発生確実性や可能性は、債権譲渡契約の
当事者にとって契約をするときに考慮される最も重要な事柄であることは違
いないとしても、その程度やそれに伴うリスクを勘案してなお債権譲渡契約
が締結されたのであれば、効力を否定するまでのことはなく、そのような不
確実性を含んだ内容のものとして成立することを認めてよい筋合いであり、

第3節　将来債権の譲渡

結局、発生確実性がないことや可能性が低いことは、債権譲渡の許容性・有効性の問題ではないと考えられる。

また、改正法は、譲受人は発生した債権を当然に取得するとした（466条の6第2項）うえ、対抗要件の具備についても、通常債権の譲渡と全く同じ扱いをすることを定めた（467条1項「債権の譲渡（現に発生していない債権の譲渡を含む）は、譲渡人が債務者に通知をし……」）。

なお、将来債権の譲渡が行われた場合においても、譲受人が債務者に対して訴訟を提起する時点では、もはや将来債権ではなくなっているのが通例であり、訴訟自体は現実の債権の履行請求になる。それゆえ、訴訟における請求の趣旨や訴訟物、要件事実は、通常の場合と変わるところはない（→「債権譲渡」＋「賃料請求訴訟」）。

記載例9─3─1

1　Aは原告（X）に対し、2020年7月1日、本件アパート各室を不特定の入居者に賃貸することにより竣工後向こう10年間に生ずる賃料債権を代金3000万円で売り渡した。

2　Aは、2020年11月1日、被告（Y）との間で、本件アパート101号室を賃料月額8万円で貸渡した。

3　2021年2月1日が経過した。

4　よって、Xは、Yに対して、A・Y間の賃貸借契約に基づき、経過賃料24万円と、各弁済期（うち8万円については2020年12月1日、うち8万円については2021年1月1日、うち8万円については2021年2月1日）から支払済みまで年3分の割合による遅延損害金の支払いを求める。

II　抗弁・再抗弁

抗弁以下については、かなり特殊性が出てくる。抗弁・再抗弁の注意点は、次のとおりである。

275

〔第2部〕 第9章 債権譲渡関係訴訟

1 無権利の抗弁（債権譲渡の公序良俗違反無効）

債権譲渡が公序良俗違反（一種の暴利行為）で無効となる可能性がある。これを債務者からみた場合、原告たる譲受人は無権利者にほかならないことになる。

債務者が将来取得する一切の債権を譲り受けることは許されるかという問題を考えればわかるように、あまりに長期間分の将来債権の譲渡は、譲渡人の営業や生活を大きく圧迫したり、他の債権者に不当な不利益を及ぼす弊害が考えられる。そのため、期間の長さ等から社会通念上相当な範囲を逸脱するとみられるような場合には、民法90条違反で無効となる（前掲最判平11・1・29）。

この場合、債務者は、譲受人に対して譲渡無効による無権利の抗弁を出せることになる。この無権利の抗弁の要件事実の記載としては、公序良俗違反の基礎付け事実がそのまま横滑りしてくることに留意されたい。いわゆる規範的要件に関する事実記載の問題になる。したがって、判例理論（前掲最判平11・1・29等）の内容に則って、当該事案の諸事実の中から必要十分な複数の事実を抽出することを要する。

要件事実

○　**AからＸへの将来債権の譲渡が公序良俗に違反することの評価根拠事実**

記載例 9 ― 3 ― 2

1　請求原因1のAからＸへの将来債権の譲渡は、将来の10年間に発生したすべての賃料という極めて長期間の債権を対象としていること。

2　1の債権譲渡の対価は、向こう10年間に発生することが見込まれる家賃総額を大きく下回っていること。

3　もともと、Aは、老後の生活資金として、本件アパート経営による家賃収入を当て込んでいたものであり、1の債権譲渡はAの生活を大

第3節　将来債権の譲渡

きく圧迫するものであること

4　1の債権譲渡の当時、すでにAは病身であったこと。

5　Aは現在も療養生活を続けていることから明らかなように、1の債権譲渡はAの病気治療さえも圧迫しかねないこと。

6　上記3乃至5について、Xは知悉していたこと。

7　そのうえで、Xは、Aの老後の生活資金たる本件将来債権を買い叩いて取得したこと。

8　以上により、AからXへの債権譲渡は、公序良俗違反で無効である。それゆえ、Xは債権者ではなく、無権利者にほかならない。

これに対しては、もちろん、評価障害事実が再抗弁となる。

記載例9－3－3

1　請求原因1のAからXへの将来債権の譲渡は、Aからの懇請を受けて行われたこと。

2　Aからの懇請に基づき、Xは、同債権譲渡の対価3000万円を直ちに出金したこと。

3　2の3000万円は、建築資金借入金に返済に充てられ、その結果、Aは、土地に付されていた抵当権の実行を免れたこと。

4　本件アパートの建築途中で不幸にもAが病気となってしまったために、当初の建築計画は、2020年7月1日の時点で大幅に簡略・安価・低質に修正された。そのため、変更後の本件アパートの構造・仕様では、家賃水準は今後、急速に低減していくのが確実であったこと。

5　のみならず、近い将来、空きが出る可能性が大きかったこと。

6　さらには、上記4の事情で入居者も中流以下の層しか見込めず、賃料債権の取立てのために少なからぬ費用が掛かると見込まれたこと。

2　譲渡禁止特約の抗弁（同特約の時期の問題）

将来債権の場合は、譲渡禁止特約について譲渡時と特約時が前後すること

〔第2部〕 第9章 債権譲渡関係訴訟

が考えられる。この点を考慮して、改正法は、債務者対抗要件（権利行使要件）具備時を基準として、それまでの間に譲渡禁止特約が付された場合には、譲受人の悪意を擬制した（民法466条の6第3項）。たとえば、設例9―3で、もし、入居募集に際して「本物件の家賃は包括譲受人であるXにお支払いいただきます」との案内がされず、あるいは、それが遅れ、入居が始まってしまい、案内前に応募者YがAと譲渡禁止の特約を結んだようなケースであれば、譲受人Xの請求を拒める。

他方、債務者対抗要件（権利行使要件）具備時後に譲渡禁止特約が付されても、譲受人に対して意味をなさない（筒井＝村松『一問一答』175頁、潮見『改正法の概要』157頁）。たとえば、設例9―3で、「本物件の家賃は包括譲受人であるXにお支払いいただきます」とのAによる案内が入居募集開始とともに実行されたとすれば、その後に、大家Aと応募者Yが譲渡禁止の特約を結んでも、もはや譲受人Xの善意・悪意は問題とならず、効力をもたない。

以上は、「譲渡禁止特約の抗弁（債権的効力に基づく抗弁）」の特殊なものということになる。そして、上記の実体法上の規律は、抗弁・再抗弁に配分される。

要件事実

〇 譲渡禁止特約の存在

記載例9―3―4

1 被告（Y）は、Aとの間で、請求原因2の賃貸借契約締結の際、賃料債権の譲渡を禁止するとの合意をした。

これに対する再抗弁として、

要件事実

〇 先立つ債権譲渡の通知または債務者の承諾

第3節　将来債権の譲渡

記載例 9 ― 3 ― 5

　Aは、被告（Y）に対し、2020年10月末日の賃借人入居募集の際に、「本物件の家賃は包括譲受人であるXにお支払いいただきます」との文書による案内をした。

3　拡張的相殺の抗弁

　Yは、A→Xの債権譲渡の対抗要件具備時前にAとの間で生じていた債権があれば、相殺をもってXに対抗できる（民法469条1項、改正法によるいわゆる「無制限説」の明文化）。さらに、上記対抗要件具備時後に生じていた債権であっても、具備時より前の原因に基づくものについては、同様に対抗できることになった（同条2項1号、改正法による一般的拡張）。

　以上に加えて、将来債権の譲渡の場合には、上記対抗要件具備時後に生じていた債権であっても、将来債権と同一契約によるものであれば、対抗できるとされるに至った（民法469条2項2号、改正法による将来債権の場合の拡張）。同号は、文言上の明示の限定はないが、実質上、将来債権に限られる（部会資料74A・15頁）。これにより、たとえば、設例9―3で、入居者Yがいうような状況（冬季に暖房が十分に効かないこと）が構造や仕様上の不具合で生じたとすれば、Yは、民法559条、564条、415条により損害賠償請求権を取得するから、これとXの賃料請求権とを対当額で相殺するとの抗弁が出せることになる。そして、それは、将来債権譲渡の対抗要件具備時のいかんにかかわりない。設例9―3において、「本物件の家賃は包括譲受人であるXにお支払いいただきます」とのAによる案内が、たとえ入居募集開始とともに実行されていたとしても、YはXに対して、請求にかかる3か月分の家賃の全月額について、上記割合による相殺の抗弁を提出できる。

　これは、譲受人も、継続的契約から生ずる将来債権を譲り受ける以上、その継続的契約に基づく相殺のリスクを計算に入れておくべきであり、同一契約から生じた債権債務であるにもかかわらず相殺を認めないのは、かえって公平を失するという考え方による（潮見『改正法の概要』162～163頁）。

279

〔第2部〕 第9章 債権譲渡関係訴訟

> ### 要件事実
>
> ① 自働債権の発生原因事実
> ② ①の自働債権が請求原因1の債権譲渡の譲渡債権と同一の契約から生じたこと。
> ③ 受働債権(請求債権)につきYがXに対し一定額について相殺の意思表示をしたこと

> ### 記載例9―3―6
>
> 1 被告(Y)とAとの間で締結された請求原因2の賃貸借契約に基づいて引渡された本件アパート101号室は、構造上・仕様上、暖房が十分に効かず、賃貸借契約の内容に適合しない物件であり、これによって、被告(Y)は風邪をひき、こじらせて肺炎になり、入院加療を要し、その結果、賃貸目的物契約不適合及び債務不履行に基づき、治療費・入通院慰謝料・休業損害等合計100万円の損害賠償請求権を有する。
> 2 YはXに対して、2021年2月20日の本件口頭弁論期日において、上記1の債権をもって、Xの本訴請求債権とその対当額において相殺するとの意思表示をした。

　1は、上記要件事実①・②に対応する。なお②は請求原因1の事実記載とあわせて顕れている。

　民法469条2項2号の定める相殺の合理性は、設例9―3で、仮に本件アパート101号室に使用収益ができない部分があった場合はどうなるかを考えれば、比較考察上明らかになる。賃貸物の一部が賃借人の責めに帰すべからざる事由で使用収益できない場合、その割合に応じて賃料は当然減額されるが(民法611条1項)、将来債権の譲渡の後に、かかる状況が発生したときも賃料減額を譲受人に対抗できなければ公平を欠く。これとの権衡上、同法469条2項2号では、譲受人の取得した将来債権の発生原因たる契約(上記説例では賃貸借契約)と同一契約上の反対債権(借家人の損害賠償請求権等)は、

280

将来債権が譲渡され、その対抗要件が具備された後に発生したものであっても、なお相殺可能とされたのである。

第10章 債権者代位訴訟

訴訟の概要

債権者代位訴訟は、民法上の債権者代位権（民法423条～423条の7）に基づく訴訟であるが、機能的には民事執行法上の強制執行と隣接する。その意味で、かなり理解の難しい訴訟類型であるが、まず、本訴訟類型の基本的性格・構造を理解するためのポイントを挙げる。

1 どのような利益状況を想定した制度か

債権者代位権とは、債権者が債権を保全するため、債務者が第三者に対して有する権利を代わって行使する債権者の権利である。

一般債権者（抵当権等優先弁済を受けるための物的担保を有しない債権者）にとって、債権の実現（いわゆる「債権回収」）は、最終的には債務者の一般財産への強制執行に依拠する。つまり、債務者の一般財産は、債権者の責任財産という意味合いを帯びている。この観点からは、「債務者が自分の権利を行使しようとしまいと債務者の自由である」と言って済ませることはできない。特に、債務者が自分の権利を行使しようとしないのは、事業破綻や財産状態の悪化を背景に、債務者自身が権利行使に関心を失っているケースに多い。

以上のような利益状況を背景にして、民法は、一定の場合に、債権者が債務者の権利に干渉することを認めた。

2 法制度としての基本的性格

このように、債権者代位権は、債務者の責任財産を保全するためのものである（「責任財産保全機能」）。換言すれば、将来の債権回収としての強制執行が奏功するために、その準備を整えるための制度である（「強制執行準備的機能」）。

ただし、強制執行自体は民事執行法上の手続であるから、民法上の債権者代位権で直接的に強制的債権回収ができるわけではない。債務者の権利を代わって行使できるが、それは、自分にではなく債務者への給付をせよという請求権になる。

3 債権者がこの訴訟を提起する最大のメリットはどこにあるか

ところが、判例・通説は、一定の場合に、債権者代位権の行使の結果、債権者は代位行使された権利の目的物を直接自己に給付するよう求めることができるとしてきた。これは、債権者代位権の本来の機能（「責任財産保全」、「強制執行準備」）を逸脱するが、やむを得ざる実際上の処理として認められてきたものである。というのも、債権者代位権が切実な問題となるのは、上記のように、債務者の経営状態・財産状態の悪化で権利が放置されているときであるが、債務者自身が所在不明になっているケースもあり、目的物が金銭や動産の場合には、代わりに債権者に受領させるほか処置の仕様がないからである。そして、その直接請求権の考え方の延長線において、債権者がいったん代位権行使に着手すれば、それを知った債務者はもはや自己の権利を勝手に処分できなくなると解されていた（処分禁止効。大判昭14・5・16民集18巻557頁）。

債権者からみた場合には、目的物が金銭の場合、債権者代位権により自己がその金銭を受領したうえ、債権に充当することにより、優先的に弁済を受けてしまうことができる。この点が、本訴訟類型の最大のメリットとなっている（「債権回収機能」）。

4 改正法の要点

改正法は、上記の「債権回収機能」について、一部修正を加え、処分禁止効を否定した（民法423条の5前段）。また、第三者が債務者に金銭を支払い、目的たる動産を引き渡した場合、それが弁済として有効となる旨明示した（民法423条の5後段、弁済禁止効の否定）。そうすることで、債権者代位権の本来の性格を多少なりとも維持しようとしている。

また、改正法は、債権者自身の債権は強制執行により実現できないものであってはならず（自然債務など）、代位行使しようとする権利は差押え禁止財産（給与・退職金の一定部分など）であってはならないと規定した（民

〔第 2 部〕 第10章 債権者代位訴訟

法423条 3 項、同条 1 項ただし書）。これらも、「責任財産保全」、「強制執行準備」の基本機能を明確化する趣旨である（筒井＝村松『一問一答』91頁）。

5 債権者代位訴訟の構造

債権者代位訴訟は、債権者が債務者に代わって、債務者が第三者に対して有する権利を行使するものであるが、すでに述べたように、債務者は、権利の行使や帰趨には関心を失っている場合も少なくない。このような実態を反映して、この訴訟では、債務者は主役から外れる。比喩的にいえば、債権者が債務者を「踏み台」にして、第三者を訴訟の相手方にするのが債権代位訴訟であるという言い方ができる。改正法は、上記の第三者を「相手方」と呼んでいる（民法423条の 3 ～423条の 5 ）。

また、改正法は、債務者が相手方に対してもつ権利を「被代位権利」と定義している（民法423条 1 項）。この権利こそが、債権者代位訴訟で請求される当の権利にほかならない。

それに対して、債権者自身の債権は、講学上、被保全債権と呼ばれる。被保全債権は、債権者が「相手方」に対して訴訟を遂行するための「踏み台」であり、訴訟要件（法定訴訟担当としての訴訟追行を基礎づける当事者適格）である。

6 訴訟物、訴訟要件、要件事実

改正法は、①債権保全の必要性があること（民法423条 1 項本文「自己の債権を保全するため必要があるときは」）、②債務者が自ら権利を行使しないこと（条文にはないが制度趣旨から当然の前提とされる）を要件として、債権者は債務者に属する権利を代わって行使し得るとしている。ただし、被代位権利が債務者の一身専属権でなく、かつ差押え禁止財産でないことが必要であり（同項ただし書）、また、被保全債権は、強制執行により実現できる債権であって（同条 3 項）、その弁済期が到来していること（同条 2 項）が必要となる。

「債権保全の必要性があること」とは、具体的には、債務者の無資力を意味する（「無資力要件」）。そこで、債権者代位訴訟の実体的要件を列挙すれば、次のとおりである。

① 被保全債権の存在

②　被保全債権が強制執行により実現できるものであること
　③　被保全債権が弁済期にあること
　④　債務者の無資力
　⑤　被代位権利の存在
　⑥　被代位権利が債務者の一身専属権でなく、かつ差押え禁止財産でないこと
　⑦　債務者の権利不行使。

　うち、⑤・⑥については、⑥は⑤の事実記載により自動的に顕れるという関係になる。

　以上のうち、①④⑤が請求原因、②③⑥⑦は抗弁となる。

　また、上記①（「被保全債権」）は、訴訟要件であり（前出）、④（無資力要件）も、法文上、これと密接に位置づけられているから（民法423条1項「自己の債権を保全するため必要があるときは」）、同様である（これらを欠くと訴え却下）。それに対して、裁判の審理対象たる訴訟物は、上記⑤（「被代位権利」）になる。

第1節　本来型（被代位権利＝金銭債権）

　Xは、小学校時代からの友人で、個人経営の中古自動車販売業を営むAから借金の依頼を受け、2020年12月1日、Aに対し、弁済期を2021年3月11日、利息の定めなしで100万円を貸し付けた。しかし、Aは弁済期を過ぎても100万円を返そうとせず、連絡もつかない状態になった。Xが調査したところ、Aはギャンブルに手を出して所在不明になっていた。Aの中古車販売場は土地も建物も賃貸物件で、A自身の見るべき資産としては、2021年3月10日にAがYに販売した中古車の代金債権200万円だけしか存在しなかった。

　そこで、Xは、2021年4月、Yに対し、100万円の支払いを

〔第 2 部〕 第10章 債権者代位訴訟

求めて訴えを提起した。

Ⅰ 訴訟物と請求の趣旨

債権者代位訴訟では、「被代位権利」が訴訟物となる。すなわち、ここでの訴訟物はＡのＹに対する売買契約に基づく売買代金請求権である。請求の趣旨は、「被告は原告に対し、100万円を支払え」と記載する。

ここでの留意点は、第 1 に、債権者代位権は民法上債権者に与えられた固有の権利であり、かつ、民事訴訟法上の法定訴訟担当の一場合であるから、代位債権者は、自己の名で権利行使できることである。第 2 に、被代位権利の額（ＡのＹに対する債権額200万円）が被保全債権の額（ＸのＡに対する債権額100万円）を超えるときは、後者の範囲内でしか代位し得ない（民法423条の 2 、「被保全債権の上限額ルール」）。第 3 に、半面では目的物が金銭の場合、代位債権者には直接請求権と受領権が認められており（民法423条の 3 前段）、代位して請求し得る分（上記100万円）については、代位債権者は優先弁済を受けることが可能である（同条後段、「債権回収機能」）。

Ⅱ 請求原因（要点）

> **要件事実**
>
> ① 被保全債権の発生原因事実（売買型、貸借型の契約などさまざまなものがある）
> ② 債務者が無資力であること（無資力要件）
> ③ 被代位権利の発生原因事実（売買型、貸借型の契約などさまざまなものがある）

> **記載例10— 1 — 1**
>
> 1 原告（Ｘ）は、2020年12月 1 日、Ａに対し、弁済期を2021年 3 月11

第1節　本来型（被代位権利＝金銭債権）

日、利息年5分の約定で100万円を貸し付けた。

2　2021年3月11日が到来した。

3　Aは、2021年3月10日、被告（Y）対し、代金200万円で中古車を販売した。

4　Aには、上記3の売買代金債権以外に原告（X）の上記1の債権を満足させることのできる財産はない。

5　よって、原告（X）は被告（Y）に対し、Aに代位して、Aと被告（Y）との間の売買契約に基づきAが被告（Y）に対して有する売買代金100万円の支払いを求める。

Ⅲ　請求原因の補足説明

1　被保全債権の内容確定性

具体的内容が確定される前の債権、たとえば、協議・審判等によって内容が決まる前の抽象的な財産分与請求権などは被保全債権としての適格を欠く（最判昭55・7・11民集34巻4号628頁）。たとえば、協議離婚や調停離婚に先立って、財産分与請求権を被保全債権として債権者代位権により相手方配偶者に属する財産を保全することは認められていない。この場合は、訴訟要件を欠き、訴え却下となる。

2　無資力要件

上記（要件事実）②の「債務者の無資力」（無資力要件）は、上記①の「被保全債権の存在」とともに、訴訟要件たる当事者適格を基礎づける要件事実になる（上述「訴訟の概要　6」参照）。「訴訟要件たる当事者適格を基礎づける」とは、一言でいえば、債務者が無資力の場合に限って債権者が介入することが認められ、訴訟追行権を獲得するということである。

この「無資力」の内容は、「負債総額が資産総額を上回る」という計算上の観点が基本となる（潮見『新債権総論Ⅰ』658頁）。積極財産と消極財産との比較によって決まる概念（「債務超過」）である。

〔第 2 部〕 第10章 債権者代位訴訟

　無資力要件に関しては、事実的要件か、規範的要件かという論点がある。

　事実的要件説が多数説であり、「債務者の責任財産から当該代位権の目的
である金額を差し引いた残額が債権者の有する金銭債権より少額であるとい
う事実」を主張証明すべきものと解する（最判昭40・10・12民集19巻 7 号1777頁）。
債権者は債務者の積極財産と消極財産のすべてを詳細に明らかにしなければ
ならないというわけではなく、事実上の推定や間接反証などを用いて、適
宜、その主張証明責任の緩和が図られる（鎌田ほか『民事法Ⅱ』268頁〔加藤
幸雄〕）。これに対して、規範的要件説は、「債務者が無資力である」と主張
するだけでは不十分で、無資力であることを基礎づける評価根拠事実を主張
しなければならないと解する（伊藤『要件事実Ⅰ』157頁〔北秀昭〕）。評価的
な要素はあるが、上記のとおり積極財産と消極財産との比較によって認定判
断することができるのであるから、事実的要件と解するのが相当である。

3　被代位権利の一身専属性

　上記（要件事実）③の被代位権利につき、民法423条 1 項ただし書は、「債
務者の一身に専属する権利……は、この限りではない」と規定している。債
務者の相手方に対する権利が一身に専属する権利であるときは代位権の目的
とはならない。

　一身専属性は、被代位権利の発生原因たる事実を主張するなかで必然的に
現れるから、その権利が文字どおりの一身専属権の場合には、主張自体失当
となる。

　裁判実務上問題となるのは、㋐生命保険契約の解約権および解約返戻金請
求権、㋑遺留分減殺請求権、㋒慰謝料請求権、㋓財産分与請求権であるが、
㋐は一身専属権ではないとされ（最判平11・ 9 ・ 9 民集53巻 7 号1173頁）、㋑
と㋒は、原則として一身専属性を有するが、例外的に、特段の事情等がある
場合には代位行使が認められるとされている（㋑につき最判平13・11・22民集
55巻 6 号1033頁、㋒につき、最判昭58・10・ 6 民集37巻 8 号1041頁）。㋓につい
ては、まだ最高裁判例はない（学説上は具体化しているかどうかが基準にされ
ていることにつき、奥田昌道編『新版注釈民法（10Ⅱ）』731頁〔下森定〕）。なお、

288

この㋩の点と被保全債権としての財産分与請求権の確定性の論点（上述1参照）は区別しなければならない。

> 【最判平13・11・22民集55巻6号1033頁】（判決要旨）
> 遺留分減殺請求権は、遺留分権利者が、これを第三者に譲渡するなど、権利行使の確定的意思を有することを外部に表明したと認められる特段の事情がある場合を除き、債権者代位の目的とすることができない。

> 【最判昭58・10・6民集37巻8号1041頁】（判決要旨）
> 名誉侵害を理由とする慰籍料請求権は、加害者が被害者に対し一定額の慰籍料を支払うことを内容とする合意若しくはかかる支払を命ずる債務名義が成立したなどその具体的な金額が当事者間において客観的に確定したとき又は被害者が死亡したときは、行使上の一身専属性を失う。

したがって、これらの場合には、債権者である原告としては、一身専属性を喪失させる事情（遺留分減殺請求権では、遺留分権利者が第三者に譲渡するなど権利行使の確定的意思を有することを外部に表明したと認められる事情、慰謝料請求権では、当事者間で具体的な金額として確定したこと）を主張証明する必要がある。

4 訴訟告知の必要性

代位債権者は、債務者に訴訟参加の機会を与えるため、訴訟告知をしなければならない（必要的訴訟告知。民法423条の6）。これは、本来の要件事実ではなく、訴訟提起時に要求されるわけでもないが、遅滞なく訴訟告知をしないと債務者に対する手続保障に反するものとして、訴え却下になる（筒井＝村松『一問一答』94頁、潮見『新債権総論Ⅰ』702頁、伊藤『要件事実Ⅰ』162～163頁〔北〕）

Ⅳ 抗 弁

1 債務者の権利不行使

条文には規定がないが、代位権の行使には、債務者自らが自分の権利を行使しないことが必要である（最判昭28・12・14民集7巻12号1386頁）。そして、

〔第 2 部〕 第10章 債権者代位訴訟

債務者の権利不行使が請求原因となるのではなく、債務者が権利行使をした
ことが相手方の抗弁になる（潮見『新債権総論Ⅰ』653頁、近藤昌昭「債権者代
位権」伊藤ほか『講座 3 』112頁。司研『要件事実について』45頁、倉田『債権総論』
169頁参照）。

【最判昭28・12・14民集 7 巻12号1386頁】（判決要旨）
　債務者がすでに自ら権利を行使している場合には、その行使の方法または結果
の良いと否とにかかわらず、債権者は債権者代位権を行使することはできない。

2　期限の抗弁

民法423条 2 項本文は、「債権者は、その債権の期限が到来しない間は、被
代位権利を行使することができない」と規定する。ここでも、債権の履行期
の到来していることが請求原因となるのではなく、履行期の到来していない
こと（正確には、期限が付されていること）が抗弁となる（潮見『新債権総論Ⅰ』
653頁、近藤・前掲論文111頁。司研『要件事実について』46頁、倉田『債権総論』
167頁参照）。

また、代位行為が保存行為であること（民法423条 2 項ただし書）を再抗弁
とすることができる（潮見『新債権総論Ⅰ』654頁）。

もっとも、設例10－ 1 のように、被保全債権が貸金債権で、弁済期の主張
を要する貸借型の契約に基づく債権の場合には、期限の存在が主張自体から
必ず明らかになるので、請求原因の段階で履行期の到来を主張しておかなけ
ればならない。

3　資力の回復

債権者代位訴訟において、無資力要件の時点は、口頭弁論終結時に無資力
であることを意味すると解される。それまでに債務者が資力を回復したこと
は相手方が主張証明すべき抗弁となる。

4　「相手方の抗弁」（民法423条の 4 ）

債権者代位権では、債権者は債務者の権利を代わりに行使するのであるか
ら、相手方は、債務者自らが相手方に対して権利行使する場合と比較して不

利な地位におかれるべきではない。したがって、相手方は、債務者に対して主張することのできた相殺、権利消滅、同時履行等の抗弁をすべて代位債権者に対抗できる（民法423条の4）。

「相手方の抗弁」に対して、債権者である原告が再抗弁として主張できる事由は、債務者自身が主張することができるものに限られ、債権者独自の事情に基づく再抗弁は提出することができない（最判昭54・3・16民集33巻2号270頁）。

5　相手方の「債務者への後発的弁済」の抗弁

改正法の下では、債権者代位権が行使された後においても、相手方は被代位権利について債務者に対して履行することを妨げられない（民法423条の5後段）。改正前との大きな違いであり、改正前における判例（大判昭11・3・23民集15巻551頁）を変更するものである（筒井＝村松『一問一答』94頁、潮見『改正法の概要』80頁）。

債務者への後発的弁済は、債権者代位訴訟の判決後であっても、また判決確定後であっても、可能であり（潮見『改正法の概要』80頁）、債権者勝訴判決確定後に弁済した場合には、執行段階で争うことができる。

6　債権喪失の抗弁

改正法の下では、債権者代位権が行使された後においても、債務者の処分権限は何の影響も受けない（民法423条の5前段）。この点も改正前と異なる。

債務者が被代位権利を処分した場合（債権譲渡等）、これに伴って、相手方は債権喪失の抗弁を提出することが可能となった。

記載例10—1—2

○　Aは、2021年12月1日、請求原因3の代金債権をBに金100万円で売り渡した。

7　被保全債権が強制力を欠くこと

民法423条3項は、「債権が強制執行により実現することのできないものであるときは、被代位権利を行使することができない」と定めるが、これにつ

いては、強制力があることが請求原因になるのではなく、強制力を欠くことが抗弁となると解される（大江『民法(4)』128頁、伊藤『要件事実Ⅰ』157頁〔北秀昭〕）。強制力を欠く場合は、訴え却下となる。

強制力を欠く債権の具体例としては、不執行合意がある債権（最判平18・9・11民集60巻7号2622頁）、破産手続で免責決定を受けた債権（最判平9・2・25判時1607号51頁）などがある。

> **記載例10―1―3**
>
> ○ 請求原因1の貸金債権については、2020年12月1日、XとAとの間で不執行の特約がされた。

第2節　本来型（被代位権利＝特定債権）

Xは、自宅1階店舗で家族経営の瀬戸物小売業（個人事業）を営む知人Aから事業資金の融通を懇請され、2020年12月1日、Aに対し、返済期限を2021年5月31日、利息は利率年1割、元利金返済期一括払いの約定で500万円を無担保で貸し付けた。ところが、返済期限を過ぎてもAからの返済はなく、Xの再三の督促に対しても、Aは「今は店の経営が苦しいので待ってくれ」と言うだけで、利息金一部の内入れ要請にも応じなかった。XがAの財産関係を調査したところ、貸付け後半年の間に、瀬戸物小売業の経営状況は急速に悪化しており、Aの唯一の資産である自宅建物（借地上建物）（以下、「本件建物」という）は、Y（Aの配偶者）に登記名義が変えられていたことがわかった。そのうえ、不動産登記簿の記載によれば、Yへの所有権移転登記は、「令和3年5月1日財産分与」を原因として手続されており、A・Y夫婦は、2021年4月30日に協議離婚している

第2節　本来型（被代位権利＝特定債権）

ことも判明した。さらにＸが調査を続行したところ、Ａ・Ｙ夫婦は、現在も自宅建物で同居しており、以前と同様に自宅一階店舗で一緒に瀬戸物販売をしていることがわかった。

　そこで、Ｘは、2021年12月、Ｙに対し、上記物件についての所有権移転登記の抹消を求めて訴えを提起した。

Ⅰ　問題の所在

　設例における「離婚」は、財産隠しのための偽装離婚とみられる。偽装離婚は真意に基づかない身分行為として絶対無効であり（大判大11・2・25民集1巻69頁）、それに伴う財産分与は通謀虚偽表示で無効である（民法94条1項）。したがって、Ａ→Ｙの所有権移転登記は実体を伴わない無効なものとして、抹消登記請求の対象となる。

　設例のようなケースは、強制執行逃れのための財産隠しの一典型といえる。ここでは、債務者の財産隠匿に対して債権者にはどのような対抗手段があり、具体的に裁判でどのような手続をとるのが有効・適切であるか、そして、その場合の要件事実はどうなるかを考えることが主題になる。世上しばしばみられる事案でありながら、理論的整理はそう簡単ではない。

　判例・学説状況は、次のとおりである。

　考えられる法的対抗手段としては、詐害行為取消権と債権者代位権があるが、第三者の無効主張という問題も関連してくる。まず、執行免脱目的の財産隠匿は、社会通念上債権者を害する行為であるから、詐害行為取消請求が考えられる。しかし、判例は、このような場合に詐害行為取消権によることは認めていない（大判昭6・9・16民集10巻806頁）。民法上通謀虚偽表示は「無効」と規定されているが、無効であれば、その行為の取消しということもないという理由によるものである。

　そこで、次に直截に、Ａ→Ｙの財産分与の無効を主張することが考えられる。ところが、判例上、第三者たる債権者が当事者間の虚偽表示の無効を直

293

〔第2部〕 第10章 債権者代位訴訟

接的に主張できるかどうかは定かではない（最判昭40・9・10民集19巻6号1512頁は、法改正前の錯誤無効に関して否定）。他方、債権者代位権によって債務者Aに代わって、A→Yの法律行為の無効を主張することは認めている（改正前の錯誤無効に関する最判昭45・3・26民集24巻3号151頁）。このような判例を受けて、学説も、虚偽表示の場合の無効主張は債権者代位権によるべきであるとしている。

　以上により、記載例10―2のような場合には、詐害行為取消訴訟ではなく、債権者代位訴訟を選択すべきことになる。

II　訴訟物と請求の趣旨

　債権者代位訴訟では、「被代位権利」が訴訟物となるから、設例10―2の訴訟物は、AのYに対する所有権に基づく所有権移転登記抹消登記請求権である。

　この場合の請求の趣旨は、「被告は、別紙物件目録記載の建物について、○○地方法務局令和○年○月○日受付第○○号の所有権移転登記の抹消登記手続をせよ」となる。

III　請求原因

　設例10−2における請求原因は、

> **要件事実**
>
> ①　被保全債権の発生原因事実
>
> ②　債務者の無資力
>
> ③　被代位権利の発生原因事実

となるが、③の被代位権利は「所有権に基づく所有権移転登記抹消登記請求権」であるから、その発生原因事実として、

> ⓐ　債務者Aが本件建物を所有していること

294

第 2 節　本来型（被代位権利＝特定債権）

　　ⓑ　本件建物について相手方Ｙ名義の所有権移転登記が存在すること

が上記③の内容になる。

記載例10―2―1

1　原告（Ｘ）は、2020年12月１日、Ａに対し、返済期限2021年５月31
　　日、利率年１割、利息金返済期一括払いの約定で500万円を貸し付けた。
2　2021年５月31日が到来した。
3　Ａには、本件建物以外に原告（Ｘ）の上記１の債権を満足させるこ
　　とのできる財産はない。
4　Ａは、2021年５月１日当時、本件建物を所有していた。
5　本件建物について、別紙登記目録記載の被告（Ｙ）への所有権移転
　　登記がされている。
6　よって、原告（Ｘ）は、被告（Ｙ）に対し、Ａに代位して、Ａの所
　　有権に基づき、上記所有権移転登記の抹消登記手続をすることを求め
　　る。

Ⅳ　抗弁・再抗弁

抗弁・記載例10―2―2

○　請求原因５の所有権移転登記は、2021年５月１日に行われたＡ・Ｙ
　　間の財産分与協議の結果に基づく。

再抗弁・記載例10―2―3

○　2021年５月１日に行われたＡ・Ｙ間の財産分与は、ＡがＹと通じて
　　した真意に反する仮装のものである。

295

[第2部] 第10章 債権者代位訴訟

第3節　転用型

　債権者代位権が、本来の制度趣旨とは全く異なる目的に転用される場合がある。転用例は、判例・学説によって解釈により認められてきたものであるが、改正法は、その場合の一つを明文化した（民法423条の7。筒井＝村松『一問一答』96頁）。

　債権者代位権の転用がどのような場合に認められるかについては、最大公約数的にまとめれば、次のようにいえる（「民法（債権法）の改正に関する中間試案」参照）。それは、債権者自身の債権と債務者の権利との間に、権利の本来的内容の実現の点において関連性が存在する場合、より具体的には、「債務者に属する特定の権利が行使されないことによって、債権者の債務者に対する特定の権利の実現が妨げられている」という関係が認められる場合において、「その権利を実現するために他に適切な法的手段がないとき」に「権利の性質に鑑み」肯定される。

　転用の場合には、特定の債権の本来的内容の実現が目的となるため、無資力要件は要求されない（民法423条の7前段参照……「自己の債権を保全するため必要あるときは」に類する文言がない）。また、被保全債権の上限額ルールも関係がない（同条後段は民法423条の2を準用していない）。

I　登記請求権保全のケース

設例
10-3

　Yは、2020年10月19日、Aに対し、別紙物件目録記載の土地（以下、「本件土地」という）を代金1000万円で売り渡す旨の売買契約を締結した。その後、Aは、2021年1月14日、Xに対し、本件土地を代金1200万円で売り渡す旨の売買契約を締結した。しかし、本件土地は登記簿上いまだY名義になっており、XはAに対し、YからAへの所有権移転登記をするよう催促しているが、AはXの要求に応じようとしない。

　そこで、Xは、Aに代位して、Yに対し、Aに対する所有権

第3節　転用型

移転登記手続を求める訴えを提起した。

1　訴訟物と請求の趣旨

不動産の順次譲渡の場合における登記請求権の保全は、転用事例のうち、改正法によって明文で規定された類型である（民法423条の7。筒井＝村松『一問一答』96頁）。

債権者代位権では、「代位行使される権利」が訴訟物であるから、設例10−2の訴訟物は、AのYに対する債権的登記請求権ないし物権変動的登記請求権である（Aはすでに本件土地の所有権者ではないから、物権的登記請求権を失っており、これを代位の対象とする余地はない）。

請求の趣旨は、「被告は、Aに対し、別紙物件目録記載の土地につき、令和2年10月19日売買を原因とする所有権移転登記手続をせよ」と記載する。

この場合に、原告（債権者）自身に所有権移転登記手続をせよとの請求の趣旨は成り立たない。この類型では、直接請求権は認められない（民法423条の7後段では、423条の3を準用していない）。

2　請求原因

(1)　債権的登記請求権に基づく場合

前記のとおり、この場合、債務者Aの無資力は要件事実とならず、債権者Xは、以下のとおり請求原因を主張証明することになる。

要件事実
①　被保全債権の発生原因事実（AとXが売買契約を締結したこと）
②　被代位権利の発生原因事実（YとAが売買契約を締結したこと）

記載例10−3−1
1　被告（Y）は、2020年10月19日、Aに対し、別紙物件目録記載の土地を代金1000万円で売り渡す旨の契約を締結した。
2　Aは、2021年1月14日、原告（X）に対し、本件土地を代金1200万

297

〔第2部〕 第10章 債権者代位訴訟

　円で売り渡す旨の契約を締結した。
3　よって、原告（X）は、被告（Y）に対し、Aに代位して、AとYとの間の売買契約に基づく本件土地の所有権移転登記手続を求める。

⑵　物権変動的登記請求権に基づく場合

　債権的登記請求権とは別に物権変動的登記請求権を主張する実益は、債権自体が時効消滅しているような場合にも物権変動的登記請求権を主張できるという点にある（近藤・前掲論文106頁）。この場合の請求原因は、以下のとおりである。

> **要件事実**
>
> ①　被保全債権の発生原因事実（AとXが売買契約を締結したこと）
> ②　被代位権利の発生原因事実（ⓐYは本件土地をもと所有していたこと、ⓑYとAが売買契約を締結したこと）

　この場合の被代位権利は、物権変動を生じた結果としての物権変動的登記請求権であり、物権変動を生ずるためには上記ⓐが必要である。

> **記載例10―3―2**
>
> 1　被告（Y）は、本件土地をもと所有していた。
> 2　被告（Y）は、2020年10月19日、Aに対し、別紙物件目録記載の土地（以下「本件土地」という。）を代金1000万円で売り渡す旨の契約を締結した。
> 3　Aは、2021年1月14日、原告（X）に対し、本件土地を代金1200万円で売り渡す旨の契約を締結した。
> 4　よって、原告（X）は、被告（Y）に対し、Aに代位して、Aが物権変動的請求権に基づきYに対して有する本件土地の所有権移転登記手続を求める。

Ⅱ　不動産賃借権保全のケース

設例10－4

Aは、別紙物件目録記載の建物（以下、「本件建物」という）を所有しているが、Xは、2020年10月28日、Aから本件建物を、賃貸期間の定めなし、賃料1か月8万円の約定で賃借した。ところが、その後、XがAから鍵の交付を受けて本件建物に引越しをしようとすると、見知らぬYが、本件建物を使用していた。Xは、本件建物の所有者AにYを立退かせるように求めたが、Aは対応してくれない。

そこで、Xは、Yに対し、本件建物の明渡しを求める訴えを提起した。

1　訴訟物と請求の趣旨

設例は、不法占拠者との関係で賃借人が所有者に代位して不動産賃借権を保全するケースである。転用例のうち、改正法によって明定されなかったが、判例・学説上、ほぼ一致して認められている類型である。債権者代位権では、「代位行使される権利」が訴訟物であるから、設例10－4の訴訟物は、AのYに対する所有権に基づく返還請求権としての建物明渡請求権である。この債権者代位権転用類型では、債権者は自己に直接その返還を求めることができる（最判昭29・9・24民集8巻9号1658頁）。したがって、請求の趣旨は、「被告は、原告に対し、別紙物件目録記載の建物を明け渡せ」と記載する。

2　請求原因

この場合も、債務者の無資力要件は問題とならない（大判大9・11・11民録26輯1701頁）。設例10－4の請求原因と記載例は、以下のとおりである。

> **要件事実**
> ①　被保全債権の発生原因事実（XがAとの間で賃貸借契約を締結したこと）

〔第２部〕 第10章 債権者代位訴訟

② 被代位権利の発生原因事実（Ａが本件建物を所有していること、Ｙが本件建物を占有していること）

記載例10—4—1

1　別紙物件目録記載の建物（以下「本件建物」という。）は、Ａの所有である。
2　原告（Ｘ）は、2020年10月28日、Ａから本件建物を以下の条件で賃借した。
　　賃貸期間　定めがない
　　賃　　料　１か月８万円
3　被告（Ｙ）は、本件建物を占有している。
4　よって、原告（Ｘ）は、その賃借権を保全するため、Ａに代位して、被告（Ｙ）に対し、本件建物の明渡しを求める。

Ⅲ　賃借権に基づく妨害排除請求（上記Ⅱの補論）

　対抗力を備えた不動産賃借権については、賃借権自体に基づいて直接、妨害排除請求・返還請求ができる。改正法は、明文でこれを認めた（民法605条の４。潮見『改正法の概要』298頁）。これは債権者代位訴訟の問題ではないが、賃借権自体に基づく直接的請求の場合と、上記Ⅱの債権者代位権に基づく場合とでは、どのような違いがあるかという観点から言及する。

1　訴訟物と請求の趣旨

　訴訟物は、ＸのＹに対する賃借権に基づく返還請求権としての建物明渡請求権であり、請求の趣旨は、特に違いを生じない（「被告は、原告に対し、別紙物件目録記載の建物を明け渡せ」）。

2　請求原因

第3節　転用型

> **要件事実**
>
> ① 本件建物についての賃借権の発生原因事実
>
> ② ①につき、対抗力を取得したこと
>
> ③ 被告Ｙが本件建物を占有していること

> **記載例10—4—2**
>
> 1　Ｘは、2020年10月28日、Ａから本件建物を以下の条件で賃借し、同
> 　日引渡しを受けた（←上記①＆②）。
>
> 　　賃貸期間　定めがない
>
> 　　賃　　料　1か月8万円
>
> 2　Ｙは、本件建物を占有している。
>
> 3　よって、Ｘは、賃借権に基づき、Ｙに対し、本件建物の明渡しを求
> 　める。

3　法的手段の比較

　二つの手段のうちどちらが有効であるかは、以下のように場面に応じて違いがある。

(1)　不法占拠者に対する関係

　まず、設例10—3のように、賃借人がまだ建物の現実の引渡しを受けていない場合には、借地借家法31条1項による対抗力を取得していないので、債権者代位訴訟によるほうが確実である（対抗力のない不動産賃借権の直接的妨害排除請求・返還請求については、これを肯定する学説もあるが、改正法の明文化から外れた）。

　対抗力を取得している場合には、不法占拠者に対する関係では、どちらでもほとんど変わらない。たとえば、設例10—3で、Ｘがいったん鍵の引渡しを受けたが施錠し忘れていたために不法占拠者に入り込まれたようなケースが、これに当たる。

　ただし、他人物賃貸借の場合には、非所有者に代位したところで被代位権

301

〔第2部〕 第10章 債権者代位訴訟

利自体がないから、債権者代位権によることは無意味である。賃借権に基づく直接的妨害排除請求による以外にない（潮見『新債権総論Ⅰ』715頁）。

⑵ 二重賃貸借の場合の賃借人相互間

不法占拠者に対する関係ではなく、賃借権の二重設定のようなケースでは、一方から他方に対する妨害排除請求はどうなるか。

この場合に債権者代位権によって所有者に代位したとしても、相手方も所有者と契約関係に立っているので妨害排除請求は問題とならない。互いに他方の契約関係が立ち塞がるだけであり、債権者代位権は機能しない。

したがって、この場合は、民法605条の4の賃借権に基づく直接的妨害排除請求によることになる。その結果、対抗力の有無・先後によって、どちらが優先するか決まるという物権法上の対抗問題類似の関係になる。たとえば、設例10―3で、Ｘがいったん鍵の引渡しを受けたが、その後Ｙにも賃借されてスペア・キーが渡され、先に引っ越されたようなケースが、これに当たる。

Ⅳ 抵当権に基づく妨害排除請求

抵当権の目的たる不動産が不法占拠された場合等、執行妨害的な状況に対して、抵当権者がどのような法的手段を取り得るかが、バブル経済崩壊後の不良債権処理を背景に大きな問題となった。平成8年以降、この点に関する民事執行法の改正が相次いだが、最も根本的な対応策として、①債権者代位権を活用して所有者の妨害排除請求権を代わって行使する方法と、②抵当権それ自体に基づき妨害排除請求を行う方法が判例によって認められるに至った（ⓐ最判平11・11・24民集53巻8号1899頁、ⓑ最判平17・3・10民集59巻2号356頁）。

要件としては、「抵当権の交換価値が妨げられ、抵当権者の優先弁済請求権の行使が困難となる状態」が中核となる。また、この場合、妨害排除請求の効果として抵当権者への目的不動産の引渡しを認めなければ執行妨害排除の目的を達し得ないが、抵当権は本来使用収益権能を伴わないはずであり

302

（「非占有担保」）、その点をどのようにクリアするかという法理論上の問題があった。判例法により、「管理占有」という新たな法的構成が案出された。

　この論点は、理論的にも実務上も重要であるが、上記最判ⓐⓑで抵当権に基づく直接妨害排除請求権が一挙に認められるに至ったため、債権者代位訴訟においては実益を失っている（上記①と②の関係は、賃貸借に関する上記ⅡとⅢの関係とパラレルであるが、この場合は、いずれにせよ登記済み抵当権を前提としており、②による以外に、①によらなければならないという場面が考え難い）。

　そこで、ここでは、上記①（代位権）ではなく、②（直接妨害排除請求権）の請求の趣旨・訴訟物・要件事実を念のため掲げておく。

1　訴訟物と請求の趣旨

　訴訟物は、ＸのＹに対する抵当権に基づく妨害排除請求ないしは返還請求権としての建物明渡請求権であり、請求の趣旨は、「被告は、原告に対し、別紙物件目録記載の建物を明け渡せ」と記載する。この点に関しては、「管理占有」という考え方が重要である。

2　請求原因

要件事実
①　本件建物についての抵当権の発生原因たる事実 　ⓐ　ＸＡ間における抵当権設定契約 　ⓑ　上記ⓐに基づく抵当権設定登記 ②　被告Ｙが本件建物を占有していること ③　上記②による「競売手続進行阻害のおそれ」または「売却価額下落のおそれ」 ④　「競売手続開始決定」または「被担保債権の債務不履行」

　④については、いつの時点から抵当権者の明渡請求が可能になるかという論点があり、㋐競売手続開始決定後でなければならないとの見解と㋑被担保債務の不履行時以降可能であるとの見解が対立している。

〔第2部〕 第11章 詐害行為取消訴訟

第11章 詐害行為取消訴訟

訴訟の概要

詐害行為取消権（民法424条〜425条の4）は、一般債権者にとって債権者代位権と並ぶ責任財産確保のための制度である。詐害行為取消訴訟は複雑であり、最難関の訴訟類型といっても過言ではない。まず、本訴訟類型の基本的性格・構造を理解するためのポイントを挙げる。

1　どのような利益状況を想定した制度か

詐害行為取消権は、債務者が経営状態・財産状態の悪化の下で、責任財産を逸失させるなど、債権者を害する法律行為等をした場合に、債権者として、その詐害行為の効力を否定し（＝取消し）、責任財産を回復させる（＝取戻請求）複合的権利である。

債権者代位権では、債権者が債務者に干渉するとはいっても、債務者のもともとの権利を代わって行使するだけであるが、詐害行為取消権は、債務者と第三者（法文上は「受益者」と呼ばれる）との間の法律行為等を覆すものであり、一層強力で、影響の大きな手段である。

また、経営状態・財産状態が悪化した債務者はもはや裁判の主役とならない点は債権者代位権と基本的に同じであるが、さらに詐害行為取消権では、残り少なくなった債務者の責任財産の引っ張り合いという実質をもち、債権者と受益者との利害対立は一層深刻である。学説においても、「詐害行為取消訴訟の実態は限りある責任財産の奪い合いであ（る）」「債務者は詐害行為取消訴訟について実際上の利害関係を失っている」（潮見『改正法の概要』95頁）と言われているほどである。

2　実質的観点と非常手続の色彩

以上を反映して、詐害行為取消権には、民法上の権利としては例外的に、

生の利益状況にかかわる実質的観点が直接的に組み込まれている。たとえば、詐害行為となり得るのは、無償処分や不相当な廉価処分に限られない。相当価格による不動産の処分なども取消しの対象となり得る。不動産が金銭に変わっただけでは責任財産の計算上の減少はないから、これは、純理論的な観点からは説明がつかない。そこには、不動産が金銭に変わってしまうと、債務者のもとで費消されやすいという実質的観点が、また隠匿されてしまえばそれまでであるという実際的な見方が入っている。

さらには、他の債権者に対する本旨弁済ですら詐害行為となり得る。弁済は民法上の義務の当然の履行であるから、形式論理からすれば、一種の矛盾である。なぜ、それが詐害行為となり得るかと言えば、偏頗行為という側面であり、実質的公平の観点が原理原則を凌ぐ形で入り込んでいるのである。

では、なぜ、民法の原則を修正するほどの実質的観点を入れることが許されるかと言えば、それは、債務者破たん状況のもとにおける一種の非常手続だからである。このように、詐害行為取消権は、民事執行手続と関連するだけでなく、倒産処理手続と紙一重で接する領域でもある。

3　法制度としての基本的性格

詐害行為取消権は、債権者代位権と同じく、理念的には、「責任財産保全」、「強制執行準備」という性格をもつ。そして、このような理念的性格にもかかわらず、目的物が金銭や動産の場合には、直接請求権と受領権が認められ、「債権回収機能」をもつに至っていること、この点の行きすぎについて、改正法が、多少なりとも制度本来への引戻しの措置を講じたことも同じである（民法425条。後述）。

債権者からみた場合、債務者と受益者の間でやりとりされた目的物が金銭の場合には、それを狙い撃ちして、詐害行為取消権によって、その金銭の授受にかかわる行為を取り消し、それを戻させて、自己が受領し、自分の債権に充当することができる。物的担保なしに優先弁済を受けてしまうことができるのである。また、他の債権者への弁済を待ち受けて、詐害行為取消により自分が弁済を受けてしまうということさえも可能である。「詐害行為取消訴訟の実態は限りある責任財産の奪い合い」と言われるゆえん

〔第 2 部〕　第11章　詐害行為取消訴訟

である。

4　請求の内容、訴訟当事者、判決効

　詐害行為取消権は、特殊な訴権という側面をもち、法理論上の問題も含んでいる。詐害行為取消権の基本的性格は「責任財産保全」であるから、要は、逸失した責任財産を元へ戻すことが目的である。けれども、そのようなことを直接実現する権利（「契約当事者ではない債権者が、債務者と受益者との間で契約等に基づいて行われた財貨の授受を巻き戻すよう求める権利」）は、民法上類をみない。極めて特殊な権利ないしは訴権である。

　この点について、改正法は明文で、①債務者と受益者との間の法律行為等をその当事者ではない債権者が取り消して、②その法律行為等によって移転した財産の返還を請求し得る内容の権利であり（民法424条の 6 第 1 項前段）、③債務者は被告にならず（同法424条の 7 第 1 項）、④しかし、判決（債権者勝訴判決）の効力は債務者にも及ぶ（同法425条）とした。

　上記①②は、逸失した責任財産を元へ戻すための法技術であり、③は、学説においても「債務者は実際上の利害関係を失っている」と言われることの反映である。④は、「債権回収機能」への歯止めという意味合いをもち、判決の効力が債務者にも及ぶ結果、債務者は受益者に対して自分への逸失財産の取戻しを求めることができ、受益者も債務者へ返還することができる。それによって、債権者の直接請求権、受領権は、勝訴判決にもかかわらず、この限度で消滅する（筒井＝村松『一問一答』108頁。この点は、従来の判例・学説〔相対的取消説〕の変更となる）。

　なお、上記②のとおり、権利の内容は、原則として現物の返還であるが、例外的に、現物返還が困難である場合は、価額償還となる（民法424条の 6 第 1 項後段）。たとえば、転得者を生じている場合には、受益者に対して価額償還を求めることができる。

5　要件事実

(1)　基本型—現物返還

　改正法によれば、詐害行為取消訴訟（基本型—現物返還）の要件事実は、次のとおりである。

　Ⓐ　被保全債権の存在

Ⓑ　被保全債権が強制執行により実現できるものであること（民法424条
　4項）
Ⓒ　被保全債権が詐害行為の前の原因に基づいて生じたものであること
　（同条3項）
Ⓓ　債務者の無資力（同条1項「債務者が債権者を害することを知って」）
Ⓔ　詐害行為の存在
Ⓕ　詐害行為が財産権を目的とする行為であること（同条2項）
Ⓖ　債務者の悪意（同条1項「債務者が債権者を害することを知って」）

なお、Ⓒは、ⒶおよびⒺの事実記載との関係で自動的に顕れることが多
く、ⒻはⒺの事実記載によりおのずから顕れる。

以上のうち、ⒶⒸ～Ⓖは請求原因、Ⓑは抗弁となる。

さらに、代表的な抗弁としては、Ⓗ受益者善意（民法424条1項ただし書）、
Ⓘ受益者が相当対価を支払っていること（同法424条の2柱書）がある。

代表的な再抗弁としては、上記Ⓘに対して、Ⓙ「隠匿等のおそれ」があ
る（民法424条の2第1号～3号）。

(2)　基本型―価額償還型

詐害行為取消訴訟（基本型）には、現物返還型のほかに価額償還型もある
（民法424条の6第1項後段）。

この場合は、上記に加えて、要件事実として、「目的物の価格」が加わる。

(3)　特殊型

以上の基本型に対して特殊型がある。まず、弁済を詐害行為として取り
消す場合があげられる。改正法によれば、その要件事実は、次のとおりで
ある。

請求原因は、Ⓐ被保全債権の存在、Ⓑ被保全債権が強制執行により実現
できるものであること（民法424条4項）、Ⓒ被保全債権が詐害行為の前の原
因に基づいて生じたものであること（同条3項）、Ⓓ債務者の支払不能状態
（同法424条の3第1項1号）、Ⓔ他の債権者（受益者）に対する弁済、Ⓕ債務
者および受益者の通謀的害意（同条2号）になる。

ⒹⒻにおいて、基本型に比し、著しく要件が加重されている。

ほかにも、特殊型には種々の形態があり、期限前弁済、代物弁済、担保

307

供与などを詐害行為として取り消す訴訟がある。また、以上は受益者に対する詐害行為取消訴訟であるが、転得者を被告にする詐害行為取消訴訟もある。

(4) 債権回収機能

裁判実務上特に有効であるのは、基本型―価額償還型、特殊型―弁済であり、これらは、「責任財産保全」機能を越えて「債権回収機能」をもつ（民法424条の9第1項前段・2項）。

第1節　基本型（現物返還型―無償行為）

Xは、自宅1階店舗で家族経営の瀬戸物小売業（個人事業）を営む知人Aから事業資金の融通を懇請され、2020年12月1日、Aに対し、返済期限を2021年5月31日、利息は利率年1割、元利金返済期一括払いの約定で500万円を無担保で貸し付けた。ところが、返済期限を過ぎてもAからの返済はなく、Xの再三の督促に対しても、Aは「今は店の経営が苦しいので待ってくれ」と言うだけで、利息金一部の内入れ要請にも応じなかった。XがAの財産関係を調査したところ、貸付け後、半年の間に、瀬戸物小売業の経営状況は急速に悪化しており、Aの唯一の資産である自宅建物（借地上建物、借地権価格を入れて500万円程度）（以下、「本件建物」という）は、「令和3年5月1日贈与」を原因として、Y（Aの配偶者）に登記名義が変えられていたことがわかった。

そこで、Xは、2021年12月、Yに対し、上記物件についての所有権移転登記の抹消を求めて訴えを提起した。

Ⅰ　法律実務上の留意点

　設例は、いわゆる強制執行逃れのための財産隠しの典型例である。このような場合に、法律実務家（弁護士・司法書士）として、どのような法的手段を選択すべきかがまず問題となる。この問題は、前章（債権者代位訴訟）でも出てきたが、世上しばしばみられる事案でありながら、対応は簡単ではない。財産隠しのために取られた方法が仮装的手段で通謀虚偽表示に当たる場合には、詐害行為取消権ではなく、債権者代位権によるべきことになる。法律実務家としては、債権者代位訴訟を選択するのが正解である（第10章第2節Ⅰ293頁参照）。これに対して、通謀虚偽表示で無効とまではいえない場合には、当該行為が一応有効に成立することを前提に、それが債権者を害することを根拠に詐害行為取消訴訟によることになる。

　設例のように、配偶者に対する自宅不動産の贈与が行われた場合には、たとえ、それが財産隠しのための仮装的色彩をもっていたとしても、虚偽表示無効を主張証明することは困難である。というのも、居住用不動産の配偶者への贈与については、税制上の優遇措置がとられていて（相続税法26条の6）、公的に正常行為として認知され、かつ社会一般において配偶者居住権の確保のために広く活用されているからである。したがって、ここでは、強いて贈与無効を主張して債権者代位権によるのは得策ではなく、贈与契約が一応有効に成立することを前提に詐害行為として取り消すという構成をとるべきことになる。

Ⅱ　訴訟物と請求の趣旨

　設例11―1の訴訟物は、ＸのＹに対する詐害行為取消権（1個）である。
　請求の趣旨は、「1　Ａと被告（Ｙ）が2021年5月1日にした別紙物件目録記載の建物についての贈与契約を取り消す。2　被告（Ｙ）は、上記建物について○○地方法務局令和3年5月○○日受付第○○号の所有権移転登記の抹消登記手続をせよ」と記載する。

〔第 2 部〕 第11章 詐害行為取消訴訟

Ⅲ　訴訟物と請求の趣旨についての補足説明

1　詐害行為取消権の法的性質・内容

　詐害行為取消権の法的性質・内容については、従来から学説上争いがあり、①詐害行為の効力を取り消す形成権であるとの見解、②詐害行為によって債務者の一般財産から逸出した財産を取り戻す請求権であるとの見解などがみられる。これに対して、判例は、③詐害行為を取り消し、かつ、これを根拠として逸出した財産の取戻しを請求する権利であるとの見解（折衷説）を採用した（大判明44・3・24民録17輯117頁）。

　改正法は、判例のとる折衷説を明文化した（民法424条の6第1項・2項「債権者は……詐害行為取消請求において、債務者がした<u>行為の取消し</u>と<u>ともに</u>、その行為によって……移転（転得）した財産の<u>返還</u>を<u>請求</u>することができる」（下線は筆者。以下、同様））。

　したがって、詐害行為取消訴訟の訴訟物は、詐害行為取消権（1個）となる（最判平22・10・19金判1355号16頁、潮見『新債権総論Ⅰ』742頁、村田＝山野目『要件事実30講』604頁）。つまり、詐害行為取消権そのものが訴訟物になる（潮見『新債権総論Ⅰ』652頁参照）。

　他方、請求の趣旨は、当の訴訟によって実現されるべき内容を示さなければならないから、上記のように、取消しと給付の二つを記載する（判決主文の記載に関しては、最判平12・3・9民集54巻3号1013頁参照）。

2　留意すべき点

　詐害行為取消権は「行為の取消し」と「財産の返還請求」という二つの権能をもつ。この二権能は不可分的に発生するものであるから、実体法上理論的には、訴訟物は1個の詐害行為取消権と解される。ただ、訴訟の結果としての実際上の権利変動は、取消しと請求という2種の形態をとる。それゆえ、訴訟形態としては、形成訴訟と給付訴訟の単純併合形態となる（潮見『新債権総論Ⅰ』809頁注223、818頁、825頁）。

　以上のように、詐害行為取消訴訟では、訴訟物、請求の趣旨、訴訟形態は、

310

一筋縄でいかない。

　これは、被保全債権についても同様であり、債権者代位訴訟では被保全債権は訴訟要件（法定訴訟担当の当事者適格）を基礎づけるものであったが、詐害行為取消訴訟では、そうではない。1個の詐害行為取消権そのものが訴訟物であるから、広い意味では、被保全債権はそこに含まれる。ただ、被保全債権は、請求の当否そのものとはいえず（請求の当否は取消対象たる行為が詐害行為かどうかである）、いわゆる「先決問題」という位置づけになる。したがって、債権者が複数の被保全債権を有する場合、被保全債権が差し替えられても、先決事項の変更に過ぎず、訴えの変更には当たらない（前掲最判平22・10・19）。

　上記を一言で表現すれば、訴訟物は、取消しと請求（形成訴訟と給付訴訟）を含み、先決問題を包摂する詐害行為取消権という1個の訴権であり、包括的に1個である（「1個説」）。

IV　請求原因

　詐害行為取消請求をする債権者は、以下の要件事実について主張証明責任を負う（倉田『債権総論』201頁以下〔春日偉知郎〕、鎌田ほか『民事法Ⅱ』279頁以下〔坂田宏〕、村田＝山野目『要件事実30講』603頁）。

> **要件事実**
>
> ①　後記②に先立つ被保全債権の発生原因事実（民法424条3項）
> ②　債務者が財産権を目的とする行為をしたこと（同条2項）
> ③　債務者の無資力
> ④　債務者が債権者を害することを知っていたこと（債務者の悪意）

　①は、前掲「訴訟の概要」5(1)のⒶとⒸをまとめたものである。

　前掲「訴訟の概要」5(1)のⒹⒺⒻは②と③に集約される。財産権を目的とする行為をした結果、債務者が無資力になれば、それは詐害行為にほかならないためである。

〔第2部〕 第11章 詐害行為取消訴訟

記載例11─1─1

1　原告（X）は、2020年12月1日、Aに対し、500万円を、返済期限
2021年5月31日、利率年1割、元利金返済期一括払いの約定で貸し渡
した。

2　Aは、2021年5月1日当時、本件建物を所有していたが、同日、こ
れを被告（Y）に贈与し、これに基づき○○地方法務局2021年5月○
○日受付第○○号をもって所有権移転登記をした。

3　上記2の贈与契約当時、Aには本件建物のほかに原告（X）の上記
1の債権を満足させることのできる財産はなかった。

4　Aは、上記2の贈与契約締結の際、これによって債権者を害するこ
とを知っていた。

5　よって、原告（X）は、被告（Y）に対し、本件建物につき、詐害
行為取消権に基づき、上記贈与契約の取消し及び上記所有権移転登記
の抹消登記手続を求める。

V　請求原因の補足説明

1　被保全債権の存在

⑴　被保全債権の発生時期

上記要件事実①の「被保全債権の発生原因事実」は、詐害行為以前に発生
したものであることを要する（民法424条3項）。したがって、債権の発生時
期（原因発生の時期）は取消債権者において明らかにする必要がある。この
趣旨は、詐害行為後の原因に基づいて発生した債権については、債権者は減
少した後の責任財産からの回収しか期待できない筋合いだからである（筒井
＝村松『一問一答』100頁）。

⑵　特定物債権が被保全債権の場合

特定物の債権者からみて、債務者がその目的物を処分したことにより無資
力となったときは、その処分行為を取り消し得るが、その場合には特定物債

312

第1節　基本型（現物返還型―無償行為）

権が債務者の行為によって履行不能に基づき金銭債権に転化した事実を主張証明しなければならない（最判昭36・7・19民集15巻7号1875頁）。

(3)　個別の論点

本要件に関しては、個別論点として、㋐将来の婚姻費用分担請求権は被保全債権たり得るか、㋑不動産の二重譲渡の場合に劣後譲受人は詐害行為取消訴訟によることができるかという問題がある。

㋐については、家事調停等により分担請求権の毎月支払額が決まった後は、被保全債権としての適格性を有するとされている。その結果、義務配偶者が財産処分行為により無資産となったような場合には、詐害行為取消請求によって逸出財産の回復を求め得る（最判昭46・9・21民集25巻6号823頁）

㋑については、他方の譲受人が対抗要件としての登記を備えた時点で、劣後譲受人の債権は履行不能により損害賠償請求権に変じるから、譲渡人が無資力の場合には、詐害行為取消訴訟によることができるとされている（上記(2)参照）。つまり、他方譲受人への不動産譲渡を取り消し、他方譲受人に対する所有権移転登記の抹消登記手続請求が可能である（最判昭53・10・5民集32巻7号1332頁）。その結果、劣後譲受人が優先できるわけではないものの、不動産二重譲渡で登記を得た譲受人の地位が破れることになる。

2　被保全債権の弁済期

被保全債権の弁済期が到来している必要はない。

債権者代位権との違いである。これは、債権者を害する行為である以上、弁済期前においても詐害行為取消請求で対抗措置を可能としておくのが適当と考えられたからである（内田『民法Ⅲ』306頁、中田裕康『債権総論〔第3版〕』296頁参照）。

3　財産権を目的とする行為（「詐害行為」）

民法424条2項は、「前項の規定は、財産権を目的としない行為については、適用しない」と規定しているが、当該行為が財産権を目的とする行為かどうかは、債権者が取消対象の行為を具体的に主張するなかで、おのずと明らかになる。

〔第2部〕 第11章 詐害行為取消訴訟

　したがって、上記要件事実②につき、行為の内容が財産権を目的としないものであるときは、請求が主張自体失当になる（これに対し、債務者・受益者の側が財産権を目的としないものであることを抗弁として主張証明すべきであるとする反対説として、升田純『要件事実の実践と裁判』231頁）。

(1) 身分法上の行為

　実際上問題となるのは、㋐相続の承認・放棄、㋑遺産分割協議、㋒離婚に伴う財産分与である。具体的には、㋐相続の承認・放棄は「財産権を目的としない行為」として詐害行為取消請求の対象とならないが（相続放棄につき、最判昭49・9・20民集28巻6号1202頁）、㋑遺産分割協議は財産行為としての側面が強く、取消しの対象になる（最判平11・6・11民集53巻5号898頁）。㋒離婚に伴う財産分与については、議論がある。

　離婚に伴う財産分与は、原則的には、債権者取消権の対象にならないが、「民法768条3項の規定の趣旨に反して<u>不相当に過大</u>であり、財産分与に<u>仮託してされた財産処分</u>であると認めるに足りる特段の事情」があるとときは、取消しの対象になる（前掲最判平12・3・9、最判昭58・12・19民集37巻10号1532頁）。すなわち、取消債権者において、「債務者がその配偶者である受益者に離婚に伴う財産分与をしたこと」を主張しただけでは主張自体失当であるが、上記判示のような特段の事情を請求原因として主張することによって、取消しの対象とすることができる（前掲最判平12・3・9）。

　したがって、財産隠しの疑いのある「離婚＝財産分与」については、過大財産分与を取り消すという構成（詐害行為取消請求）ができることになる。偽装離婚といえる場合には、債権者代位権によるべきであるが（第10章第2節I 293頁参照）、そこまでいえない場合には、詐害行為取消訴訟を選択すべきことになる（東京地判平16・10・25金判1230号22頁等）。この点は、理論的整理を要するため、第10章第2節（292頁）、本章第1節I（309頁）、本項をいま一度比較検討されたい。

(2) 組織法上の行為

　株式会社の新設分割で、新会社に財産を移してしまう詐害的な設立が行わ

314

ることがある。この場合に、元会社（新設分割会社）の残存債権者は、新会社（新設分割設立会社）への財産の移転に関して詐害行為取消権を行使できるか。新設分割は組織法上の行為（会社の設立）であるため、民法424条2項との関係が問題となる。最判平24・10・12民集66巻10号3311頁は、濫用的新設分割の詐害行為取消しの可能性を認めた（会社設立の効力自体は否定されないとの構成による）。

なお、会社法759条4項、764条4項は、濫用的新設分割への対応措置として、元会社の残存債権者の新会社への直接請求を認めている。会社分割行為に伴う財産移転の詐害行為取消請求は、さらに強力な法的手段になる。

4 詐害行為取消しの対象となるかどうか問題となる場合

(1) 詐害行為の時期の問題

詐害行為と被保全債権の時期的関係について、詐害行為は被保全債権の原因成立後のものでなければならないこと（民法424条3項）は前述した。それでは、詐害行為の意思表示の時点ではこの前後関係を充たさないけれども、対抗要件具備のときには充足するような場合はどうか。この点については、学説上は肯定説が有力であるが（我妻榮『民法講義IV』179頁、潮見『新債権総論I』796頁以下等）、判例上は否定されている（最判昭55・1・24民集34巻1号110頁）。

(2) 虚偽表示

通謀虚偽表示による詐害的行為、つまり、債務者が財産隠しのために所有不動産の登記名義を仮装で別人に移すような場合、詐害行為取消訴訟ができるか。前章（第10章「債権者代位訴訟」）以来の問題点であるが、判例は否定していることに注意する必要がある（大判昭6・9・16民集10巻806号）。法律実務家としては、この判例を念頭におき、虚偽表示無効の立証見込みも考慮に入れたうえで、債権者代位訴訟と詐害行為取消訴訟のどちらを選択するかを決めなければならない。

5 債務者の無資力（無資力要件）

無資力要件については、債権者代位権の場合と同じである。

〔第2部〕 第11章 詐害行為取消訴訟

6 債務者の悪意

　要件事実④の債務者の悪意について、「債権者を害することを知って」と
は、全債権者の引当てである責任財産に不足が生ずることの認識であり、取
消債権者を害することの認識をいうのではない（最判昭50・12・19金法779号
24頁、最判昭35・4・26民集14巻6号1046頁等）。

VI　抗弁・再抗弁

　ここでは、設例11—1に固有の抗弁等について取り上げる（各種の一般的
な抗弁については、次節参照）。

　通謀虚偽表示による詐害的行為については詐害行為取消権によることを認
めないのが判例の立場であることは、すでに何度か触れた。この判例を逆手
にとられて、設例11—1のような事例では、虚偽表示無効の抗弁を被告（Y）
から出されるおそれがある。上記判例は、「無効な行為は取り消せない」と
いう論理を根拠とするから、抗弁として一応は成り立つことになる。

> **抗弁・記載例11—1—2**
>
> ○　請求原因②の贈与契約は、Aが被告（Y）と通じて真意に反して行っ
> 　たものである。

> **再抗弁・記載例11—1—3**
>
> ○　通謀虚偽表示を行った被告（Y）がそれによる無効を主張して詐害
> 　行為取消請求を免れ得るとすれば、結局、通謀虚偽表示による財産隠
> 　しが成功する結果になるから、上記抗弁は信義則に反する。

316

第 2 節　基本型（現物返還型―有償行為）

設例
11－2

　Xは、2020年7月11日、長年の知人で個人事業を営むAから資金援助を懇請され、800万円を、利息の定めなし、弁済期2021年3月11日の約定で貸し渡した。Aは、その後、知り合いの業者たちと相互融通のための保証証書の書き合いなどをし合って凌いでいたが、2020年12月11日、ついに資金繰りに窮し、別紙物件目録記載の土地（以下、「本件土地」という）のほかにみるべき資産をもっていなかったにもかかわらず、Yに対し、本件土地を代金1200万円で売り渡し、同日、これに基づき○○地方法務局2020年12月11日受付第○○号をもって、上記売買を原因とする本件土地の所有権移転登記をした。
　そこで、Xは、Yに対し、詐害行為取消権に基づき、上記売買契約の取消しおよび上記所有権移転登記の抹消登記手続を求める訴えを提起した。

I　訴訟物と請求の趣旨

　設例11－2の訴訟物は、XのYに対する詐害行為取消権である。請求の趣旨は、「1　Aと被告（Y）が2020年12月11日にした別紙物件目録記載の土地についての売買契約を取り消す。2　被告（Y）は、上記土地について○○地方法務局令和2年12月11日受付第○○号の所有権移転登記の抹消登記手続をせよ」と記載する。

〔第 2 部〕 第11章 詐害行為取消訴訟

Ⅱ　請求原因

記載例11―2―1

1　原告（X）は、2020年 7 月11日、Aに対し、800万円を、利息の定めなし、弁済期2021年 3 月11日の約定で貸し渡した。
2　Aは、2020年12月11日当時、別紙物件目録記載の土地を所有していたが、同日、これを被告（Y）に対し代金1200万円で売り渡し、これに基づき○○地方法務局2020年12月11日受付第○○号をもって所有権移転登記をした。
3　上記 2 の売買契約当時、Aには本件土地のほかに原告（X）の上記 1 の債権を満足させることのできる財産はなかった。
4　Aは、上記 2 の売買契約締結の際、これによって債権者を害することを知っていた。
5　よって、原告（X）は、被告（Y）に対し、本件土地につき詐害行為取消権に基づき、上記売買契約の取消し及び上記所有権移転登記の抹消登記手続を求める。

Ⅲ　請求原因の補足説明

1　被保全債権

　詐害行為取消請求において、詐害行為の目的財産の価額が債権者の債権額を超過する場合は、原則として、債権額の範囲で詐害行為を取り消すことができるにすぎない（民法424条の 8 、「被保全債権の上限額ルール」）。ただし、1 筆の土地のように不可分の物に関する詐害行為を取り消す場合には、その価額が債権額を超過する場合であっても、全部について取り消すことができる（同条）。したがって、設例では、全部の取消しが可能である。

　なお、上記の規律の結果、詐害行為の取消しの範囲は債権者の債権額を標準として決められるから、債権額は確定的に主張されなければならない。

318

第2節　基本型（現物返還型—有償行為）

2　無資力要件

　無資力であることは積極財産と消極財産との比較によって決められる事実的要件である。消極財産として挙げた債務の存在が争われれば、取消債権者はその発生原因事実を主張証明しなければならない。

　設例11—2で、消極財産の中に保証債務を加えるときは、取消債権者は、債務者Aが保証債務を負担していること（保証債務の発生原因事実）に加え、保証契約の主債務者が無資力であることを主張証明しなければならない。これは、保証契約の主債務者が無資力であるために保証債務の負担が実質的に債務者Aの財産的犠牲に及ぶ事情があること、言い換えれば、Aが保証人として将来行使しうべき求償権が担保されていないことを意味する。

　取消債権者は、また、債務者の消極財産を構成するものとして、債務者Aが連帯債務を負担していること（連帯債務の発生原因事実）を主張証明することができる。

3　不動産の処分（「詐害行為」）

　設例11—2では、取消債権者は、詐害行為の内容を示すために、債務者と受益者との間で不動産につき売買契約が締結された事実を請求原因として主張証明することになる。

　この場合に、不相当な価格で売却されたことまで取消債権者が主張する必要があるかどうかは、問題になり得る。売買契約の事実の摘示には、当然代金額が出てくるので、この議論は、より具体的には、不動産の時価評価額を示す必要があるか否かという問題である。

　この点は、請求原因としては不要であり、逆に、相当な価格で売却されたことが抗弁となると解される。その理由は、次のとおりである。

　不動産が売却されて金銭に換えられてしまうと消費・散逸されやすくなるばかりか、財産隠匿の一般的なおそれが生ずる。その意味で、不動産の売却は、それ自体が一般的な詐害行為性を帯びている（大判明44・10・3民録17輯538頁）。改正法は、相当対価による財産処分の場合について424条の2で定めているが、それは、これまでの判例を踏まえて、詐害行為取消請求が成立

319

〔第 2 部〕 第11章 詐害行為取消訴訟

する要件・範囲を明確化・厳格化したものと理解される。換言すれば、同条は「債務者が……受益者から相当の対価を取得しているときは、債権者は、次に掲げる要件のいずれにも該当する場合に限り、その行為〔財産処分行為〕について、詐害行為取消請求をすることができる」と規定しているが（同法424条の 2 柱書）、それは、前条（424条）の詐害行為の一般的成立範囲を縮減する規定とみることができる。したがって、受益者が支払った対価が「相当」なものかどうか、すなわち、不動産の時価評価額は抗弁に属すると解される。

4　必要的訴訟告知（民法424条の 7 第 2 項）

必要的訴訟告知については、債権者代位権の場合と同じである。

Ⅳ　抗　弁

1　被保全債権についての物的担保の存在

自己の債権を満足させるに足る物的担保を有するときには、詐害行為取消権を行使し得ないのは当然である。そこで、被告は、原告の債権が物的担保によって確保されていることを抗弁として主張証明することができる。

これに対して、人的担保の存在は関係がない（潮見『新債権総論Ⅰ』753頁）。

2　受益者の善意

民法424条 1 項ただし書は、「その行為によって利益を受けた者がその行為の時において債権者を害すべき事実を知らなかったときは、この限りでない」と規定する。すなわち、受益者が善意の場合には詐害行為取消権は成立しないが、それは被告（受益者）が主張証明すべき抗弁に位置づけられる。

要件事実

○　詐害行為の当時債権者を害すべき事実を知らなかったこと

記載例11— 2 — 2

被告（Y）は、請求原因 2 の売買契約の際、その売買によって、原告（X）その他の債権者を害することを知らなかった。

3　相当対価の支払い

　改正法は、債務者が受益者から相当の対価を取得しているとき、すなわち、受益者が相当の対価を支払っているときには、債権者の詐害行為取消請求の成立範囲に強い絞り（「隠匿等要件」）をかけている（民法424条の2柱書）。

　前述したとおり（Ⅲ3）、⑦相当対価の支払いは、受益者が主張証明すべき抗弁であると解される。

　つまり、詐害行為取消訴訟（基本型）の構成は、「請求原因：財産上の処分行為」―「抗弁：相当対価の支払い」―「再抗弁：対価の隠匿等のおそれ」という流れになる。民法424条の2は、要件事実的には、このように、詐害行為取消訴訟（基本型）における抗弁・再抗弁として位置づけることが可能である。それゆえ、「相当価格での処分行為に対する詐害行為取消」という類型があるわけではなく、基本型と別個の請求原因を考える必要はない。

　これに対して、④「相当価格処分行為に対する詐害行為取消」という別個の請求原因を立てる見解もある（大江『民法(4)』162～163頁、また伊藤『要件事実Ⅰ』170～171頁〔北秀昭〕もその趣旨とみられる）。

　別個の請求原因を立てる場合は、次のような問題が出てくる。ⓐ民法424条1項（「債権者を害することを知ってした行為」）と同法424条の2第1号（「債権者を害することとなる……おそれを……生じさせる」）との文言上の違いを「詐害」の二重要件としてどのように整理するか、ⓑ同法424条1項の債務者の認識（「債権者を害することを知って」）と同法424条の2第1号の債務者の意思（「隠匿等の……意思」）との違いおよび両者の関係いかん等である（伊藤『要件事実Ⅰ』170～171頁〔北〕参照）。

　ここでは、上記⑦の考え方に立って、要件事実を掲記する（なお、④の見解によった場合には、本書記載の抗弁・再抗弁がすべて請求原因に上がってくることになり、そのうえで上記二重要件の統合的整理を行うことになる）。

> **要件事実**
>
> ①　請求原因2の売却代金は適正価格であったこと（実際には、本件土

〔第2部〕 第11章 詐害行為取消訴訟

地の評価を問題にして、評価額を主張することになる）

② 売買代金の支払い

記載例11—2—3

① 本件土地の時価評価額は○○○○万円（たとえば、1150万円）であり、請求原因2の売買代金額を超えない。

② 被告（Y）は、請求原因2の売買契約の履行として、2020年12月11日、代金1200万円を支払った。

4 資力の回復

資力の回復については、債権者代位訴訟の場合と同様である。詐害行為といえるためには、その行為当時において無資力の事実があるだけでなく、口頭弁論終結時にも無資力であることを要する。詐害行為時後に資力を回復したことは被告が主張証明すべき抗弁となる（大判大5・5・1民録22輯829頁）。

要件事実

○ 口頭弁論終結時までにAの資力が回復したこと

5 出訴期間経過

詐害行為取消権は、①債権者が詐害行為を知った時から2年を経過したとき、または、②詐害行為の時から10年を経過したときには訴えを提起することができなくなる（民法426条）。改正法によって従前の時効期間・除斥期間が出訴期間に改められるとともに、②については期間も短縮された。

改正法の下では、出訴期間経過の抗弁は、⑦詐害行為取消権の消滅の抗弁であると同時に、④詐害行為取消請求は訴えによってのみ可能とされ（民法424条1項「行為の取消しを裁判所に請求することができる」）、その訴えによることができる期間の経過をいうものであるから、訴権消滅の抗弁でもある（筒井＝村松『一問一答』114頁）。それゆえ、これが認められる場合は訴え却下となる。

322

第2節　基本型（現物返還型―有償行為）

| 要件事実 | （「主観的起算点＝短期出訴期間制限」） |

① 　債権者が○○○○年○月○日に「債務者が債権者を害することを知って法律行為をしたこと」を知ったこと
② 　上記①の日から起算して2年を経過したこと

| 要件事実 | （「客観的起算点＝長期出訴期間制限」） |

① 　○○○○年○月○日に詐害行為がなされたこと
② 　上記①の日から10年が経過したこと

6　被保全債権の消滅時効

詐害行為取消権自体の出訴期間とは別に、被保全債権の消滅時効も抗弁となり得る。受益者・転得者に被保全債権の消滅時効の援用権があるかどうかについては、かつて判例は否定していたが、判例変更され、肯定されるに至った（最判平10・6・22民集52巻4号1195頁）。したがって、被保全債権の消滅時効は、抗弁となる。

この関係で、債権者が詐害行為取消訴訟を提起しても被保全債権の消滅時効は障害されないこと（最判昭37・10・12民集16巻10号2130頁）に注意する必要がある。

7　被保全債権が強制力を欠くこと

これについては、債権者代位権の場合と同じである（第10章291頁）。

V　再抗弁

1　隠滅等のおそれ

上記Ⅳ3の「相当対価の支払い」の抗弁に対しては、「隠匿等のおそれ」が再抗弁となる（民法424条の2第1号「隠匿、無償の供与 その他の債権者を害することとなる処分をするおそれ」）。

支払われた対価たる金銭が隠匿されてしまうと、将来の強制執行が著しく困難となるからである。対価が無償で他に供与されてしまう場合も、実質は

323

〔第2部〕　第11章　詐害行為取消訴訟

隠匿に近く、同様である。

実際上問題となる行為は、次のとおりである。

⑦「隠匿のおそれ」の具体的例としては、不動産取引等であえて現金払いで対価を受領することなどがあり、⑥「無償供与のおそれ」の具体的例としては、直接親族等の口座へ振り込ませることなどがある。⑰「その他の債権者を害することとなる処分のおそれ」の具体的例としては、対価の費消などがある（潮見『新債権総論Ⅰ』778頁注147）。

2　要件事実

改正法によれば、次の点が明らかにされている。要件事実に関する注意点とともに、ポイントを列挙する。

第1に、上記「おそれ」は、一般的なものでは足らず、具体的おそれ（「具体的危険」）でなければならない（民法424条の2第1号「おそれを現に生じさせるものであること」）。前述のとおり、金銭に変われば費消されやすくなることは否めないが（その意味で一般的な隠匿等のおそれはあるが）、それでは足りない。

要件事実論の観点からは、不動産処分の場合には、「一般的なおそれ」は請求原因で既出であり（売買による金銭化）、再抗弁として、「具体的おそれ」をいわなければならないことは、むしろ当然である。

第2に、財産処分行為自体に上記の具体的危険が認められなければならない（同号「その行為が……おそれを現に生じさせるものであること」）。したがって、いったん自分の口座への代金の振り込みを受けた後、親族等へ振り替えたり、払い出したりするような場合は、両者が時期的に近接していなければ、詐害行為の要件を充たすのは困難である。また、対価が費消された場合も、同様に、費消行為と財産処分行為との時期的関係が問題になると解される（対価の費消については、次の「第3」も参照）。

第3に、「その行為が、不動産の金銭への換価その他の当該処分による財産の種類の変更により、債務者において隠匿、無償の供与その他の債権者を害することとなる処分をするおそれを現に生じさせるものであること」と規

324

第2節　基本型（現物返還型—有償行為）

定されており（民法424条の2第1号）、債務者の一次処分と二次処分が区別
されている。隠匿等の二次処分が行われる具体的危険がある場合に、財産処
分行為たる一次処分が詐害行為になるという構成がとられている。

この要件に関して対価の費消を例にとるならば、費消行為が二次処分に当
たり、それを生じさせる具体的危険が一次処分たる不動産売却処分にあった
といえる場合に、はじめて本条の要件を充たすことになる。これに対して、
財産処分行為自体が隠匿行為である必要はない。

第4に、債務者に隠匿等をする意思（「隠匿等の故意」）がなければならな
い（民法424条の2第2号）。隠匿等の故意とは、責任財産の実質的な減少の
認識に加えて、債権者の権利実現を妨げる意図があることをいう（潮見『改
正法の概要』87頁）。したがって、たとえば、上記④（親族等の口座へ振り込ま
せる形態）で、困窮した親族を援助するために対価を無償供与したようなケー
スは除かれる。

第5に、受益者が、上記の債務者が隠匿等の意思を有することについて
知っていなければならない（民法424条の2第3号）。

以上によれば、再抗弁の要件事実は次のとおりとなる。

> **要件事実**
>
> ①　請求原因2の売買は、債務者Aにおいて対価の隠匿、無償供与等を
> する具体的おそれを生じさせるものであること
> ②　請求原因2の売買当時、債務者Aには、隠匿等の故意があったこと
> ③　受益者Yも、上記②の時点で、債務者Aに隠匿等の故意があること
> を知っていたこと

> **記載例11—2—4**
>
> 1　請求原因2の売買契約には、代金の支払先をAの親族であるBに指
> 定する特約がある。
> 2　振込名宛人であるBは生活に困っているわけでもなく、請求原因2

〔第2部〕 第11章 詐害行為取消訴訟

> の売買契約当時、Aには、Xをはじめとする債権者の権利実現を妨げる意図があった。
> 3 Yは、上記1の特約に応じる際にAから事情を聞いており、上記2の時点で、Aに隠匿等の故意があることを知っていた。

第3節　基本型（価額償還型）

Xは、2020年7月11日、長年の知人であるAに対し、1000万円を、利息の定めなし、弁済期2021年3月11日の約定で貸し渡した。Aは、2020年12月11日、個人事業の資金繰りに窮し、唯一の資産である別紙物件目録記載の土地（以下、「本件土地」という）を、Yに対し、代金1200万円で売り渡し、同日、これに基づき〇〇地方法務局2020年12月11日受付第〇〇号をもって、本件土地の所有権移転登記をした。その後、Yは、2021年4月11日、本件土地をさらにBに対し、代金1500万円で売却し、同日、これに基づき〇〇地方法務局令和3年4月11日受付第〇〇号をもって、本件土地の所有権移転登記をした。

そこで、Xは、Yに対し、詐害行為取消権に基づき、上記売買契約の取消しを求めるとともに、詐害行為による価額償還請求権に基づき、償還額1000万円とその遅延損害金の支払いを求める訴えを提起した（なお、口頭弁論終結時の本件土地の時価は1800万円であった）。

I 訴訟物と請求の趣旨

詐害行為取消訴訟における原状回復の方法は、現物の返還を受けることが原則であり、これが困難な場合にのみ価額償還の方法によることができる（民法424条の6第1項）。設例11—3のように、目的物がさらに転得者に譲渡された場合は、受益者に目的物を返還させることは困難であるから、価額償還の方法による。価額償還における目的物の価格の算定時期は口頭弁論終結時である（最判昭50・12・1民集29巻11号1847頁）。

設例11—3の訴訟物は、XのYに対する詐害行為取消権（包括1個）である。その内容は⑦売買契約取消と④原状回復請求若しくは不当利得返還請求または代償請求としての価額償還（価額償還の法的性質論については、内田『民法Ⅲ』327頁、倉田『債権総論』199頁、潮見『新債権総論Ⅰ』809頁注223参照）となる。

前述したように、詐害行為の目的財産の価額が被保全債権額を超過する場合は、債権額の範囲で詐害行為を取り消すことができるにすぎないから（民法424条の8第2項）、価額償還は常に被保全債権額の範囲内にとどまるが、半面では、価額償還の場合は、取消債権者は直接自己への償還金の支払いを求めることができる（民法424条の9第2項）。

また、遅延損害金については、判決確定の日の翌日から法定利率の割合を請求することができることになると解される（価額償還義務は、詐害行為取消の判決が確定した時に発生するものであり、かつ、詐害行為取消権は民法によって規定された法定の請求権であるためである。塚原朋一編著『事例と解説民事裁判の主文』199頁〔瀧澤泉〕）。

したがって、請求の趣旨は、「1　Aと被告（Y）が、別紙物件目録記載の土地について、2020年12月11日にした売買契約を<u>1000万円の限度</u>で取り消す。2　被告（Y）は、<u>原告（X）に対し、1000万円</u>及びこれに対する前項の<u>判決確定の日</u>の翌日から支払済みまで年3分の割合による金員を支払え」と記載する。

〔第2部〕 第11章 詐害行為取消訴訟

II 請求原因

　基本的には、第1節・第2節（基本型（現物返還型））と同じである。価額償還の場合は、それらに加えて、逸出した財産の価格を主張することになる（倉田『債権総論』215頁）。また、既出のとおり、詐害行為取消請求は、現物の返還が原則であり、これが困難な場合にのみ価額償還によることができるから（民法424条の6第1項）、現物返還の困難性も請求原因事実となる（伊藤『要件事実I』180～181頁）。

要件事実

① 後記②に先立つ被保全債権の発生原因事実
② 債務者が財産権を目的とする行為をしたこと
③ 債務者の無資力
④ 債務者の悪意
⑤ 現物返還の困難性（を基礎づける事実）
⑥ 逸出財産の価格

記載例11―3―1

1　原告（X）は、2020年7月11日、Aに対し、1000万円を、利息の定めなし、弁済期2021年3月11日の約定で貸し渡した。

2　Aは、2020年12月11日当時、別紙物件目録記載の土地を所有していたが、同日、これを被告（Y）に対し代金1200万円で売り渡し、これに基づき○○地方法務局令和2年12月11日受付第○○号をもって、本件土地の所有権移転登記をした。

3　上記2の売買契約当時、Aには本件土地のほかに原告（X）の上記1の債権を満足させることのできる財産はなかった。

4　Aは、上記2の売買契約締結の際、これによって債権者を害することを知っていた。

5　Yは、2021年4月11日、本件土地をBに代金1500で売却し、同日、Bに対し、これに基づき〇〇地方法務局令和3年4月11日受付第〇〇号をもって、本件土地の所有権移転登記をした。
6　本件口頭弁論終結時の本件土地の時価は1800万円であった。
7　よって、原告（X）は、被告（Y）に対し、詐害行為取消権に基づき、上記売買契約の1000万円の限度での取消し並びに価額償還金1000万円及びこれに対する判決確定の日の翌日から支払済みまで年3分の割合による遅延損害金の支払いを求める。

第4節　特殊型

I　弁　済

Xは、2020年7月11日、30年来の友人で食料品販売業（個人営業）を営むAから懇請されて、1000万円を、利息の定めなし、弁済期2021年3月11日の約定で貸し渡した。その後、Aは、事業不振のため急速に債務超過の状態に陥っていき、2020年12月1日には、原告（X）を含む全債権者に対して弁済猶予通知を出すに至った。このような状態の下で、Aは商品供給元のYから「遅滞している商品売掛金債務を返済しない場合には取引を停止する」旨の通告を受け、Yから引き続き商品卸を受けるために、金員を方々から工面し、同月11日、Yに対し、累積商品売掛金債務の一部として金300万円を弁済した。

そこで、Xは、Yに対し、詐害行為取消権に基づき、上記弁済行為の取消しおよび上記300万円を自己に支払うよう求める訴えを提起した。

〔第 2 部〕 第11章 詐害行為取消訴訟

1 訴訟物と請求の趣旨

　一部の債権者に対してだけ優先弁済を与える行為を詐害行為取消請求の対象とする訴訟類型である。偏頗行為を根拠とする取消請求になる。

　設例11— 4 の訴訟物は、X の Y に対する詐害行為取消請求権（包括 1 個）であり、その内容は、準法律行為たる弁済の取消しと原状回復請求になる。請求の趣旨は、「 1 　 A が被告（Y）に対して、別紙債権目録記載の債務について、2020年12月11日にした弁済を取り消す。 2 　被告（Y）は、原告（X）に対し、金300万円及びこれに対する前項の判決確定の日の翌日から支払済みまで年 3 分の割合による金員を支払え」と記載する。

2 請求原因

　民法423条の 3 第 1 項が定めるところによれば、本旨弁済は、原則的には詐害行為性は認められないものの、例外的に、詐害行為となり、取消しの対象となる場合がある。

　その場合の請求原因は、次のとおりである。

要件事実

① 　後記②に先立つ被保全債権の発生原因事実（民法424条 3 項）

② 　他の債権者 (受益者) に対する弁済

③ 　債務者の支払不能（同法424条の 3 第 1 項 1 号）

④ 　債務者及び受益者の通謀的害意（同項 2 号）

記載例11— 4 — 1

1 　原告（X）は、2020年 7 月11日、A に対し、1000万円を、利息の定めなし、弁済期2021年 3 月11日の約定で貸し渡した。

2 　A は、2020年12月11日、Y に対し、**継続的商品供給契約上の商品売掛金債務（累積）の一部として金300万円を弁済した。**

3 　A は、2020年12月 1 日に、原告（X）を含む債権者に対して弁済猶予通知を発出しており、上記 2 の弁済当時、既に支払い不能状況に

330

陥っていた。

4　上記2の弁済は、Aと被告（Y）とが共謀・結託したうえで行われた。

5　よって、原告（X）は、被告（Y）に対し、詐害行為取消権に基づき、上記弁済の取消し並びに弁済金300万円及びこれに対する判決確定の日の翌日から支払済みまで年3分の割合による遅延損害金の支払いを求める。

3　請求原因の補足説明

(1)　「支払不能」の意義

支払不能（上記③）とは、支払能力がないために期限がきている債務について一般的・継続的に返済できない状態を指す（424条の3第1項1号括弧書）。無資力要件が債務超過を意味するのに対して、より倒産状態に近づいたことを示す概念であり、財産ばかりか、信用や労務による負担力など、どれをとっても弁済能力がないような場合を指す（潮見『新債権総論I』757頁）。

この要件は、実際上は、債務者の支払停止（手形不渡り、廃業、夜逃げ、弁済猶予通知等）によって事実上推定される（潮見『新債権総論I』787頁）。

(2)　「通謀的害意」の意義

通謀的害意（上記④）とは、単に他の債権者を害することを知っているだけでなく、債務者と受益者が共謀・結託している状況ないしは心理状態をいう。この要件は、偏頗行為を基礎づける本質的な要素である。と同時に、抽象的一義的に決められるものではなく、個々の詐害行為との関連において相関的較量の中で判断されるものである（潮見『新債権総論I』773頁）。今後、改正を契機に以下の問題点が議論となり得る。

第1に、受益者による弁済強要の問題がある。

受益者たる債権者の強硬な請求に応じて弁済したような場合は、「通謀」と言い難くなるために、結果的に、かえって受益者に対する請求は立たなくなる（最判昭52・7・12判時867号58頁）。これによれば、受益者は、「自分が債務者に弁済を強要した」という内容の主張（積極否認）をすることで、詐

〔第2部〕 第11章 詐害行為取消訴訟

害行為取消請求を免れることが可能となる。

第2に、事業再建の問題がある。

債務者の行為の目的が事業の再建あるいは継続にあった場合には、通謀的害意の要件が欠けるとする学説がある。この見解によれば、設例11—4において、上記請求原因記載例では、主張自体失当となる。債務者および受益者の特段の不誠実性が認められる場合でなければならないからである。具体的に、どのような場合がそれにあたるかといえば、たとえば、弁済行為が「在庫商品流し」の実質をもつような場合がある（最判昭46・11・19民集25巻8号1321頁）。この場合、上記請求原因の記載2および4に代えて、次のような事実記載になる。

要件事実

○　債務者Aと受益者Yは相談のうえ、Aの在庫商品をYが買い取り、その代金をYの前月分売掛金債務の弁済に充てることにして、2020年12月11日、それを実行した。

II　期限前弁済・代物弁済・担保供与

弁済が詐害行為とされるのは、一部債権者に偏って優先弁済効を与えるという「偏頗行為」の観点からである。しかるに、偏って優先弁済効を与えるという点では、期限前弁済、代物弁済、担保供与（一部債権者にだけ担保供与が行われる場合）も同じである。そのうえ、これらの行為は、期限における本旨弁済とは異なり、任意で非義務的に行われるものでもある。

たとえば、期限前弁済であれば、「その時期が債務者の義務に属しないもの」として、民法424条の3第1項に加え、同条2項の適用がある。義務行為ではないから、その分、弁済に比して詐害行為性が認められる範囲が広くなる。すなわち、要件事実としては、上記③（「債務者の支払不能」）の点に「支払不能になる前30日以内」という期間的前倒しが加わる（同項1号）。期限前弁済の場合は、このような状況下で行われた一部債権者への弁済行為も取

消しの対象となる（同条2項の「同項の規定にかかわらず」とは「同項に加えて」と同義）。

代物弁済も、非義務行為であるから、基本的に民法424条の3第2項の適用を受ける。ただし、期限後の代物弁済については、実質的に期間的前倒しにはなじまないとして、民法424条の3第2項の適用はないと解する見解があり（伊藤『要件事実Ⅰ』175頁〔北〕）、議論となっている（潮見『改正法の概要』90頁参照）。

非義務行為としての担保供与も同様に、基本的に民法424条の3第2項の適用を受ける。ただし、担保供与が担保提供特約に基づいて行われる場合には、義務行為であるから、同条2項の適用はなく、1項の問題となる。

上記の当該行為が非義務行為であることの主張証明責任は、取消債権者にある（伊藤『要件事実Ⅰ』174頁〔北〕）。

Ⅲ 過大代物弁済

㋐弁済、㋑期限前弁済、㋒代物弁済、㋓非義務行為としての担保供与、㋔担保提供特約に基づく担保供与については、上記のとおりであるが、代物弁済のうち、過大代物弁済については、以上とはやや趣を異にする。

民法424条の4によれば、過大代物弁済は、その過大な部分につき、424条の要件に則って詐害行為取消請求ができる。したがって、この場合の要件事実は、第1節・第2節の詐害行為取消訴訟（基本型（現物返還型））の要件事実とほぼ同じになる（請求の趣旨が限度取消しとなる点と代物弁済が過大である旨の請求原因事実が加わる点が異なるだけである）。

上記㋒とは異なり、過大部分について基本型並みの取消請求が可能である。

Ⅳ 新規借入れ担保設定

Xは、2020年7月11日、30年来の友人で食料品販売業（個人営業）を営むAから懇請されて、1000万円を、利息の定めなし、弁済期2021年3月11日の約定で貸し渡した。Aは、2020年12月

〔第2部〕　第11章　詐害行為取消訴訟

11日、資金繰りに窮し、唯一の資産である別紙物件目録記載の土地（以下、「本件土地」という）を担保（譲渡担保）にして、Yから金1200万円を借り入れ、同日、これに基づき○○地方法務局令和2年12月11日受付第○○号をもって、本件土地の所有権移転登記をした。

そこで、Xは、Yに対し、詐害行為取消権に基づき、上記金銭消費貸借契約・譲渡担保権設定契約の取消しおよび上記所有権移転登記の抹消登記手続を求める訴えを提起した。

1　「同時交換的行為」の観点

設例は、実態としては、債務者が経営状況悪化の中で苦し紛れに新規借入担保権設定を行う場面であるが、このような場合は、民法424条の3の適用はなく、既出の「担保供与」とは区別しなければならない。すなわち、以下のように「同時交換的行為」の観点から考えなければならないのである。

新規借入れ担保権設定行為については、前述の「担保供与」（上記Ⅲ㈡㋐）とは、理論的にも実質的にも区別することを要する。新規借入れとそれに伴う担保権の設定は、既存債権者に対するものではないから、偏頗行為規律は問題とならないし、民法424条の3（「既存の債務についての担保の供与」）も適用されない。

この場合は、次の理由により、「不動産の処分が相当対価を得て行われた場合」の規律（民法424条の2）が（類推）適用される（法制審議会民法（債権関係）部会資料51・8頁）。

不動産を担保にした新たな借入れは、当の不動産の交換価値の現実化であり、一種の交換的行為といえる（講学上の「同時交換的行為」）。この「同時交換」の観点からするならば、借入金が対価に当たるものと位置づけられ、売買等の不動産の処分と同視される。そして、この場合は、最終的には提供された不動産の価額から被担保債権額に充当・配当されるだけであるから（譲渡担保であっても清算義務が発生する）、いずれにもせよ、交換における価格

334

第4節 特殊型

としては釣り合っている。換言すれば、設定された担保権が抵当権であれ、譲渡担保であれ、また、借入れできた金額のいかんを問わず、借入金の金額（被担保債権額）は「相当」対価に当たるものとみなし得る。したがって、結局のところ、前出の「不動産の処分が相当対価を得て行われた場合」に類似するので、民法424条の2が（類推）適用されるのである。

同じ担保権設定行為であっても、既存債権者に対する場合は、民法424条の3第1項が適用される。その趣旨は、このような担保権の設定行為は、債権者の中で当該債権者にだけに優先弁済効を与えようとする点で、偏頗行為規律が問題となるからである。そこでは、担保権の設定について、新たな処分行為という実質は薄いと考えられているのである。

債務者がいったん無担保で出金を得た場合と同時交換の場合とでは同じ担保供与であっても、その法的・経済的意味合いが異なるというのが、ここでのポイントである。

以上を踏まえ、特殊型（新規借入れ担保設定）の訴訟物、請求の趣旨、要件事実について言及する。

2 訴訟物、請求の趣旨、請求原因

訴訟物、請求の趣旨は、第2節の基本型（現物返還型、有償行為）に準ずる。そして、すでに述べたように、民法424条の2が（類推）適用される結果、要件事実は、第1節III3「相当対価の支払い」およびIV再抗弁「隠匿等」で掲記のところと同じになる。

ただし、この場合は、事柄の性質上、借入行為と担保権設定行為を分けることはできないから（上記「同時交換的行為」）、「相当対価の支払い」「隠匿等」は、抗弁や再抗弁ではなく、すべて請求原因に繰り上がる。

要件事実

① 後記②に先立つ被保全債権の発生原因事実（民法424条3項）
② 債務者が財産権を目的とする行為（＝新規借入れ担保権設定）をしたこと（同条2項）

335

〔第2部〕 第11章 詐害行為取消訴訟

③　債務者の無資力

④　債務者の悪意

⑤　上記②の借入れは、債務者Ａにおいて借入金の隠匿、無償提供等をする具体的おそれを生じさせるものであること（同法424条の2第1号）

⑥　上記②の当時、債務者Ａには、借入金の隠匿等の故意があったこと（同条2号）

⑦　受益者Ｙも、上記②の時点で、債務者Ａに隠匿等の故意があることを知っていたこと（同条3号）

記載例11―5―1

1　原告（Ｘ）は、2020年7月11日、Ａに対し、1000万円を、利息の定めなし、弁済期2021年3月11日の約定で貸し渡した。

2　Ａは、2020年12月11日当時、本件土地を所有していたが、同日、被告（Ｙ）から本件土地を担保（譲渡担保）にして金1200万円を借り入れ、これに基づき○○地方法務局令和2年12月11日受付第○○号をもって、本件土地の所有権移転登記をした。

3　上記2の当時、Ａには本件土地のほかに原告（Ｘ）の上記1の債権を満足させることのできる財産はなかった。

4　Ａは、上記2の当時、これによって、責任財産の実質的減少によりＸをはじめとする債権者を害することを知っていただけでなく、Ｘをはじめとする債権者の権利実現を妨げる意図があった。

5　Ａは、上記2の際、殊更、現金で借入金1200万円の交付を受けた。

6　Ｙは、上記2の現金での交付に応じる際にＡから事情を聞いており、上記1の時点で、Ａに隠匿等の故意があることを知っていた。

7　よって、原告（Ｘ）は、被告（Ｙ）に対し、本件土地につき詐害行為取消権に基づき、上記金銭消費貸借契約・譲渡担保権設定契約の取消し及び上記所有権移転登記の抹消登記手続を求める。

4は、上記の要件事実④と⑥をまとめたものである。

V　対転得者

　Xは、2020年7月11日、30年来の友人で食料品販売業（個人営業）を営むAから懇請されて、1000万円を、利息の定めなし、弁済期2021年3月11日の約定で貸し渡した。Aは、2020年12月11日、資金繰りに窮し、唯一の資産である別紙物件目録記載の土地（以下、「本件土地」という）を、Bに対し、代金1200万円で売り渡し、同日、これに基づき○○地方法務局令和2年12月11日受付第○○号をもって、本件土地の所有権移転登記をした。その後、Bは、2021年4月11日、一緒に本件土地の買い受け交渉に当たっていたYに対し、代金1500万円で売却し、同日、これに基づき○○地方法務局令和3年4月11日受付第○○号をもって、本件土地の所有権移転登記をした。

　そこで、Xは、Yに対し、詐害行為取消権に基づき、上記売買契約の取消しおよび上記所有権移転登記の抹消登記手続を求める訴えを提起した。

1　訴訟物と請求の趣旨

　設例11−6の訴訟物は、XのYに対する詐害行為取消請求権（包括1個）である。

　請求の趣旨は、「1　Bと被告（Y）が2021年4月11日にした別紙物件目録記載の不動産についての売買契約を取り消す。2　被告（Y）は、上記不動産について○○地方法務局令和3年4月11日受付第○○号の所有権移転登記の抹消登記手続をせよ」と記載する。

2　要件事実

　実体的要件と訴訟的な取扱いがやや乖離するので、まず、請求原因・抗弁の区別なしに要件事実を列挙する。

〔第 2 部〕 第11章 詐害行為取消訴訟

要件事実

① 後記②に先立つ被保全債権の発生原因事実（民法424条 3 項）

② 債務者が財産権を目的とする行為をしたこと（同条 2 項）

③ 債務者の無資力

④ 債務者の悪意

⑤ 受益者の悪意（同法424条の 5 柱書）

⑥ 受益者から転得者への目的物の譲渡

⑦ 転得者の悪意（同条 1 号「転得者が、転得の当時、債務者がした行為が
　債権者を害することを知っていたとき」）

　ここでは、受益者も悪意であることが必要である（民法424条の 5 柱書「受
益者に対して詐害行為取消請求をすることができる場合において……」）。つま
り、実体法的には、「悪意受益者―悪意転得者」の事実関係となる。

3　請求原因および抗弁

　次に、訴訟的観点、要件事実論の観点からの考察を行う。

　すでに述べたように、上記⑤は請求原因ではなく、抗弁に位置づけられ
る。民法424条 1 項は、ただし書で、これを規定しているからである。それ
に対して、上記⑦の転得者の悪意は、請求原因と解される（潮見『改正法の
概要』92頁）。同法424条の 5 は、柱書で「各号に定める場合に限り」という
表現を取ったうえで、同条 1 号の「転得者が、転得の当時、債務者がした行
為が債権者を害することを知っていたとき」と振っているからである。

　したがって、受益者の悪意は請求原因とはならず、転得者の悪意だけが請
求原因に掲げられるという変則的な形となる。

　これは裁判実務上、受益者の悪意は明確な証明の見込みがないが、転得者
の悪意だけははっきりとした証明見込みが立つ場合に利用価値がある手段と
いうことを意味する。しかし、そのような事態は、容易に想定しがたい。

　翻って、もともと、本訴訟類型（対転得者型）は、債権者にとって、さほ
ど実益の大きな手段ではない。実務上は、「悪意受益者―悪意転得者」の場

338

合には、むしろ、目的物が受益者の元を離れ、受益者が目的物を返還することができないことに着眼して、第3節の「基本型（価額償還型）」により、悪意受益者に対して価額償還を求め（民法424条の6第1項後段）、直接請求権・受領権（同法424条の9第2項）を介して、優先弁済を受けてしまうのが債権者にとって上策といえよう。

〔第2部〕 第12章 請負契約関係訴訟

第12章 請負契約関係訴訟

訴訟の概要

　請負は、たとえば、建築会社が住宅の建築を約束し、注文者が報酬の支払いを約束する場合のように、当事者の一方が仕事の完成を約束し、相手がこれに報酬を与えることを約束することによって成立する（民法632条）。請負契約関係訴訟の中で最も重要なのは建設請負契約であり、建築をめぐる紛争は、代金が高額でトラブルが深刻になりやすく、かつ、出来具合いの問題（契約不適合）が生じると専門的になることから実務上、処理の困難な事件類型である（これ以外にも、タクシーによる乗客の運送、洋服の仕立て、時計や靴の修理、講演、演奏などさまざまなものが請負契約の範ちゅうに属し、請負は社会生活上重要な意義を有している）。

　ここではまず、請負契約をめぐる、最も一般的な紛争である工事請負代金支払請求の要件事実を解説する。そして、次に、建物所有権の帰属をめぐる訴訟について検討する（詳細については、中野貞一郎「請負の証明責任」『民事手続の現在問題』225頁以下、倉田『契約法下巻』671頁以下、定塚孝司『主張立証責任論の構造に関する一試論』154頁、横浜弁護士会編『建築請負・建築瑕疵の法律実務』5頁以下参照）。

第1節　請負報酬支払請求訴訟

設例
12-1

　建物の内装を業とするXは、2020年4月10日、Yが居住するマンションのリフォームをする注文を代金工事報酬70万円で受け、工期を同年4月15日着工、同年5月31日完成引渡しとする

第1節　請負報酬支払請求訴訟

契約を締結した。Xは、約定どおり、同年5月31日にマンションのリフォームを完成させ、これをYに引き渡したが、Yは上記代金を支払おうとしない。そこで、Xは、請負代金報酬70万円と遅延損害金の支払いを求めて、Yに訴えを提起した。

I　訴訟物と請求の趣旨

設例12―1で、訴訟物は、「XのYに対する請負契約に基づく報酬請求権」であり、請求の趣旨は、「被告は、原告に対し、金70万円及びこれに対する2020年6月1日から支払済みまで年3分の割合による金員を支払え」と記載する（請負契約においては、報酬請求権は目的物の引渡しと同時に遅滞になると解することができるので、引渡日の翌日が遅延損害金の起算日となる。民法633条参照。なお、民法559条による575条2項本文の準用という考え方もできる。民法575条2項本文の利息の法的性質については、本書41頁参照）。

II　請求原因

1　請負報酬の請求

民法633条本文は、請負の報酬後払いの原則を規定するから、請負人Xが注文者Yに対し、報酬の支払請求をする場合の要件事実は次のようになる。

> **要件事実**
>
> ①　請負人Xと注文者Yが、所定の仕事を完成し、それに対して報酬を支払う旨の請負契約を締結したこと
> ②　請負人Xが仕事を完成したこと

①の請負契約締結の事実は、契約の当事者、契約年月日、仕事の内容、報酬で特定することになるが、報酬額の定めがないことは請負契約の成立を妨げるものではないと解される（倉田『契約法下巻』684頁）。なぜなら、報酬額の合意が概算にとどまる場合はもとより、その定めがなかった場合でも、慣

341

〔第2部〕 第12章 請負契約関係訴訟

行に従って決定できるときはそれにより、そうでないときにはコストに適正利潤を加える等合理的な方法で定めれば足りるからである（判例・通説）。

②につき、民法633条本文は目的物の引渡しと請負報酬の支払いを同時履行の関係に立たせる趣旨であるから、この規定は、目的物の引渡しが行われる前に目的物が完成していることを当然の前提としていると考えられる。したがって、請負人による仕事の完成が先履行の関係に立つと解され、②が請負報酬支払請求の要件事実になる。

報酬の支払時期について、請負契約の当事者は民法633条と異なる合意（特約）をすることができるから、仮に、ＸＹ間で報酬の前払い特約を合意したとすれば、この合意に基づきＸが報酬の全部または一部を仕事の完成前に請求するには、次の要件事実を主張することになる。

> **要件事実**
>
> ①′ 請負人Ｘと注文者Ｙが、所定の仕事を完成し、それに対して報酬を支払う旨の請負契約を締結したこと
> ②′ 報酬の全部または一部の前払いの特約が成立していること
> ③′ 同特約の内容となっている事実が発生したこと（たとえば、期日の到来、仕事の一部完成）

これに対して、仕事の完成・引渡し後に一定期間経過後に報酬の全部または一部を支払う旨の特約がある場合には、この特約は、期限の抗弁として（本書290頁）、上記報酬の支払請求に対する抗弁として機能することになる。

2 遅延損害金の請求

Ｘの請負報酬支払請求に対し、完成した物の引渡しを必要とする請負契約では、注文者は、次のとおり主張して、同時履行の抗弁権を行使することができる（民法633条本文）。

> **要件事実**　（1（請負報酬の請求）に対する抗弁）
>
> ○ Ｘが目的物引渡義務の履行の提供があるまで報酬の支払いを拒絶す

第1節　請負報酬支払請求訴訟

るとの権利主張

これに対して、Xは、再抗弁として、次の事実を主張することができる。

> **要件事実**　（1に対する再抗弁）
>
> ○　XがYに対して、目的物の引渡しをしたこと

しかし、設例12―1では、Xは遅延損害金も請求しているので、Yを遅滞に付する必要があるから、請求原因の段階から、上記1①、②に加えて、③の事実を主張する必要がある。

> **要件事実**　（2（遅延損害金の請求）の請求原因）
>
> ③　Xが工事の目的物をYに引き渡したこと

> **記載例12―1―1**
>
> 1　原告（X）は、2020年4月10日、被告（Y）からの注文により、被告（Y）との間で、次のとおり、マンションのリフォーム工事請負契約を締結した。
>
> 　　　　目的マンション　　○○県○○市○丁目○番○号所在の○○マンション103号室
>
> 　　　　請 負 報 酬 額　　70万円
>
> 　　　　工　　　　　期　　2020年4月15日から同年5月31日
>
> 2　原告（X）は、同年5月31日、上記請負契約に基づき、上記マンションのリフォーム工事を完成させ、同日、被告（Y）に引き渡した。
>
> 3　よって、原告（X）は、請負契約に基づき、請負報酬70万円及びこれに対する引渡日の翌日である2020年6月1日から支払済みまで民法所定の年3分の割合による遅延損害金の支払いを求める。

343

〔第 2 部〕 第12章 請負契約関係訴訟

Ⅲ 抗 弁

1 契約不適合部分修補請求権との同時履行の抗弁

設例12—1で、YがXに報酬を支払わないのは、Xのフローリング工事の施工不良で床が傾いており、補修工事が必要であるからだとしよう。注文者であるYは、Xに対し、契約不適合部分修補請求権を有することになる（民法559条、562条）。そうすると、請負人の報酬請求権と注文者の修補請求権は同時履行の関係にあるので（改正法533条本文括弧書の勿論解釈）、この場合、Xの報酬請求に対し、Yは、抗弁として、次の事実を主張することができる（本書123頁）。

要件事実

① 仕事の目的物に契約不適合部分があること

② 契約不適合部分の修補が済むまで報酬の支払いを拒絶する旨の権利主張

仕事の目的物に契約不適合部分がある場合でも、修補が契約その他の債務の発生原因および取引上の社会通念に照らして不能であるときは、注文者は請負人に対して修補請求権を行使することはできない（民法412条の2第1項。潮見『改正法の概要』314頁参照）。そこで、Xは、上記修補請求権を理由とした同時履行の抗弁権に対する再抗弁として次のとおり主張することができる。

要件事実

○ 修補が債務の発生原因と取引上の社会通念に照らして不能であること

この再抗弁事実が証明されると、Yとしては、契約不適合部分修補請求の抗弁を損害賠償に構成し直さない限り、敗訴することになる。

2 損害賠償請求権との同時履行または相殺の抗弁

また、上記のような契約不適合部分があることを前提とすると、注文者Y

344

は、Xに対し、修補に代わる損害賠償請求あるいは修補をしても償えない損害賠償請求を主張することができる（民法559条、564条。潮見『改正法の概要』264頁参照）。この損害賠償請求権は、請負人の報酬請求権と同時履行の関係にあるが（民法533条本文括弧書）、注意点として、第一に、相当額のみならず、請負報酬全額と同時履行関係に立つこと（最判平9・2・14民集51巻2号337頁）、第二に、同時履行抗弁権の存在効果にもかかわらず、この場合には、相殺により同時履行抗弁権が失われる利益は重視されず、相殺の抗弁としても機能することである（最判昭53・9・2判時907号54頁。定塚・前掲書160頁）。

　修補に代わる損害賠償請求の場合、Yの主張すべき要件事実は、次のようになる。

> **要件事実**
>
> ①　仕事の目的物に契約不適合部分があること
> ②　損害の発生とその数額
> ③　損害賠償の支払いの提供があるまで請負報酬全額の支払いを拒絶する旨の権利主張

または、

> **要件事実**
>
> ③´　損害賠償請求権をもってXの請負報酬請求権と対当額で相殺する旨の意思表示

　この場合に、相殺の抗弁が可能となるのは、修補に代わる損害賠償請求権と請負人の報酬請求権の場合であれば、同一の双務契約上の債権の相殺処理であり、相殺と同時履行の抗弁権の一般的関係（「一方的に相殺により同時履行の抗弁権を失わせることはできない」）とは区別されるためである。

　修補をしても償えない損害賠償請求の場合には、Yの主張すべき要件事実は、次のようになる。

〔第 2 部〕 第12章 請負契約関係訴訟

> **要件事実**
>
> ① 仕事の目的物に契約不適合部分があること
>
> ② 契約不適合部分の修補をしても償えない損害の発生とその数額
>
> ③ 損害賠償の支払いの提供があるまで請負報酬全額の支払いを拒絶する旨の権利主張

または、

> **要件事実**
>
> ③′ 損害賠償請求権をもってXの請負代金請求権と対当額で相殺する旨の意思表示

3 解除の抗弁

Xの工事に上記のような契約不適合部分があり、それにより契約をした目的を達成することができない場合には、Yは契約の解除を主張することもできる（民法559条、564条、542条 1 項 3 号。潮見『改正法の概要』315頁参照）。つまり、請負人Xの報酬請求に対し、注文者は、抗弁として、次の事実を主張することができる。

> **要件事実**
>
> ① 仕事の目的物に契約不適合部分があること
>
> ② 契約解除の意思表示をしたこと

民法542条 1 項 3 号は、条文上、「契約をした目的を達することができないとき」に解除権が発生するとの表現をとっているが、契約不適合部分があること自体で一応目的達成が不能であることの事実が現れているとみるべきである。そして、それにもかかわらず、「契約の目的を達成することが可能であること」が請負人の主張すべき再抗弁事実になると解される（定塚・前掲書162頁）。

346

第1節　請負報酬支払請求訴訟

IV　再抗弁

1　注文者指図等の再抗弁

　仕事の目的物の契約不適合部分が、注文者Yが提供した材料の性質または注文者の与えた指図によって生じた場合には、請負人の担保責任は生じない（民法636条本文）。そこで、Xは、Yの抗弁1、2（契約不適合による修補請求権または損害賠償請求権で同時履行または相殺の抗弁を主張した場合）に対して、再抗弁として、次の事実を主張することができる。

> **要件事実**
>
> ①　契約不適合が注文者の提供した材料の性質によるものであること

または、

> **要件事実**
>
> ①´　契約不適合が注文者の指図によって生じたものであること

2　非通知による失権の再抗弁等

　改正法は、旧法の注文者の瑕疵修補請求権、損害賠償請求権、契約解除権に関する期間制限（旧法637条）を、不適合通知（「非通知—失権効」）制度に改めた。契約不適合を知ってから1年以内に請負人に通知することを要し、これを怠る場合は、追完請求権、報酬減額請求権、損害賠償請求権、解除権は失権する（民法637条1項）。ただし、請負人に悪意重過失ある場合には失権効は及ばない（同条2項）。改正法による売買契約についての変更と同様の措置である。

　条文からは、次のような要件事実が導かれる。

> **再抗弁・要件事実**
>
> ○　XがYに仕事の目的物を引き渡し（引渡しを要しない場合には完成仕事が終了し）、Yが目的物の契約不適合を知ってから1年が経過した

347

〔第 2 部〕 第12章 請負契約関係訴訟

> こと

再々抗弁・要件事実

○ YはXに対し、上記期間内に目的物契約不適合の通知をしたこと

または

○ Xが目的物の引渡時（引渡しを要しない場合には仕事終了時）、目的
物契約不適合につき、知っていたか重大な過失により知らなかったこ
と

そのうえで、㋐請負人の側の攻撃防護として、「注文者が目的物の契約不
適合を知った」と言い得るためには、どのような具体的事実を主張証明しな
ければならないか、㋑注文者の側がとった措置が「不適合通知」といえるた
めには、どのような内容の通知をしなければならないかが、要件事実論とし
て重要な問題となる。また、それらが、実際の紛争解決の決め手になること
が予想される。概ね、次のように解されている。㋐については、「注文者が
不適合責任を追及し得る程度に具体的な事実関係を確実に知った」ことを請
負人が主張証明しなければならず（法制審議会民法（債権法）部会資料75Ａ・
38頁および最判平13・2・22裁判集（民）201号109頁）、㋑については、「不適
合（瑕疵）の種類、程度、範囲」を通知すれば足り、細目を通知する必要は
なく（部会資料75Ａ・38頁）、また、損害額の根拠なども示す必要はない（潮
見『改正法の概要』317頁）。

なお、住宅の品質確保の促進等に関する法律（平成11年法律第81号）では、
住宅新築請負契約において請負業者は基本構造部分の瑕疵について、引渡日
から10年間担保責任を負うと定められており、一般消費者のマイホーム取得
に関しては、上記のところとは実質的に異なる規律が妥当している（新築住
宅の売買契約〔建売等〕についても同様である）。

第 2 節　割合請負報酬請求訴訟（請負人の工事中止）

　　建物建築工事を業とするXは、2020年4月10日、Yから同人の所有地上に工事代金2000万円で一軒家を新築する工事の発注を受け、工期を同年5月15日着工、同年12月15日完成引渡しとする契約を締結した。Xは、同年5月15日に住宅新築工事に着工し、同月31日に基礎工事を終えたが、その時点で、資金繰りがつかなくなり、以降の工事を続けることができず、仕事を放棄した。Xは基礎工事分の請負報酬だけは支払いを受けたいと考え、Yに対し、基礎工事分の請負報酬として600万円の支払いを求めて、訴えを提起した。

I　割合請負報酬請求権（民法634条）

1　立法趣旨

　平成29年改正では、民法634条で請負人の割合請負報酬請求権が明定された。それによれば、途中で仕事の完成が不能になった場合は、既存の仕事遂行部分について割合的な請負報酬の請求ができる（同条1号）。また、請負が仕事の完成前に解除されたときも同様である（同条2号）。その立法趣旨は、請負の仕事が途中で続けられなくなった場合には、既施工部分については、その結果に応じた報酬を認めるのが合理的であるというにある。

　そのため、民法634条は、途中で仕事の完成が不能になったことについて注文者・請負人のどちらに原因があるかを問わないという条文構造になっている。同条2号の「解除されたとき」は、注文者・請負人いずれの側からの解除であるかを問わず、また、債務不履行解除であると注文者の任意解除（民法641条）であるとを問わない（能見＝加藤『判例民法7』120頁〔後藤巻則・谷本陽一〕）。また、同条1号の「仕事を完成することができなくなったとき」

〔第2部〕　第12章　請負契約関係訴訟

には、請負人の事情でそうなった場合も含む（同号が注文者に帰責事由ある場合を除外しているのは、その場合は、民法536条2項により割合報酬にとどまらず全額の請求ができるからである——部会議事録第94回37頁、95回46頁、96回50頁）。

2　裁判実務上の注意点

一見すると、改正法634条は当然の法的処理のようにもみえるが、子細に検討すると、次のように少なからぬ論点がみられる。

第一に、民法634条は、途中までにした仕事が「可分な部分の給付」といえることを前提としている（同条柱書「請負人が既にした仕事の結果のうち可分な部分の給付によって」）。建築請負では、建築途上の構築物は「建前」とか「出来形」とか呼ばれるが、「可分な給付」の具体的適用いかんが、まず問題となる。

第二に、割合請負報酬請求権が発生するためには、「可分な給付」が注文者に利益をもたらすものでなければならない（同条柱書「可分な部分の給付によって注文者が利益を受けるときは」）。注文者の利益にならない場合には、報酬は請求できず、逆に、原則に戻って既施工部分は原状回復義務の対象となる（能見＝加藤『判例民法7』148頁〔後藤・谷本〕）。したがって、この点は極めて重要であるが、要件事実論の観点から十分な整理はされていない。

第三に、割合請負報酬請求権の額は、「可分な給付」の割合によるのではなく、それによって注文者が受けた利益の割合による（同条柱書「請負人は、注文者が受ける利益の割合に応じて報酬を請求することができる」）。しかし、この点の要件事実論も、まだ流動的である。

第四に、改正法634条は、最判昭56・2・17金法967号36頁で示された判例法理（「一定の場合には、既施工部分については解除の効果が及ばず、割合報酬が発生する」）に立脚するものであり、その「一定の場合」を要件化したものであるが（潮見『改正法の概要』312頁）、一般に請負契約の解除は遡及効をもち、解除の結果、契約は遡及的無効となることとの兼ね合いが問題となる。

3　紛争の社会的実態

民法634条は、一般消費者にとって一生に一度のマイホームの新築工事が

350

途中で蹉跌した場合などを対象とする。近年、一部のハウスメーカーが安価な報酬で多数のマイホームの建築を請け負い、途中で経営難から数百件もの物件について工事を中止し、その後、建前が野ざらしになるなどして社会問題になった。他方では、その対極には、注文者が任意解除権を行使して残工事を知り合いの別業者に安く行わせて完成してしまうようなケースもある。そして、両者の中間にはさまざまなケースが存在する。

要件事実論としても、適用を受ける紛争の社会的実態を適切に反映する必要がある。

Ⅱ 訴訟物と請求の趣旨

民法634条は、「その部分を仕事の完成とみなす」（同条柱書）としている。途中である以上、仕事の完成という概念とは相容れないための「みなし」規定であるが、これによって、同条の割合請負報酬請求権の法的性質が通常の（完成）請負報酬請求権と全く同じものであることが示されている。

したがって、割合請負報酬請求訴訟の訴訟物は、通常の（完成）請負報酬請求訴訟に準ずる。請求の趣旨も、設例12―1に準ずる。また、遅延損害金についても、民法632条柱書で「仕事の完成とみなす」と定められた結果、「可分な給付」の翌日から請求できることになる。

Ⅲ 請求原因

> **要件事実**
>
> ① 請負人Ｘと注文者Ｙが、所定の仕事を完成し、それに対して報酬を支払う旨の請負契約を締結したこと
> ② 請負人Ｘの経営状態悪化による工事続行不能
> ③ 請負人Ｘが着工後上記②の時までにした仕事の結果のうち、可分な部分があること
> ④ 上記③の給付によって注文者Ｙが利益を受けること

〔第 2 部〕 第12章 請負契約関係訴訟

⑤ 上記④の割合

記載例12― 2 ― 1

1 原告（X）は、2020年 4 月10日、被告（Y）からの注文により、被
  告（Y）との間で、次のとおり、建物新築工事（建物本体建築工事）請
  負契約を締結した。

　　　　建築工事場所　　○○県○○市○丁目○番地上
　　　　目的たる建物　　木造二階建瓦葺居宅（床面積○○平方メートル）
　　　　請負報酬額　　　2000万円
　　　　工　　　期　　　2020年 5 月15日から同年12月15日

2 原告（X）は、同年 5 月31日、経営状態悪化により、上記 1 の建築
  工事を続行することができなくなった。

3 上記 2 までに、原告（X）は、上記 1 の請負契約に基づき、基礎工
  事を終えた（←上記③）。

4 上記 3 で行った基礎工事の内容・品質は、その後に別の業者が引き
  継いで工事を完成することが可能なものであって、被告（Y）は利益
  を受ける（←上記④）。

5 合意された見積書上、上記 3 の基礎工事の見積り金額は、600万円
  である（←上記⑤）。

IV 請求原因の補足説明

1 「可分な部分の給付」

既施工部分が「可分な部分の給付」に当たることは、具体的に主張しなけ
ればならない。「可分性」が事実的要件か規範的要件かという論点があるが、
事実的要件とみてよいであろう（規範的要件説では、可分性を基礎づける具体
的事実（評価根拠事実）を主張すべきことになる）。事実的要件説においても、
可分性の具体化は必要であり、具体的な事実主張をしなければならない。

たとえば、建築請負であれば、標準的な戸建て建築工事（本体工事）は、

352

⑦基礎工事、⑥木工（いわゆる大工）、⑥屋根工事、⑤外壁・外装、⑥金属（いわゆる板金）・ガラス工事、⑨電気・配管工事、⑤内装、⑦設備工事（浴槽、キッチン等の搬入取り付け工事）等に大別され、見積書ではそれぞれの内訳があげられる。要件事実としても、上記⑦～⑦の工事区分程度には具体的に主張することを要する。

この「可分性」の要件に関して、仕事が中断してもその後継続すれば完成に至ることを理由に、それだけで可分といえるとの見解（伊藤『要件事実Ⅱ』559、561頁〔今出川幸寛〕）があるが、634条の規律（「請負人がすでにした仕事の結果のうち可分な部分の給付」）を空文化しかねないものであり、賛成しがたい。

2　上記1によって「注文者が利益を受ける」こと

これも評価性のある要件ではあるが、事実的要件であり、「利益性」を具体化して事実主張をしなければならない。たとえば、⑦注文者がその後別の業者に依頼して工事を完成したこと（継続したこと）、⑥建築予定地とともに建前を譲渡したことなどであり、建前・出来形がそのままになっているような場合には、少なくとも、⑦行われた工事がその後に別の業者が引き継いで完成することが客観的に可能な内容・品質を有することを具体的に主張証明しなければならない。

この点が、既施工部分について請負人に割合報酬請求権が認められるか、それとも、撤去義務を生ずるかの分水嶺となることは前述した。したがって、割合報酬請求権の要件事実として不可欠と考える（反対：要件事実として挙げない見解として、伊藤『要件事実Ⅱ』560～562頁〔今出川〕）。

3　注文者が受ける利益の割合

民法634条が認めているのは、仕事（「可分な給付」）の割合に対応する金額ではなく、あくまで、注文者が受けた「利益の割合」による報酬である。

この「利益の割合」も、評価性はあるが、事実的要件とみるべきで、これを具体化した事実主張をしなければならない。単に、50％とか、3割などと主張するだけでは不十分である。まして、仕事を50％したとか、3割したな

353

〔第2部〕 第12章 請負契約関係訴訟

どと主張するだけでは足りない（反対：伊藤『要件事実Ⅱ』560、561頁〔今出川〕。
同書は「仕事を50％終えた」と主張するだけで足りるとするようである）。

　建築請負では、通常、前出㋐〜㋗のような工事区分が行われ、それに基づ
いて見積書も作成されるから、既施工部分が見積書上いくらと見積もられて
いるかによって、割合および金額の具体的な主張ができる。

V　抗弁（規範的要件説）

1　「注文者が利益を受ける」ことを規範的要件と解する立場

　「注文者が利益を受ける」ことを規範的要件と解する立場においては、そ
の評価障害事実が抗弁事実となり、次のような事由が想定される。これに対
して、事実的要件説からは、積極否認（理由付否認）となる。後説のほうが、
一般消費者であるマイホーム施主の保護に厚い。

(1)　「残工事不能」

　行われた工事が通常の内容・品質を充たしていても、ハウスメーカー等各
建築業者の工法には独自のものがあるから、その後、別の業者が引き継いで
完成することが困難な場合もある（上記社会問題化したハウスメーカーの実
例）。また、請負人の突然の工事放棄で長期にわたって建前が野ざらし状態
になった場合には、劣化した既施工部分にそのまま継ぎ工事を行うわけには
いかないこともある。

　一般消費者たる注文者には予算上の制約があるから、これらの場合、現実
問題として工事を継続すること自体ができなくなる。

(2)　「やり直し工事」

　注文者の側の予算に余裕がある場合であっても、上記のような場合は、結
局、建前を撤去して工事をはじめからやり直さざるを得ないことが多い。

(3)　「残工事内容変更」

　上記(1)の場合に、許された予算内で無理を承知で何とか工事を継続させて
完成しても、全体として予定していた品質を確保できないことがある。

第2節　割合請負報酬請求訴訟（請負人の工事中止）

記載例12－2－2　（「残工事不能」）

　請求原因4の原告（X）が行った基礎工事は、原告（X）の独自工法に基づくもので、被告（Y）は残工事を行う業者を探したが、予算内では後継業者はみつからなかった。

記載例12－2－3　（「やり直し工事」）

　原告（X）が請求原因1の建築工事を突然放棄したため、被告（Y）は残工事を行う業者の選定・依頼に難渋し、その間、基礎工事部分は野ざらしとなり、被告（Y）が依頼した後継業者は、基礎部分をはじめからやり直して建物を完成することになった。

記載例12－2－4　（「残工事内容変更」）

　原告（X）が請求原因1の建築工事を突然放棄したため、被告（Y）は残工事を行う業者の選定・依頼に難渋し、その間、基礎工事部分は野ざらしとなり、劣化した基礎の上に簡易建築をして建物を完成するほかなくなった。

2　「注文者が受ける利益の割合」を規範的要件と解する立場

　「注文者が受ける利益の割合」を規範的要件と解する立場においては、その評価障害事実が抗弁事実となる。事実的要件説では、積極否認と位置づけられる。

　請負人の突然の工事放棄で別業者に残工事を頼まざるを得なくなった場合、急に依頼するために請負報酬が高くなるのが、むしろ通例である。

記載例12－2－5　（「残工事割増」）

　原告（X）が請求原因1の建築工事を突然放棄したため、被告（Y）は、急遽、残工事を行う業者を探さざるを得なくなり、別業者と残工事請負契約を締結したが、それによれば、当初予定仕様の建物を完成させるた

めに1800万円を要する（→受ける利益は600万円ではなく200万円にとどまる）。

第3節　割合請負報酬請求訴訟
　　　　（注文者の任意解除権行使）

　建物建築工事を業とするXは、2020年4月10日、Yから同人の所有地上に工事代金2000万円で一軒家を新築する工事の発注を受け、工期を同年5月15日着工、同年12月15日完成引渡しとする契約を締結した。Xは、同年5月15日に住宅新築工事に着工し、同月31日に基礎工事を終えたが、翌日、Yから住宅新築を取りやめるとの通知（「健康診断でがんが見つかり、予定していた資金を療養費に回さざるを得なくなったため、中止する」旨）を受けた。

　XはYに対し、基礎工事分の請負報酬600万円の支払いを求めて、訴えを提起した。

　建物建築工事を業とするXは、2020年4月10日、Yから同人の所有地上に工事代金2000万円で一軒家を新築する工事の発注を受け、工期を同年5月15日着工、同年12月15日完成引渡しとする契約を締結した。Xは、同年5月15日に住宅新築工事に着工し、同月31日に基礎工事を終えたが、翌日、Yから住宅新築を取りやめるとの通知を受けた。その後、Yは別業者に残工事を行わせて建物を完成した。

　XはYに対し、基礎工事分の請負報酬600万円の支払いを求めて、訴えを提起した。

第3節　割合請負報酬請求訴訟（注文者の任意解除権行使）

I　訴訟物と請求の趣旨（共通）

設例12—2に同じ。

II　請求原因（共通）

要件事実

① 　請負契約の締結

② 　注文者Yが任意解除権を行使したこと

③ 　請負人Xが着工後上記②の時までにした仕事の結果のうち、可分な部分があること

④ 　上記③の給付によって注文者Yが利益を受けること

⑤ 　上記④の割合

記載例12—3—1

1　原告（X）は、2020年4月10日、被告（Y）からの注文により、被告（Y）との間で、次のとおり、建物新築工事（建物本体建築工事）請負契約を締結した。

　　　　建築工事場所　　　○○県○○市○丁目○番地上

　　　　目的たる建物　　　木造二階建瓦葺居宅（床面積○○平方メートル）

　　　　請負報酬額　　　　2000万円

　　　　工　　　期　　　　2020年5月15日から同年12月15日

2　被告（Y）は原告（X）に対し、同年6月1日、上記1の請負契約を任意解除する旨の意思表示をし、原告（X）は、同日、その通知を受けた。

3　上記2までに、原告（X）は、上記1の請負契約に基づき、基礎工事を終えた。

4　上記3で行った基礎工事の内容・品質は、その後に別の業者が引き

357

〔第2部〕 第12章 請負契約関係訴訟

> 継いで工事を完成することが可能なものであって、被告（Y）は利益
> を受ける。
>
> 5　合意された見積書上、上記3の基礎工事の見積り金額は、600万円
> である。

III　抗弁（規範的要件説＝「注文者が利益を受ける」ことの評価障害事実）

1　設例12—3

設例12—3は、注文者の任意解除権の規定（民法641条）が本来想定する場面である。民法641条の立法趣旨としては、注文者が仕事の完成に利益をもたなくなった場合には、以降仕事の継続・完成を強いて報酬の全額を払わせるのは酷であり、社会経済的観点からもマイナスになることがあげられている。

規範的要件説においては、この場合は、上記④の「注文者Yが利益を受ける」ことに関し、「継続工事の予定なし」が評価障害事実となる。事実的要件説では、積極否認である。物的価値はあってもYに予定がないことで、注文者の利益を争う理由付否認になる。

記載例12—3—2

> 被告（Y）は、健康診断でがんが見つかり、予定していた建築資金を
> 療養費に回さざるを得なくなったために、工事中止を申し入れたもので
> あり、継続工事の予定はない。

2　設例12—3′

設例12—3′は、注文者の恣意的な業者替えであり、注文者任意解除権の規定が本来想定する場面ではなく、むしろ任意解除権の濫用に近い。したがって、事実的要件説においてはもとより規範的要件説においても、有効に機能する抗弁は見当たらない。

358

Ⅳ　その他の法的手段との関係

　注文者から任意解除権を行使された場合は、請負人の立場からすると、割合報酬請求権だけでなく、損害賠償請求権も問題となる。民法641条の任意解除権の行使には、注文者の請負人に対する損害賠償義務が伴う（同条「いつでも損害を賠償して契約の解除をすることができる」）。

　この場合の損害賠償義務の内容・範囲については、注文者は、請負人の得べかりし利益も含め、相当因果関係に立つ全損害を賠償しなければならない（通説。我妻榮『債権各論　中巻二（民法講義Ⅴ３）』651頁、来栖三郎『契約法（法律学全集）』484頁、星野英一『民法概論Ⅳ』270頁等）。また、この場合の「解除」の性質・効果をめぐっては議論があるが、注文者任意解除権も遡及効をもつというのが通説といわれている（能見＝加藤『判例民法７』143頁〔後藤・谷本〕参照）。

　それゆえ、請負人としては、当然、損害賠償請求訴訟を考えることになる。

第４節　注文者の任意解除権の行使に伴う請負人の損害賠償請求訴訟

　建物建築工事を業とするＸは、2020年４月10日、Ｙから同人の所有地上に工事代金2000万円で一軒家を新築する工事の発注を受け、工期を同年５月15日着工、同年12月15日完成引渡しとする契約を締結した。Ｘは、同年５月15日に住宅新築工事に着工し、同月31日に基礎工事を終えたが、翌日、Ｙから住宅新築を取りやめるとの通知（「健康診断でがんが見つかり、予定していた資金を療養費に回さざるを得なくなったため、中止する」旨）を受けた。

　ＸはＹに対し、上記工事取りやめによって生じた損害とし

〔第2部〕 第12章 請負契約関係訴訟

て、請負報酬2000万円から取りやめにより以降の出費を免れた分の金額900万円を控除した金1100万円の支払いを求めて、訴えを提起した。

設例
12-4´

建物建築工事を業とするXは、2020年4月10日、Yから同人の所有地上に工事代金2000万円で一軒家を新築する工事の発注を受け、工期を同年5月15日着工、同年12月15日完成引渡しとする契約を締結した。Xは、同年5月15日に住宅新築工事に着工し、同月31日に基礎工事を終えたが、翌日、Yから住宅新築を取りやめるとの通知を受けた。その後、Yは別業者に残工事を行わせて建物を完成した。

XはYに対し、上記工事取りやめによって生じた損害として、請負報酬2000万円から取りやめにより以降の出費を免れた分の金額900万円を控除した金1100万円の支払いを求めて、訴えを提起した。

I　訴訟物と請求の趣旨（共通）

訴訟物は、民法641条に基づく請負人の損害賠償請求権であり、請求の趣旨は、「被告は、原告に対し、金1100万円を支払え」などとなる。

II　請求原因（共通）

> **要件事実**
>
> ① 請負契約の締結
> ② 注文者による任意解除権の行使
> ③ 損害（＝「請負額から、上記②により、以降の出費を免れた分を控除した金額」）

第4節　注文者の任意解除権の行使に伴う請負人の損害賠償請求訴訟

記載例12―4―1

1　原告（X）は、2020年4月10日、被告（Y）からの注文により、被告（Y）との間で、次のとおり、建物新築工事（建物本体建築工事）請負契約を締結した。

　　　　建築工事場所　　○○県○○市○丁目○番地上

　　　　目的たる建物　　木造二階建瓦葺居宅（床面積○○平方メートル）

　　　　請負報酬額　　　2000万円

　　　　工　　　期　　　2020年5月15日から同年12月15日

2　被告（Y）は原告（X）に対し、同年6月1日、上記1の請負契約を任意解除する旨の意思表示をし、原告（X）は、同日、その通知を受けた。

3　上記2により、原告（X）は、次のとおり、金1100万円の損害を被った。すなわち、上記1の請負契約に基づく報酬は2000万円であるところ、上記2により、以降の工事予定で原告（X）が出費を免れた分は、①材料費400万円、⑪各下請け業者に対する下請報酬500万円であり、請負報酬額から、上記①・⑪を控除した額は1100万円である。

Ⅲ　抗弁・再抗弁等

1　設例12―4

(1)　抗　弁

　注文者の立場としては、請負人に得べかりし利益を含めた損害を補償しなければならないのであれば、既施工部分（建前、出来形）の撤去を求めることが考えられる。

　上記のように、注文者の任意解除権の解除には遡及効があると解されている。したがって、請負人には、既施工部分についての原状回復義務が発生する。請負契約解除の意思表示の結果として、遡及的巻き戻しとしての双方的原状回復義務が発生し、解除後の債務に関して同時履行の抗弁が可能である

361

〔第 2 部〕 第12章 請負契約関係訴訟

（民法546条、533条本文括弧書）。

> **要件事実**
>
> ○ 原状回復義務との同時履行の抗弁

> **記載例12― 4 ― 2**
>
> 　被告（Y）は、原告（X）が請求原因 2 の通知到達までにした仕事（建前、出来形）を撤去して、請求原因 1 の土地を原状に復して返還するまで、損害金の支払いを拒絶する。

(2)　再抗弁

注文者の任意解除には遡及効があり、同解除権の行使によって、請負人に既施工部分についての原状回復義務が発生するとしても、この点を修正したのが、上記第 2 節Ⅰ 2 掲記の最判昭56・ 2 ・17の判例法理であり（「既施工部分については解除の効果が及ばず、割合報酬が発生する」）、それを立法化したのが改正法634条にほかならない。

それゆえ、これを（割合報酬との関係ではなく）解除権行使の効力との関係でみれば、解除の遡及効を障害するものにほかならない。すなわち、民法634条の要件事実は、原状回復義務の発生障害事実である。

> **要件事実**
>
> ① 既履行の仕事の結果のうち可分な部分があること
>
> ② 上記①の給付によって注文者が利益を受けること

> **記載例12― 4 ― 3**
>
> 1 　請求原因 2 の通知までに、原告（X）は、上記 1 の請負契約に基づき、基礎工事を終えた（←上記①）。
>
> 2 　上記 1 で行った基礎工事の内容・品質は、その後に別の業者が引き継いで工事を完成することが可能なものであって、被告（Y）は利益を受ける（←上記②）。

362

第4節　注文者の任意解除権の行使に伴う請負人の損害賠償請求訴訟

3　上記1・2により、請求原因2の解除には遡及効はない（→原状回
　復義務の発生障害）。

(3)　再々抗弁（規範的要件説）

要件事実

○　「注文者が利益を受ける」ことの評価障害事実

記載例12─4─4

　被告（Y）は、健康診断でがんが見つかり、予定していた建築資金を
療養費に回さざるを得なくなったために、工事中止を申し入れたもので
あり、継続工事の予定はない（→既施工部分は利益にならない→民法634条
は適用されない→任意解除の遡及効は障害されない→解除に基づく原状回復
義務も障害されない）。

2　設例12─4′

　設例12─4′では、注文者は残工事を続行し、すでに建物を完成してしまっ
ているので、請負人の建前の原状回復義務は不可能であり、これが抗弁とし
て有効に機能することはない（東京高判昭39・10・28下民集15巻10号2539頁参照）。

IV　第2節～第4節の小括

　建築請負における途中終了、業者替えによる残工事遂行の問題は、以上の
ように、相当に微妙で錯綜しており、指導的学説によっても、注文者・請負
人それぞれの帰責性の程度、途中終了への関与の程度、業者替えの事情等を
総合的に考慮しなければならないことが、つとに指摘されている（能見善久
「最高裁判所民事判例研究」法学協会雑誌95巻9号181頁以下参照）。

1　注文者が任意解除権を行使して残工事を別業者にさせた
　場合

　たとえば、設例12─4′のように、注文者が任意解除権を行使して残工事

363

〔第 2 部〕 第12章 請負契約関係訴訟

を別業者にさせた場合は、請負人からみれば、債権者（注文者）の責めに帰すべき事由による履行不能に近接する。債権者の責めに帰すべき履行不能であれば、民法536条 2 項により全額の報酬請求ができる。この点の関係は、次のように解釈されている。

　注文者がほしいままに任意解除権を行使して施工業者を振り替えるようなケースは、本来の民法641条の立法趣旨から外れ、任意解除権の濫用に近い。しかし、注文者の任意解除は法の規定に基づく無理由解除権の行使であるため、上記のような注文者の行為態様であっても、まだ「責めに帰すべき事由」というには足りないと一般に解されている。任意解除の明確な手続すら踏まずに別の業者に施工させてしまったような場合に、はじめて民法536条 2 項の「債権者の責めに帰すべき事由によって債務を履行することができなくなった」が適用される（最判昭52・ 2 ・22民集31巻 1 号79頁参照）。

2　損害賠償とするか、割合請負報酬＋損害賠償とするか

　また、設例12― 4 、12― 4 ´では全部を損害賠償として構成しているが、ⓐ既施工部分の割合請負報酬（設例に即していえば、600万円）とⓑ未施工部分についての損害賠償（同じく500万円）の併合という形も考えられないではない（伊藤『要件事実Ⅱ』560頁〔今出川幸寛〕参照）。

　この場合は、設例12― 4 、12― 4 ´のような一個の全体損害についての損害賠償請求と比べ、請求原因事実が増えるため、それだけ、主張証明の負担も増す。さらに、反論（抗弁・積極否認）レベルでは、一個の損害賠償請求の場合と違って、注文者の側が「継続工事の予定なし」をいうことで、原状回復義務との同時履行だけでなく、同時に、ⓐ部分に対して「既施工部分の利益性なし（事実的要件説・否認）」または「注文者Ｙが利益を受けることの評価障害事実（規範的要件説・抗弁）」として機能することになる。全体を割合報酬（ⓐ）と損害（ⓑ）に分けた場合には、「損害」に対しては意味をなさない相手方の利益の有無が、ⓐ部分については法的意味を持ってくるためである。

364

3 請負業者の工事途中放棄

設例12─1のような請負業者の工事途中放棄では、多くの場合、請負人の債務不履行に該当するから、注文者の損害賠償請求が問題となる。注文者の側からの反訴が予想されるし、そもそも、このような事例は、請負人からの割合報酬請求訴訟ではなく、注文者からの債務不履行解除に基づく損害賠償請求・原状回復請求訴訟という形をとることが多い。

請負契約においては、債務不履行による解除がなされると、契約は遡及的に無効となり、原状回復義務が生ずる（請負には620条〔賃貸借の場合の契約解除の将来効〕の準用がない）。既出のように、この場合、民法634条の要件を充たすかぎりは既施工部分の解除は問題とならずに割合報酬が発生するが、要件を充たさない場合には、注文者の債務不履行解除により請負契約は遡及的に無効になって、請負人に既施工部分についての原状回復義務が生ずる。その結果、注文者からの債務不履行損害賠償請求訴訟では、民法634条の要件事実は、請負人の抗弁（解除の遡及効による原状回復義務の障害抗弁）という位置づけとなる。

4 まとめ

以上のように、民法634条の割合請負報酬請求権は、単体で考察したのでは不十分であり、民法536条2項の全額報酬請求との関係、各種解除・損害賠償請求権との関係、解除の遡及効との関係、遡及効の結果生ずる既施工部分の原状回復義務との関係などを紛争実態ごとに総合的に考察する必要に迫られる。そして、要件事実論により、それぞれの訴訟の中で攻撃防御を適切に位置づけることが必要となる。

第5節 建物所有権の帰属をめぐる訴訟

I 概 説

建物の建築請負において、注文者が請負代金を支払わないため、建築され

〔第2部〕 第12章 請負契約関係訴訟

た建物の所有権をめぐって争いが生じることがある。

　判例は、建物の所有権の帰属について、材料の提供者および代金の支払いの有無を基準に、以下のような準則を打ち立てている（いわゆる請負人帰属説。内田貴『民法Ⅱ〔第3版〕（債権各論）』276頁）。すなわち、①注文者が材料の全部または主要部分を提供した場合は、所有権は原始的に注文者に帰属する（大判昭7・5・9民集11巻824頁）、②請負人が材料の全部または主要部分を提供した場合には、請負人が所有権を取得し、引渡しによって注文者に移転する（大判大3・12・26民録20輯1208頁）、③請負人が材料を提供しても、特約があれば竣工と同時に注文者の所有物となる（大判大5・12・13民録22輯2417頁）、④注文者が代金の全部または大部分を支払っている場合には、特約の存在が推認され、特段の事情のない限り、建物所有権は完成と同時に原始的に注文者に帰属する（大判昭18・7・20民集22巻660頁。これに対し、当事者の通常の意思の尊重であるとして、完成と同時または工事の進捗状況に応じて注文者に帰属すると考える注文者帰属説も有力である）。

　また、判例は、少なくとも棟上げ・屋根張りがされ、周壁として荒壁が塗られる程度、すなわち、外界を遮断する建物として最低限の構造を備える状態となっていれば、これを独立した取引客体として不動産とみるが（大判昭10・10・1民集14巻1671頁）、建物が未完成の場合でも、建物は土地に附合しないから、結局、建物の未完成部分の所有権の帰属は、判例によれば、請負人帰属説によって判断されることになる（鎌田ほか『民事法Ⅲ』166頁以下〔武川幸嗣〕）。さらに、判例は、未完成建物を第三者が完成させた場合には、「加工」（民法246条）にあたるとみて（最判昭54・1・25民集33巻1号26頁）、第三者が提供した材料の価値と第三者がした工事の価値の合計が、当初の請負人がつくった価値よりも大きいかどうかによって、建物の所有権の帰属を決める（民法246条2項。山本『民法講義Ⅳ−1』661頁以下）。

　それでは、判例である請負人帰属説の立場に立った場合に、建築建物の所有権をめぐる紛争の要件事実はどのように整理されるであろうか。以下、訴訟類型ごとにその要件事実を概観しよう。

366

Ⅱ　抹消登記請求訴訟

設例12－5
　Xは、2020年5月10日、建築会社Yとの間で、請負代金2000万円、完成時期同年10月10日との約定で、Xの所有する土地上に住宅を建築する請負契約を締結し、Yは上記期限までに約束どおり建物を完成させた。
　しかし、Yが完成させた建物に自ら保存登記をしてしまったことから、Xは、Yに対し、保存登記の抹消を求めて訴えを提起した。

1　訴訟物と請求の趣旨

設例12－5における訴訟物は、XのYに対する建物所有権に基づく妨害排除請求権としての所有権保存登記抹消登記請求権である。

請求の趣旨は、「被告は、原告に対し、別紙物件目録記載の不動産について、○○法務局令和2年○月○日受付第○○号所有権保存登記の抹消登記手続をせよ」と記載する。

2　請求原因

注文主Xが求めているのは物権的請求権に基づく抹消登記請求であるから、請求原因は基本的には以下のとおりである（本書130頁）。

> **要件事実**
> ①　Xが本件建物について所有権を有すること
> ②　本件建物についてY名義の保存登記が存在すること

しかし、Yは、Xの本件建物の所有権を争うであろうから、Xとしては本件建物を原始取得した根拠を主張証明しなければならない。したがって、建物所有権の帰属について、前述した請負人帰属説の考え方をとると、①については、さらに、以下のとおり分けて考えることができる（山本『民法講義Ⅳ－1』658頁）。

〔第 2 部〕　第12章　請負契約関係訴訟

> **要件事実**
>
> ①―1　ＸとＹとの間で本件建物について建築請負契約を締結したこと
>
> ①―2　本件建物が完成したこと
>
> ①―3―ⅰ　Ｘが主たる材料を提供したこと
>
> 　　あるいは、
>
> ①―3―ⅱ　ＸＹ間で本件建物の所有権をＸに帰属させる旨の特約が存在すること
>
> 　　あるいは、
>
> ①―3―ⅲ　ＸがＹに本件建物の完成前に請負代金を支払済みであること

　このような考え方に対しては、別の要件事実を唱える説もある（倉田『契約法下巻』680頁以下、横浜弁護士会編『建築請負・建築瑕疵の法律実務』52頁以下）。後者の考え方によれば、請求原因は、以下の 2 点のみとなる。

> **要件事実**
>
> ①―1　ＸとＹとの間で本件建物について請負契約を締結したこと
>
> ①―2　本件建物が完成したこと

　これに対して、請負人であるＹが以下の事実（主たる材料供給の抗弁）を主張証明することになる。

> **要件事実**
>
> ○　建物の主たる材料は、Ｙが供給したものであること

　そして、請負人Ｙの上記の抗弁に対して、注文主Ｘは再抗弁として、以下のいずれかの事実を主張証明することができるとする。

> **要件事実**
>
> ○　ＸＹ間で本件建物の所有権をＸに帰属させる旨の特約が存在するこ

368

と

○ XがYに本件建物の完成前に請負代金を支払済みであること

　その根拠としては、再抗弁事実の内容は、いずれもYが材料を供給したという事実を前提としたうえで、Yの建物所有権取得の主張を阻むものであるからであると説明される。これに対しては、山本『民法講義Ⅳ—1』659頁が、「請負人帰属説は、建築請負に関するかぎり、請負人が材料を提供するのが通常であり、原則として建物の所有権は請負人に帰属すると考えるのではないだろうか。そうすると、注文者Xが、建物乙の所有権が自己に帰属することを主張するためには」、①—1「XとYとの間で本件建物について請負契約を締結したこと」、①—2「本件建物が完成したこと」に加えて、①—3—ⅰ「Xが主たる材料を提供したこと」、①—3—ⅱ「XY間で本件建物の所有権をXに帰属させる旨の特約が存在すること」、①—3—ⅲ「XがYに本件建物の完成前に請負代金を支払済みであること」のいずれかの事実を主張証明しなければならないとする。

Ⅲ　建物明渡請求訴訟

1　第三者が未完成建物を完成させた場合

　Yは、2020年5月10日、建築会社Xとの間で、請負代金2000万円、完成時期同年10月10日との約定で、Yの所有する土地上に住宅を建築する請負契約を締結した。しかし、その後、工事が半分ほど進んだところで、X会社とYとの間でトラブルが生じ、X会社とYは工事請負契約を合意解約した。Yは、残工事を建築会社Aに依頼し、A会社は工事を完成させ、Yにこれを引き渡した。

　しかし、X会社は、本件建物は主たる工事をX会社が行ったもので、X会社に所有権が帰属するとして、Yに対し、本件建物の引渡しを求めて訴えを提起した。

〔第2部〕 第12章 請負契約関係訴訟

(1) 訴訟物と請求の趣旨

訴訟物は、ＸのＹに対する所有権に基づく返還請求権としての建物明渡請求権である。そして、請求の趣旨は、「被告は、原告に対し、別紙物件目録記載の建物を明け渡せ」と記載する。

(2) 請求原因

請負人Ｘが求めているのは物権的請求権に基づく建物明渡請求であるから、請求原因は、基本的には以下のとおりである（本書73頁）。

要件事実

① Ｘが本件建物を所有していること

② 本件建物についてＹが占有していること

しかし、Ｙは、Ｘの本件建物の所有権を争うであろうから、Ｘとしては本件建物を原始取得した根拠を主張証明しなければならない。そして、未完成建物所有権の帰属について、前述した請負人帰属説の考え方をとると、Ｘは、以下のとおり主張証明すればよいことになる（山本『民法講義Ⅳ―1』662頁）。

要件事実

①―1 ＸとＹとの間で本件建物について建築請負契約を締結したこと

①―2 Ｘが本件建物の工事を半分ほど施工したこと

①―3 ＡがＸの既施工部分に材料を付加し、工作を加えて本件建物を完成させたこと

② 本件建物についてＹが占有していること

---

(3) 抗 弁

注文者Ｙは、請負人Ｘの請求原因に対して、以下のいずれかの事実を抗弁として主張証明することができる。

370

第5節　建物所有権の帰属をめぐる訴訟

> **要件事実**
> ○　注文者YがXの既施工部分につき主たる材料を供給したこと

> **要件事実**
> ○　XY間で本件建物のXの既施工部分につきYに帰属させる旨の特約が存在すること

> **要件事実**
> ①　第三者Aは本件建物に材料を付加して本件建物を建築したこと
> ②　上記材料はAが提供したこと
> ③　Aが施した工事および提供した材料の価格のほうがXの施した工事および提供した材料の価格よりもその割合が大きいこと

　前述したとおり、第三者Aが提供した材料および労力の価格のほうがXの提供した材料および労力の価格よりもその割合が大きいときは、Xの本件建物に対する所有権は消滅し、Aの所有に帰した旨のYの主張は、所有権喪失の抗弁として構成することが可能である（前掲最判昭54・1・25。河野信夫「請負」伊藤ほか『講座3』415頁）。

2　下請負人が未完成建物を完成させた場合

設例 12-7

　Yは、2020年5月10日、建築会社Aとの間で、請負代金2000万円、完成時期同年10月10日との約定で、Yの所有する土地上に住宅を建築する請負契約を締結した。A会社は、同工事を一括して、建築会社Xに請負代金1500万円で下請工事に出した。しかし、X会社が工事の5割ほどを完成させたところで、元請のA会社が倒産したため、YはA会社との工事請負契約を合意解約し、残工事を建築会社Bに依頼し、B会社は工事を完成させ、Yにこれを引き渡した。
　しかし、X会社は、本件建物は主たる工事をX会社が行った

371

〔第2部〕 第12章 請負契約関係訴訟

もので、X会社に所有権が帰属するとして、Yに対し、本件建物の引渡しを求めて訴えを提起した。

(1) 訴訟物と請求の趣旨

訴訟物は、XのYに対する所有権に基づく返還請求権としての建物明渡請求権である。そして、請求の趣旨は、「被告は、原告に対し、別紙物件目録記載の建物を明け渡せ」と記載する。

(2) 請求原因

下請負人Xが求めているのは物権的請求権に基づく建物明渡請求であるから、請求原因は基本的には以下のとおりである。

要件事実

① Xが本件建物を所有していること
② 本件建物についてYが占有していること

設例12—7では、YがXの建物所有を認めることはないから、Xは、本件建物を原始取得した根拠を主張証明しなければならない。そして、未完成建物所有権の帰属について、前述した請負人帰属説の考え方をとると、下請負人Xが主たる材料を供給する限り、下請負人Xが未完成建物部分の所有権を取得すると考えられるから、Xは、以下のとおり主張証明することになる（山本『民法講義Ⅳ—1』663頁以下）。元請契約の存在は所有権の原始取得には関係せず、これを主張証明する必要はない。

要件事実

①—1 AとXとの間で本件建物について建築請負契約を締結したこと
①—2 Xが本件建物の工事を半分ほど施工したこと
①—3 BがXの既施工部分に材料を付加し、工作を加えて本件建物を完成させたこと
② 本件建物についてYが占有していること

372

第5節　建物所有権の帰属をめぐる訴訟

⑶　抗　弁

注文者Ｙは、請負人Ｘの請求原因に対して、以下のいずれかの事実を抗弁として主張証明することができる。

要件事実　〔抗弁ア〕

①　ＹとＡとの間で本件建物の建築につき請負契約を締結したこと

②　ＡとＸとの間の請負契約は、①の下請負契約であること

③　ＹにおいてＸの既施工部分の主たる材料を供給したこと

要件事実　〔抗弁イ〕

①　ＹとＡとの間で本件建物の建築につき請負契約を締結したこと

②　ＡとＸとの間の請負契約は、①の下請負契約であること

③　ＹとＡとの間で、本件建物の既施工部分をＹに帰属させる旨の特約を結んだこと

要件事実　〔抗弁ウ〕

①　第三者Ｂは本件建物に材料を付加して本件建物を建築したこと

②　上記材料はＢが提供したこと

③　Ｂが施した工事および提供した材料の価格のほうがＸの施した工事および提供した材料の価格よりもその割合が大きいこと

抗弁アは、既施工部分の主たる材料の供給が元請契約に基づき注文主であるＹにより行われたと主張証明することにより、下請負人Ｘの所有権取得を阻む効果をもつ。

抗弁イについては、最判平5・10・19民集47巻8号5061頁が、次のように判示して、注文主Ｙと元請負人Ａとの特約により、未完成部分の所有権が初めから注文主Ｙに帰属することを認めている。抗弁イは、この特約に基づく所有権喪失の抗弁である（河野・前掲論文416頁）。

373

〔第 2 部〕 第12章 請負契約関係訴訟

【最判平 5・10・19民集47巻 8 号5061頁】（判決要旨）
　建物建築工事の注文者と元請負人との間に、請負契約が中途で解除された際の
出来形部分の所有権は注文者に帰属する旨の約定がある場合には、元請負人から
一括して当該工事を請け負った下請負人が自ら材料を提供して出来形部分を築造
したとしても、注文者と下請負人との間に格別の合意があるなど特段の事情のな
い限り、右契約が中途で解除された際の出来形部分の所有権は注文者に帰属する。

　抗弁ウについては、すでに、1 の「第三者が未完成建物を完成させた場合」
で説明したとおりである。

第13章　債務不存在確認訴訟

訴訟の概要

　債務不存在確認訴訟は、貸金債務や保証債務の存在や金額等につき貸主・借主間、貸主・保証人間で争いがある場合に、債務者の側から、その債務の全部または一部の不存在を公権的に判断してもらうことにより、その者の法的地位の不安を除去することを目的として提起される訴訟である。

　確認訴訟には、確認対象たる権利関係が自らに帰属することの確認を請求する積極的確認の訴え（その代表的な例が所有権確認請求訴訟である。第4章148頁）と、特定の権利または法律関係の不存在の確認を請求する消極的確認の訴えがあるが、債務不存在確認訴訟は、消極的確認の訴えの一つである。確認訴訟では、対象となる権利または法律関係の存否について原告が即時に判決で確定してもらう現実の法律上の利益または必要のある場合に限って、訴えの提起が許されるので、確認の利益について請求原因の中で主張する必要がある。

　Xは、2019年12月1日、Yから100万円を、弁済期2020年6月1日として借り受けたが、約束どおり弁済期日には弁済していた。しかし、最近になって、Yが上記貸金につきいまだ返済を受けていないとして内容証明郵便で支払いを督促してきた。
　そこで、Xは、上記貸金債務が存在しないことの確認を求めて、Yに対し、訴えを提起した。

375

〔第２部〕 第13章 債務不存在確認訴訟

Ⅰ　訴訟物と請求の趣旨

　債務不存在確認訴訟の訴訟物は当該債権であり、設例13―１では、ＹのＸに対する100万円の金銭消費貸借契約に基づく貸金返還請求権である。

　そして、契約から発生する金銭債権の不存在確認を求める場合には、その発生原因（合意の日時、内容）を請求の趣旨に表示して対象となる法律関係を特定するほか、原則として法律関係から生ずる金銭債権の額を具体的に明示する必要がある。なぜならば、およそ金銭債権は量的なものであって金額のない債権は考えられず、金額が特定できないと、債権自体を量的に特定できないことになるからである。

　したがって、Ｘが、設例13―１のように、債務全部の不存在確認を求める場合には、請求の趣旨は、「原被告間の2019年12月１日の消費貸借に基づく原告の被告に対する元金100万円の返還債務が存在しないことを確認する」と記載する。

　一部債務不存在確認訴訟も想定される。たとえば、Ｘが一部30万円の債務を除く債務不存在を求める場合がこれである。この場合には、「原被告間の2019年12月１日の消費貸借に基づく原告の被告に対する元金100万円の返還債務が金30万円を超えて存在しないことを確認する」などと記載する。この場合の訴訟物は、「貸金債務100万円を上限とし、原告が自認している30万円を控除した債務70万円の不存在」である。

Ⅱ　請求原因

　債務不存在確認訴訟では、請求の趣旨によって請求が特定されるから、請求の特定のための請求原因は記載する必要がない。被告のほうが権利の根拠規定について主張証明責任を負い、これに対して、原告が権利障害、権利消滅、権利阻止の再抗弁を提出する形となるから（給付訴訟の反対形相）、抗弁以下の攻撃防御方法は、債権者が貸金請求訴訟や保証債務請求訴訟を提起する場合と同じになる。そして、実際に債権者が反訴という形をとって給付訴

376

訟を提起するのが通常である。その場合、債務不存在確認訴訟は確認の利益がなく、そのまま維持すれば訴えは却下されるから（最判平16・3・25民集58巻3号753頁）、XはYの同意を得て訴えを取り下げることが通常である。

したがって、債務者であるXとしては、請求原因において、次のように主張証明すれば足りる。

要件事実

① 訴訟物である特定の債務が存在しないとの法律上の主張
② 確認の利益の基礎となるべき事実（権利関係について当事者間に争いがあること）

記載例13—1—1

1 被告（Y）は、原告（X）に対し、別紙債権目録記載の金銭消費貸借契約に基づく債権を有すると主張している。
2 よって、原告（X）は、上記債務が存在しないことの確認を求める。
（債権目録）
契約締結日　2019年12月1日
金　　　額　100万円
弁　済　期　2020年6月1日

もっとも、実務上は、早期に争点を明らかにするなどの目的から、Xが当該債務の不存在を主張する理由（そもそも借りていない、保証していない、いつ弁済した、いつ相殺により消滅したなど）を訴状の段階で主張することが多い。その場合、たとえば、借受けの事実を否定することは抗弁事実の先行否認、借り受けたことは認めながら弁済による消滅を主張することは抗弁事実の先行自白と再抗弁の先行主張と位置づけられる。

〔第 2 部〕 第13章 債務不存在確認訴訟

Ⅲ 抗弁・再抗弁

1 抗 弁

Yには債務の発生原因事実についての主張証明責任があり、金銭消費貸借や保証契約の存在を基礎づける事実を主張証明しなければならない。これに対して、債務者Xが、金銭を受け取っていない、保証の合意をしていないなどと当該金銭消費貸借契約や保証契約の成立自体を否定するのは抗弁事実の否認となる。

設例13—1で、Yは、抗弁として、次の事実を主張証明しなければならない（その具体的内容については、本書219頁以下参照）。

> **要件事実**
>
> ① XとYとの間で金銭の返還の合意をしたこと（返還約束）
> ② XがYに対し金銭を交付したこと（要物性）

2 再抗弁

Yの抗弁に対して、Xは、弁済、相殺、免除、消滅時効などを再抗弁として主張することができる（本書231頁参照）。

第14章　不当利得関連訴訟

訴訟の概要

　本章では、狭義の不当利得返還請求訴訟のほかに、無効な契約の原状回復義務としての現物返還訴訟・価額償還訴訟を扱う。従来、講学上の不当利得分野においては、衡平説と類型論の対立がみられた。衡平説は、「不当利得制度は実質的に正当視できない財貨の移動を公平の理念によって是正・調整するもの」であると解して、それが一元的な法制度であることを前提としたうえで、民法703条、704条を通則的定とみる。これに対して、類型論は、単なる「公平」以上の具体的な基礎づけを求めて、不当利得制度を多元的に構成する。給付利得と非給付利得に大別し、民法703条、704条は非給付利得を規律するものにすぎず、何らかの給付に関して問題となる給付利得は、原状回復義務を中心とする不文の法理によって規律されると解していた。

　このような学説状況を背景に、改正法は、「<u>無効な行為に基づく債務の履行として給付を受けた者</u>は、相手方を<u>原状に復させる義務を負う</u>」と規定した（民法121条の２）。これは、基本的に類型論に立つことを明らかにしたものである（潮見『改正法の概要』30〜31頁）。そのため、改正法の下では、不当利得関連訴訟は、給付利得と非給付利得で分けて考えなければならないことになった。

1　給付利得返還請求訴訟と狭義の不当利得返還請求訴訟との区別の基準

　新設された民法121条の２によれば、「無効な行為に基づく」給付の場合は、すべて原状回復義務によって規律される。つまり、契約が無効な場合その他、法律行為が無効な場合は、不当利得返還請求訴訟ではなく、給付利得の原状回復請求訴訟（給付利得返還請求訴訟）となる（筒井＝村松『一

〔第2部〕 第14章 不当利得関連訴訟

問一答』35頁）。この場合の原状回復義務とは、具体的には、給付された現物の返還、それが不可能な場合には価額の償還義務を意味する（潮見『改正法の概要』30頁）。

これに対して、民法121条の2以外の場合、たとえば、事実行為としての過誤に基づく財貨の移動などについては、民法703条、704条が適用され、不当利得返還請求訴訟になる（いわゆる非給付利得）。もっとも、今後の解釈論の展開によっては類型論の影響力がさらに拡張し、この命題が変わる余地がないとはいえない（潮見『改正法の概要』30〜31頁）が、法律実務家（弁護士・司法書士）としては、従来、判例が衡平説に立ってきたことに鑑み、非給付利得は不当利得返還請求訴訟となると考えて当面対応すべきである（能見＝加藤『判例民法7』441頁〔藤原正則〕参照）。

2 給付利得返還請求訴訟（給付利得型）と不当利得返還請求訴訟（非給付利得型）の基本的な考え方

(1) 給付利得型の基本的な考え方

給付利得についての基本的な考え方は、類型論によれば、次のとおりである。

契約等の法律行為が無効な場合、自動的に、それに基づいて給付された物の巻戻し的な回復が生ずる。これは、給付前の原状に戻すことを目的とするものであるから、給付を受けた物すべてを返還するのが原則となる。双方的巻戻しであり、この場合に、一方の給付を孤立的に観察して云々することは相当でなく、ここから、一方受益者の善意悪意によって返還範囲を異ならしめることは、この場合の双方的原状回復の本質にはそぐわないとされる。

民法121条の2は、法律行為が無効な場合は、およそ一般的に原状回復を目的とすることを宣明した。

(2) 非給付利得型の基本的な考え方

非給付利得についての基本的な考え方は、次のとおりである。

民法703条は、「法律上の原因なく他人の財産又は労務によって利益を受け、そのために他人に損失を及ぼした者は、その利益の存する限度において、これを返還する義務を負う」と規定しており、これが不当利得の場合

の原則規定となる。したがって、不当利得返還債務の一般的性質として、その返還範囲は現存利益となる。続けて民法704条は、「悪意の受益者は、その受けた利益に利息を付して返還しなければならない」と規定しており（同条前段）、これは受益者の主観的態様によって返還義務の範囲をとくに拡張したものである。

以上のような考え方の違いから、給付利得型と非給付利得型とでは、訴訟物や要件事実も異なるものになる。

3 訴訟物、要件事実

(1) 訴訟物

給付利得返還請求訴訟（「給付利得型」）では、訴訟物は「契約無効に基づく原状回復請求としての給付物返還請求権」または「契約無効に基づく原状回復請求としての給付物相当価額償還請求権」となる。

これに対して、不当利得返還請求訴訟（「非給付利得型」）では、訴訟物は「不当利得に基づく利得返還請求権」となる。

(2) 請求原因

給付利得返還請求訴訟（「給付利得型」）の請求原因は、民法121条の2に則り、次のとおりとなる。①一定の法律行為、②それに基づく給付、③当の法律行為の無効原因（能見＝加藤『判例民法1』401頁〔下村正明〕）。

ここでは、「利得」とか「損失」といった要件は全く出てこない。これは、法律行為の無効の結果、自動的に給付の巻戻しとして原状回復義務が発生するというのが類型論の考え方だからである。

これに対して、不当利得返還請求訴訟（「非給付利得型」）の請求原因は、民法703条の文言から、①被告の利得（「他人の財産又は労務によって利益を受け」）、②原告の損失（「他人に損失を及ぼし」）、③両者の間の因果関係（「そのために」）、④利得につき法律上の原因の欠如（「法律上の原因なく」）となる。

(3) 抗弁・再抗弁

給付利得返還請求訴訟（「給付利得型」）と不当利得返還請求訴訟（「非給付利得型」）では、抗弁・再抗弁についても違いが生ずる。

〔第２部〕　第14章　不当利得関連訴訟

第１節　給付利得返還請求訴訟（有償行為）

Xは、友人Yがその出身地の遠隔地で所有している山林別荘を訪れたことがきっかけでその別荘建物を気に入り、Yに頼み込んで、2021年6月20日、当該建物を代金500万円で譲ってもらうこととし、同日、代金をYに支払った。しかし、その後、Xが地元の司法書士に依頼して、当該別荘建物の所有権移転登記手続をしようとしたところ、当該建物は、XがYと売買契約を締結する直前の2021年6月18日に落雷で焼失していることが同年7月1日に至って判明した。

そこで、Xは、建物代金を返してもらうようYに求めたが、Yは受領した500万円をすでに競馬で費消してしまっていた。Yが応じようとしないため、XはYに対して訴えを提起することにした。

I　訴訟物と請求の趣旨

本件の訴訟物は、XのYに対する売買契約無効に基づく原状回復請求としての給付物価額償還請求権である。また、請求の趣旨は、「被告は、原告に対し、金500万円及びこれに対する○○○○年○月○日から支払済みまで年3分の割合による金員を支払え」と記載する。原状回復債務は期限の定めのない債務（民法412条3項）であり、同項により請求を受けた時から履行遅滞になるから、ここでの付帯請求としての遅延損害金の発生日は、請求（たとえば、訴状送達）の日の翌日となる。

II　請求原因

ＸＹ間の売買契約は、すでに焼失していた建物を目的とするものであり、

原始的全部不能である。原始的不能について、改正法は、「契約に基づく債務の履行がその契約の成立の時に不能であったことは、第415条の規定によりその履行の不能によって生じた損害の賠償を請求することを妨げない」（民法412条の２）と規定しており、原始的全部不能の場合でも、売買契約として有効に成立する余地を残している（潮見『改正法の概要』62頁、同『新債権総論Ⅰ』82〜84頁）。

　しかし、設例のごとく不動産の売買において目的物が全部存在しなかったような場合には、契約の効力を残すことは、およそ当事者意思に反することになる。それゆえ、当事者が表象していた目的物の意味合い・位置づけに照らし、改正法の下でも、契約は無効になると解すべきである（潮見『新債権総論Ⅰ』83、85頁参照）。

　したがって、この場合の請求原因は、次のようになる。

要件事実

① 売買契約の成立

② ①に基づく売買代金の給付

③ 目的たる不動産の先立つ全部滅失による売買契約無効

記載例14―1―1

1　ＸはＹとの間で、2021年６月20日、別紙物件目録記載の建物を代金500万円で買い受けた。

2　ＸはＹに対し、前同日、請求原因１の売買契約に基づき、代金500万円を支払った。

3　同建物は、2021年６月18日、落雷のため焼失していた。

4　よって、ＸはＹに対し、売買契約無効に基づく原状回復請求としての給付物価額償還として金500万円及びこれに対する○○○○年○月○日から支払済みまで年３分の割合による遅延損害金の支払いを求める。

383

〔第2部〕 第14章 不当利得関連訴訟

III 抗　弁

　説例では、Yは、別荘が落雷のため焼失していたことをXから聞かされる前に、受け取った500万円を競馬ですってしまっていたが、この点に関して抗弁が成立する余地はない（この場合の利得縮減の抗弁は主張自体失当となる）。
　新設された民法121条の2第1項によれば、有償契約の巻戻しとしての原状回復では、給付された物（またはその価額）すべてを返還すべきであって、給付物の消費や減縮は問題となる余地がない（無償行為に関する同条2項対照。筒井＝村松『一問一答』35頁）。もともと、類型論は、有償契約の無効巻戻しについて、一方の給付を単体で観察してその善意悪意によって返還範囲を異ならしめることは無意味であるという考え方に立っていたことは前述した。

第2節　給付利得返還請求訴訟（無償行為）

設例
14-2

　　Xは、身寄りのない高齢女性で、A市の一軒家で一人暮らしをしていたが、亡くなった親友の娘Yが隣県に住んでいて、Xを気遣って時々訪問して世話をしてくれていた。Yは2020年末、勤務先会社から翌年4月の転勤の内示を受け、転勤先がA市の支店の予定であると知らされ、それをXに話した。話を聞いたXは、Yに対して、転勤後はXの一軒家で同居して日常的に世話をみてくれないかと持ち掛け、Yが快諾したので、2021年1月20日、支度金名目で金100万円をYに贈与した。その後、同年3月20日に至って、Yの転勤は会社の都合で取りやめとなった。
　　そこで、XはYに支度金100万円の返還を求めたが、Yは受領した100万円をすでに海外旅行等の遊興費に使ってしまって

384

いた。

I 訴訟物、請求の趣旨、請求原因

XもYも、「転勤」を前提として贈与をし、また贈与を受けているから、それが取りやめになったことは、いわゆる「共通錯誤」「双方錯誤」に当たり（民法95条3項2号）、XはYとの贈与契約を錯誤により取り消すことができる（同条1項・2項）。この場合、YのA市への転勤見込みが「共通錯誤」の内容となる（なお、本設例は解除条件付き贈与と解して処理することもできる。この場合も、給付利得返還請求訴訟になる点は同じ）。

訴訟物、請求の趣旨は、第1節「給付利得返還請求訴訟（有償行為）」と同様である。この場合の請求原因は、次のとおりである。

要件事実

① 贈与契約の成立

② ①に基づく目的物の給付

③ 贈与契約の基礎となった事情についての錯誤

④ 相手方も③と同一の錯誤に陥っていたことおよびそれによって③の錯誤は贈与契約上に表示され、意思表示の内容となっていたこと

⑤ ③の錯誤が贈与契約上重要なものであること

⑥ 錯誤取消しの意思表示

記載例14—2—1

1 XはYとの間で、2021年1月20日、同年4月のYの転勤予定に伴い、転勤後はYがXと同居して世話をみることを予定して、Yに対して支度金名目で金100万円を贈与するとの合意をした。

2 XはYに対し、前同日、請求原因1の贈与契約に基づき、金100万円の贈与を履行した。

〔第 2 部〕 第14章 不当利得関連訴訟

---

3 2021年 3 月20日、会社から内示を受けていた Y の転勤予定は取りや
めとなった。
4 X は Y に対し、同年 4 月 1 日、請求原因 1 の贈与契約について錯誤
取消しの意思表示をした。

Ⅱ 抗 弁

新設された民法121条の 2 は、 2 項で、「無効な無償行為に基づく債務の履
行として給付を受けた者は、給付を受けた当時その行為が無効であること
……を知らなかったときは、……現に利益を受けた限度において、返還の義
務を負う」と定める。これは、類型論によっても、無償行為では双方的巻戻
しではなく一方的巻戻しとなることから、特例を定めたものである。無償で
思わぬ利益を得て消費に走ってしまった者を保護する必要が出てくるためで
ある。

ただし、民法121条の 2 第 2 項は、類型論からすると、あくまで無償行為
の場合の善意者の特別な保護であるから、受益者において「給付時善意かつ
利得縮減」を主張証明しなければならない（能見＝加藤『判例民法 1 』401頁〔下
村〕）。

利得縮減の有無に関しては、浪費的出費の場合は縮減を認めざるを得ない
というのが判例の基本的な考え方である（最判昭50・6・27裁判集（民）115
号153頁等）。これに対して、生活費や事業資金に充てた場合は、逆に縮減は
ない（その分必要な出費を免れているから依然同額の利益が観念される）。

以上によれば、「利得縮減の抗弁」の要件事実の記載は、次のとおりである。

記載例14─ 2 ─ 2

請求原因 2 の金100万円の贈与を受けた後、 Y は受領した金員を全額、
海外旅行等の遊興費に使ってしまった。

ここで「給付時善意」は請求原因 1 ～ 3 ですでに顕れているので、記載し

ていない。

第3節　不当利得返還請求訴訟

設例
14－3

　Ｘ銀行では、Ｙとの間で締結していた普通預金契約に関し、2020年4月1日午後1時、システム上の過誤により、入金がないにもかかわらず、金50万円の入金記帳が発生してしまった。同日午後3時、Ｘ銀行はＹに誤入金記載を通知したが、すでに同日午後2時50分にＹによって同銀行○○支店で金50万円が引き出されていた。
　Ｘ銀行はＹに対し、上記50万円の返還を求めたが、Ｙは、引き出した50万円は知人Ａの無心に応じてすでにＡに交付してしまったと言って応じない。

Ⅰ　訴訟物と請求の趣旨

　本件の訴訟物は、ＸのＹに対する不当利得に基づく利得金返還請求権である（民法703条）。請求の趣旨は、「被告は、原告に対し、金50万円及びこれに対する○○○○年○月○日から支払済みまで年3分の割合による金員を支払え」となる。不当利得返還債務も期限の定めのない債務（民法412条3項）であるから、付帯請求としての遅延損害金の発生日は、請求（たとえば、訴状送達）の日の翌日となる。

Ⅱ　請求原因

　不当利得の要件事実は、次のとおりである（民法703条。滝澤孝臣『不当利得法の実務』417〜418頁、能見＝加藤『判例民法7』441頁〔藤原〕）。

〔第2部〕　第14章　不当利得関連訴訟

要件事実

① 　Ｘの損失

② 　Ｙの利得

③ 　①と②の間の因果関係

④ 　Ｙの利得が法律上の原因に基づかないこと

---

　④の法律上の原因のないことの主張証明責任は不当利得の請求者にある（最判昭59・12・21裁判集（民）143号503頁）。

　したがって、本設例での請求原因の記載例は次のようになる。

記載例14—3—1

1 　Ｘ銀行では、2020年4月1日午後1時、システム上の過誤により、Ｙの普通預金口座につき、入金がないにもかかわらず、金50万円の誤入金記帳が発生してしまった（←上記要件事実④）。

2 　Ｘは、同日午後2時50分、Ｙの預金払戻請求に応じて、上記入金記帳に相当する50万円をＹに支払った（←上記要件事実①・②・③）。

3 　よって、Ｘは、Ｙに対し、不当利得返還請求権に基づき、金50万円及びこれに対する本件訴状送達の翌日である○○○○年○月○日から支払い済みまで民法所定の年3分の割合による遅延損害金の支払いを求める。

Ⅱ　抗　弁

1　利得縮減の抗弁

　民法703条は、「利益の存する限度において、これを返還する義務を負う」と定める。これが不当利得の場合の原則規定であり、これによれば、現存利益の主張証明責任は、損失者にあることになる。しかし、これには重大な例外があり、利得が金銭の場合には、利益の現存が推定される（最判平3・11・19民集45巻8号1209頁等）。その根拠は、金銭を使ったことは直ちに利益

の消失を意味するわけではなく、通常は、生活費や事業資金などに充てることにより出費を節約しており、その分の利益は依然存続していると考えられることによる。その結果、金銭の場合には、当の金銭の使用によって出費の節約という結果が得られていないことを受益者の側が主張証明しなければならないことになる。

記載例14—3—2

　請求原因2の金50万円の払戻し後、Yは同金員を知人Aに全額交付した。

2　非債弁済の抗弁

　X銀行が知りながら預金の払戻しをした場合には、XはYに対して不当利得返還請求をすることはできない（民法705条）。そこで、Xの不当利得返還請求に対し、Yは、「Xは預金払戻し当時、払戻金支払債務の不存在を知っていたこと（悪意）」を抗弁として主張証明することができる。

　もちろん、現実に、預金係がシステム上の過誤による誤記帳であることを知りながら払い戻すことはあり得ない。しかし、判例上、法人についての善意悪意は代表者に即して判断され、使用人の善意悪意は関係ないとされているので（最判昭30・5・13民集9巻6号679頁）、本店が支店の払戻し時までにシステム上の過誤を知っていたことを抗弁とすることができる。

記載例14—3—3

　1　X銀行では、2020年4月1日午後1時、Yの普通預金口座に入金がないにもかかわらず金50万円の入金記帳をするというシステム上の過誤が生じた。

　2　X銀行○○支店預金係は、同日午後2時50分、Yの預金払戻請求に応じて、上記入金記帳に相当する50万円をYに支払った。

　3　X銀行本店では、上記1記載の過誤が生じた直後に、遅くとも同日午後2時50分までには、システム上の過誤を認識していた。

〔第2部〕 第14章 不当利得関連訴訟

上記の1・2は、趣旨こそ違え請求原因で既出であり、あらためて事実記載する必要はない。

III 再抗弁（利得縮減の抗弁に対する悪意の再抗弁）

民法704条前段によれば、「悪意の受益者は、その受けた利益に利息を付して返還しなければならない」とされている。そこでは、悪意の受益者は、現存利益のみならず、受けた利得のすべてを返還しなければならないことが前提とされている。そこで、「受益者悪意」を再抗弁とすることが考えられる。

この場合の悪意とは「法律上の原因がないこと」について知っていることをいうが、いつの時点（「いつからの悪意」）かを主張する必要があるかという問題がある。ところで、利得縮減に関しては、判例によれば、受益者が「法律上の原因がないこと」について知った後に利益の縮減が生じたのであれば、そのような利益の縮減は、もはや考慮するに値しないという考え方が取られている（前掲最判平3・11・19）。

以上によれば、結局、利得縮減の抗弁に対して、「それに先立つ受益後の悪意」が再抗弁となる。

要件事実

○ 利益縮減に先立つ受益者の悪意

記載例14—3—3

2020年4月1日午後3時、X銀行はシステム上の過誤に基づく誤入金記載をYに通知した。

なお、前掲最判平3・11・19は、利得縮減の時期について、Yが払戻しを受けた金員の占有を失った時（知人Aに全額交付した時）とは解していない。当のYの行為によって反射的にYもAに対する交付金相当額の不当利得返還請求権を取得するためである。その権利がAの無資力などにより実質的に価値を減じた時という考え方を取っている。したがって、上記の再抗弁・記載

390

例14—3—3で、「利益縮減に先立つ」受益者の悪意は主張できていることになる（たとえ、Yが払戻金を知人Aに交付したのが午後2時50分に近接していたとしても、X銀行が通知した午後3時までの間にAの資力悪化等による無価値化が生じているとは考え難い）。

　また、抗弁・再抗弁に関しては、以上（第2節Ⅱ、本節Ⅱ・Ⅲ）によれば、同じく利得縮減の抗弁とはいっても、給付利得返還請求訴訟と不当利得返還請求訴訟とでは、位置づけや内容が異なることがわかる。①給付利得返還請求訴訟では、「給付時善意かつ利得縮減」が抗弁となるのに対して、②不当利得返還請求訴訟では、「利得縮減」が抗弁、「先立つ受益者の悪意」が再抗弁となる（能見＝加藤『判例民法1』401頁〔下村〕参照）。それゆえ、①の利得縮減の抗弁は「給付利得縮減の抗弁」、②のそれは「不当利得縮減の抗弁」として、区別するのが思考経済上便利である。

Ⅳ　実　例

　前掲最判平3・11・19は、設例14—3に類する事案であり、実際の裁判ではどのような形で問題となるのか、一例として紹介する。

【事案の概略】　手形の被裏書人であるYがX銀行に対して取立委任をして手形を交付し、双方とも、手形金は決済後にYの預金口座に振り替えられることを予定していたが、実際には手形が不渡りになり、それにもかかわらず、X銀行はその確認を怠り、Yの預金払戻請求に応じてしまい、その後にX銀行では過誤に気づいた。Yは払戻しを受けた金員を知人Aに全額交付しており（もともとYは、その知人Aから依頼を受けて手形の取立委任および預金払戻請求をしていたもの）、その後、Aは所在不明になっていた。

【事案の判断】　銀行実務では、普通預金契約の一種として、現金のほか、手形、小切手等の証券類をも受け入れるという内容の契約を当の銀行が証券類の取立てをする前提で締結している。この場合、受け入れた証券類の金額にかかる預金の払戻しは、不渡返還時限の経過後に、銀行においてその決済を確認したうえでなければできない扱いであり、証券類が不渡りとなったとき

〔第2部〕 第14章 不当利得関連訴訟

は、直ちにその通知を届出の預金者住所宛に発信するとともに、その金額を普通預金元帳から引き落す（引き戻し）という措置がとられる。他方で、銀行によっては、他店払い手形について、決済前見込払いで預金の払戻しをすることがある。そのため、本判決の事案のように、決済前見込払いで預金の払戻しを受けた者が後から返還を求められて困惑するという事態が生じ得る。

　本事案では、Ｙに現実の利益があるか微妙な面もあったが、最高裁は、Ｙが得た利益の帰趨について上記のような評価的判断をしてＸ銀行の請求を認めた。

第4節　利息金請求

　利息金については、すでに述べたとおり、民法704条前段が「悪意の受益者は、その受けた利益に利息を付して返還しなければならない」と定めている。したがって、付帯請求としての利息金請求については、不当利得返還請求訴訟（「非給付利得」類型）では、悪意の受益者に対してそれが可能なことは明らかである。

　では、給付利得返還請求訴訟（「給付利得」類型）ではどうか。民法121条の2は、利息や果実については何も規定しておらず、その請求の可否については今後の解釈に委ねている（潮見『改正法の概要』31頁、能見＝加藤『判例民法1』404頁〔下村〕）。したがって、この点は、改正法施行後の状況を見守るほかない。

　民法704条に基づく利息金請求の請求原因は次のとおりである。

要件事実

① 　Ｘに損失が発生したこと

② 　Ｙに利得が発生したことおよびその日

③ 　①の損失と②の利得との間に因果関係があること

④ 　Ｙの利得が法律上の原因に基づかないことを基礎づける事実

392

第4節　利息金請求

⑤　②の利得につき受益者であるＹが④の事実を知っていたこと

⑥　利得の日（受益後に悪意になった場合は悪意になった日）から一定期間が経過したこと

　民法704条は、「悪意の受益者は、その受けた利益に利息を付して返還しなければならない」との法文の後に続けて、「この場合において、なお損害があるときは、その賠償の責任を負う」と規定している。この後段の規定は、もはや、不当利得返還や給付利得返還の問題ではなく、不法行為責任を定めたものとされている。最判平21・11・9民集63巻9号1987頁は、民法704条後段は悪意の受益者が不法行為責任を負うことを注意的に規定したものである旨判示している。したがって、民法704条後段に基づく損害金請求を付加する場合には、訴訟物は不法行為に基づく損害賠償請求となり、これと不当利得返還請求または給付利得返還請求との単純併合形態となる。

393

 第15章 不法行為関係訴訟

訴訟の概要

　社会生活の中で不法行為がカバーする領域は広い。債務不履行に基づく損害賠償が原理的に契約関係にある当事者間に発生した損害の負担を規律するのに対して、不法行為に基づく損害賠償は契約関係にない当事者間に発生した損害の負担を規律するものだからである。もっとも、実務上は、医療過誤のように医師と患者との間に診療契約が締結されている場合にも、債務不履行責任のほかに不法行為責任が競合的に認められており、当事者は、過失の証明責任、損害賠償の範囲などの違いから、自己に有利な請求権を訴訟物として選択している。

　このように適用範囲の広い不法行為訴訟であるが、ここでは、第1節で一般不法行為責任についての、また、第2節で交通事故を題材にして、使用者責任についての要件事実と具体的な記載例をそれぞれ検討することにしよう（山本和敏「損害賠償請求訴訟における要件事実」鈴木忠一＝三ケ月章監修『新・実務民事訴訟講座(4)（不法行為訴訟Ⅰ）』319頁、吉川愼一「不法行為訴訟の証明責任・要件事実」新堂監修『証明責任・要件事実論』225頁）。

第1節　一般不法行為責任の要件事実

設例
15-1

　Xは、2020年12月1日、フランチャイズのコンビニエンスストアの〇〇店に買い物のために訪れたが、同店舗の従業員がモップによる拭き掃除のあと乾拭きをせず、床が滑りやすい状態になっていたため、滑って転んで、全治1か月の腰部打撲の

第 1 節　一般不法行為責任の要件事実

傷害を負った。

　Ｘは、コンビニエンスストアのフランチャイザーを被告として、フランチャイジーに対する安全指導、監督義務違反を主張して、損害賠償の支払いを求める訴えを提起した。

　なお、Ｘが転倒したのには、Ｘ自身が急いでいたために店内に走り込んできたことにも原因があった。

I　訴訟物と請求の趣旨

　不法行為訴訟の訴訟物は「不法行為に基づく損害賠償請求権」であり、請求の趣旨は、「被告は、原告に対し、金○○円及びこれに対する○○○○年○月○日から支払済みまで年３パーセントの割合による金員を支払え」と記載する。不法行為債務は、期限の定めのない債務（民法412条３項。したがって、履行の請求の時から遅滞になるのが原則）であるが、催告を待たないで、不法行為の時から当然に遅滞になるものと解されている（大判明43・10・20民録16輯719頁、最判昭37・9・4民集16巻9号1834頁）。したがって、ここでの付帯請求としての遅延損害金の発生日は不法行為時となる。

II　請求原因

1　概　説

　不法行為に基づく損害賠償請求をする場合の要件事実についてはすでに述べた（本書103頁）。すなわち、Ｙの加害行為によってＸの生命、身体、財産が侵害されたことを理由としてＸがＹに対し損害賠償請求をする場合、Ｘの主張すべき要件事実は、次のとおりである。

> **要件事実**
>
> ①　Ｘが一定の権利・法律上保護される利益を有すること
>
> ②　①の権利または法律上保護される利益に対するＹの加害行為

395

〔第 2 部〕 第15章 不法行為関係訴訟

③ ②についてYに故意があること、または②についてYに過失がある
  ことを基礎づける事実
④ Xに損害が発生したことおよびその数額
⑤ ②の加害行為と④の損害との間に因果関係があること

2 要件事実各論

(1) 権利・利益侵害

①の権利あるいは法律上保護された利益は、②の加害行為の時点でXに帰
属していたことが必要である。しかし、一般に、ある権利が、ある時点で、
Xに帰属していることを直接証明することは難しく、Xは、それ以前に権利
を取得した事実を主張証明すれば、その後、権利を喪失したことが主張証明
されない限り、引き続きXが権利を有しているものと考えることができる。
もっとも、②の加害行為の時点で、①の権利がXに帰属していたことをYが
自白するときは、いわゆる権利自白が成立するので、Xとしては、権利の取
得原因を主張証明する必要はない（この点については、第 1 章第 4 節79頁以下
参照）。

また、Yは不法行為者としての責任を問われているから、Yとの関係で
は、Xが①の財産権の取得について対抗要件を備えている必要はなく、対抗
要件具備は、①の要件事実とはならないことは言うまでもない。

(2) 加害行為

②の要件は、権利に対する加害行為を表わす。たとえば、Yの作為・不作
為が原因でXの生命、身体、財産が侵害されたというような場合、Yの具体
的行為を、日時、場所を特定して主張証明する必要がある。

このほかに、「違法性」が要件となるかが問題になるが、人の身体に対す
る暴行、財産に対する毀損という最も一般的な加害行為は、それだけで行為
の違法性が基礎づけられるから、要件事実のうえで、あえて違法性が独立の
要件となることはない。

「違法性」が問題とされるものは、たとえば、騒音、日照などの生活妨害

第1節　一般不法行為責任の要件事実

の事案である。このような生活妨害では、他人に損害を与える行為そのもの
は基本的には適法行為ともいえる（たとえば、日照権侵害が問題となる場合、
侵害者とされる者はあくまで自己の所有地に建物を建てるという当然のことを
しているにすぎない）。そこで、適法行為による加害という生活妨害型不法行為
では、生じた結果が社会共同生活における受忍限度を超えているかどうかと
いう基準で違法性が判断されると解されており、受忍限度を超えていること
は、Ｘが請求原因において主張証明しなければならない（もっとも、心身の
生理機能の保持や睡眠、休養などの生活上の利益の享受という原告の法益を侵害
した行為は、原則として、それだけで違法性が肯定でき、侵害が受忍限度内であ
ることは、違法性の不存在あるいは違法性阻却の事由に当たり、これを被告の抗
弁と考えることもできる）。

(3)　故意・過失

故意は、Ｙにおいて、①および②の事実を認識し、かつ、容認したＹの心
理状態であるが、実務上は単に「故意」と表現することによって、要件事実
はすべて主張されたものと扱うのが一般である。故意の内容として、被侵害
利益が他人に帰属するものであることの認識は必要であるが、帰属者が誰で
あるかを認識したことまでは必要がない。また、④の損害の発生の認識も必
要とされない。

過失とは、一定の結果の発生を予見し、回避することが可能であったにも
かかわらず、その結果の発生を回避すべき措置をとらなかったということで
ある。そして、過失は規範的要件であり、それを基礎づける具体的事実（評
価根拠事実）が主要事実となる（「過失」主要事実説もあったが、当事者が「過失」
と主張すれば、裁判所が当事者の主張していない間接事実を判決の基礎とするこ
とができることになり、相手方にとって不意打ちになると批判され少数説になっ
ている）。具体的な要件事実としては、「Ｙに、結果を回避する義務が発生し
たこと」、「Ｙが結果回避義務を怠ったこと」であり、この義務の具体的内容
は、加害者Ｙという特定人の具体的な能力を基準として定立されるもの（い
わゆる具体的過失）ではなく、合理的な平均人を基準として定められるもの（い

397

〔第2部〕 第15章 不法行為関係訴訟

わゆる抽象的過失）と解されている。

⑷　損害の発生とその数額

　損害は、法益について被った不利益であり、抽象的には、加害行為がな
かったとしたならばあるべき利益状態と、加害がなされた現在の利益状態と
の差をいう（差額説）。具体的には、財産的損害のみならず、精神的損害も
含まれ、たとえば、交通事故による損害賠償を例にとれば、財産的損害には、
治療関係費、付添看護費、入院雑費、葬儀関係費用、弁護士費用のように積
極的に生じたマイナスの損害（積極的損害）のほか、休業損害や逸失利益の
ように不法行為がなければ得られたであろう利益（得べかりし利益）（消極的
損害）がある。

　生命、身体に損害があった場合に、治療費、逸失利益、慰謝料などの具体
的・個別的な不利益を「損害」と考えるか、生命・身体そのものに対する侵
害という不利益全体を「損害」と定義して、個別的な不利益は損害計算の方
法と考えるかの対立がある。訴訟上は、「損害」を主要事実と解すると、前
者の考え方では、被害者は個々の損害項目について主張証明責任を負うこと
になり、他方で、後者の考え方では、個別の不利益は間接事実にすぎないこ
とになる。実務上は、前者のいわゆる個別損害項目積上げ方式による運用が
されている。

　なお、民事訴訟法248条において、「損害が生じたこと」の主張証明はされ
たが、金額について立証に成功していない場合でも、「損害の性質上その額
を立証することが極めて困難であるとき」は、裁判所は、口頭弁論の全趣旨
および証拠調べの結果に基づき、「相当な損害賠償を認定することができる」
とされている（加藤『民事事実認定論』261頁）。

⑸　因果関係

　損害賠償の範囲について、判例および通説は、民法416条を不法行為にも
類推適用して、賠償の範囲を、通常生ずべき範囲の損害の全部および特別事
情によって生じた損害のうち、加害者が加害行為の際に発生を予見すべきで
あった範囲の損害に限定している。

398

第1節　一般不法行為責任の要件事実

因果関係の存在は、単純に、②の加害行為によって④の損害が発生したと主張すれば足りる場合が多いが、その場合でも、厳密にいえば、事実的因果関係（「あれなければ、これなし」の関係）の存在および④の損害が②の行為と上記の意味での相当性の範囲にあることの2点があわせて主張証明されていることになる。いわゆる特別事情に基づく損害については、「その損害の発生を、Yが②に先立って予見すべきであったこと」が要件であるから、Xは、予見すべきであったことの評価根拠事実を主張証明すべきことになる。

(6)　設例の検討

以上を前提に、設例15—1の要件事実を検討すると、その記載例は以下のようになる。

①Xが権利あるいは保護法益を有すること、②①の権利（保護法益）に対するYの加害行為は1に、③②についてYの過失があることを基礎づける事実は2に、④Xに損害が発生したことおよびその数額、⑤②の加害行為と④の損害に因果関係があることは3によって示される。

記載例15—1—1

1　原告（X）は、2020年12月1日、被告（Y）がフランチャイズ展開するコンビニエンスストア○○店に買い物のために訪れたが、同店舗の従業員がモップによる拭き掃除のあと乾拭きをせず、床が滑りやすい状態になっていたため、滑って転倒した。

2　被告（Y）は、不特定多数の顧客が訪れる店舗の床で、顧客が滑って転んだりすることのないようフランチャイジーに対して安全指導する義務を負っていた。

3　原告（X）は、請求原因1の転倒により全治1か月の腰部打撲の傷害を負い、以下の損害を被った。

(1)　治療費　　　5万円

(2)　休業損害　25万円

(3)　慰謝料　　50万円

399

〔第2部〕 第15章 不法行為関係訴訟

> 4 よって、原告（X）は、被告（Y）に対し、不法行為による損害賠
> 償請求権に基づき、80万円及びこれに対する不法行為発生の日である
> 2020年12月1日から支払済みまで民法所定の年3分の割合による遅延
> 損害金の支払いを求める。

Ⅲ 抗 弁

1 違法性阻却

Yの加害行為が、正当防衛（民法720条1項本文）、緊急避難（同条2項）に
当たること、被害者Xの承諾があること、治療行為等の社会的に正当な業務
行為に当たること、Yの権利行使であることなど、加害行為の違法性を阻却
する事由があることは、損害賠償請求権の権利発生障害事由である。した
がって、Yは、これら要件に該当する具体的事実を、抗弁として主張証明す
ることができる。

2 責任阻却

Yが②の加害行為の際、未成年者で、自己の加害行為の責任を弁識するに
足るべき知能を備えていなかったこと（民法712条）または心神喪失の状態で
あったこと（民法713条本文）のいずれかの責任無能力の状態にあったときは、
Yは、損害賠償責任を負わない。したがって、Yは、各条のいずれかの要件
に該当する具体的事実を、抗弁として主張証明することができる。

Yの主張する抗弁が民法713条本文の心神喪失（責任弁識能力の欠缺）を理
由とするものである場合、その心神喪失が一時的なものであり、かつ、心神
喪失に陥ったことについてYに故意または過失があれば、Xは、この事実
を、再抗弁として主張証明することができる（民法713条ただし書）。

3 過失の評価障害事実

Xが主張する、Yの過失を基礎づける評価根拠事実について、この事実の
みによればYの過失が認められるが、別の事実もあわせて判断すると、Yの
過失を認めるには足りないという場合、Yはこの事実を評価障害事実として

400

主張証明することができる。

4　過失相殺

　被害者側に過失があったときは、裁判所は、損害賠償を定めるについて、これを斟酌し、その過失の多少に応じて、過失がない場合に認められる損害賠償責任を減少させることができる（民法722条2項）から、加害者Yは、被害者側の過失を抗弁として主張証明することができる（過失のあることを示す事実を主張すれば足り、その過失を斟酌すべき旨の主張は不要である。大判昭3・8・1民集7巻648頁。また、被害者側の過失を基礎づける事実については、当事者の主張は、理論上不要であり、主要事実の観念を容れる余地はないとする見解もある。最判昭43・12・24民集22巻13号3454頁は、債務不履行による損害賠償請求についての過失相殺（民法418条）についてではあるが、「債務者の主張がなくても、裁判所が職権ですることができる」と判示している）。

> 【大判昭3・8・1民集7巻648頁】
> 　民法722条2項は、裁判所が不法行為による損害賠償額を定めるにあたって、被害者に過失があるときはこれを斟酌することができる旨規定しているが、当該規定によれば、被害者の過失は賠償額の範囲に影響を及ぼすべき事実である必要はあるものの、これを賠償義務者の抗弁権とはしていないから、裁判所は訴訟に現われた資料に基づいて被害者に過失があると認めるべき場合には、賠償額を判断する際、職権で斟酌することができ、賠償義務者から過失相殺の主張がなされることは必要ではない（ただし、この場合の立証責任は被害者に過失があると主張する者に帰属する）。

　設例15―1に基づく、Yの過失相殺の抗弁の記載例は以下のようになる。

記載例15―1―2

　Xは、急いで店内に走り込んできたために転倒した。

5　消滅時効、除斥期間の抗弁

　民法724条は、不法行為による損害賠償請求権が、「被害者又はその法定代理人が損害及び加害者を知った時」から3年で消滅時効にかかり、「不法行為の時」から20年が経過したときも同様であると規定している。これは、平

成29年改正前の規定内容を基本的に維持したものである（そのうえで、長期も消滅時効であることを明確にした）。そして、その特例として、改正法では、生命・身体侵害不法行為については、短期消滅時効の期間を5年に延長した（民法724条の2）。交通人身事故の場合には、この特例が適用される。

もちろん、これら消滅時効や除斥期間は、権利の消滅事由であるから、権利が消滅したことを主張する者にその主張証明責任がある。

> **要件事実**　（主観的起算点＝短期消滅時効）
> ①　XまたはXの法定代理人Aが、請求原因④の損害および加害者Yを知ったこと並びにその日
> ②　①の日から5年が経過したこと
> ③　YがXまたはAに対し、消滅時効を援用する旨の意思表示をしたこと

> **要件事実**　（客観的起算点＝長期消滅時効）
> ①　請求原因②のYの加害行為のなされた日
> ②　①の日から20年が経過したこと

第2節　使用者責任の要件事実

設例
15-2

Y₁は、運送会社Y₂の従業員であるが、2020年6月1日午後6時30分ころ、会社の車を使用して仕事を終えた後、そのまま帰宅する途中、周囲が暗くなり始めていたにもかかわらず、前照灯を点けずに見通しの悪いカーブに差しかかった。中学校から部活動を終えて帰宅途中のA（当時13歳）は、歩車道の区別がない道路の左側端を歩いていたが、Y₁の運転する車がAが歩いていることに気付かずに、カーブを道路左側端ぎりぎり

のところを走行したため、Y₁の運転する車に衝突し、頭部陥没骨折等により即死した。

　　Aの両親であるXらは、保険会社と示談交渉していたが、保険会社が誠意のある態度を示さないため、裁判所に損害賠償の支払いを求める訴えを提起した。

Ⅰ　請求原因

1　概　説

他人を使用する者（使用者）または使用者に代わって他人を監督する者（代理監督者）は、その他人（被用者）が、使用者の仕事を行うについて、第三者に損害を加えた場合に、その損害を賠償するものとされている（民法715条1項本文）。つまり、使用者責任の要件事実は、次のとおりである。

```
要件事実
```

① 　被用者Y₁の不法行為（第1節Ⅱの①ないし⑤の事実）

② 　Y₁による加害行為以前に、Y₁Y₂間で使用・被用関係（指揮監督関係）が成立したこと

③ 　Y₁による加害行為がY₂の事業の執行についてなされたこと

2　使用被用関係

ここで、②は、加害行為時点で、Y₁Y₂間に事業の執行について使用、被用関係があったことを意味するものである。加害行為時にこのような関係がY₁Y₂間に存在したことが、まさしく、Y₂がY₁の不法行為に基づく賠償責任を負担する根拠だからであるが、加害行為前の一時点で同関係が成立していたことを主張証明すれば足りる。

使用被用関係については、Y₂がその存在を認めるときは、これをいわゆる権利自白と同様に解して、「Y₂はY₁の使用者である」旨主張すれば足りる。しかし、Y₂がこれを争うときには、使用被用関係の具体的発生原因事

403

〔第2部〕 第15章 不法行為関係訴訟

実である雇用契約の締結を主張証明しなければならない。

3 職務執行関連性

職務執行関連性について、判例は、「被用者の職務執行行為そのものには属しないが、その行為の外形から観察して、あたかも被用者の職務の範囲内の行為に属するものとみられる場合をも包含する」と述べて、いわゆる外形標準理論を採用する（最判昭40・11・30民集19巻8号2049頁）。したがって、Xは、請求原因として、この外形的事実の存在を主張証明すれば足りる。

なお、この外形標準理論が交通事故のような事実的不法行為についても適用されるかどうかは問題がある。もともと、外形標準理論は、取引行為的不法行為について第三者（被害者）の信頼保護のために発展してきた法理であり、事実行為的不法行為についての適用を念頭に置いたものではない。判例の傾向は、次のように整理される（能見＝加藤『判例民法8』378〜380頁〔青野博之〕参照）。

第一に、取引行為的不法行為については外形理論による。つまり、当該行為が外形的客観的に被用者の職務の範囲といえれば足りると同時に、この場合の要点が外形信頼保護であることから、権限逸脱等につき悪意重過失のある相手方は保護を除外される（最判昭50・1・30民集19巻1号1頁、最判昭43・2・6判時514号48頁、最判昭42・11・2民集21巻9号2278頁、上記最判昭40・11・30等）

第二に、事実行為的不法行為のうち、刑法犯に該当するような被用者の行為（器物損壊、暴行、傷害、放火、殺人等）については、外形理論ではなく、密接関連性の基準による。

第三に、事実行為的不法行為のうち、交通事故の場合には外形理論によって処理する（最判昭39・2・4民集18巻2号252頁、最判昭37・11・8民集16巻11号2255頁等）。

上記第三の場合に、「密接関連性」によって処理する考え方もあり得るが、要件事実の記載はほとんど変わらない（→記載例の2第2文）。なお、この場合には、「密接関連性」によろうと外形標準理論によろうと、相手方に悪意

重過失があるからといって損害賠償法の保護が除外されるわけでないことはいうまでもない。

記載例15—2—1

1　事故の発生

(1)　日　　時　　2020年6月1日午後6時30分ころ

(2)　場　　所　　………………………

(3)　加害車　　軽四輪貨物自動車

　　　運転者　　Y₁

(4)　被害者　　亡A（13歳）

(5)　態　　様　　Y₁としては、本件事故現場が見通しの悪いカーブで、日没後前照灯を点けて運転していれば歩道を歩いていたAを発見できたにもかかわらず、前照灯を点けて運転していなかったため、Aを発見できずにAに衝突し、Aを即時死亡させた。

2　事故の責任

　　Y₁は加害車両を運転するに際し、本件事故現場が見通しの悪いカーブであり、歩行者の有無を確認できるよう前照灯を点けて運転する注意義務があったにもかかわらず、これを怠ったため、Aを死亡させた。Y₁は、運送会社である被告Y₂会社の従業員であり、Y₁はY₂社が所有する車を運転して帰宅途中に上記事故が発生した。

3　相続

　　原告（X）らは、亡Aの父母であり、亡Aの損害賠償請求権を法定相続分に従って各2分の1の割合で相続した。

4　損害

(1)　葬儀費用　150万円

　　Xらは、亡Aの葬儀を行い、これに150万円を各2分の1ずつ支出した。

〔第２部〕　第15章　不法行為関係訴訟

(2)　逸失利益　5825万9503円

　　亡Ａは、本件事故当時、満13歳の健康な男子で、本件事故により死亡しなければ満67歳まで稼働し、その間少なくとも平成24年賃金センサス第１巻第１表、企業規模計、産業計、学歴計、男子労働者、全年齢平均給与額である529万6800円と同額の収入を得られたはずであるから、生活費として５割を控除し、ライプニッツ式計算法により年３分の割合による中間利息を控除して、亡Ａの逸失利益の現価を算定すると、次の計算式のとおり、その合計額は5825万9503円となる。

　　　　529万6800円×0.5×21.998＝5825万9503円

(3)　慰謝料　2000万円

　　亡Ａの死亡による慰謝料としては、上記金額が相当である。

(4)　弁護士費用　600万円

　　原告（Ｘ）らは、被告（Ｙ）らから損害額の任意の弁済を受けられないため、弁護士である原告（Ｘ）ら訴訟代理人に本訴の提起と追行を委任し、その費用及び報酬を支払う旨約したが、原告らにつき各300万円が本件事故と相当因果関係のある損害である。

5　よって、原告Ｘらは、被告ら各自に対し、4287万9751円及び上記各金員に対する不法行為発生の日である2020年６月１日から支払済みまで民法所定の年３分の割合による遅延損害金の支払いを求める。

II　抗　弁

　Ｙ₂は、Ｙ₁の選任およびその事業の監督につき相当の注意をしたことを証明したときは、免責される（民法715条１項ただし書前段）。また、Ｙ₂が相当の注意義務を尽くしても損害の発生を避けられなかったときも、Ｙ₂は使用者責任を負わない（同項ただし書後段）。したがって、これらに該当する事由は抗弁となるが、実際の裁判では、これらの抗弁が入れられることはまれ

第 2 節　使用者責任の要件事実

である。

要件事実

○　**監督義務者としてなすべき行為を履行したこと**

要件事実

○　**監督義務違反と損害の発生との間の因果関係の不存在**

　Y₂がY₁の不法行為に基づく賠償責任を負担するのは、加害行為時に Y₁Y₂間に使用被用関係が存在したことを根拠とする。したがって、請求原因②の加害行為時以前に発生した使用被用関係が、Y₁の加害行為時までに消滅していれば、Y₂は損害賠償義務を免れるから、Y₂は、これを抗弁として主張証明することができる。

要件事実

○　**監督義務がその不法行為の前に消滅したこと**

[第2部] 第16章 請求異議訴訟

第16章　請求異議訴訟

訴訟の概要

　　請求異議の訴え（民執法35条）は、債務名義（民執法22条）に表示された請求権について、不存在（たとえば、無権代理）、消滅（たとえば、弁済）などの実体上の事由が生じた場合に、債務者が訴えの形式によりその事由を主張して、当該債務名義の執行力を排除し、実体上不当な強制執行からの解放を目的とする訴えである。

　　債務名義の一つとして、公証人が、公証人法その他の法令に従い、法律行為その他私権に関する事実に関して作成する文書である公正証書があり、公正証書のうち、「金銭の一定の額の支払又はその他の代替物若しくは有価証券の一定の数量の給付を目的とする請求について公証人が作成した公正証書で、債務者が直ちに強制執行に服する旨の陳述が記載されているもの」を特に執行証書という（民執法22条5号）。請求異議訴訟のうち最も多く争われる類型の一つがこの執行証書に対するものである。

　　請求異議の訴えの法的性質については学説上議論が分かれる（詳細は、司法研修所編『執行関係等訴訟に関する実務上の諸問題』21頁〔原田和徳〕）。判例は債務名義の執行力を排除する判決を求める形成の訴えであるとする形成訴訟説の立場をとっている（大判昭7・11・30民集11巻2216頁）。

　　Xは、Yから2019年12月11日、100万円を、弁済期2020年6月11日の約定で借り受けたが、その際、XYは、Xがその債務を履行しなかったときは直ちに強制執行を受けることを認諾する旨の記載がある公正証書を作成した。Xは、約定どおり100万円を弁済したが、Yは、その弁済は別口の債権に対するもの

であるとして、Ｘに100万円の支払いを求め、上記公正証書に基づく強制執行の申立ても辞さないと述べている。

そこで、Ｘは、上記公正証書の執行力の排除を求めて、訴えを提起した。

I 訴訟物と請求の趣旨

1 訴訟物

請求異議の訴えの訴訟物は、その法的性質とも絡んで諸説がある。この点、前述した形成訴訟説の立場から、債務名義の執行力の排除を求める形成権たる執行法上の異議権と解するのが相当である（司法研修所・前掲書（諸問題）32頁）。この立場からは、訴訟物の個数は１個であり、異議の事由（民執法35条２項・３項（34条２項の準用））は攻撃方法にすぎないと解される（司法研修所・前掲書（諸問題）36頁）。

ここで、便宜、異議の事由を列挙すると、以下のようになる。

① すべての債務名義について「異議の事由」となるもの

ⓐ 請求権の消滅事由　弁済、代物弁済、相殺、更改、混同、消滅時効、放棄等

ⓑ 請求権の効力の停止・限定事由　弁済期限の猶予、履行条件の変更、限定承認等

ⓒ 請求権の主体についての変動事由　執行債権の譲渡、免責的債務引受け等

ⓓ 請求権の行使の違法事由　権利濫用、信義則違反

② 裁判以外の債務名義についてのみ「異議の事由」となるもの

ⓐ 債務名義の存在それ自体

ⓑ 請求権の発生を障害する事由　錯誤、通謀虚偽表示、公序良俗違反等

ⓒ 債務名義の成立を障害する事由　執行受諾の意思表示の錯誤等

409

〔第2部〕 第16章 請求異議訴訟

2 請求の趣旨

請求の趣旨としては、特定の債務名義を掲げ、その債務名義に基づく民事執行の全部または一部の永久的または延期的（たとえば一定時期までの）不許を宣言する判決を求めることになる。この場合、具体的には、「被告から原告に対する○○法務局所属公証人Ａ作成令和元年第○○○号金銭消費貸借契約公正証書に基づく強制執行はこれを許さない」と記載する。

これに対し、債務名義の執行力の排除を一般的に求めるのではなく、特定の財産に対する差押えなど個別具体的な執行行為についてのみ執行力の排除を求める請求異議訴訟が認められるか争いがある。この点については、請求異議の訴えが、本来一般的に債務名義の執行力そのものを排除することを目的とするものであることを理由に、具体的執行行為の排除は理論的に許されないとする考え方もある。確かに、具体的執行行為を取り消しても、債務名義の執行力そのものは依然として残ることになるから、実際上も不都合な面はある。しかし、債務名義の債権額が著しく大きい場合、具体的執行行為の取消しが認められなければ、貼用印紙額の過大な負担で事実上債務者が請求異議の訴えを提起できなくなることもあることから、実務上は、現実の必要性からこれを肯定するのが大勢である。この場合、具体的な請求の趣旨としては、「被告が原告に対する○○法務局所属公証人Ａ作成令和元年第○○○号の執行文を付した金銭消費貸借契約公正証書に基づき、○○○○年○月○日別紙物件目録記載の物件についてした強制執行は、これを許さない」と記載する。

Ⅱ　要件事実の概要

原告Ｘの主張しようとする異議が、請求権の存在や内容についてのものであれば、通常どおり、権利の発生原因事実の主張証明責任は債権者である被告にあり、権利の消滅原因事実等は債務者である原告に主張証明責任があることになる（債務不存在確認訴訟と同じ構造になる。第13章375頁、井上稔「執行関係訴訟の証明責任・要件事実」新堂監修『証明責任・要件事実論』336頁）。

410

また、債務名義の成立についての異議に関しては、成立の根拠事実の主張証明責任が債権者である被告に、成立の無効原因事実等の主張証明責任が債務者である原告に帰属することになる。

III　請求原因

外観上有効な債務名義が存在する場合には、その債務名義に表示された債務者の責任財産に対する執行の可能性ないし危険性が存在する。債務名義に債務者として表示されている者は、そのような危険状態を排除する利益があり、そのような危険状態が存在する場合には、その債務名義の執行力を排除する効果を形成する執行法上の異議権が発生すると解される（司法研修所・前掲書（諸問題）115頁）。

そこで、Xの主張すべき請求原因事実（要件事実）は、次のとおりとなる。

> **要件事実**
>
> ①　公正証書が存在すること
> ②　その公正証書が執行証書としての債務名義であること（金銭の一定額の給付請求権についてのものであること、執行受諾文言が記載されていること）

> **記載例16─1─1**
>
> 1　原告（X）・被告（Y）間には、被告（Y）を債権者、原告（X）を債務者とする○○法務局所属公証人A作成令和元年第○○○号金銭消費貸借契約公正証書が存在し、同公正証書には次の記載がある。
> (1)　被告（Y）は、原告（X）に対し、2019年12月11日、100万円を、弁済期2020年6月11日の約定で貸し付けた。
> (2)　原告（X）は、上記債務の履行をしなかったときは直ちに強制執行を受けることを受諾する。
> 2　よって、原告（X）は、上記公正証書の執行力の排除を求める。

411

〔第 2 部〕 第16章 請求異議訴訟

しかし、公正証書は、作成の法定手続に照らし、その内容が当事者の意思に合致することは一般的制度的に保障されているから、特段の具体的な反対事情の主張証明がない限り、証書における当事者の意思表示は本人の意思に基づくものと推定され、反対事情の主張証明がない以上、請求は理由がないものとして棄却されることになろう（東京高判昭55・6・26判時971号61頁）。したがって、上記要件事実にかかわらず、原告は先行的に、執行証書自体は有効に成立しているが、そこに表示された請求権が弁済によって消滅したことを主張したり、あるいは、執行受諾の意思表示が無権代理人によって行われたために執行証書がそもそも無効であると主張したりして、訴状の段階で争点を明確にするのが一般的である（Ⅳ2「再抗弁」参照）。

Ⅳ　抗弁・再抗弁

1　抗　弁

(1)　抗弁(1)

Ｘとしては、債務名義に表示された請求権が存在し、かつ、債務名義が適法に成立していれば、責任財産に対する執行の可能性ないし危険性を受忍しなければならない。

したがって、Ｙは、抗弁として、次の事実を主張することができる。

要件事実

① 　執行証書に表示された請求権が発生したこと

② 　執行証書が成立したこと

設例16―1に基づく記載例は以下のようになる。

記載例16―1―2

1　被告（Ｙ）は、2019年12月11日、原告（Ｘ）に100万円を、弁済期2020年6月11日として貸し付けた。

2　原告（Ｘ）は1の債務の弁済につき執行受諾文言を含む公正証書を

412

作成することを同意し、必要書類を被告（Y）に交付したので、被告（Y）は、これに基づき公証人Aに対し本件公正証書の作成を嘱託した。

(2) 抗弁(2)

また、たとえば、YがXの代理人Bと称する者との間で、金銭消費貸借契約を締結するとともに、Bから公正証書嘱託と執行受諾の同意を得ていたという場合には、Yは、抗弁として次のように主張することができる。

記載例16―1―3

1　被告（Y）は、2019年12月11日、Bを原告（X）の代理人として、Bに100万円を、弁済期2020年6月11日として貸し付けた。

2　Bは1の債務の弁済につき執行受諾文言を含む公正証書を作成することを同意し、必要書類を被告（Y）に交付したので、被告（Y）は、これに基づき公証人Aに対し本件公正証書の作成を嘱託した。

3　原告（X）は、上記1及び2に先立って、上記1の金員の借受け及び公正証書作成の同意につきBに代理権を授与した。

ここで、記載例16―1―3の3に関して、執行証書の成立について、代理権の欠缺を債務者である原告が主張証明すべきか、代理権の授与を債権者である被告が主張証明すべきか議論がある。この点は、本章Ⅱで述べたように、執行証書成立の根拠事実は、被告において主張証明すべきと考えられる。したがって、債務者の代理人によって執行証書の作成嘱託および執行受諾の意思表示がされた場合には、被告において、「債務者である原告から代理人に対して代理権の授与があったこと」を主張証明しなければならない（司法研修所・前掲書（諸問題）118頁）。

(3) 無権代理の主張

記載例16―1―3で、XがBへ代理権を授与した事実がないとすると、Xは代理権授与の事実を否認し、Bの行為が無権代理により無効であると積極否認（理由付否認）をすることになる。その場合、そこでのXの主張には、

〔第 2 部〕 第16章 請求異議訴訟

消費貸借契約が無権代理人によって締結されたものであるから無効である旨の主張と、公正証書が無権代理人によって作成嘱託されたものであるから無効である旨の主張があわせて述べられているものと理解することができる。ここで、消費貸借契約が無効である旨の主張が、債務名義に表示された請求権自体についての不発生・不存在に関する請求異議事由であるのに対し、公正証書が無効である旨の主張は、執行証書の成立過程に瑕疵があることを請求異議事由とするものである。

　公正証書の作成嘱託では、一般的に金銭消費貸借契約の証書化の嘱託と同時に執行受諾の意思表示がなされるので、契約の締結が無権代理により無効であれば、執行受諾の意思表示もまた無権代理により無効になる。そうすると、これら二つの主張の関係が問題になる。債権者であるＹは、金銭消費貸借の無効については、表見代理の規定の適用を求めて争うことができるが、執行受諾の意思表示については表見代理の適用はないと解されている（最判昭32・6・6民集11巻 7 号1177頁、最判昭33・5・23民集12巻 8 号1105頁）。なぜなら、執行受諾の意思表示は公証人に対する訴訟行為であり、表見代理適用の基礎を欠くからである。したがって、上記のように代理権授与の事実がない場合は、実体上の金銭消費貸借契約が表見代理により有効となる可能性があることはさておき、公正証書の作成嘱託ないし執行受諾の意思表示は無効であるということになる（佐々木寅男「請求異議の異議事由」大石忠生＝岡田潤編『裁判実務大系　第 7 巻（民事執行訴訟法）』83頁）。この場合、Ｙとしては、訴訟手続によりあらためて債務名義を取得しなければならない。

【最判昭33・5・23民集12巻 8 号1105頁】
　公正証書に記載される「直ちに強制執行に服する旨」の意思表示は、公証人に対してなされる訴訟行為であるから、私人間の取引の相手方を保護することを目的とする民法110条の適用または準用のないものと解される。

2　再抗弁

　これに対して、Ｘは、抗弁(1)①の請求権が消滅等したこと、抗弁(1)②の執

行証書の作成嘱託および執行受諾の意思表示が無効であることなどを再抗弁として主張することができる。

設例16─1によれば、Xは、「100万円の貸金債務を弁済したこと」を再抗弁として主張証明することになる。

● 事項索引 ●

［あ行］

悪意　*126・163*
悪魔の証明　*9*
明渡時説　*208*
意思推定・解釈規定　*13*
慰謝料請求権　*288*
一応の推定　*14*
一時使用　*199*
一部弁済　*242*
1個説　*311*
一身専属性　*288*
違法性　*396*
違約手付　*45*
遺留分減殺請求権　*288*
請負契約　*340*
請負人帰属説　*366*
請負の報酬後払いの原則　*341*
請負報酬支払請求訴訟　*340*
内金　*45*
訴えの利益　*148*

［か行］

解除権留保の排除合意　*47*
解除後の第三者　*88*
解除の抗弁　*346*
解約手付　*45*
解約手付の推定　*46*
価額償還　*306・326・327・339*
拡張的相殺　*279*
確定期限　*136・221・240*
確定期限の合意　*229*
確定期限の定めがある場合　*87*
瑕疵　*52*
瑕疵担保責任〔旧法〕　*51*
過失　*397*
過失相殺　*401*
過失の証明責任　*394*
一元説　*117・173*
過大代物弁済　*333*
慣習　*26*

完成猶予　*239・242*
間接事実　*18*
間接反証　*14*
観念の通知　*242*
管理占有　*303*
期間的前倒し　*332・333*
期間満了　*191*
期限　*240*
期限の抗弁　*290*
期限の定め　*136・230・240・395*
期限の定めのない場合　*87*
期限の主張証明責任　*32*
期限の利益喪失　*221*
期限未到来　*35*
基準割合　*227*
帰責事由なし　*59*
規範的要件　*20・37・93・397*
客観的起算点　*238・323*
旧1個説　*106*
旧債務　*246*
給付利得　*379*
給付利得縮減の抗弁　*391*
給付利得の原状回復請求訴訟　*379*
給付利得返還請求訴訟　*379・382・384*
強制執行準備　*283・284・305*
強制執行準備的機能　*282*
共同保証人　*252*
虚偽表示　*82*
緊急避難　*400*
具体的過失　*397*
経過　*220*
経験則　*25*
継続的商品供給契約　*154*
契約責任説　*52*
契約不適合　*54*
契約不適合責任　*51・53*
契約不適合部分修補請求権　*344*
原告説　*247*
検索の抗弁　*249・251*
原始取得　*158・372*

現実の提供　*233*

現実の引渡し　*157*

原始的全部不能　*383*

原始的不能　*383*

現占有説　*74・113・122*

現物返還　*306・308・317・328*

権利行使意思の表明説　*239*

権利行使要件　*267・278*

権利抗弁　*33*

権利抗弁説　*91・262*

権利自白　*76・80・89・100・130・139・403*

権利障害事実　*27*

権利消滅の抗弁　*28*

権利存在の明証説　*239*

権利排斥事実　*28*

故意　*397*

合意欠落説　*188・223*

合意欠落否定説　*188・223*

合意説　*20*

合意による更新　*192・194・199・202*

更新　*239・242*

公正証書　*412*

口頭の提供　*233*

衡平説　*379*

抗弁（建物所有目的）　*205*

個別損害項目積上げ方式　*398*

［さ行］

債権回収機能　*283・286・305・306・308*

債権者説　*137*

債権者代位権　*282*

債権者の保証人に対する債務情報提供義
　務　*253・255*

債権譲渡　*260・261*

債権喪失の抗弁　*272*

債権的登記請求権　*118*

債権の二重譲渡　*269*

債権の流動化　*260*

催告の抗弁　*249・251*

財産分与請求権　*288*

債務者説　*137*

債務者対抗要件　*267・278*

債務者の権利不行使　*289*

債務超過　*287・331*

債務の承認　*242*

債務不存在確認訴訟　*148*

債務不履行解除の抗弁　*124*

債務不履行解除の再抗弁　*86*

詐害行為取消権　*304*

錯誤の抗弁　*29*

避けられない不利益陳述　*42*

暫定真実　*13*

指揮監督関係　*403*

敷金　*207*

敷金返還請求権の発生時期　*208*

事業用貸金等債務の個人保証　*253*

時効援用権の喪失　*243*

時効取得に基づく所有権移転登記手続請
　求　*124*

時効障害　*239・253*

時効障害事由　*239・242・243・253*

時効中断事由〔旧法〕　*241*

時効の援用　*241*

事実抗弁説　*91*

事実上の推定　*14・26*

事実的因果関係　*399*

事情　*18*

下請負人　*371*

執行受諾の意思表示　*412*

執行証書　*408*

自白　*24*

支払不能　*331*

支払不能状態　*307*

支払猶予の懇請　*242*

集合動産譲渡担保　*154*

（修正）法律要件分類説　*67*

重大な過失　*36*

修補に代わる損害賠償請求　*345*

受益者　*304・305・306・307・320*

主観的起算点　*238・323*

主たる債務者の有する取消権、解除権、相
　殺権の行使　*250*

受忍限度　*397*

主要事実　*16*

準消費貸借　*244*

消極的確認の訴え　*148・375*

417

事項索引

消極的損害 *398*
承継取得 *158*
条件・期限一体合意説 *17・33*
使用者責任 *403*
使用収益に必要な期間の経過 *214*
使用貸借契約 *211*
承諾 *268*
承諾請求訴訟 *143*
承諾訴訟 *119*
譲渡禁止特約の抗弁 *263・277*
譲渡債権に付着している抗弁事由 *268*
消費貸借契約 *217*
証明責任分配の基準 *68*
消滅時効 *238・250・401*
消滅の抗弁 *28*
証約手付 *45*
将来債権の譲渡 *273*
職務執行関連性 *404*
除斥期間 *401*
職権調査事項 *150*
処分証書 *25*
所有権移転登記抹消登記手続請求 *129*
所有権確認請求訴訟 *148*
所有権喪失の抗弁 *81・92・95・130・145・*
　151・156・158・161・371・373
所有の意思 *96・98・126・152*
所有物返還請求権 *6*
真正な登記名義の回復 *127*
信頼関係破壊と認めるに足りない特段の
　事情 *180・183*
推定 *11*
請求異議の訴え *408*
正当事由 *190・191*
正当防衛 *400*
責任財産保全 *283・284・305・306・308*
責任財産保全機能 *282*
積極的確認の訴え *375*
積極的損害 *398*
積極否認 *24・27・413*
せり上がり *42*
善意 *162*
善意の第三者 *83・146*
先決問題 *311*

先行自白 *377*
先行否認 *74・377*
全部合意説 *17・33*
占有改定 *157・158*
占有権原 *6・73*
占有正権原の抗弁 *77・213*
占有説 *114*
占有の時的要素 *74*
相殺の要件事実 *236*
相続の要件事実 *224*
争点中心審理 *19*
即時取得の抗弁 *162*
阻止の抗弁 *28*
訴訟告知 *289*
訴訟物 *10・72*
訴訟要件 *284・285・287*
損害賠償額の予定 *230*
損害賠償の範囲 *394*
存在効果説 *87・136・237*

[た行]

代金の利息 *41*
対抗要件具備 *158*
対抗要件具備の再抗弁 *92*
対抗要件の抗弁 *88・90・108・151・157*
相手方の抗弁 *290*
第三者抗弁説 *91*
第三者対抗要件の抗弁 *270*
第三者転貸賃解除 *214*
貸借型の契約 *168・220*
貸借型理論 *213*
代物弁済 *152・162・234*
代理権授与の表示 *63*
代理権消滅後 *64*
代理権踰越 *62*
多元説 *117・173*
他主占有 *96*
建物買取請求権 *204*
建物収去土地明渡請求訴訟 *106*
建物所有権喪失 *112*
建物所有目的の抗弁 *198*
建物退去土地明渡請求訴訟 *206*
他人の物 *96*

短期取得時効　*97・125・152*

単純保証　*248*

遅延損害金　*41・228*

遅延損害金（遅延利息）説　*41*

遅延利息　*41*

中間省略登記　*117*

抽象的過失　*398*

注文者帰属説　*366*

注文者の任意解除　*349*

注文者の任意解除権　*356・358・359*

長期取得時効　*125・151*

直接請求権　*286・297・305・306・339*

賃貸借終了時　*208*

沈黙　*24*

賃料後払いの原則　*168*

賃料請求訴訟　*166*

賃料増額請求権　*170*

賃料増額訴訟　*170*

通知　*268*

通謀虚偽表示　*83*

通謀的害意　*307・331*

付遅滞　*136*

停止条件説　*241*

停止条件付契約解除の意思表示　*177*

抵当権設定登記抹消登記手続請求　*138*

手付　*44*

手付契約　*45*

手付倍額提供　*49*

手付放棄　*46*

転得者　*306・337*

登記義務者　*116*

登記権利者　*116*

登記申請訴訟　*119*

登記請求権　*116*

登記請求権保全　*296*

登記保持権原の抗弁　*140*

動産引渡訴訟　*154*

同時交換的行為　*334*

当事者適格　*284・287・311*

同時履行の抗弁　*33・123*

到来　*220*

［な行］

2個説　*106*

日照権侵害　*397*

任意規定　*168・176*

［は行］

背信行為と認めるに足りない特段の事情　*186*

背信性　*93*

背信的悪意者の再抗弁　*93*

売買契約　*15*

売買契約に基づく所有権移転登記手続請求　*120*

売買契約の解除の要件事実　*86*

引換給付判決　*33*

非給付利得　*379*

被告説　*246*

被代位権利　*284・285・286*

否認　*24*

否認説　*33*

被保全債権　*284・285・286・287・306・307*

被保全債権の上限額ルール　*286・318*

評価根拠事実　*20・37・397*

評価障害事実　*99・126・400*

表見代理　*61・414*

不確定期限　*229・240*

不確定期限の定めがある場合　*87*

不確定効果説　*241・243*

付記登記の抹消　*140*

不作為義務　*182*

不増額の特約の抗弁　*172*

付帯請求　*41・102・103・395*

二段の推定　*25*

不知　*24*

物権的請求権　*72・129*

物権的登記請求権　*118*

物権的返還請求権　*73*

物権的妨害排除請求権　*73*

物権的妨害予防請求権　*73*

物権変動的登記請求権　*118*

不適合通知制度　*347*

不当利得縮減の抗弁　*391*

419

事項索引

不当利得返還請求訴訟　*379・387*
不発生の抗弁　*28*
不法行為　*103*
平穏かつ公然　*96・162*
返還約束　*219*
弁済　*34・232*
弁済期の合意　*220・221*
弁済期の定めがない場合　*223*
弁済の充当　*232*
弁済の提供　*39・179・233*
変動利率　*227*
偏頗行為　*305・330・332・334・335*
弁論主義　*16・150*
法規説　*21*
法定更新　*190・192・202*
法定承継取得説　*84・146*
法定証拠法則　*13*
法定責任説　*52*
法定訴訟担当　*284・286・311*
法定利息　*41*
法定利息説　*43*
冒頭規定説　*21*
法律行為の付款　*32*
法律上の権利推定(権利の推定)　*12*
法律上の事実推定　*12*
法律要件分類説　*67*
法律要件要素　*21*
補充性　*251*
保証債務履行請求訴訟　*247*
保証説　*251*
保証連帯関係　*252*
補助事実　*18*

[ま行]

抹消登記請求　*128*
抹消登記に代わる所有権移転登記手続請
　求　*127*
無過失　*162*
無権代理　*413*
無催告解除　*178・182*
無資力　*287*
無資力要件　*284・299・315・319・331*
無断譲渡・転貸による解除　*184*

無断増改築禁止　*181*
無名契約　*22*
黙示の更新　*194・199*
目的物返還義務　*196*
もと所有　*161*
もと占有説　*74*
基づく登記　*141*

[や行]

有過失　*164*
有権代理　*61*
緩やかな変動制　*227*
要物性　*219*
用法違反解除　*214*
用法順守義務違反による解除　*180*
予備的抗弁　*84・146*
予備的主張　*84・113*

[ら行]

履行期限の到来　*38*
履行遅滞の要件事実　*87・228*
履行の着手　*48*
履行の提供　*237*
利息の支払い　*242*
利息の性質　*226*
利得縮減の抗弁　*386・388・391*
理由付否認　*24・27・413*
両時占有　*78*
類型論　*379*
連帯の約定　*252*
連帯保証　*251*
連帯保証説　*251*
連帯保証人に対する請求・免除　*253*
論証責任　*20*

[わ行]

割合請負報酬請求権　*349・351*

420

■ 判例索引 ■

大判明39・1・29民録12輯81頁	82
大判明40・3・1民録13輯203頁	132
大判明41・12・15民録14輯1276頁	90
大判明43・10・20民録16輯719頁	395
大判明44・3・24民録17輯117頁	310
大判明44・10・3民録17輯538頁	319
大判大3・12・26民録20輯1208頁	366
大判大4・7・13民録21輯1387頁	250
大判大5・5・1民録22輯829頁	322
大判大5・12・13民録22輯2417頁	366
大判大5・12・25民録22輯2494頁	251
大判大6・6・27民録23輯1153頁	87, 136
大判大6・11・8民録23輯1758頁	37
大判大9・11・11民録26輯1701頁	299
大判大9・11・22民録26輯1856頁	121
大判大11・2・25民集1巻69頁	293
大判大14・2・27民集4巻97頁	228
大判昭3・8・1民集7巻648頁	401
大判昭6・5・13民集10巻252頁	41
大判昭6・6・4民集10巻401頁	251
大判昭6・6・9新聞3292号14頁	241
大判昭6・9・16民集10巻806頁	293, 315
大判昭7・5・9民集11巻824頁	366
大判昭7・10・3民録24輯1852頁	29
大判昭7・11・30民集11巻2216頁	408
大判昭8・1・31民集12巻51頁	26
大判昭10・3・16新聞3827号13頁	195
大判昭10・10・1民集14巻1671頁	366
大判昭11・3・23民集15巻551頁	291
大判昭14・5・16民集18巻557頁	283
大判昭16・3・4民集20巻385頁	127, 133
大判昭18・7・20民集22巻660頁	366
最判昭24・10・4民集3巻10号437頁	48
最判昭26・11・15民集5巻12号735頁	50
最判昭28・5・29民集7巻5号608頁	268
最判昭28・9・25民集7巻9号979頁	186
最判昭28・12・14民集7巻12号1386頁	289, 290
最判昭29・7・27民集8巻7号1455頁	87
最判昭29・9・17民集8巻9号1635頁	132, 133
最判昭29・9・24民集8巻9号1658頁	299

判例索引

最判昭29・11・26民集 8 巻11号2087頁 ･･････････････････････････････ 29
最判昭29・12・16民集 8 巻12号2158頁 ･･････････････････････････････ 148
最判昭30・ 5 ・13民集 9 巻 6 号679頁 ････････････････････････････････ 389
最判昭30・ 6 ・ 2 民集 9 巻 7 号855頁 ････････････････････････････････ 157
最判昭30・ 7 ・ 5 民集 9 巻 9 号1002頁 ･･･････････････････････ 127, 133
最判昭30・ 7 ・15民集 9 巻 9 号1058頁 ･･･････････････ 34, 232, 233
最判昭30・12・26民集 9 巻14号2140頁 ･･････････････････････････････ 49
最判昭31・ 9 ・28民集10巻 9 号1213頁 ･･･････････････････････････････ 132
最判昭32・ 2 ・28判タ70号58頁 ･･････････････････････････････････････ 16
最判昭32・ 5 ・30民集11巻 5 号843頁 ･･･････････････････････ 127, 133
最判昭32・ 6 ・ 6 民集11巻 7 号1177頁 ･･･････････････････････････････ 414
最判昭32・ 9 ・ 3 民集11巻 9 号1467頁 ･･･････････････････････････････ 171
最判昭32・11・29民集11巻12号1994頁 ･･････････････････････････････ 62
最判昭32・12・27民集11巻14号2485頁 ･･････････････････････････････ 159
最判昭33・ 1 ・30民集12巻 1 号103頁 ･･･････････････････････････････ 132
最判昭33・ 5 ・23民集12巻 8 号1105頁 ･･･････････････････････････････ 414
最判昭33・ 6 ・ 5 民集12巻 9 号1359頁 ･･････････････････････････････ 50
最判昭33・ 6 ・20民集12巻10号1585頁 ･･･････････････ 81, 90, 120
最判昭34・ 2 ・12民集13巻 2 号91頁 ･･･････････････････････ 127, 133
最判昭34・ 5 ・14民集13巻 5 号609頁 ･･･････････････････････････････ 39
最判昭34・ 9 ・17民集13巻11号1412頁 ･･･････････････ 60, 228, 229
最判昭35・ 2 ・ 2 民集14巻 1 号36頁 ･･･････････････････････････････ 83
最判昭35・ 2 ・11民集14巻 2 号168頁 ･･･････････････････････････････ 159
最判昭35・ 3 ・ 1 民集14巻 3 号327頁 ･･････････････････････････ 9, 73
最判昭35・ 4 ・21民集14巻 6 号946頁 ･･･････････････････････････････ 117
最判昭35・ 4 ・26民集14巻 6 号1046頁 ･･･････････････････････････････ 316
最判昭35・ 6 ・23民集14巻 8 号1498頁 ･･･････････････････････････････ 243
最判昭35・10・14裁判集（民）45号271頁 ･････････････････････････ 233
最判昭35・11・29民集14巻13号2869頁 ･･････････････････････････････ 88
最判昭36・ 2 ・24民集15巻 2 号304頁 ･･･････････････････････････････ 171
最判昭36・ 4 ・28民集15巻 4 号1230頁 ･･･････････････････････････････ 134
最判昭36・ 6 ・ 6 民集15巻 6 号1523頁 ･･･････････････････････････････ 132
最判昭36・ 7 ・19民集15巻 7 号1875頁 ･･･････････････････････････････ 313
最判昭36・ 7 ・21民集15巻 7 号1952頁 ･･･････････････････････････････ 168
最判昭36・12・15民集15巻11号2852頁 ･･････････････････････････････ 52
最判昭37・ 9 ・ 4 民集16巻 9 号1834頁 ･･･････････････････････････････ 395
最判昭37・10・12民集16巻10号2130頁 ･･･････････････････････････････ 323
最判昭37・11・ 8 民集16巻11号2255頁 ･･･････････････････････････････ 404
最判昭38・ 9 ・27民集17巻 8 号1069頁 ･･･････････････････････････････ 183
最判昭38・11・15裁判集（民）69号215頁 ･････････････････････････ 232
最判昭39・ 2 ・ 4 民集18巻 2 号252頁 ･･･････････････････････････････ 404
最判昭39・ 5 ・12民集18巻 4 号597頁 ･･･････････････････････････････ 25
最判昭39・ 7 ・28民集18巻 6 号1220頁 ･･･････････････････････････････ 180

判例索引

東京高判昭39・10・28下民集15巻10号2539頁	363
最判昭39・11・26民集18巻9号1984頁	235
最判昭40・4・30民集19巻3号768頁	235
最判昭40・9・21民集19巻6号1560頁	117
最判昭40・10・12民集19巻7号1777頁	288
最判昭40・11・24民集19巻8号2019頁	48, 49, 51
最判昭40・11・30民集19巻8号2049頁	404
最判昭41・4・14民集20巻4号649頁	53
最判昭41・4・20民集20巻4号702頁	244
最判昭41・6・9民集20巻5号1011頁	162, 163
最判昭41・11・18民集20巻9号1827頁	141
最判昭41・12・22民集20巻10号2168頁	83, 84
最判昭42・1・19裁判集（民）86号75頁	83
最判昭42・7・21民集21巻6号1643頁	96
最判昭42・10・31民集21巻8号2232頁	84
最判昭42・11・2民集21巻9号2278頁	404
最判昭43・2・6判時514号48頁	404
最判昭43・2・16民集22巻2号217頁	246
最判昭43・3・28民集22巻3号692頁	199
最判昭43・6・21民集22巻6号1311頁	49, 50
最判昭43・8・2民集22巻8号1571頁	93
最判昭43・11・19民集22巻12号2712頁	236
最判昭43・11・21民集22巻12号2741頁	178
最判昭43・12・19裁判集（民）93号707頁	97
最判昭43・12・24民集22巻13号3454頁	401
最判昭44・1・16民集23巻1号18頁	93
最判昭44・4・22民集23巻4号815頁	140
最判昭44・5・30裁判集（民）95号453頁	50
最判昭44・12・18民集23巻12号2467頁	96
最判昭45・3・26民集24巻3号151頁	294
最判昭45・7・21民集24巻7号1091頁	199, 200
最判昭45・7・28民集24巻7号1203頁	62
最判昭45・12・24民集24巻13号2271頁	114, 206
最判昭46・9・21民集25巻6号823頁	313
最判昭46・11・11判時654号52頁	97
最判昭46・11・19民集25巻8号1321頁	332
最判昭48・7・19民集27巻7号823頁	264
最判昭49・7・5裁判集（民）112号177頁	268
最判昭49・9・2民集28巻6号1152頁	208
最判昭49・9・20民集28巻6号1202頁	314
最判昭50・1・30民集19巻1号1頁	404
最判昭50・2・13民集29巻2号83頁	111
最判昭50・6・27裁判集（民）115号153頁	386

423

判例索引

福岡高判昭50・7・9判時807号41頁 ·························	51
最判昭50・12・1民集29巻11号1847頁 ······················	327
最判昭50・12・19金法779号24頁 ··························	316
最判昭52・2・22民集31巻1号79頁 ·························	364
最判昭52・3・17民集31巻2号308頁	266
最判昭52・7・12判時867号58頁 ·························	331
最判昭53・2・14裁判集（民）123号43頁 ···················	197
最判昭53・9・2判時907号54頁 ·························	345
最判昭53・10・5民集32巻7号1332頁 ······················	313
最判昭54・1・25民集33巻1号26頁 ··················	366, 371
最判昭54・3・16民集33巻2号270頁	291
最判昭54・7・31裁判集（民）127号37頁 ···················	96
最判昭55・1・24民集34巻1号110頁	315
東京高判昭55・6・26判時971号61頁 ·····················	412
最判昭55・7・11民集34巻4号628頁	287
最判昭56・2・17金法967号36頁 ··················	350, 362
東京地判昭56・3・12判時1016号76頁 ·····················	216
最判昭57・10・19民集36巻10号2163頁 ·····················	241
最判昭58・3・24民集37巻2号131頁	98
最判昭58・10・6民集37巻8号1041頁 ················	288, 289
最判昭58・12・19民集37巻10号1532頁	314
最判昭59・12・21裁判集（民）143号503頁 ··················	388
最判昭61・3・17民集40巻2号420頁 ·················	96, 241
最判昭61・9・4裁判集（民）148号417頁 ··················	231
最判平3・11・19民集45巻8号1209頁 ············	388, 390, 391
東京地判平4・9・16判タ828号252頁 ····················	53
最判平5・3・16民集47巻4号3005頁 ··················	49, 51
最判平5・10・19民集47巻8号5061頁 ················	373, 374
最判平6・2・8民集48巻2号373頁 ····················	112
最判平6・3・22民集48巻3号859頁 ···················	49
東京地判平7・5・31判タ910号170頁 ····················	53
最判平7・12・15民集49巻10号3088頁 ·····················	98
最判平8・11・12民集50巻10号2591頁 ·····················	98
最判平9・2・14民集51巻2号337頁 ···················	345
最判平9・2・25判時1607号51頁 ························	292
最判平10・6・22民集52巻4号1195頁	323
最判平11・1・29民集53巻1号151頁 ················	274, 276
最判平11・6・11民集53巻5号898頁	314
最判平11・9・9民集53巻7号1173頁	288
大阪高判平11・9・30判タ1042号168頁 ····················	53
最判平11・11・24民集53巻8号1899頁 ·····················	302
最判平12・3・9民集54巻3号1013頁 ················	310, 314
最判平13・2・22裁判集（民）201号109頁 ··················	348

最判平13・11・22民集55巻 6 号1033頁‥‥‥‥‥‥‥‥‥‥‥‥‥‥‥‥‥　288, 289
最判平16・ 3 ・25民集58巻 3 号753頁 ‥‥‥‥‥‥‥‥‥‥‥‥‥‥‥‥‥‥‥‥　377
東京地判平16・10・25金判1230号22頁‥‥‥‥‥‥‥‥‥‥‥‥‥‥‥‥‥‥‥‥　314
最判平17・ 3 ・10民集59巻 2 号356頁 ‥‥‥‥‥‥‥‥‥‥‥‥‥‥‥‥‥‥‥‥　302
東京地判平17・12・ 5 判タ1219号266頁 ‥‥‥‥‥‥‥‥‥‥‥‥‥‥‥‥‥‥　53
最判平18・ 9 ・11民集60巻 7 号2622頁‥‥‥‥‥‥‥‥‥‥‥‥‥‥‥‥‥‥‥‥　292
大阪高判平18・12・19判タ1246号203頁 ‥‥‥‥‥‥‥‥‥‥‥‥‥‥‥‥‥‥　53
東京地判平21・ 2 ・ 6 判タ1312号274頁 ‥‥‥‥‥‥‥‥‥‥‥‥‥‥‥‥‥‥　53
最判平21・11・ 9 民集63巻 9 号1987頁‥‥‥‥‥‥‥‥‥‥‥‥‥‥‥‥‥‥‥‥　393
最判平22・10・19金判1355号16頁‥‥‥‥‥‥‥‥‥‥‥‥‥‥‥‥‥‥‥‥　310, 311
東京地判平23・ 1 ・27判タ1365号124頁 ‥‥‥‥‥‥‥‥‥‥‥‥‥‥‥‥‥‥　53
最判平24・10・12民集66巻10号3311頁‥‥‥‥‥‥‥‥‥‥‥‥‥‥‥‥‥‥‥‥　315

〔著者紹介〕

〔編著者〕

加藤　新太郎（かとう　しんたろう）

〔略歴〕　昭和25年生。博士（法学・名古屋大学）。司法修習生（27期）、昭和50年裁判官任官（東京、名古屋、大阪、釧路に勤務）、司法研修所教官（民事裁判担当）、司法研修所事務局長、東京地方裁判所判事（部総括）、司法研修所上席教官（裁判官研修担当）、新潟・水戸地方裁判所長、東京高等裁判所判事（部総括）を経て、平成27年依願退官。同年中央大学大学院法務研究科教授、弁護士登録、現在に至る。

〔主要著書〕　『民事事実認定論』（弘文堂・平成26年）、『弁護士役割論』（弘文堂・平成4年、〔新版〕平成12年）、『コモンベーシック　弁護士倫理』（有斐閣・平成18年）、『手続裁量論』（弘文堂・平成8年）、『司法書士の専門家責任』（弘文堂・平成25年）、『条解　民事訴訟法〔第2版〕』（共著、弘文堂・平成23年）、『リーガル・コミュニケーション』（編著、弘文堂・平成14年）、『リーガル・ネゴシエーション』（編著、弘文堂・平成16年）、『民事訴訟実務の基礎〔第4版〕』（編著、弘文堂・平成31年）、『民事尋問技術〔第4版〕』（編著、ぎょうせい・平成28年）、『民事事実認定と立証活動Ⅰ・Ⅱ』（編著、判例タイムズ社・平成21年）、『手続裁量とその規律』（共編著、有斐閣・平成16年）、『民事訴訟法の論争』（共著、有斐閣・平成19年）、『簡裁民事事件の考え方と実務〔第4版〕』（編著、民事法研究会・平成23年）など。

〔第4版執筆者〕

森　　炎（もり　ほのお）

〔略歴〕　昭和34年生。司法修習生（42期）、平成2年裁判官任官（東京、大阪、青森に勤務）、平成8年依願退官。同年弁護士登録、現在に至る。

〔主要論文〕　「代理」能見善久＝加藤新太郎編『論点体系判例民法1　総則〔第3版〕』（第一法規・平成31年）、「自由刑と死刑—死刑制度肯定の立場から」判例時報2266号など。

〔初版～第3版執筆者〕

細野　敦（ほその　あつし）

〔**略歴**〕　昭和39年生。昭和62年司法試験合格、昭和63年一橋大学法学部卒業、司法修習生（42期）、平成2年東京地方裁判所判事補、平成6年司法研修所付、平成8年鹿児島地方・家庭裁判所名瀬支部判事補、平成10年最高裁判所事務総局広報課付、平成12年東京地方裁判所判事、平成13年宮崎地方裁判所判事、平成17年東京地方裁判所判事、平成20年裁判官退官、弁護士登録、現在に至る。

〔**主要著書**〕　『民事訴訟法の法と経済学』（訳、木鐸社・平成16年）

要件事実の考え方と実務〔第4版〕

2019年12月21日　第1刷発行
2022年5月30日　第2刷発行

定価　本体 3,800円＋税

編著者　加藤　新太郎
発　行　株式会社　民事法研究会
印　刷　株式会社　太平印刷社

発行所　株式会社　民事法研究会
　　　　〒150−0013　東京都渋谷区恵比寿3−7−16
　　　　〔営業〕☎03−5798−7257　FAX03−5798−7258
　　　　〔編集〕☎03−5798−7277　FAX03−5798−7278
　　　　http://www.minjiho.com/　info@minjiho.com

落丁・乱丁はおとりかえします。　　ISBN978-4-86556-328-3　C2032　¥3800E
カバーデザイン　袴田峯男
組版／民事法研究会（Windows10 Pro 64bit+InDesignCC 2020+Fontworks etc.）

最新実務に必携の手引

― 実務に即対応できる好評実務書！―

2021年10月刊 裁判官が自らの経験をもとに、事例紹介やＱ＆Ａを交えて、争点整理の技法を基本から詳解！

争点整理の考え方と実務

争点整理の手続、法規範や技法についての体系的な解説に加え、２つの架空事例を題材に争点整理のケース研究を行い、争点整理を的確に進めるために裁判官に必要な知識、考え方、技法を解説！

武藤貴明 著

（Ａ５判・378頁・定価 3960円（本体 3600円＋税10％））

2021年7月刊 争点整理で悩む多くの実務家が渇望する具体的な方法論を、現役裁判官が提示！

争点整理の手法と実践

訴状・答弁書の検討から第１回口頭弁論期日を経て、争点整理の序盤・中盤・終盤に至るまでの思考過程と審理運営のポイントを、事件類型別に具体的に解説！ 暫定的な心証開示や和解勧試のタイミングについても言及！

森 宏司・中本敏嗣・小野憲一・森 純子 編

（Ａ５判上製・431頁・定価 5280円（本体 4800円＋税10％））

2019年9月刊 和解・調停において「裁判官が考えていること」がわかる、法律実務家必読の１冊！

和解・調停の手法と実践

紛争解決に向けた和解勧試や調停運営の考え方とノウハウを、現役裁判官がそれぞれ専門とする分野について、事件類型別に具体的に解説！ 簡易裁判所事件に関する和解・調停にも言及！

田中 敦 編

（Ａ５判上製・699頁・定価 7700円（本体 7000円＋税10％））

2021年12月刊 訴訟手続における電子メール等の電磁的記録・記録媒体の取扱を解説！

電子証拠の理論と実務〔第２版〕
―収集・保全・立証―

民事裁判ＩＴ化での原本性確認のあり方の章を全面改稿し、発信者情報開示請求での電子証拠活用の新章を設け、最新の実務動向に対応できるよう技術の進歩、法令改正の動向等も踏まえて５年ぶりに改訂！

町村泰貴・白井幸夫・櫻庭信之 編

（Ａ５判・405頁・定価 4840円（本体 4400円＋税10％））

発行 **民事法研究会**　〒150-0013 東京都渋谷区恵比寿3-7-16
（営業）ＴＥＬ 03-5798-7257　ＦＡＸ 03-5798-7258
http://www.minjiho.com/　info@minjiho.com

改正民法（債権法）について付記し、併せてより解説を充実！

裁判事務手続講座〈第4巻〉

〔全訂10版〕
書式 民事訴訟の実務
――訴え提起から訴訟終了までの書式と理論――

大島 明 著

A5判・571頁・定価5,720円（本体5,200円＋税10％）

- ▶改正民法（債権法）を織り込み、さらに実務の深化を図る解説を施し改訂！
- ▶訴訟物、管轄、立証責任などの民事訴訟の基礎概念の実践的な把握の仕方から訴訟の進行の実際までを詳解！
- ▶具体的な訴状から答弁書、準備書面、証拠申出書などの関連書式までを、申立者の立場に立って107件の書式・記載例の記入例を示しつつ収録し、理論と実務を一体として解説した関係者必携のロングセラー！
- ▶弁護士・司法書士、裁判所関係者の日頃の実務において知識・経験を補完し思考経済に資する必携書！

本書の主要内容

第1部　民事訴訟の基礎
　第1章　民事訴訟の基礎概念
　第2章　民事訴訟手続の流れ

第2部　民事訴訟手続における書式と理論
　第1章　訴　状
　第2章　その他の主張関係
　第3章　証拠関係
　第4章　当事者の変更追加等
　第5章　訴訟進行関係
　第6章　上訴と再審
　第7章　その他の手続
　第8章　人事訴訟手続における特則
　第9章　手形小切手訴訟の特則
　第10章　簡易裁判所の特則

●参考資料●
①裁判所ホームページの概要
②事件記録の符号
③対照判決（モデル・原判決）
④民事訴訟記録の編成について
⑤人事訴訟事件の事実の調査において作成する調書その他の文書の様式、編成等について
⑥訴訟物の価額算定方法および貼用印紙額一覧表
⑦少額訴訟の手続について

発行　民事法研究会

〒150-0013　東京都渋谷区恵比寿3-7-16
（営業）TEL. 03-5798-7257　FAX. 03-5798-7258
http://www.minjiho.com/　info@minjiho.com

最新実務に必携の手引

―| 実務に即対応できる好評実務書！|―

2022年6月刊 司法書士制度の未来を創る人々への熱きメッセージ！

魅せられたる司法書士を生きて
――専門家魂を磨いて無限の可能性を求めよ！――

司法書士という職業を愛し、法律家としての理想像を追い求め、依頼者に寄り添ってきた著者から学ぶ、人に頼りにされ、豊かで有意義な司法書士人生をまっとうするためのヒントが満載！

大崎晴由　著

（Ａ５判・289頁・定価 1980円（本体 1800円＋税10％））

2022年5月刊 令和３年５月完全施行の改正民事執行法に対応！

実務解説 民事執行・保全〔第2版〕

令和３年５月完全施行の改正民事執行法、初版以降の民法（債権法）改正に対応させ、全般的な見直しをして改訂！　これから民事執行・民事保全の実務を学ぼうとする方のためにわかりやすくまとめた実践的手引書！

園部　厚　著

（Ａ５判・406頁・定価 3960円（本体 3600円＋税10％））

2022年4月刊 令和３年改正法（デジタル社会形成整備法）に対応して全面改訂！

詳解 個人情報保護法と企業法務〔第8版〕
――収集・取得・利用から管理・開示までの実践的対応策――

企業の責務となる適正な利用義務の明確化や第三者提供時の本人同意確認義務化、漏えい時の報告・通知の義務化など改正個人情報保護法の内容を説明し、その企業活動への影響や具体的な対応策についても詳しく解説！

弁護士　菅原貴与志　著

（Ａ５判・436頁・定価 4840円（本体 4400円＋税10％））

2022年4月刊 民法（相続法）改正、遺言書保管法の制定に対応した新たな実務指針を明解に解説！

遺言執行者の実務〔第3版〕

遺言執行者の法的地位の明確化に対応し、遺言執行のみならず、遺言書作成の留意点、実務で注意を要する施行日と重要な経過措置を詳説！　新設された配偶者居住権、自筆証書遺言の保管制度も解説し、最新判例も織り込んだ実践的手引書！

日本司法書士会連合会　編

（Ａ５判・353頁・定価 3960円（本体 3600円＋税10％））

発行　**民事法研究会**　〒150-0013　東京都渋谷区恵比寿3-7-16
（営業）TEL03-5798-7257　FAX 03-5798-7258
https://www.minjiho.com/　　info@minjiho.com

和歌山訴訟を踏まえた具体的な執務を提示！

再考
司法書士の訴訟実務

日本司法書士会連合会　編

A5判・303頁・定価 3,850円（本体 3,500円＋税 10％）

▶相談、事件の把握、手続選択、主張立証活動などの留意点を具体事例に即して解説し、簡裁代理および書類作成による本人訴訟支援の執務指針を示す！

▶説明助言義務や送達受取りなどの和歌山訴訟を踏まえた現代的論点にも応える、「司法書士の、司法書士による、司法書士のための」民事訴訟実務の必携書！

▶訴状・証拠説明書・準備書面・陳述書等はもちろん、委任契約書や各種報告書等の記載例も収録しているので実務に至便！

▶「読者は、本書を読み進める中で、訴訟代理で苦労しながらスキルを体得してきた執筆陣が得難くかつ貴重な蓄積を惜しげもなく発信してくれていることに気づかれるであろう」（加藤教授による「推薦の辞」より）。

本書の主要内容

第1章　司法書士の裁判業務──今こそ温故知新
第2章　相　談
第3章　事実認定の構造
第4章　事例にみる事実認定と判断──山本和子事件を題材に
第5章　手続選択
第6章　和　解
第7章　訴状の作成
第8章　期日ごとの対応
第9章　立　証
第10章　判決後の対応
第11章　報　酬

発行　民事法研究会

〒150-0013　東京都渋谷区恵比寿 3-7-16
（営業）TEL. 03-5798-7257　FAX. 03-5798-7258
http://www.minjiho.com/　info@minjiho.com

簡裁民事ハンドブックシリーズ

── 持ち運びに便利なハンディな実務マニュアル！──

2018年10月刊 民事通常訴訟の必須知識をいつでも、どこでも確認できる！

簡裁民事ハンドブック①
〈通常訴訟編〉〔第2版〕

初版刊行（2006年10月）後の最新の法令・実務に対応させた第2版！　民事通常訴訟の必須知識をいつでも、どこでも確認でき、執務中の不意の疑問も解消！

塩谷雅人・近藤　基　著　　　　　　　　（A5判・225頁・定価2750円（本体2500円＋税10％））

2019年6月刊 少額訴訟手続の必須知識をいつでも、どこでも確認でき、執務中の不意の疑問も解消！

簡裁民事ハンドブック②
〈少額訴訟編〉〔第2版〕

「Check Point」として少額訴訟の基礎知識を、「実務ノート」として実務上の留意点を解説するとともに、図表や書式・記載例を用いて視覚的にもわかりやすく解説！

近藤　基　著　　　　　　　　　　　　　（A5判・229頁・定価2750円（本体2500円＋税10％））

2019年7月刊 少額訴訟債権執行手続を手続の流れに沿って豊富な書式・記載例で確認できる！

簡裁民事ハンドブック③
〈少額訴訟債権執行編〉〔第2版〕

「Check Point」として少額訴訟債権執行に関する基礎知識を、「実務ノート」として実務上の留意点を解説するとともに、図表や書式・記載例を用いて視覚的にもわかりやすく解説！

近藤　基　著　　　　　　　　　　　　　（A5判・211頁・定価2640円（本体2400円＋税10％））

2018年5月刊 民事保全手続を手続の流れに沿って豊富な書式・記載例で確認できる！

簡裁民事ハンドブック④
〈民事保全編〉

手続の流れに沿った章立てと、各章の冒頭に図示したフローチャートによって、手続の各段階で必要となる知識、準備しなければならない主張や書面の確認に極めて至便！

近藤　基　著　　　　　　　　　　　　　（A5判・186頁・定価2530円（本体2300円＋税10％））

2018年7月刊 訴え提起前の和解事件の必須知識をいつでも、どこでも確認できる！

簡裁民事ハンドブック⑤
〈訴え提起前の和解編〉

訴え提起前の和解手続について、手続の流れ・留意点の解説と和解条項の記載例をコンパクトに1冊にまとめた実務必携書！

近藤　基　著　　　　　　　　　　　　　（A5判・174頁・定価2530円（本体2300円＋税10％））

発行　**民事法研究会**　〒150-0013　東京都渋谷区恵比寿3-7-16
（営業）TEL 03-5798-7257　FAX 03-5798-7258
http://www.minjiho.com/　　info@minjiho.com

現役裁判官によるわかりやすさを追求した実践講義！

2019年4月刊 債権法改正に完全対応！上巻では「基本構造・訴訟物」と「要件事実」を収録！

完全講義 民事裁判実務の基礎
〔第3版〕(上巻)─第1部 基本構造・訴訟物 第2部 要件事実─

訴訟構造、訴訟物、要件事実と主張・立証責任の所在を学び、法曹としてスタートラインに立つための必須知識を獲得！ 法科大学院派遣判事であった現役裁判官による司法修習生・法科大学院生に向けてわかりやすさを追求した実践講義！

大島眞一 著

（Ａ５判・523頁・定価4950円(本体4500円＋税10％)）

2018年10月刊 法科大学院生・司法試験予備試験生に向けてわかりやすさを追究した解説！

新版 完全講義 民事裁判実務の基礎
〔第2版〕[入門編]─要件事実・事実認定・法曹倫理・保全執行─

訴訟構造・訴訟物を理解し、要件事実・事実認定の基礎知識を学び、法曹倫理の重要ポイントまで解説した実践講義！ 新たに保全執行手続を加筆したほか、2020年施行の改正民法にも完全対応！

大島眞一 著

（Ａ５判・546頁・定価4180円(本体3800円＋税10％)）

2021年1月刊 [入門編]または[上巻]の読者が、次に手に取るべき続編！

続 完全講義 民事裁判実務の基礎
─要件事実・事実認定・演習問題─

法科大学院での講義経験や司法修習生に対する指導経験を踏まえ、法科大学院生や司法修習生が間違いやすい点、誤解しやすい点を明示して誤った理解がされないように工夫！ 近年の司法研修所での修習内容にできる限り沿って解説！

大島眞一 著

（Ａ５判・485頁・定価4510円(本体4100円＋税10％)）

2021年5月刊 サンプル問題、過去問（平成23年～令和2年）を解説！（参考答案付き）

完全講義 法律実務基礎科目[民事]
─司法試験予備試験過去問 解説・参考答案─

『新版 完全講義 民事裁判実務の基礎［入門編］〔第2版〕』のすべてを読んでいる時間的余裕がない試験直前期などに、予備試験10年間の傾向を踏まえて読んでおくことが望ましい箇所を明示！

大島眞一 著

（Ａ５判・218頁・定価2200円(本体2000円＋税10％)）

発行 民事法研究会　〒150-0013 東京都渋谷区恵比寿3-7-16
（営業）TEL 03-5798-7257　FAX 03-5798-7258
http://www.minjiho.com/　info@minjiho.com